Die Berufsfreiheit von Gesellschaften
im Unternehmensrecht

Europäische Hochschulschriften

Publications Universitaires Européennes
European University Studies

Reihe II
Rechtswissenschaft

Série II Series II
Droit
Law

Bd./Vol. 3181

PETER LANG
Frankfurt am Main · Berlin · Bern · Bruxelles · New York · Oxford · Wien

Verona Nicolin

Die Berufsfreiheit von Gesellschaften im Unternehmensrecht

PETER LANG
Europäischer Verlag der Wissenschaften

Die Deutsche Bibliothek - CIP-Einheitsaufnahme

Nicolin, Verona:

Die Berufsfreiheit von Gesellschaften im Unternehmensrecht / Verona Nicolin. - Frankfurt am Main ; Berlin ; Bern ; Bruxelles ; New York ; Oxford ; Wien : Lang, 2001
(Europäische Hochschulschriften : Reihe 2, Rechtswissenschaft ; Bd. 3181)
Zugl.: Freiburg (Breisgau), Univ., Diss., 2001
ISBN 3-631-38027-5

D 25
ISSN 0531-7312
ISBN 3-631-38027-5

www.peterlang.de

Die Arbeit wurde im Wintersemester 2000/2001 von der Rechtswissenschaftlichen Fakultät der Albert-Ludwigs-Universität Freiburg als Dissertation angenommen.

Meinem Doktorvater Herrn Prof. Dr. Uwe Blaurock danke ich für die Betreuung meiner Dissertation sowie für die interessante und anregende dreijährige Mitarbeit am Institut für Wirtschaftsrecht der Universität Freiburg. Herrn Prof. Dr. Dietrich Murswiek danke ich für die zügige Erstellung des Zweitgutachtens.

Ich widme diese Arbeit meinen Eltern.

Freiburg, im März 2001 Verona Nicolin

Inhaltsverzeichnis

Literaturverzeichnis

Achterberg, Norbert, Das nachvertragliche Wettbewerbsverbot in verfassungsrechtlicher Sicht, JZ 1975, S. 713

Achterberg, Norbert, Die Bedeutung des Rechtsverhältnisses für die Grundrechtssubjektivität von Organisationen, in: Wilke, Dieter u.a. (Hrsg.), Gedächtnisschrift für Friedrich Klein, München 1977, S. 1

Achterberg, Norbert, Verfassungswidrigkeit von Wettbewerbsverboten - Schlußwort, JZ 1976, S. 440

Adler/Düring/Schmaltz, Rechnungslegung und Prüfung der Unternehmen, Kommentar, Bd. 3 (§§ 302-330 HGB, Art. 23-28 EGHGB, §§ 15-18 AktG), 5. Aufl., Stuttgart 1987

Alexy, Robert, Theorie der Grundrechte, Baden-Baden 1985

Alternativkommentar, Grundgesetz für die Bundesrepublik Deutschland, Bd. 1 (Art. 1-37), 2. Aufl., Neuwied 1989

Apelt, Bernd, Die Publizität der GmbH, Berlin 1991

Apelt, Willibalt, Verfassung und richterliches Prüfungsrecht, JZ 1954, S. 401

Armbrüster, Christian, Grundlagen und Reichweite von Wettbewerbsverboten im Personengesellschaftsrecht, ZIP 1997, S. 261

Armbrüster, Christian, Wettbewerbsverbote im Kapitalgesellschaftsrecht, ZIP 1997, S. 1269

Assmann, Heinz-Dieter, Das neue deutsche Insiderrecht, ZGR 1994, S. 494

Assmann, Heinz-Dieter, Gläubigerschutz im faktischen GmbH-Konzern durch richterrechtliche Rechtsfortbildung - Teil 2, JZ 1986, S. 928

Assmann, Heinz-Dieter/Schneider, Uwe H. (Hrsg.), Wertpapierhandelsgesetz Kommentar, 2. Aufl., Köln 1999

Badura, Peter, Die Unternehmensfreiheit der Handelsgesellschaften, DÖV 1990, S. 353

Badura, Peter, Die verfassungsrechtliche Pflicht des gesetzgebenden Parlaments zur „Nachbesserung“ von Gesetzen, in: Müller, Georg u.a. (Hrsg.), Staatsorganisation und Staatsfunktionen im Wandel, Festschrift für Kurt Eichenberger, Basel/Frankfurt a.M. 1982, S. 481

Badura, Peter, Mitbestimmung und Gesellschaftsrecht -Verfassungsrechtliches Kollarium zur Rolle des Privatrechts in der Rechtsordnung, in: Löwisch, Manfred u.a. (Hrsg.), Beiträge zum Handels- und Wirtschaftsrecht, Festschrift für Fritz Rittner, München 1991, S. 1

Badura, Peter, Persönlichkeitsrechtliche Schutzpflichten des Staates im Arbeitsrecht, in: Gamillscheg, Franz (Hrsg.), Festschrift für Karl Molitor, München 1988, S. 1

Badura, Peter/Rittner, Fritz/Rüthers, Bernd, Mitbestimmungsgesetz 1976 und Grundgesetz, München 1977

Bälz, Ulrich, Organisationsvertrag und Gesamthand - zur Abgrenzung von Außen- und Innengesellschaften, in: Lieb, Manfred u.a. (Hrsg.), Festschrift für Wolfgang Zöllner, Bd. I, Köln u.a. 1998, S. 35

Barth, Kuno, Die Publizitäts- und Prüfungspflicht der GmbH & Co.KG, BB 1986, S. 2235

Bauer, Jobst-Hubertus, Rechtliche und taktische Probleme bei der Beendigung von Vorstandsverhältnissen, DB 1992, S. 1413

Bauer, Jobst-Hubertus/Diller, Martin, Nachvertragliche Wettbewerbsverbote mit GmbH-Geschäftsführern, GmbHR 1999, S. 885

Baumann, Horst, Die Vereinigungs- und Berufsfreiheit der juristischen Person, BB 1997, S. 2281

Baumann, Horst/Kusch, Carsten, Die Kapitalgesellschaft & Co.KG auf Aktien - Faktizität und Recht, in: Ebenroth, Carsten Thomas u.a. (Hrsg.), Verantwortung und Gestaltung, Festschrift für Karlheinz Boujong, München 1996, S. 3

Baumbach, Adolf/Hopt, Klaus J., Kommentar zum Handelsgesetzbuch, 30. Aufl., München 2000

Baumbach, Adolf/Hueck, Alfred, Kommentar zum GmbH-Gesetz, 17. Aufl., München 2000

Becher, Hans, Wettbewerbsverbot und gesellschaftsmäßige Treuepflicht, NJW 1961, S. 1998

Becker, Jörn, Das gesellschaftsrechtliche Wettbewerbsverbot in der Einmann-GmbH, Frankfurt a.M. 1997

Beck'scher Bilanz-Kommentar, Handels- und Steuerrecht - §§ 238 bis 339 HGB, begr. v. Max Pankow/Manfred Sarx, bearb. v. Wolfgang Dieter Budde u.a., 3. Aufl., München 1995

Beck'sches Handbuch der Personengesellschaften, Müller, Welf/Hoffmann, Wolf-Dieter (Hrsg), München 1999

Bethge, Herbert, Die Grundrechtsberechtigung juristischer Personen nach Art. 19 Abs. 3 Grundgesetz, Passau 1985

Bethge, Herbert, Grundrechtsträgerschaft juristischer Personen, AöR 104 (1979), S. 55

Bettermann, Karl August/Nipperdey, Hans Carl/Scheuner, Ulrich (Hrsg.), Die Grundrechte, Bd. 3 Hb. 1, Berlin 1958; Bd. 4 Hb. 2, Berlin 1962

Bettermann, Karl August, Juristische Personen des öffentlichen Rechts als Grundrechtsträger, NJW 1969, S. 1321

Bezzenberger, Tilman, Vorzugsaktien ohne Stimmrecht, Köln u.a. 1991

Biener, Herbert, Die Auswirkungen des Regierungsentwurfs eines Bilanzrichtlinien-Gesetzes auf GmbH und GmbH & Co.KG, GmbHR 1983, S. 253

Biener, Herbert, Interessenkonflikte bei der Anpassung der Rechnungslegungsvorschriften in der Europäischen Gemeinschaft, in: Baetge, Jörg (Hrsg.), Der Jahresabschluß im Widerstreit der Interessen, Düsseldorf 1983

Binz, Mark K., GmbH & Co., 8. Aufl., München 1992

Binz, Mark K./Sorg, Martin H., Die GmbH & Co. Kommanditgesellschaft auf Aktien, BB 1988, S. 2041

von Bitter, Christian, Das Informationsrecht der GmbH-Gesellschafter in §§ 51 a, 51 b GmbHG, ZIP 1981, S. 825

Bitz, Michael/Schneeloch, Dieter/Wittstock, Wilfried, Der Jahresabschluß, 3. Aufl., München 2000

Blaurock, Uwe, Handbuch der Stillen Gesellschaft, 5. Aufl., Köln 1998

Blaurock, Uwe, Steuerrecht und Grundgesetz, JA 1980, S. 142

Bleckmann, Albert, Europarecht, 6. Aufl., Köln u.a. 1997

Bleckmann, Albert, Probleme des Grundrechtsverzichts, JZ 1988, S. 57

Bleckmann, Albert, Staatsrecht II - Die Grundrechte, 4. Aufl., Köln u.a. 1997

Bleckmann, Albert/Helm, Franziska, Die Grundrechtsfähigkeit juristischer Personen - Die Funktion des Art. 19 III GG, DVBl. 1992, S. 9

Blumenwitz, Dieter, Rechtsprobleme im Zusammenhang mit der Angleichung von Rechtsvorschriften auf dem Gebiet des Niederlassungsrechts der freien Berufe, NJW 1989,S. 621

Böckenförde, Ernst-Wolfgang, Grundrechte als Grundsatznormen, Der Staat 29 (1990), S. 1

Bonner Kommentar, Kommentar zum Bonner Grundgesetz, Dolzer, Rudolf/ Vogel, Klaus (Hrsg.), Stand 1999, Bd. 1 (Einleitung-Art. 5); Bd. 2 (Art. 6-14); Bd. 3 (Art. 15-19)

Bryde, Brun-Otto, Artikel 12 Grundgesetz - Freiheit des Berufs und Grundrecht der Arbeit, NJW 1984, S. 2177

Bundesministerium der Justiz (Hrsg.), Bericht über die Verhandlungen der Unternehmensrechtskommission, Köln 1980

Bundessteuerberaterkammer, Geplante Erleichterungen nach dem BiRiLiG für kleine und mittelgroße Kapitalgesellschaften, Schreiben der Bundessteuerberaterkammer vom 25.11.1988, StB 1989, S. 110

Bundessteuerberaterkammer, Stellungnahme der Bundessteuerberaterkammer vom 2.1.1989 zur sog. Mittelstandsrichtlinie, DStR 1989,S. 151

Bunte, Hermann-Josef, Informationsrechte in der GmbH und im GmbH-Konzern, Frankfurt a.M. 1976

Busse von Colbe, Walther (Hrsg.), Lexikon des Rechnungswesens, 3. Aufl., München 1994

von Caemmerer, Ernst, Publizitätsinteressen der Öffentlichkeit und Gesellschaftsrecht, in: Barz, Carl Hans (Hrsg.), Das Frankfurter Publizitätsgespräch, Frankfurt a.M. 1962, S. 141

Canaris, Claus-Wilhelm, Anmerkung zum Beschluß des BVerfG vom 7.2.1990, AP Nr. 65 zu Art. 12 GG

Canaris, Claus-Wilhelm, Grundrechte und Privatrecht, AcP 184 (1984), S. 201

Canaris, Claus-Wilhelm, Grundrechte und Privatrecht, Berlin/New York 1999

Chlosta, Joachim, Der Wesensgehalt der Eigentumsgewährleistung, Berlin 1975

Chwolik-Lanfermann, Ellen, Grundrechtsschutz in der Europäischen Union, Bestand, Tendenzen und Entwicklungen, Frankfurt 1994

Crezelius, Georg, Wettbewerbsverbot im GmbH-Recht - Steuerrecht contra Gesellschaftsrecht?, RWS-Forum Gesellschaftsrecht 1995, S. 47

Dahl, Gabriele, Zwischenberichterstattung börsennotierter Unternehmen, Wiesbaden 1995

Delp, Udo Albert, Publizitäts- und Prüfungspflicht der GmbH, Frankfurt a.M. 1985

Diederichsen, Uwe, Das Bundesverfassungsgericht als oberstes Zivilgericht, AcP 198 (1998), S. 171

Dietrich, Jürgen, Die Publikums-Kommanditgesellschaft und die gesellschaftsrechtlich geschützten Interessen, Köln 1988

Di Fabio, Udo, Grundrechte im präzeptoralen Staat am Beispiel hoheitlicher Informationstätigkeit, JZ 1993, S. 689

Di Fabio, Udo, Richtlinienkonformität als ranghöchstes Normauslegungsprinzip?, NJW 1990, S. 947

Dirksen, Dirk/Möhrle, Florian, Die kapitalistische Kommanditgesellschaft auf Aktien, ZIP 1998, S. 1377

Dreier, Horst (Hrsg.), Grundgesetz Kommentar, Bd. 1 (Art. 1-19), Tübingen 1996

Dreier, Ralf, Zur Grundrechtssubjektivität juristischer Personen des öffentlichen Rechts, in: Achterberg, Norbert (Hrsg.), Festschrift für Hans Ulrich Scupin, Berlin 1973, S. 81

Dürig, Günter, Die Geltung der Grundrechte für den Staatsfiskus und sonstige Fiskalate, BayVBl. 1959, S. 201

Dürig, Günter, Grundrechte und Zivilrechtsprechung, in: Maunz, Theodor (Hrsg.), Festschrift für Hans Nawiasky, München 1956, S. 157

Ebenroth, Carsten Thomas, Das Auskunftsrecht des Aktionärs und seine Durchsetzung im Prozeß, Bielefeld 1970

Ebenroth, Carsten Thomas/Koos, Stefan, Die Verfassungsmäßigkeit des Auskunftsverweigerungsrechts gem. § 131 Abs. 3 AktG bei Aktionärsanfragen bezüglich stiller Reserven, BB 1995, Beilage 8, S. 1

Eckhoff, Rolf, Der Grundrechtseingriff, Köln u.a. 1992

Ehlig, Frank, Der Sanktionsmechanismus bei Nichtoffenlegung der Jahresabschlüsse für Kapitalgesellschaften aus Sicht der handelsrechtlichen Rechnungslegungszwecke und seine verfassungsrechtlichen Grenzen, WPg 1997, S. 513

Eingabe der Centrale für GmbH Dr. Otto Schmidt, GmbHR 1964, S. 173

Eingabe der Centrale für GmbH Dr. Otto Schmidt, GmbHR 1988, S. 45

Enneccerus, Ludwig/Nipperdey, Hans Carl, Allgemeiner Teil des Bürgerlichen Rechts, 15. Aufl., Tübingen 1959

Everling, Ulrich, Brauchen wir „Solange III"?, EuR 1990, S. 195

Fechner, Erich, Die Treuebindungen des Aktionärs, Weimar 1942

Fezer, Karl-Heinz, Diskriminierende Werbung - Das Menschenbild der Verfassung im Wettbewerbsrecht, JZ 1998, S. 265

Fischer, Robert, Die Grenzen bei der Ausübung gesellschaftlicher Mitgliedschaftsrechte, NJW 1954, S. 777

Flume, Werner, Anmerkung zu BGH, Urt. vom 10.10.1994, ZIP 1995,S. 651

Friauf, Karl Heinrich, Die Publizitätspflicht für Gesellschaften mit beschränkter Haftung aus verfassungsrechtlicher Sicht, GmbHR 1985, S. 245

Friauf, Karl Heinrich, Registerpublizität für GmbH und Verfassungsrecht, GmbHR 1991, S. 397

Friauf, Karl Heinrich, Die Bindung deutscher Verfassungsorgane an das Grundgesetz bei Mitwirkung an europäischen Organakten, in: Friauf, Karl Heinrich/Scholz, Rupert (Hrsg.), Europarecht und Grundgesetz, Berlin 1990, S. 11

Fuß, Ernst-Werner, Grundrechtsgeltung für Hoheitsträger, DVBl. 1958, S. 739

Gamillscheg, Franz, Die Grundrechte im Arbeitsrecht, AcP 164 (1964), S. 385

Geiger, Martin, Wettbewerbsverbote im Konzernrecht, Baden-Baden 1996

Gersdorf, Hubertus, Das Kooperationsverhältnis zwischen deutscher Gerichtsbarkeit und EuGH, DVBl. 1994, S. 674

Geßler, Ernst/Hefermehl, Wolfgang/Eckhardt, Ulrich/Kropff, Bruno, Aktiengesetz Kommentar, Bd. 2 (§§ 76-147), München 1973; Bd. 3 (§§ 148-178), München 1973; Bd. 5 (§§ 241-290), München 1984

Godin, Freiherr von/Wilhelmi, Hans, Aktiengesetz vom 6.9.1965, Bd. 2, 4. Aufl., Berlin/New York 1971

Goerdeler, Reinhard, Das allgemeine Informationsrecht des Kommanditisten, in: Goerdeler, Reinhard u.a. (Hrsg.), Festschrift für Alfred Kellermann, Berlin/New York 1991, S. 77

Goerdeler, Reinhard, Die Zuziehung von Sachverständigen bei der Einsicht in die Bücher, in: Lutter, Marcus u.a. (Hrsg.), Festschrift für Walter Stimpel, Berlin/New York 1985,S. 125

Goette, Wulf, Das Anstellungsverhältnis des GmbH-Geschäftsführers in der Rechtsprechung des Bundesgerichtshofs, DStR 1998, S. 1137

Götz, Volkmar, Europäische Gesetzgebung durch Richtlinien - Zusammenwirken von Gemeinschaft und Staat, NJW 1992, S. 1849

Grobe, Hans, Zum Rechtsverhältnis des persönlich haftenden Gesellschafters einer Kommanditgesellschaft auf Aktien, NJW 1968, S. 1709

Groß, Wolfgang, Informations- und Auskunftsrecht des Aktionärs, AG 1997, S. 97

Großfeld, Bernhard, Bilanzrecht für Juristen - Das Bilanzrichtlinien-Gesetz vom 19.12.1985, NJW 1986, S. 955

Grunewald, Barbara, Einsichts- und Auskunftsrecht des GmbH-Gesellschafters nach neuem Recht, ZHR 146 (1982), S. 211

Gustavus, Eckhart, Das Informationserzwingungsverfahren nach § 51 b GmbHG in der Praxis, GmbHR 1989, S. 181

Gustavus, Eckhart, Die Sanktionen bei unterlassener Offenlegung des Jahresabschlusses, ZIP 1988, S. 1429

Haase, Karsten, Die Vorteile der GmbH oder der GmbH & Co.KGaA in gesellschaftsrechtlicher Sicht, GmbHR 1997, S. 917

Hachenburg, Max, Großkommentar zum GmbH-Gesetz, Ulmer, Peter (Hrsg.), Bd. 2 (§§ 35-52), 8. Aufl. Berlin/New York 1997; Bd. 3 (§§53-85), 8. Aufl., Berlin/New York 1997

Häberle, Peter, Die Wesensgehaltsgarantie des Art. 19 Abs. 2 Grundgesetz, 2. Aufl., Karlsruhe 1972

Hager, Johannes, Grundrechte im Privatrecht, JZ 1994, S. 373

Hahn, Jürgen, Geänderter Kommissionsvorschlag für die EG-Mittelstandsrichtlinie, GmbHR 1990, R 1

Hartel, Ulrich M., Umwandlung einer GmbH & Co.KG in eine KG auf Aktien, DB 1992, S. 2329

Hartmann, Bernhard/Cortrie, Hildegard, Schadensersatzanspruch der GmbH gegenüber einem Gesellschafter für die Nutzung ihres Fachwissens und ihrer Geschäftsverbindungen außerhalb der GmbH, DB 1981, S. 1073

Hefermehl, Wolfgang, Umfang und Grenzen des Auskunftsrechts des Aktionärs in der Hauptversammlung, in: Pawlowski, H.-M. u.a. (Hrsg.), Festschrift für Konrad Duden, München 1977, S. 109

Heidelberger Kommentar zum Handelsgesetzbuch, Handelsrecht, Bilanzrecht, Steuerrecht, bearb. von Glanegger, Peter u.a., 5. Aufl., Heidelberg 1999

Heidelberger Kommentar zum GmbH-Recht, bearb. von Bartl, Harald u.a., 4. Aufl., Heidelberg 1998

Henn, Günter, Handbuch des Aktienrechts, 5. Aufl., Heidelberg 1994

Hennerkes, Brun-Hagen/May, Peter, Überlegungen zur Rechtsformwahl im Familienunternehmen, DB 1988, S. 537

Hennerkes, Brun-Hagen/May, Peter, Noch einmal: Die GmbH & Co.KG auf Aktien als Rechtsform für börsenwillige Familienunternehmen?, BB 1988, S. 2393

Hennerkes, Brun-Hagen/Lorz, Rainer, Roma locuta causa finita: Die GmbH & Co.KGaA ist zulässig, DB 1997, S. 1388

Henrichs, Helmut, Gemeinschaftsrecht und nationale Verfassungen - Organisations- und verfahrensrechtliche Aspekte einer Konfliktlage, EuGRZ 1990, S. 413

Henze, Hartwig, Die Treuepflicht im Aktienrecht - Gedanken zur Rechtsprechung des Bundesgerichtshofs von „Kali und Salz" über „Linotype" und „Kochs Adler" bis zu „Girmes", BB 1996, S. 489

Henze, Hartwig, Treuepflichten der Gesellschafter im Kapitalgesellschaftsrecht, ZHR 162 (1998), S. 186

Herdegen, Matthias, Europäisches Gemeinschaftsrecht und die Bindung deutscher Verfassungsorgane an das Grundgesetz - Bemerkungen zu neueren Entwicklungen nach dem „Solange II"-Beschluß, EuGRZ 1989, S. 309

Hermes, Georg, Grundrechtsschutz durch Privatrecht auf neuer Grundlage? Das BVerfG zu Schutzpflicht und mittelbarer Drittwirkung der Berufsfreiheit, NJW 1990, S. 1764

Hesse, Konrad, Die verfassungsgerichtliche Kontrolle der Wahrnehmung grundrechtlicher Schutzpflichten des Gesetzgebers, in: Däubler-Gmelin, Herta u.a. (Hrsg.), Festschrift für Ernst Gottfried Mahrenholz, Baden-Baden 1999, S. 541

Hesse, Konrad, Grundzüge des Verfassungsrechts der Bundesrepublik Deutschland, 20. Aufl., Heidelberg 1995

Hesselmann, Malte, Die kapitalistische Kommanditgesellschaft auf Aktien, BB 1989, S. 2344

Hesselmann, Malte, GmbH & Co. Kommanditgesellschaft auf Aktien - 20 Jahre Beschluß des Hanseat. OLG Hamburg über die Zulässigkeit dieser Gesellschaftsform, GmbHR 1988, S. 472

Heymann, Handelsgesetzbuch, Kommentar, Bd. 2 (§§ 105-237), 2. Aufl., Berlin/New York 1996

Hirte, Heribert, Mitteilung und Publikation von Gerichtsentscheidungen, NJW 1988, S. 1698

Höflich, Klaus, Wettbewerbliche Wirkungen publizierter Jahresabschlüsse, Mainz 1982

Höfling, Wolfram, Vertragsfreiheit - Eine grundrechtsdogmatische Studie, Heidelberg 1991

Hoffmann, Martin, Der grundrechtliche Schutz der marktwirtschaftlichen Unternehmenstätigkeit und der gesellschaftsrechtlichen Unternehmensorganisation durch die Unternehmensfreiheit, München 1988

Hoffmann-Becking, Michael, Nachvertragliche Wettbewerbsverbote für Vorstandsmitglieder und Geschäftsführer, in: Westermann, Harm Peter/Rosener, Wolfgang (Hrsg.), Festschrift für Karlheinz Quack, Berlin/New York 1991, S. 273

Hommelhoff, Peter, Jahresabschluß und Gesellschafterinformation in der GmbH, ZIP 1983, S. 383

Hopt, Klaus J., Die Publizität von Kapitalgesellschaften - Grundsätzliche Überlegungen zum Stand nach der 4. EG-Richtlinie und zur Reformdiskussion in den USA, ZGR 1980, S. 225

Hopt, Klaus J., Vom Aktien- und Börsenrecht zum Kapitalmarktrecht, ZHR 141 (1977), S. 389

Huber, Ernst Rudolf, Grundgesetz und wirtschaftliche Mitbestimmung, Stuttgart u.a. 1970

Huber, Peter M., Bundesverfassungsgericht und Europäischer Gerichtshof als Hüter der gemeinschaftsrechtlichen Kompetenzordnung, AöR 116 (1991), S. 210

Hueck, Alfred, Das Recht der offenen Handelsgesellschaft, 4. Aufl., Berlin 1971

Hueck, Alfred, Der Treuegedanke im modernen Privatrecht, München 1947

Hueck, Alfred, Die Bedeutung des Art. 3 des Bonner Grundgesetzes für die Lohn- und Arbeitsbedingungen der Frauen, Köln 1951

Hueck, Götz, Der Grundsatz der gleichmäßigen Behandlung im Privatrecht, München/Berlin 1958

Hueck, Götz, Drei Fragen zur Gesamthandsgesellschaft, in: Lieb, Manfred u.a. (Hrsg.), Festschrift für Wolfgang Zöllner, Bd. I, Köln u.a. 1998, S. 275

Hüffer, Uwe, Aktiengesetz, 3. Aufl., München 1997

Hüffer, Uwe, Der Aufsichtsrat in der Publikumsgesellschaft, ZGR 1980, S. 320

Hüffer, Uwe, Zur gesellschaftsrechtlichen Treuepflicht als richterrechtlicher Generalklausel, in: Baur, Jürgen F. u.a. (Hrsg.), Festschrift für Ernst Steindorff, Berlin/New York 1990, S. 59

Immenga, Ulrich, Publizitätspflichten der GmbH und Informationsrechte der Gesellschafter, in: Roth, Günther H. (Hrsg.), Die Zukunft der GmbH, Wien 1983, S. 107

Isensee, Josef, Grundrecht auf Ehre, in: Ziemske, Burkhardt u.a. (Hrsg.), Staatsphilosophie und Rechtspolitik, Festschrift für Martin Kriele, München 1997, S. 5

Isensee, Josef/Kirchhof, Paul (Hrsg.), Handbuch des Staatsrechts der Bundesrepublik Deutschland, Bd. 5, Heidelberg 1992; Bd. 6, Heidelberg 1989; Bd. 7, Heidelberg 1992

Ivens, Michael, Das Konkurrenzverbot des GmbH-Gesellschafters, Hamburg 1987

Ivens, Michael, Informationsverweigerung gem. § 51 a Abs. 2 GmbHG gegenüber Konkurrentgesellschaftern, GmbHR 1989, S. 273

Jäger, Axel, Das nachvertragliche Wettbewerbsverbot und die Karenzentschädigung für Organmitglieder juristischer Personen, DStR 1995, S. 724

Jarass, Hans D., Grundrechte als Wertentscheidungen bzw. objektivrechtliche Prinzipien in der Rechtsprechung des Bundesverfassungsgerichts, AöR 110 (1985), S. 363

Jarass, Hans D., Das allgemeine Persönlichkeitsrecht im Grundgesetz, NJW 1989, S. 857

Jarass, Hans D./Pieroth, Bodo, Grundgesetz für die Bundesrepublik Deutschland, Kommentar, 4. Aufl., München 1997

Kanzleiter, Rainer, Schranken der Zulässigkeit von Wettbewerbsverboten in Gesellschaftsverträgen, DNotZ 1989, S. 195

Kardaras, Athanasios, Das Wettbewerbsverbot in den Personalgesellschaften, München/Berlin 1967

Kirchhof, Ferdinand, Private Rechtsetzung, Berlin 1987

Knolle, H., Arbeitsbedingungen der Frau und „Grundrechte“, BB 1949, S. 451

Knur, Alexander, Die Eignung der Kommanditgesellschaft auf Aktien für Familienunternehmen, in: Jakobs, Horst Heinrich u.a. (Hrsg.), Festschrift für Werner Flume, Band II, Köln 1978, S. 173

Kölner Kommentar, Aktiengesetz, Zöllner, Wolfgang (Hrsg.), Bd. 2 (§§ 148-290 AktG), 1. Aufl., Köln u.a. 1985; Bd. 2 (§§ 76-117 AktG), 2. Aufl., Köln u.a. 1996; Bd. 4 (§§ 238-289 HGB), 2. Aufl., Köln u.a. 1990

Kopp, Ferdinand O., Fiskalgeltung und Drittwirkung der Grund- und Freiheitsrechte im Bereich des Privatrechts, in: Baltl, Hermann (Hrsg.), Festschrift für Walter Wilburg, Graz 1975, S. 141

Korinek, Karl, Wirtschaftliche Selbstverwaltung, Wien/NewYork 1970

Krause, Peter, Die Rechtsprechung des Bundesverfassungsgerichts zum Privatrecht, JZ 1984, S. 656

Kretzschmar, Alfons, Zur Konkretisierung des Auskunftsrechts nach § 51 a GmbHG, AG 1987, S. 121 ff.

Krüger, Hildegard, Grenzen der Zumutbarkeit aus Gewissensgründen im Arbeitsrecht, RdA 1954, S. 365

Kübler, Friedrich, Gesellschaftsrecht, 5. Aufl., Heidelberg 1999

Kübler, Friedrich, Gesellschaftsrecht im Spannungsfeld überlieferter Rechtsformen und moderner Regelungsprobleme, NJW 1984, S. 1857

Kübler, Friedrich/Waltermann, Jens, Geschäftschancen der Kommanditgesellschaft, ZGR 1991, S. 162

Kümpel, Siegfried, Bank- und Kapitalmarktrecht, Köln 1995

Lamprecht, Philipp, Die Bilanzfeststellung in der Kommanditgesellschaft, INF 1996, S. 561

Larenz, Karl/Canaris, Klaus-Wilhelm, Methodenlehre der Rechtswissenschaft, 3. Aufl., Berlin/Heidelberg 1995

Leibholz, Gerhard/Rinck, Hans-Justus/Hesselberger, Dieter, Grundgesetz für die Bundesrepublik Deutschland, Kommentar an Hand der Rechtsprechung des Bundesgerichtshofs, Bd. 1 (Einf.-Art. 19), 6. Aufl., Stand April 1991

Leisner, Walter, Die schutzwürdigen Rechte im besonderen Gewaltverhältnis, DVBl. 1960, S. 617

Leisner, Walter, Grundrechte und Privatrecht, München 1960

Lenenbach, Markus, Konsequenzen aus der Richtlinienwidrigkeit des § 335 HGB, DZWir 1998, S. 265

Lerche, Peter, Zur Bindung der Tarifnormen an Grundrechte, insbesondere an das Grundrecht der Berufsfreiheit, in: Baur, Jürgen F. u.a. (Hrsg.), Festschrift für Ernst Steindorff, Berlin/New York 1990, S. 897

Löffler, Joachim, Zur Reichweite des gesetzlichen Wettbewerbsverbots in der Kommanditgesellschaft, NJW 1986, S. 223

Lücke, Jörg, Die Berufsfreiheit, Heidelberg 1994

Lücke, Jörg, Die Drittwirkung der Grundrechte an Hand des Art. 19 Abs. 3 GG - Zur horizontalen Geltung der Grundrechte in neuer Sicht, JZ 1999, S. 377

Lutter, Marcus, Bankenvertreter im Aufsichtsrat, ZHR 145 (1981), S. 224

Lutter, Marcus, Die Haftung des herrschenden Unternehmens im GmbH-Konzern, ZIP 1985, S. 1425

Lutter, Marcus, Die Unwirksamkeit von Mehrfachmandaten in den Aufsichtsräten von Konkurrenzunternehmen, in: Beisse, Heinrich u.a. (Hrsg.), Festschrift für Karl Beusch, Berlin/New York 1993, S. 509

Lutter, Marcus, Europäisches Unternehmensrecht, 4. Aufl., Berlin/New York 1996

Lutter, Marcus, Treupflichten und ihre Anwendungsprobleme, ZHR 162 (1998), S. 164

Lutter, Marcus, Theorie der Mitgliedschaft, AcP 180 (1980), S. 84

Lutter, Marcus, Zum Informationsrecht des Gesellschafters nach neuem GmbH-Recht, ZGR 1982, S. 1

Lutter, Marcus/Hommelhoff, Peter, GmbH-Gesetz Kommentar, 15. Aufl., Köln 2000

Lutter, Marcus/Mertens, Hans Joachim/Ulmer, Peter, Die GmbH & Co.KG und das Bilanzrichtlinien-Gesetz, BB 1983, S. 1737

von Mangoldt, Hermann/Klein, Friedrich/Starck, Heinrich, Das Bonner Grundgesetz Kommentar, Bd. 1 (Art. 1-5), 4. Aufl., München 1999

Martens, Klaus-Peter, Grundlagen und Entwicklung des Minderheitsschutzes in der GmbH, in: Lutter, Marcus u.a. (Hrsg.), Festschrift 100 Jahre GmbH-Gesetz, Köln 1992, S. 607

Maunz, Theodor/Dürig, Günter/Herzog, Roman, Grundgesetz Kommentar, Stand 2000, Bd. 1 (Art. 1-11); Bd. 2 (Art. 12-21)

Mayer, Dieter, Wettbewerbsklauseln in Personengesellschaftsverträgen, NJW 1991, S. 23

Medicus, Dieter, Der Grundsatz der Verhältnismäßigkeit im Privatrecht, AcP 192 (1992), S. 35

Meessen, Karl Matthias, Ausländische juristische Personen als Träger von Grundrechten, JZ 1970, S. 602

Meilicke, Wienand, Gestaltungen zur Verminderung der Publizität, DB 1986, S. 2445

Merkt, Hanno, Unternehmensleitung und Interessenkollision, ZHR 159 (1995), S. 423

Mertens, Hans-Joachim, § 51 a Abs. 1 GmbHG und die kapitalistisch strukturierte GmbH, in: Hadding, Walther u.a. (Hrsg.), Festschrift für Winfried Werner, Berlin/New York 1984,S. 557

Mertens, Hans-Joachim/Cahn, Andreas, Wettbewerbsverbot und verdeckte Gewinnausschüttung im GmbH-Konzern, in: Kübler, Friedrich u.a. (Hrsg.), Festschrift für Theodor Heinsius, Berlin/New York 1991, S. 545

Michalski, Lutz, OHG-Recht, Kommentar zum Recht der offenen Handelsgesellschaften, Köln u.a. 2000

Mikat, Paul, Gleichheitsgrundsatz und Testierfreiheit, in: Dietz, Rolf/Hübner, Heinz (Hrsg.), Festschrift für Hans Carl Nipperdey, Bd. I, München/Berlin 1965, S. 581

Moser, Berthold, Die Europäische Menschenrechtskonvention und das bürgerliche Recht, Wien 1972

Mülbert, Peter O., Die rechtsfähige Personengesellschaft, AcP 199 (1999), S. 38

Müller, Klaus, Schranken des Informationsrechtes nach § 51 a GmbHG, GmbHR 1987, S. 87

Münch, Christof, Befreiung vom Wettbewerbsverbot im Recht der GmbH, NJW 1993, S. 225

von Münch, Ingo/Kunig, Philip (Hrsg.), Grundgesetz-Kommentar, Bd. 1 (Präambel-Art. 20), 5. Aufl., München 2000

Münchener Handbuch des Gesellschaftsrechts, Bd. 1 (BGB-Gesellschaft, Offene Handelsgesellschaft u.a.), Riegger, Bodo/Weipert, Lutz (Hrsg.), München 1995; Bd. 2 (Kommanditgesellschaft, Aktiengesellschaft), Riegger, Bodo/Weipert, Lutz (Hrsg.), München 1991; Bd. 3 (Gesellschaft mit beschränkter Haftung), Priester, Hans-Joachim/Maly, Dieter (Hrsg.), München 1996; Bd. 4 (Aktiengesellschaft), Hoffmann-Becking, Michael (Hrsg.), 2. Aufl., München 1999

Murswiek, Dietrich, Die staatliche Verantwortung für die Risiken der Technik, Berlin 1985

Neßler, Volker, Europäisches Gemeinschaftsrecht vor deutschen Gerichten, DVBl. 1993, S. 1240

Nicolaysen, Gert, Tabakrauch, Gemeinschaftsrecht und Grundgesetz, EuR 1989, S. 215

Nipperdey, Hans Carl, Grundrechte und Privatrecht, in: Nipperdey, Hans Carl (Hrsg.), Festschrift für Erich Molitor, München/Berlin 1962, S. 17

Oldiges, Martin, Neue Aspekte der Grundrechtsgeltung im Privatrecht, in: Wendt, Rudolf u.a. (Hrsg.), Staat Wirtschaft Steuern, Festschrift für Karl Heinrich Friauf, Heidelberg 1996, S. 281

Ossenbühl, Fritz, Die Freiheiten des Unternehmers nach dem Grundgesetz, AöR 115 (1990), S. 1 (S. 29)

Ottmann, Hans Paul, Die Vereinigungsfreiheit als Richtmaß und Schranke der unternehmensverfassungsrechtlichen Gesetzgebung, München 1985

Paschen, Iris, Zur Publizitätspraxis der GmbH, DB 1992, S. 49

Pernice, Ingolf, Gemeinschaftsverfassung und Grundrechtsschutz, NJW 1990, S. 2409

Petzold, Rolf, Anmerkung zu OLG Hamm, Urt. v. 7.10.1987, EWiR 1988, S. 229

Pflug, Hans-Joachim, Der persönlich haftende Gesellschafter in der Kommanditgesellschaft auf Aktien, NJW 1971, S. 345

Pieroth, Bodo/Schlink, Bernhard, Staatsrecht II, 15. Aufl., Heidelberg 1999

Pietzcker, Jost, Drittwirkung - Schutzpflicht - Eingriff, in: Maurer, Hartmut (Hrsg.), Festschrift für Günter Dürig, München 1990, S. 345

Priester, Hans-Joachim, Die Kommanditgesellschaft auf Aktien ohne natürlichen Komplementär, ZHR 160 (1996), S. 250

Quaritsch, Helmut, Der Verzicht im Verwaltungsrecht und auf Grundrechte, in: Selmer, Peter/v. Münch, Ingo, Gedächtnisschrift für Wolfgang Martens, Berlin/New York 1987, S. 407

Raiser, Thomas, Der Begriff der juristischen Person. Eine Neubesinnung, AcP 199 (1999), S. 104

Raiser, Thomas, 100 Bände BGHZ: GmbH-Recht - Die Treuepflichten im GmbH-Recht als Beispiel der Rechtsfortbildung, ZHR 151 (1987), S. 422

Raiser, Thomas, Recht der Kapitalgesellschaften, 2. Aufl., München 1992

Raiser, Thomas, Das Unternehmen in der verfassungsrechtlichen Ordnung der Bundesrepublik nach dem Mitbestimmungsurteil des Bundesverfassungsgerichts, JZ 1979, S. 489

Raiser, Thomas, Wettbewerbsverbote als Mittel des konzernrechtlichen Präventivschutzes, in: Lutter, Marcus u.a. (Hrsg.), Festschrift für Walter Stimpel, Berlin/New York 1985

Ramm, Thilo, Die Freiheit der Willensbildung, Stuttgart 1960

Ramm, Thilo, Drittwirkung und Übermaßverbot, JZ 1988, S. 489

Rehbinder, Eckard, Minderheiten- und Gläubigerschutz im faktischen Konzern, AG 1986, S. 85

Rehbinder, Eckard, Treuepflichten im GmbH-Konzern - Besprechung der Entscheidung BGHZ 65, S. 15, ZGR 1976, S. 386

Reimers, Walter, Das Grundgesetz und das Privatrecht, MDR 1967, S. 533

Reinfeld, Roland, Das nachvertragliche Wettbewerbsverbot im Arbeits- und Wirtschaftsrecht, Heidelberg 1993

Rengeling, Hans-Werner, Grundrechtsschutz in der Europäischen Gemeinschaft, München 1993

Reuter, Alexander, Das Auskunftsrecht des Aktionärs - neuere Rechtsprechung zu § 131 AktG, DB 1988, S. 2615

Reuter, Edzard, Die Publizität der Kapitalgesellschaft nach neuem Bilanzrecht, in: Havermann, Hans (Hrsg.), Bilanz- und Konzernrecht, Festschrift für Reinhard Goerdeler, Düsseldorf 1987

Rickert, Beate, Grundrechtsgeltung bei der Umsetzung europäischer Richtlinien in innerstaatliches Recht, Berlin 1997

Ritter, Ernst-Hasso, Der Grundrechtsschutz ausländischer juristischer Personen, NJW 1964, S. 279

Rittner, Fritz, Rechnungslegung und Publizität, in: Centrale für GmbH Dr. Otto Schmidt (Hrsg.), Probleme der GmbH-Reform, Heft 25 der Schriftenreihe Rechtsfragen der Handelsgesellschaften, Köln 1970

Rittner, Fritz, Über den Vorrang des Privatrechts, in: Diekmann, Albrecht u.a. (Hrsg.), Festschrift für Wolfram Müller-Freienfels, Baden-Baden 1986, S. 501

Röhricht, Volker, Das Wettbewerbsverbot des Gesellschafters und des Geschäftsführers, WPg 1992, S. 766

Rowedder, Heinz, Gesetz betreffend die Gesellschaften mit beschränkter Haftung (GmbHG), 3. Aufl., München 1997

Rüfner, Wolfgang, Drittwirkung der Grundrechte - Versuch einer Bilanz, in: Selmer, Peter/v. Münch, Ingo (Hrsg.), Gedächtnisschrift für Wolfgang Martens, Berlin/New York 1987, S. 215

Rüfner, Wolfgang, Grundrechtskonflikte, in: Starck, Christian (Hrsg.), Bundesverfassungsgericht und Grundgesetz, Festgabe aus Anlaß des 25jährigen Bestehens des Bundesverfassungsgerichts, Bd. II, Tübingen 1976, S. 453

Rüfner, Wolfgang, Unternehmen und Unternehmer in der verfassungsrechtlichen Ordnung der Wirtschaft, DVBl. 1976, S. 689 (S. 691)

Rüfner, Wolfgang, Überschneidungen und gegenseitige Ergänzungen der Grundrechte, Der Staat 7 (1968), S. 41

Rüfner, Wolfgang, Zur Bedeutung und Tragweite des Art. 19 Abs. 3 des Grundgesetzes, AöR 89 (1964), S. 261

Rupp, Hans Heinrich, Vom Wandel der Grundrechte, AöR 101 (1976), S. 161

Rupp-v. Brünneck, Wiltraut, Zur Grundrechtsfähigkeit juristischer Personen, in: Ehmke, Horst (Hrsg.), Festschrift für Adolf Arndt, Frankfurt a.M. 1965, S. 349

Sachs, Michael (Hrsg.), Grundgesetz Kommentar, 2. Aufl., München 1999

Saenger, Ingo, Hinzuziehung von Stellvertreter oder Beistand bei Beschlußfassung und Kontrolle im Gesellschaftsrecht, NJW 1992, S. 348

Schäfer, Frank A. (Hrsg.), Wertpapierhandelsgesetz/Börsengesetz mit BörsZulV/Verkaufsprospektgesetz mit VerkProspV Kommentar, Stuttgart 1999

Schaetzel, Walter, Welchen Einfluß hat Art. 3 Abs. 2 des Bonner Grundgesetzes auf die nach dem 24. Mai 1949 geschlossenen Arbeits- und Tarifverträge?, RdA 1950, S. 248

Scheffler, Eberhard, Die Überwachungsaufgabe des Aufsichtsrats im Konzern, DB 1994, S. 793

Schiessl, Maximilian, Abdingbarkeit der Kontrollrechte des Kommanditisten aus § 166 HGB?, NJW 1989, S. 1597

Schiessl, Maximilian, Die Wahrnehmung von Geschäftschancen der GmbH durch ihren Geschäftsführer, GmbHR 1988, S. 53

Schlechtriem, Peter, Grundgesetz und Vertragsordnung, in: Rechtswissenschaftliche Fakultät der Universität Freiburg/Br. (Hrsg.), 40 Jahre Grundgesetz, Heidelberg 1990, S. 39

Schlegelberger, Handelsgesetzbuch, Kommentar, Bd. 3 Hb. 1 (§§ 105-160), 5. Aufl., München 1992; Bd. 3 Hb. 2 (§§ 335-342/§§230-237 n.F.), 5. Aufl., München 1986

Schmidt, Karsten, Das neue Auskunfts- und Einsichtsrecht des GmbH-Gesellschafters, in: Centrale für GmbH Dr. Otto Schmidt (Hrsg.), Das neue GmbH-Recht in der Diskussion, Köln 1981, S. 87

Schmidt, Karsten, Die Dogmatik des Informationsrechts als Grundlage der Konkretisierung des § 51 a GmbHG, in: Goerdeler, Reinhard u.a. (Hrsg.); Festschrift für Alfred Kellermann, Berlin/New York 1991, S. 389

Schmidt, Karsten, Gesellschaftsrecht, 3. Aufl., Köln u.a. 1997

Schmidt, Karsten, Handelsrecht, 5. Aufl., Köln u.a. 1999

Schmidt, Karsten, Informationsrechte in Gesellschaften und Verbänden, Heidelberg 1984

Schmidt, Karsten, Personengesellschaft und Grundstücksrecht, ZIP 1998, S. 2

Schmidt-Rimpler, Walter/Gieseke, Paul/Friesenhahn, Ernst/Knur, Alexander, Die Lohngleichheit von Männern und Frauen, AöR 76 (1950-1951), S. 165

Schmitt, Carl, Verfassungsrechtliche Aufsätze aus den Jahren 1924 - 1954, Berlin 1958 (Verfassungsrechtliche Aufsätze)

Schneider, Jens-Peter, Effektiver Rechtsschutz Privater gegen EG-Richtlinien nach dem Maastricht-Urteil des Bundesverfassungsgerichts, AöR 119 (1994), S. 294

Schneider, Uwe H., Wettbewerbsverbot für Aufsichtsratsmitglieder einer Aktiengesellschaft? - 12 Thesen zu einer rechtspolitischen Diskussion, BB 1995, S. 365

Schoenborn, Walther, Studien zur Lehre vom Verzicht im öffentlichen Recht, Tübingen 1908

Scholz, Franz, Kommentar zum GmbH-Gesetz; Bd. 1 (§§ 1-44), 9. Aufl., Köln 2000; Bd. 2 (§§ 45-85), 8. Aufl., Köln 1995

Schulte, Martin, Informales Verwaltungshandeln als Mittel staatlicher Umwelt- und Gesundheitspflege, DVBl. 1988, S. 512

Schulze-Osterloh, Joachim, Die Rechnungslegung der GmbH als Spiegelbild sich wandelnder Bilanzauffassungen und Publizitätsinteressen, in: Lutter, Marcus u.a. (Hrsg.), Festschrift 100 Jahre GmbH-Gesetz, Köln 1992, S. 501

Schwabe, Jürgen, Die sogenannte Drittwirkung der Grundrechte, München 1971

Schwark, Eberhard, Börsengesetz Kommentar, 2. Aufl., München 1994

Schwark, Eberhard, Probleme der Unternehmenspublizität im Lichte der 4. und 7. gesellschaftsrechtlichen EG-Richtlinie, AG 1978, S. 269

Sethe, Rolf, Die personalistische Kapitalgesellschaft mit Börsenzugang, Tübingen 1995

Siekmann, Helmut, Öffentlich-rechtliche Grenzen zivilrechtlicher Publizitätspflichten, in: Wendt, Rudolf u.a. (Hrsg.), Festschrift für Karl Heinrich Friauf, Heidelberg 1996, S. 647

Sina, Peter, Zum nachvertraglichen Wettbewerbsverbot für Vorstandsmitglieder und GmbH-Geschäftsführer, DB 1985, S. 902

Singer, Reinhard, Vertragsfreiheit, Grundrechte und der Schutz des Menschen vor sich selbst, JZ 1995, S. 1133

Spieß, Gerhard, Inhaltskontrolle von Verträgen - das Ende privatautonomer Vertragsgestaltung?, DVBl. 1994, S. 1222

Starck, Christian, Die Grundrechte des Grundgesetzes, JuS 1981, S. 237

Stein, Ekkehart, Staatsrecht, 15. Aufl., Tübingen 1995

Stein, Torsten, Umgekehrt! Bemerkungen zum „Solange II"-Beschluß des Bundesverfassungsgerichts, in: Fürst, Walther u.a. (Hrsg.), Festschrift für Wolfgang Zeidler, Berlin/New York 1987, S. 1711

Steindorff, Ernst, Kommanditgesellschaft auf Aktien und Mitbestimmung, in: Flume, Werner u.a. (Hrsg.), Festschrift für Kurt Ballerstedt, Berlin 1975, S. 127

Steindorff, Ernst, Persönlichkeitsschutz im Zivilrecht, Heidelberg 1983

Stern, Klaus, Staatsrecht der Bundesrepublik Deutschland, Bd. 3 Hb. 1, München 1988

Stimpel, Walter, Die Rechtsprechung des Bundesgerichtshofes zur Innenhaftung des herrschenden Unternehmens im GmbH-Konzern, AG 1986, S. 117

Streim, Hannes/Klaus, Hans, Zur Rechnungslegung, Prüfung und Publizität der GmbH & Co.KG, BB 1994, S. 1109 (S. 1116)

Streinz, Rudolf, Bundesverfassungsgerichtlicher Grundrechtsschutz und Europäisches Gemeinschaftsrecht, Baden-Baden 1989

Streinz, Rudolf, Europarecht, 4. Aufl., 1999

Strieder, Thomas/Habel, Michael, Zur Problematik einer Genossenschaft bzw. einer Kapitalgesellschaft als einzigem persönlich haftenden Gesellschafter einer Kommanditgesellschaft auf Aktien, DB 1994, S. 1557

Strobel, Wilhelm, Publizitätspflicht und Haftungsbeschränkung, BB 1981, S. 1742

Sturm, Gerd, Probleme eines Verzichts auf Grundrechte, in: Leibholz, Gerhard u.a. (Hrsg.), Festschrift für Willi Geiger, Tübingen 1974, S. 173

Sudhoff, Heinrich, Personengesellschaften, 7. Aufl., München 1999

Taeger, Jürgen, Offenbarung von Betriebs- und Geschäftsgeheimnissen, Baden-Baden 1988

Tettinger, Peter J., Das Grundrecht der Berufsfreiheit in der Rechtsprechung des Bundesverfassungsgerichts, AöR 108 (1983), S. 93

Thomä, Karl Eugen, Verfassungsrechtliche Grenzen der GmbH-Publizität, GmbHR 1964, S. 175

Tiedchen, Susanne, Wettbewerbsverbote im GmbH-Konzern, GmbHR 1993, S. 616

Tietze, Jörg, Die Informationsrechte des GmbH-Gesellschafters, Köln 1985

Tillmann, Bert, Wettbewerbsverbot des Gesellschafter-Geschäftsführers einer GmbH, GmbHR 1991, S. 26

Timm, Wolfram, Wettbewerbsverbot und „Geschäftschancen"-Lehre im Recht der GmbH, GmbHR 1981, S. 177

Tomuschat, Christian, Aller guten Dinge sind III?, EuR 1990, S. 340

Ulmer, Peter, Die Gesamthandsgesellschaft - ein noch immer unbekanntes Wesen?, AcP 198 (1998), S. 113

Ulsamer, Gerhard, Zur Geltung der Grundrechte für Juristische Personen des öffentlichen Rechts, in: Leibholz, Gerhard u.a. (Hrsg.), Festschrift für Willi Geiger, Tübingen 1974, S. 199

Wahl, Rainer/Masing, Johannes, Schutz durch Eingriff, JZ 1990, S. 553

Wassermeyer, Franz, Das Wettbewerbsverbot des Gesellschafters und des Gesellschafter-Geschäftsführers einer GmbH, GmbHR 1993, S. 329

Weber, Bernhard/Wohlfarth, Jürgen, Publizitätspflichten im Bilanz- und Börsenrecht, BB 1986, S. 699

Weilbach, Erich A., Die Registerpublizität verstößt gegen den Gleichheitsgrundsatz des Grundgesetzes, Stbg 1991, S. 471

Weilbach, Erich A., Noch schützt das Bilanzrichtlinien-Gesetz den Mittelstand vor der Zwangspublizität, DB 1992, S. 1537

Weimar, Robert/Reeh, Michael, Rechts- und Gestaltungsformen zur Vermeidung der Register- und Hauspublizität, DB 1988, S. 1637

Weimar, Robert/Kohl, Christine, Die gesellschaftsrechtliche Praxis unter dem Einfluß der neuen handelsrechtlichen Publizitätspflichten, MDR 1989, S. 396

Weipert, Lutz, Gesellschafterinformationsrechte in der Kommanditgesellschaft, DStR 1992, S. 1097

Wernicke, Konrad, Die Rückführung überlanger Wettbewerbsverbote in der BGH-Rechtsprechung, BB 1990, S. 2209

Wiedemann, Herbert, Gesellschaftsrecht Bd. I, München 1980

Wiedemann, Herbert, Zu den Treuepflichten im Gesellschaftsrecht, in: Kübler, Friedrich u.a. (Hrsg.), Festschrift für Theodor Heinsius, Berlin/New York 1991, S. 949

Wiedemann, Herbert/Hirte, Heribert, Die Konkretisierung der Pflichten des herrschenden Unternehmens - Besprechung der Heumann-Ogilvy-Entscheidung BGHZ 89, 162, ZGR 1986, S. 163

Wiesner, Georg, Die Enthaftung ausgeschiedener persönlich haftender Gesellschafter einer KGaA, ZHR 148 (1984), S. 56

Wiethölter, Rudolf, Die Publizitätsinteressen der Anteilseigner, in: Barz, Carl Hans (Hrsg.), Das Frankfurter Publizitätsgespräch, Frankfurt a.M. 1962, S. 33

Wimmer, Eva Maria, Bilanzpublizität bei kleiner und mittlerer GmbH, Baden-Baden 1994

Wimmer, Richard, Der Anstellungsvertrag des GmbH-Geschäftsführers, DStR 1997, S. 247

Winter, Martin, Mitgliedschaftliche Treuebindungen im GmbH-Recht, München 1988

Wohlleben, Hermann Peter, Informationsrechte des Gesellschafters, Köln u.a. 1989

Zöllner, Wolfgang, Die gesetzgeberische Trennung des Datenschutzes für öffentliche und private Datenverarbeitung, RDV 1985, S. 3

Zöllner, Wolfgang, Rechtssubjektivität von Personengesellschaften?, in: Lange, Hermann u.a. (Hrsg.), Festschrift für Joachim Gernhuber, Tübingen 1993, S. 563

Zöllner, Wolfgang, Regelungsspielräume im Schuldvertragsrecht, AcP 196 (1996), S. 1

Zöllner, Wolfgang, Treupflichtgesteuertes Aktienkonzernrecht, ZHR 162 (1998), S. 235

Einleitung

Die vorliegende Arbeit, die sich mit der Bedeutung der Berufsfreiheit von Gesellschaften im Unternehmensrecht befaßt, geht einer speziellen Teilfrage aus dem Themenkomplex der Grundrechtswirkung im Privatrecht nach. Die Diskussion über das Verhältnis der Grundrechte zum Privatrecht hat durch das Aufkommen der Lehre von den Grundrechten als Schutzgeboten erneut an Aktualität gewonnen. Insbesondere seit dem sogenannten Handelsvertreter-Beschluß vom 7.2.1990[1], in dem das Bundesverfassungsgericht den generellen Ausschluß einer Karenzentschädigung bei Wettbewerbsverboten für Handelsvertreter in den Fällen des § 90 a II 2 HGB unter ausdrücklichem Hinweis auf die Schutzpflicht des Gesetzgebers[2] für mit Art. 12 I GG unvereinbar erklärte, scheint das Interesse an dem Jahrzehnte alten Streit um die Ausstrahlung der Grundrechte auf das Privatrecht[3] wieder erwacht zu sein. Dies belegen die seitdem zahlreich erschienenen Anmerkungen, Aufsätze und Abhandlungen, die sich speziell mit dem Handelsvertreter-Beschluß, mit dem darin anklingenden neuen Ansatz der Grundrechtswirkung im Privatrecht sowie mit Umfang und Grenzen der Kontrolle von Zivilgesetzgebung und Zivilrechtsprechung durch das Bundesverfassungsgericht beschäftigen[4]. Mit der nachfolgenden Untersuchung soll ein Beitrag zu der in der Entwicklung befindlichen Schutzgebotslehre geleistet werden, indem die Auswirkungen der Berufsfreiheit von Gesellschaften auf die handels- und gesellschaftsrechtsbezogenen Bereiche des Unternehmensrechts analysiert werden.

---

1 BVerfG, Beschl. v. 7.2.1990, BVerfGE 81, S. 242 ff.

2 BVerfG, Beschl. v. 7.2.1990, BVerfGE 81, S. 242 Leitsatz 1 u. S. 254 ff.

3 Fezer, JZ 1998, S. 265 (S. 267), bezeichnet die Problematik des Verhältnisses der Grundrechte zum Privatrecht wegen ihrer grundlegenden Bedeutung sehr anschaulich als die „Gretchenfrage an jeden Juristen".

4 S. bspw. Hermes, Grundrechtsschutz durch Privatrecht auf neuerer Grundlage? Das BVerfG zu Schutzpflicht und mittelbarer Drittwirkung der Berufsfreiheit, NJW 1990, S. 1764; Medicus, Der Grundsatz der Verhältnismäßigkeit im Privatrecht, AcP 192 (1992), S. 35 ff.; Hager, Grundrechte im Privatrecht, JZ 1994, S. 373 ff.; Oldiges, Neue Aspekte der Grundrechtsgeltung im Privatrecht, in: FS Friauf (1996), S. 281 ff.; Zöllner, Regelungsspielräume im Schuldvertragsrecht - Bemerkungen zur Grundrechtsanwendung im Privatrecht und zu den sogenannten Ungleichgewichtslagen, AcP 196 (1996), S. 1 ff.; Diederichsen, Das Bundesverfassungsgericht als oberstes Zivilgericht, AcP 198 (1998), S. 171 ff.; Canaris, Grundrechte und Privatrecht (1999).

Die Bestimmung und Berücksichtigung grundrechtlicher Einflüsse auf das einfache Recht ist vor dem Hintergrund der bestehenden Normenhierarchie von essentieller Bedeutung. Unternehmensrechtliche Regelungen, die zu den Grundrechtsgewährleistungen des Grundgesetzes in Widerspruch stehen, können mit der Verfassungsbeschwerde angegriffen[5] und durch das Bundesverfassungsgericht verworfen werden.

Allerdings sind der verfassungsgerichtlichen Überprüfung gesetzlicher Bestimmungen und fachgerichtlicher Entscheidungen Grenzen gesetzt. Die Abwägung kollidierender Grundrechtspositionen ist prinzipiell Aufgabe des Zivilrechtsgesetzgebers[6]. Mit Rücksicht auf den ihm zustehenden Bewertungsspielraum hat sich das Bundesverfassungsgericht einer vollen inhaltlichen Prüfung der gesetzgeberischen Entscheidungen zu enthalten. Es obliegt ihm jedoch eine in ihrer Intensität zurückgenommene Evidenz- oder Vertretbarkeitskontrolle, in deren Rahmen es darum geht, ob die vom Gesetzgeber vorgenommene Wertung evident fehlerhaft ist oder bei der Grundrechtsabwägung wesentliche Bewertungskriterien außer Acht gelassen worden sind[7].

Fehlt eine klare gesetzgeberische Entscheidung, bleibt es dem Zivilrichter überlassen, gegenläufige Grundrechtspositionen einem angemessenen Ausgleich zuzuführen[8]. Die Auslegung und Anwendung des einfachen Rechts ist Aufgabe der Fachgerichte und der bundesverfassungsgerichtlichen Kontrolle grundsätzlich entzogen[9]. Dadurch wird nicht nur einem Ausufern grundrechtlicher Abwägungen im Privatrecht entgegengewirkt[10], sondern auch verhindert, daß sich das Bundesverfassungsgericht zu einer Superrevisionsinstanz entwickelt[11]. Fachge-

---

5 Erst in jüngster Zeit wurde das Bundesverfassungsgericht im Rahmen zweier Verfassungsbeschwerden, die die konzernrechtlichen Abfindungs- und Ausgleichsregelungen der §§ 304, 305 AktG und das Auskunftsrecht des Aktionärs nach § 131 AktG betrafen, mit der Frage nach der Grundrechtskonformität aktienrechtlicher Vorschriften konfrontiert (BVerfG, Beschl. v. 27.4.1999, ZIP 1999, S. 1436 (S. 1439) und BVerfG, Beschl. v. 20.9.1999, ZIP 1999, S. 1798 (S. 1799)).

6 Rüfner, in: HStR V, § 117 Rn. 75.

7 Hesse, in: FS Mahrenholz, S. 541 (S. 557).

8 Rüfner, in: HStR V, § 117 Rn. 75.

9 BVerfG, Beschl. v. 18.9.1952, BVerfGE 1, S. 418 (S. 420); BVerfG, Beschl. v. 24.2.1971, BVerfGE 30, S. 173 (S. 196); BVerfG, Beschl. v. 17.2.1982, BVerfGE 60, S. 79 (S. 90); BVerfG, Beschl. v. 7.2.1990, BVerfGE 81, S. 242 (S. 253); BVerfG, Beschl. v. 19.10.1993, BVerfGE 89, S. 214 (S. 229).

10 Schlechtriem, in: 40 Jahre Grundgesetz, S. 39 (S. 51).

11 Rüfner, in: HStR V, § 117 Rn. 75.

richtliche Entscheidungen werden vom Bundesverfassungsgericht jedoch daraufhin überprüft, ob sie auf einer grundsätzlich unrichtigen Auffassung von der Reichweite und Wirkkraft der Grundrechte, insbesondere vom Umfang ihrer Schutzbereiche, beruhen[12]; die Kontrolldichte steigt dabei mit der Intensität der Grundrechtsbeeinträchtigung[13]. Der eingeschränkten, nämlich ausschließlich am Maßstab der Verfassung erfolgenden verfassungsgerichtlichen Kontrolle[14] unterliegt also die Frage, ob die Ausstrahlungswirkung der Grundrechte auf das Zivilrecht im Einzelfall hinreichend beachtet worden ist[15].

Im Bereich des Unternehmensrechts wurde den Grundrechten vom Bundesverfassungsgericht seit jeher große Beachtung geschenkt. Als wohl prominenteste Beispiele sind die Feldmühle-Entscheidung[16] und das Mitbestimmungsurteil[17] zu nennen, denen auch wegen ihrer außerordentlichen rechtspolitischen Brisanz große Aufmerksamkeit zuteil wurde. In der Feldmühle-Entscheidung, die sich mit der Mehrheitsumwandlung nach §§ 9-15 UmwG 1956 befaßte, setzte sich das Bundesverfassungsgericht mit der grundlegenden, in späteren Entscheidungen erneut aufgegriffenen Frage[18] nach dem grundrechtlichen Schutz der Mitgliedschaft in der Aktiengesellschaft auseinander. Das Mitbestimmungsurteil, in dem das Bundesverfassungsgericht die erweiterte Mitbestimmung der Arbeitnehmer nach dem Mitbestimmungsgesetz 1976 auf ihre Vereinbarkeit mit den Grundrechten der betroffenen Gesellschaften, Anteilseigner und Koalitionen der Arbeitgeber untersuchte, macht deutlich, daß der Gesetzgeber im Unternehmensrecht zwar wie in anderen Rechtsgebieten grundrechtlichen Bindungen unterliegt, er andererseits aber über eine gerade dieses Rechtsgebiet kennzeichnende weitreichende rechtspolitische Entscheidungsfreiheit verfügt.

Die Entscheidungen, in denen die Ausstrahlung der Grundrechte auf das Unternehmensrecht eine Rolle spielt[19], sind zahlreich[20]. Festzustellen ist allerdings,

---

[12] BVerfG, Beschl. v. 10.6.1964, BVerfGE 18, S. 85 (S. 92 f.).

[13] BVerfG, Beschl. v. 3.6.1980, BVerfGE 54, S. 208 (S. 215).

[14] Vgl. die in Fn. 13 genannte Entscheidung.

[15] BVerfG, Urt. v. 5.6.1973, BVerfGE 35, S. 202 (S. 219).

[16] BVerfG, Urt. v. 7.8.1962, BVerfGE 14, S. 263 ff.

[17] BVerfG, Urt. v. 1.3.1979, BVerfGE 50, S. 290 ff.

[18] Vgl. BVerfG, Urt. v. 7.5.1969, BVerfGE 25, S. 371 (S. 407); BVerfG, Urt. v. 1.3.1979, BVerfGE 50, S. 290 (S. 339); BVerfG, Beschl. v. 27.4.1999, ZIP 1999, S. 1436 (S. 1439); BVerfG, Beschl. v. 20.9.1999, ZIP 1999, S. 1798 (S. 1799).

[19] Insbesondere steuerrechtliche Regelungen sind häufig Gegenstand von Verfassungsbeschwerden (dazu Blaurock, JA 1980, S. 142 ff.).

[20] Vgl. bspw. BVerfG, Urt. v. 24.1.1962, BVerfGE 13, S. 331 ff. (zu Art. 3 I GG); BVerfG,

daß nur in seltenen Fällen die grundrechtliche Absicherung der Rechtsposition von *Gesellschaften* Beachtung gefunden hat[21]. Dieser bislang offenbar vernachlässigten Frage widmet sich die vorliegende Arbeit, indem sie von den im Bereich des Unternehmensrechts für Gesellschaften vor allem wichtigen Wirtschaftsgrundrechten der Art. 2 I, 12 I und 14 GG die Berufsfreiheit herausgreift und ihre Bedeutung für die Rechtsstellung von Gesellschaften untersucht.

Als allgemeine Vorüberlegung zu der speziellen Frage nach dem Einfluß der Berufsfreiheit von Gesellschaften im Unternehmensrecht sollen im ersten Teil der Arbeit zunächst das Verhältnis der Grundrechte zum Privatrecht (1. Teil § 1) und die prinzipielle Grundrechtsberechtigung von Gesellschaften (1. Teil § 2) erörtert werden.

Anschließend wird im zweiten Teil die Wirkung der Berufsfreiheit von Gesellschaften als freiheitssicherndes Abwehrrecht im Bereich des Unternehmensrechts thematisiert. Dabei geht es um den Schutz von Gesellschaften vor hoheitlichen Eingriffen des normerlassenden Gesetzgebers. Im Rahmen der grundrechtlichen Erörterung der Publizitätspflichten für Kapitalgesellschaften und Kapitalgesellschaften & Co. nach §§ 325 ff. HGB (2. Teil § 1) wird als Vorfrage zunächst das Verhältnis des Europarechts zum deutschen Verfassungsrecht relevant (2. Teil § 1 A). Die an der klassischen Grundrechtsprüfung orientierte Untersuchung dieser Bestimmungen auf ihre Vereinbarkeit mit der Berufsfreiheit der betroffenen Gesellschaften (2. Teil § 1 B) ist durch die Notwendigkeit weitreichender Differenzierungen gekennzeichnet. Mit der Erörterung der grundrechtlichen Bindung bei der rechtlichen Regulierung der gesellschaftsrechtlichen Typenkombination (2. Teil § 2) wird eine klassische, mit der Diskussion um die Zulässigkeit der Kapitalgesellschaft & Co.KGaA erneut aktuell gewordene gesellschaftsrechtliche Fragestellung vor verfassungsrechtlichem Hintergrund beleuchtet.

Der dritte Teil der Arbeit widmet sich der Bedeutung der Grundrechtsposition von Gesellschaften aus Art. 12 I GG als Wertungselement für die Ausgestaltung des Unternehmensrechts. Hier kommt der Ansatz der Schutzgebotslehre bei den Grundrechten als Schutzpflichten in besonderer Weise zum Tragen. Als Gestal-

---

Beschl. v. 25.10.1977, BVerfGE 46, S. 224 ff. (zu Art. 3 I GG); BVerfG, Urt. v. 21.3.1977, HFR 1977, Nr. 265 (zu Art. 2 I u. 3 I GG); BVerfG, Beschl. v. 15.7.1969, BVerfGE 26, S. 327 ff. (zu Art. 3 I u. 14 I GG); BVerfG, Urt. v. 2.3.1999, BVerfGE 99, S. 367 ff. (zu Art. 3 I u. 14 GG); BVerfG, Beschl. v. 10.11.1998, BVerfGE 99, S. 202 (zu Art. 12 I GG).

[21] Beachtung finden die Grundrechte von Gesellschaften z.B. im Mitbestimmungsurteil (BVerfG, Urt. v. 1.3.1979, BVerfGE 50, S. 290 ff.).

tungselement spielt die Berufsfreiheit von Gesellschaften bei der Regelung der Rechtsbeziehungen zwischen der Gesellschaft und ihren Gesellschaftern und Organen eine zentrale Rolle. Bei der Erörterung der gesellschaftsrechtlichen Wettbewerbsverbote (3. Teil § 1) steht die pflichtbegründende Wirkung der Berufsfreiheit von Gesellschaften für ihre Gesellschafter und Organmitglieder im Vordergrund. Anhand der mitgliedschaftlichen Informationsrechte (3. Teil § 2) wird anschließend gezeigt, daß die Grundrechtsposition von Gesellschaften aus Art. 12 I GG die Rechtsstellung der Gesellschafter beschränken kann.

1. Teil
Vorfragen zum Grundrechtsschutz juristischer Personen im Privatrecht

Bevor mit der speziellen Untersuchung begonnen werden kann, inwieweit im Bereich des Unternehmensrechts das Grundrecht der Berufsfreiheit für Gesellschaften Bedeutung erlangt, sind zunächst einige Vorfragen allgemeineren Charakters zu klären. Voraussetzung für eine solche Wirkung des Art. 12 I GG ist einerseits, daß die Grundrechte das Privatrecht überhaupt zu beeinflussen vermögen, andererseits, daß sich auch Gesellschaften prinzipiell auf Grundrechte berufen können. Im Folgenden ist daher zum Verhältnis der Grundrechte zum Privatrecht sowie zum Grundrechtsschutz juristischer Personen bzw. sonstiger Personenvereinigungen Stellung zu nehmen.

§ 1 Grundrechte und Privatrecht

Das Verhältnis der Grundrechte zum Privatrecht unterliegt einem jahrzehntelangen, bis heute nicht endgültig ausgefochtenen Streit. Uneinigkeit besteht sowohl hinsichtlich des Umfangs der Grundrechtsbindung als auch hinsichtlich des konstruktiven Ansatzes einer Grundrechtsgeltung im Privatrecht. Der Erörterung bedarf insofern nicht nur das Problem, inwieweit die Grundrechte in den privatrechtlichen Rechtsverkehr selbst hineinwirken, d.h. in den Rechtsbeziehungen der Privatrechtssubjekte untereinander Geltung beanspruchen, sondern auch die Frage, ob bzw. in welcher Weise die Grundrechte den Privatrechtsgesetzgeber binden.

A. Grundrechtsbindung des Zivilrechtsgesetzgebers

Gemäß Art. 1 III GG binden die Grundrechte die Gesetzgebung. Dem eindeutigen Wortlaut dieser rechtsstaatlichen Fundamentalnorm entsprechend wird die Bindung auch des Privatrechtsgesetzgebers durch die verfassungsrechtlichen

Normen grundsätzlich nicht in Frage gestellt[22]. Uneinigkeit besteht jedoch darüber, in welcher Weise die Grundrechte der Privatrechtsgesetzgebung Schranken setzen bzw. Vorgaben machen.

I. Eingeschränkte Grundrechtsbindung

Unter Hinweis auf die strukturelle Andersartigkeit des Zivilrechts gegenüber dem öffentlichen Recht wird teilweise eine nur eingeschränkte Grundrechtsbindung des Zivilgesetzgebers angenommen[23]. Anders als im öffentlichen Recht, in dem der Staat als Grundrechtsverpflichteter dem Bürger als Grundrechtsberechtigtem gegenübersteht, seien im Privatrecht, das die Rechtsbeziehungen zwischen einander gleichgeordneten Privaten regelt, auf *beiden* Seiten grundrechtlich geschützte Interessen zu berücksichtigen. Aufgabe des Privatrechtsgesetzgebers sei es daher, eine Abwägung zwischen den betroffenen verfassungsrechtlichen Positionen vorzunehmen, welche grundsätzlich zu mehreren vertretbaren Ergebnissen führen könne. Auch erlaube das vielfältige Instrumentarium des Privatrechts häufig, auf einen gegebenen Konflikt mit unterschiedlichen Mitteln zu reagieren, ohne daß nur ein einziges von ihnen als verfassungsmäßig anzusehen wäre[24]. Sowohl bei der Abwägung zwischen den einander gegenüberstehenden schützenswerten Interessen als auch bei der Wahl des Regelungsinstruments komme dem Privatrechtsgesetzgeber damit ein Gestaltungsspielraum zu. Es obliege ihm, die Entscheidung zwischen mehreren verfassungsmäßigen Lösungen zu treffen, ohne daß von ihm das gesetzgeberische Optimum verlangt werden könne[25]. Eine verfassungsrechtliche Kontrolle des Privatrechts soll damit zwar grundsätzlich stattfinden, bei ihrer Ausübung jedoch Zurückhaltung insofern geboten sein, als der Entscheidungsspielraum des Privatrechtsgesetzgebers zu respektieren sei.

Darüber hinaus wird darauf verwiesen, daß auch mit Rücksicht auf die Wirkungsweise der Grundrechte im Privatrecht nur eine eingeschränkte Bindung des Privatrechtsgesetzgebers in Betracht komme. Die Grundrechte sollen für das

---

[22] Pietzcker, in: FS Dürig, S. 345 (S. 350); Kopp, in: FS Wilburg, S. 141 (S. 146).

[23] Zöllner, RDV 1985, S. 3 (S. 6); Kopp, in: FS Wilburg, S. 141 (S. 146).

[24] Medicus, AcP 192 (1992), S. 35 (S. 60).

[25] Medicus, AcP 192 (1992), S. 35 (S. 60 f.).

Privatrecht nur in ihrer Eigenschaft als objektive Grundsatznormen und Wertentscheidungen von Bedeutung sein und daher auch den Privatrechtsgesetzgeber gemäß Art. 1 III GG nur in dieser Funktion binden können[26].

II. Volle Grundrechtsbindung

Der These von der nur eingeschränkten Grundrechtsbindung des Privatrechtsgesetzgebers ist entgegenzuhalten, daß eine Sonderstellung des Privatrechtsgesetzgebers im Widerspruch zum klaren Wortlaut des Art. 1 III GG steht, der die Bindung des Gesetzgebers an die Grundrechte vorsieht, ohne eine Differenzierung zwischen unterschiedlichen Rechtsgebieten vorzunehmen[27]. Auch die Vorschrift des Art. 93 I Nr. 4 a GG, nach der die Verfassungsbeschwerde mit der Behauptung erhoben werden kann, „durch die öffentliche Gewalt in einem seiner Grundrechte verletzt zu sein", läßt eine Sonderrolle des Privatrechtsgesetzgebers nicht erkennen[28]. Der Privatrechtsgesetzgeber ist hoheitlich handelnde Staatsgewalt; ihr gegenüber stehen dem Bürger die Grundrechte in ihrer Gestalt als Abwehrrechte zu[29]. Damit sind die Grundrechte auch direkter Prüfungsmaßstab für die Zivilrechtsgesetzgebung[30].

---

26 Hager, JZ 1994, S. 373 (S. 375); so wohl auch M/D/H/Scholz, Art. 3 Abs. 1 Rn. 513; Zöllner, RDV 1985, S. 3 (S. 6); Diederichsen, AcP 198 (1998), S. 171 (S. 230 ff.). Dieses Argument entspringt der Lehre von der mittelbaren Drittwirkung der Grundrechte (dazu näher 1. Teil § 1 B II 2), die davon ausgeht, daß sich die Grundrechte im Privatrecht nur und erst durch das Medium der privatrechtlichen Normen realisieren, und die im Hinblick auf diese Konstruktion eine volle Grundrechtsbindung des Privatrechtsgesetzgebers nur schwer annehmen kann.

27 Hager, JZ 1994, S. 373 (S. 374); Hesse, Grundzüge des Verfassungsrechts, § 11 I Rn. 348; Isensee, in: FS Kriele, S. 5 (S. 32). Krause, JZ 1984, S. 656 (S. 657), bezeichnet es als absurd, „daß der Gesetzgeber Mißtrauen verdient, solange er öffentliches Recht setzt, aber unbedingt vertrauenswürdig ist, wenn er sich dem Privatrecht zuwendet".

28 Canaris, Grundrechte und Privatrecht, S. 14.

29 Ramm, JZ 1988, S. 489; Hager, JZ 1994, S. 373 (S. 375). Pietzcker, in: FS Dürig, S. 345 (S. 350), verweist darauf, daß es nicht einsichtig sei, danach zu unterscheiden, ob sich ein inhaltsgleiches Verbot der Verursachung von Immissionen im BImSCHG oder im BGB findet; beide Fälle können nur in gleicher Weise als unmittelbarer Eingriff in das Grundrecht aus Art. 12 I GG oder aus Art. 2 I GG gewertet werden.

30 Dies gilt in gleicher Weise für zwingende und für dispositive Privatrechtsnormen (Ramm, JZ 1988, S. 489). Für die Vertreter der Lehre von der unmittelbaren Drittwirkung (dazu näher 1. Teil § 1 B II 1) liegt die volle Bindung des Privatrechtsgesetzgebers in der Kon-

Das Argument, daß die strukturelle Eigenart des Zivilrechts eine volle Grundrechtsbindung ausschließe, vermag nicht durchzugreifen. Nicht nur im Zivilrecht sind einander gegenüberstehende Grundrechtspositionen einem gerechten Ausgleich zuzuführen, sondern auch im öffentlichen Recht kann es darum gehen, den Widerstreit kollidierender Grundrechte im Wege praktischer Konkordanz zu lösen[31]. Die Konfliktlösung durch Abwägung unterschiedlicher grundrechtlicher Positionen ist also kein Spezifikum des Privatrechts, aus dem sich eine Sonderbehandlung des Privatrechtsgesetzgebers rechtfertigen ließe[32].

Schließlich ist der Ansicht zu widersprechen, daß die Grundrechte gegenüber dem Privatrechtsgesetzgeber nur in ihrer Funktion als objektive Wertentscheidungen Wirkung entfalten und ihn daher nur in entsprechend begrenzter Weise zu binden vermögen. Sowohl die Lehre von der mittelbaren Drittwirkung der Grundrechte im Privatrecht[33] als auch die Lehre von der Schutzgebotsfunktion der Grundrechte[34], die die Bedeutung des objektiven Wertgehalts der Grundrechte im Privatrecht in den Vordergrund stellen, eröffnen damit nur eine *zusätzliche* Dimension der Grundrechte, die insbesondere in den Rechtsbeziehungen zwischen Privatrechtssubjekten zur Entfaltung kommt, beraubt sie aber keineswegs ihres Charakters als Eingriffsverbote und Abwehrrechte gegenüber der staatlichen Gewalt[35], zu der auch der Privatrechtsgesetzgeber unbestreitbar gehört[36].

---

sequenz der Wirkung der Grundrechte im Privatrecht.

31 Rüfner, in: Bundesverfassungsgericht und Grundgesetz Bd. II, S. 453 (S. 472 f.); Starck, JuS 1981, S. 237 (S. 245); Hager, JZ 1994, S. 373 (S. 375).

32 A.A. Diederichsen, AcP 198 (1998), S. 171 (S. 228), der zwar einräumt, daß es nicht nur im Privatrecht, sondern auch im öffentlichen Recht Grundrechtskollisionen zu lösen gilt, der aber einen entscheidenden und eine Sonderbehandlung des Privatrechtsgesetzgebers rechtfertigenden Unterschied darin sieht, daß Adressat der dem Interessenausgleich dienenden Normen des Privatrechts anders als im öffentlichen Recht nicht ein Hoheitsträger ist.

33 Zur Lehre von der unmittelbaren Drittwirkung 1. Teil § 1 B II 1.

34 Zur Lehre von den Grundrechten als Schutzgeboten 1. Teil § 1 B II 3.

35 Hager, JZ 1994, S. 373 (S. 374). Insoweit lassen insbesondere die Vertreter der Lehre von der mittelbaren Drittwirkung häufig die erforderliche Differenzierung zwischen „dem Verhalten der Privatrechtssubjekte und dem Privtrecht selbst“ vermissen (Canaris, AcP 184 (1984), S. 201 (S. 210)).

36 Canaris, AcP 184 (1984), S. 201 (S. 212).

Selbst dann, wenn man allein auf die Funktion der Grundrechte als objektive Grundsatznormen abstellt, kann daraus eine nur eingeschränkte Bindung des Privatrechtsgesetzgebers nicht abgeleitet werden. Die Grundrechte sind Grundsatznormen für die *gesamte* Rechtsordnung[37]. Auch der Privatrechtsgesetzgeber ist daher gehalten, bei der Ausgestaltung seiner Regelungen darauf zu achten, daß die Grundrechte wie die sonstigen verfassungsrechtlich geschützten Werte ihre Bedeutung nicht verlieren. Anderenfalls würde die Einheit der Rechtsordnung an inneren Widersprüchen zerbrechen[38]. Der Privatrechtsgesetzgeber ist daher in vollem Umfang an die Grundrechte gebunden[39].

B. Grundrechtsbindung unter Privaten

Der zentrale Gegenstand der Diskussion um Grundrechte und Privatrecht ist das Problem der Grundrechtsgeltung im Verhältnis der Privatrechtssubjekte untereinander.

Nach der traditionellen im späten 19. Jahrhundert und unter der Weimarer Reichsverfassung herrschenden Auffassung sollten die Grundrechte dem Einzelnen Schutz vor der staatlichen Gewalt gewähren, für das Verhältnis der Bürger untereinander hingegen waren sie ohne jede Bedeutung. Gestützt wurde diese Auffassung durch ein argumentum e contrario, das aus den beiden von der Weimarer Reichsverfassung explizit mit Drittwirkung ausgestatteten Grund-

---

37 BVerfG, Urt. v. 7.8.1962, BVerfGE 14, S. 263 (S. 277); BVerfG, Beschl. v. 4.5.1971, BVerfGE 31, S. 58 (S. 69); BVerfG, Urt. v. 18.7.1972, BVerfGE 33, S. 303 (S. 330); BVerfG, Urt. v. 1.3.1979, BVerfGE 50, S. 290 (S. 339).

38 Krause, JZ 1984, S. 656 (S. 657); Rüfner, in: HStR V, § 117 Rn. 60.

39 Auch das Bundesverfassungsgericht, daß in zahlreichen Entscheidungen die Vereinbarkeit privatrechtlicher Vorschriften mit einzelnen Grundrechten überprüft hat, geht offenbar von einer vollen Grundrechtsbindung des Privatrechtsgesetzgebers aus (Jarass, AöR 110 (1985), S. 363 (S. 377)). Vgl. BVerfG, Urt. v. 7.8.1962, BVerfGE 14, S. 263 (S. 273 ff.); BVerfG, Beschl. v. 4.5.1971, BVerfGE 31, S. 58 (S. 67 ff.); BVerfG, Urt. v. 1.3.1979, BVerfGE 50, S. 290 (S. 322 ff.); BVerfG, Beschl. v. 18.6. 1986, BVerfGE 72, S. 122 (S. 138 ff.); BVerfG, Beschl. v. 13.5.1986, BVerfGE 72, S. 155 (S. 173 ff.); BVerfG, Beschl. v. 4.11.1987, BVerfGE 77, S. 263 (S. 270); BVerfG, Urt. v. 31.1.1989, BVerfGE 79, S. 256 (S. 272 ff.); BVerfG, Beschl. v. 3.10.1989, BVerfGE 81, S. 1 (S. 8 ff.); BVerfG, Beschl. v. 30.5.1990, BVerfGE 82, S. 126 (S. 145 ff.); BVerfG, Beschl. v. 5.3.1991, BVerfGE 84, S. 9 (S. 17 ff.); BVerfG, Beschl. v. 7.5.1991, BVerfGE 84, S. 168 (S. 178 ff.).

rechten (Art. 118 I 2 WRV - Meinungsfreiheit; Art. 159 S. 2 WRV - Koalitionsfreiheit) abgeleitet wurde. Unter der Geltung des Grundgesetzes sprachen sich vor allem *H. C. Nipperdey* und das *Bundesarbeitsgericht* für eine unmittelbare Anwendung wenigstens einer Reihe von Grundrechten auch im Privatrecht aus, während *G. Dürig* die These von der nur mittelbaren Wirkung der Grundrechte im Privatrecht vertrat. Die seit Jahrzehnten geführte Diskussion um die Drittwirkung der Grundrechte im Privatrecht ist bis heute nicht abgeschlossen.

I. Das „Ob" einer Drittwirkung

Grundsätzlich einig ist man sich heute in dem Punkt, *daß* die Grundrechte im Privatrecht Drittwirkung entfalten[40]. Die unter der Weimarer Reichsverfassung herrschende, auch noch in der ersten Zeit nach Erlaß des Grundgesetzes teilweise vertretene Ansicht, daß jede Form der Drittwirkung der Grundrechte im Privatrecht zu negieren sei[41], darf als überholt angesehen werden. Als Argumente für diese These wurde seinerzeit vor allem angeführt, daß eine Drittwirkung nicht nur im Widerspruch zu der allgemeinen Tradition und zum Begriff der Grundrechte stehe[42], sondern daß darüber hinaus sowohl Art. 19 IV GG wie auch Art. 1 III GG deutlich die Staatsgerichtetheit der Grundrechte zum Ausdruck brächten[43]. Solle ein Grundrecht ausnahmsweise auch im Verhältnis zwischen Privatrechtssubjekten gelten, so gehe dies aus der entsprechenden Grundrechtsbestimmung - z.B. aus Art. 9 III GG - explizit hervor[44]. Eine Drittwirkung der Grundrechte zeitige außerdem eine das Privatrecht sprengende Wirkung[45].

Diesen Argumenten fehlt es an Überzeugungskraft. Der Begriff der Grundrechte ist nicht dauerhaft festgelegt, sondern kann im Verlauf der geschichtlichen Ent-

---

40 Singer, JZ 1995, S. 1133 (S. 1134); v. Münch, in: v. Münch/Kunig, Vorb. Art. 1-19, Rn. 29.

41 Schmidt-Rimpler/Gieseke/Friesenhahn/Knur, AöR 76 (1950-1951), S. 165 (S. 169 f.).

42 Knolle, BB 1949, S. 451; Schmidt-Rimpler/Gieseke/Friesenhahn/Knur, AöR 76 (1950-1951), S. 165 (S. 169); A. Hueck, Die Bedeutung des Art. 3 des Bonner Grundgesetzes für die Lohn- und Arbeitsbedingungen der Frauen, S. 10 f.

43 Schaetzel, RdA 1950, S. 248 (S. 251).

44 Schmidt-Rimpler/Gieseke/Friesenhahn/Knur, AöR 76 (1950-1951), S. 165 (S. 170).

45 Mit solchen Bedenken jedenfalls gegenüber einer unmittelbaren Drittwirkung G. Hueck, Der Grundsatz der gleichmäßigen Behandlung, S. 98 f. (in Bezug auf Art. 3 I GG).

wicklung durchaus einem Bedeutungswandel unterliegen[46], weswegen der Hinweis auf die Grundrechtstradition von vornherein nicht durchgreift. Auch läßt sich aus Art. 19 IV GG und Art. 1 III GG in materieller Hinsicht nicht zwingend eine ausschließliche Staatsgerichtetheit der Grundrechte herleiten. Art. 19 IV GG statuiert lediglich ein *formelles* Recht gegenüber der Hoheitsgewalt, ohne eine Aussage über die *materielle* Drittwirkung zu treffen. Ebensowenig enthält Art. 1 III GG eine *inhaltliche* Aussage über die Grundrechte, welche für den Ausschluß einer Drittwirkung maßgeblich wäre[47]. Schließlich erscheint auch das Bedenken, die Grundrechte könnten wegen ihres generalklauselartigen Charakters eine Gefahr für das Privatrechtssystem darstellen, unbegründet. Es ist undenkbar, mit Spezialnormen auf alle potentiellen Konfliktfälle zu reagieren. Um in jedem Einzelfall zu einem gerechten Ergebnis gelangen zu können, muß die Möglichkeit zu rechtlicher Differenzierung gegeben sein[48]. Eine solche Differenzierungsmöglichkeit aber wird gerade über generalklauselartige Normen eröffnet, die im Privatrecht im übrigen ohnehin als Regelungsinstrument bekannt sind.

Die prinzipielle Drittwirkung der Grundrechte begegnet damit keinen Bedenken und wird heute allgemein anerkannt, da der materielle Gehalt der Grundrechte, die höchste Werte verkörpern, allseitigen Schutz erfordert[49]. Höchst umstritten ist jedoch nach wie vor der konstruktive Ansatz für die Grundrechtsgeltung im Privatrecht.

II. Das „Wie“ einer Drittwirkung

In der Frage, auf welche Weise die Grundrechte im Privatrecht Wirkungen entfalten, standen sich über Jahrzehnte hinweg die Lehren von der unmittelbaren und der mittelbaren Drittwirkung der Grundrechte gegenüber. In jüngerer Zeit bietet die Lehre von den Grundrechten als Schutzgeboten einen neuen Ansatz.

---

46 Enneccerus-Nipperdey, § 15 II 4 c; Leisner, Grundrechte und Privatrecht, S. 312.

47 Art. 1 III GG bindet die Rechtsprechung an die Grundrechte mit ihrem jeweiligen Inhalt, sagt aber nichts über diesen Inhalt selbst aus (Leisner, Grundrechte und Privatrecht, S. 314 f.).

48 BVerfG, Urt. v. 18.12.1953, BVerfGE 3, S. 225 (S. 243).

49 Leisner, Grundrechte und Privatrecht, S. 333.

1. Unmittelbare Drittwirkung

Nach der insbesondere von *Hans Carl Nipperdey* und dem 1. Senat des Bundesarbeitsgerichts[50] vertretenen Lehre von der unmittelbaren Drittwirkung der Grundrechte im Privatrecht sind die Grundrechte nicht nur für den Staat in ihrer klassischen Funktion als freiheitssichernde Abwehrrechte, sondern auch für die Privatrechtssubjekte von unmittelbarer Relevanz[51]. Sie enthielten Ordnungssätze und Grundsatznormen für das soziale Leben[52]. In dieser Funktion seien zahlreiche Grundrechtsbestimmungen unmittelbar geltende Normen des Zivilrechts[53]. Sie sollen nicht nur in ihrer Eigenschaft als Institutsgarantien rechtsgeschäftlichen Vereinbarungen Grenzen ziehen[54], sondern auch gesetzliche Verbote i.S.d. § 134 BGB sowie absolute Rechte i.S.d. § 823 I BGB und Schutzgesetze i.S.d. § 823 II BGB darstellen[55]. Aus der absoluten Wirkung der Grundrechte sei allerdings nicht zu folgern, daß alle Grundrechte gleichermaßen unmittelbar für den Privatrechtsverkehr gelten würden. Die Anwendbarkeit einzelner Grundrechte im Privatrecht hänge vielmehr von ihrem Inhalt, ihrem Wesen und ihrer Funktion ab[56].

Die unmittelbare Anwendung der Grundrechte im Privatrecht stellt nach Ansicht ihrer Befürworter keine Systemwidrigkeit dar: Öffentliches Recht und Privatrecht stünden einander nicht als zwei grundsätzlich streng voneinander zu trennende Rechtsmaterien gegenüber. Dies manifestierten die zahlreichen Verknüp-

---

50 Prinzipiell hielt das Bundesarbeitsgericht lange Zeit an der von ihm vertretenen Ansicht einer unmittelbaren Drittwirkung der Grundrechte fest, näherte sich jedoch im Laufe der Zeit inhaltlich der Lehre von der mittelbaren Drittwirkung an (vgl. bspw. BAG, Urt. v. 23.2.1959, BAGE 7, S. 256 (S. 260); BAG, Beschl. v 27.2.1985, BAGE 48, S. 122 (S. 138 f.). In jüngster Zeit hat es sich nun explizit der Lehre von den Grundrechten als Schutzgeboten (dazu näher 1. Teil § 1 B II 3) angeschlossen (vgl. BAG, Urt. v. 25.2.1998, NZA 1998, S. 715 (S. 716)).

51 Enneccerus-Nipperdey, § 15 II 4 c; Nipperdey, in: Grundrechte IV/2, S. 741, S. 751.

52 Enneccerus-Nipperdey, § 15 II 4 c; Nipperdey, in: Grundrechte IV/2, S. 741 (S. 748); Reimers, MDR 1967, S. 533 (S. 534).

53 Reimers, MDR 1967, S. 533 (S. 534). So wohl auch Steindorff, Persönlichkeitsschutz im Zivilrecht, S. 12.

54 Enneccerus-Nipperdey, § 15 II 4 b.

55 Nipperdey, in: FS Erich Molitor, S. 17 (S. 23).

56 Nipperdey, in: FS Erich Molitor, S. 17 (S. 28); Enneccerus-Nipperdey, § 15 II 5 vor a.

fungen zwischen öffentlichem Recht und Privatrecht[57]. Außerdem könne es für den Anwendungsbereich von Rechtssätzen nicht entscheidend sein, wo sie fixiert seien. Wenn in den Grundrechten allgemeine Wertungen enthalten seien, so müßten diese gerade wegen ihrer Allgemeinheit auch für das Privatrecht Geltung beanspruchen. Die Systematik des Rechts stehe demnach einem unmittelbaren Übergriff der Grundrechte auf das Privatrecht nicht entgegen[58].

Auch der Bundesgerichtshof hat mit seiner Rechtsprechung zum allgemeinen Persönlichkeitsrecht bei der Lehre von der unmittelbaren Drittwirkung der Grundrechte Anleihen gemacht. Wenn er nämlich das Gebot der Achtung der Menschenwürde auf das Verhältnis der Privatrechtssubjekte untereinander anwendet und auf diesem Wege zur Einordnung des allgemeinen Persönlichkeitsrechts als "sonstigem Recht" i.S.v. § 823 I BGB kommt[59], so bringt er offenbar das Grundrecht des Art. 1 I GG unmittelbar im Verhältnis von Privatrechtssubjekten untereinander zur Anwendung[60].

Die Lehre von der unmittelbaren Drittwirkung der Grundrechte weist jedoch zahlreiche Schwächen auf und vermag keine überzeugende Konstruktion für die Wirkung der Grundrechte im Zivilrecht zu bieten. Bereits dem Wortlaut der Art. 1 I 2, Art. 1 III und Art. 3 I GG sowie dem System der Gesetzesvorbehalte[61] ist eindeutig zu entnehmen, daß die Grundrechte sich unmittelbar nur an den Staat richten[62].

Auch eine teleologische Analyse spricht nicht für, sondern gegen die unmittelbare Anwendung der Grundrechte im Privatrecht. Während das Verhältnis zwischen Staat und Bürger als primärem Anwendungsfeld der Grundrechte von einem Machtgefälle gekennzeichnet ist, stehen die Bürger einander gleichgeord-

---

57 Ein anschauliches Beispiel bietet insoweit das Nachbarrecht.

58 Gamillscheg, AcP 164 (1964), S. 385 (S. 420 f.).

59 BGH, Urt. v. 25.5.1954, BGHZ 13, S. 334 (S. 338); BGH, Urt. v. 2.4.1957, BGHZ 24, S. 72 (S. 76 f.); BGH, Urt. v. 20.5.1958, BGHZ 27, S. 284 (S. 285).

60 Canaris, AcP 184 (1984), S. 201 (S. 203).

61 Die Vertreter der Lehre von der unmittelbaren Drittwirkung haben zum Teil den Versuch unternommen, die Gesetzesvorbehalte auch im Verhältnis von Privatrechtssubjekten untereinander zur Anwendung zu bringen (so insbesondere Ramm, Die Freiheit der Willensbildung, S. 64 f.; ansatzweise auch Nipperdey, in: Grundrechte IV/2, S. 741 (S. 755); ablehnend Gamillscheg, AcP 164 (1964), S. 385 (S. 431).

62 Pietzcker, in: FS Dürig, S. 345 (S. 347); Spieß, DVBl. 1994, S. 1222 (S. 1224).

net gegenüber. An die Stelle der das Staat - Bürger - Verhältnis kennzeichnenden Fremdbestimmung tritt im Bereich der Privatautonomie die Selbstbestimmung der Privatrechtssubjekte, so daß es an einer die unmittelbare Anwendung der Grundrechte auf die Rechtsbeziehungen zwischen Privaten rechtfertigenden strukturellen Vergleichbarkeit der genannten Rechtsbeziehungen fehlt[63]. Auch eine bei Verschiebung des Verhandlungsgleichgewichts denkbare private Macht vermag die unmittelbare Anwendbarkeit der Grundrechte nicht zu begründen, da sie in keiner Weise staatlicher Macht gleichgestellt werden kann[64] und außerdem bereits das Privatrecht insoweit ausreichende Regelungs- und Schutzinstrumente bereithält[65].

Schließlich bestehen Bedenken gegenüber der unmittelbaren Drittwirkung der Grundrechte insofern, als sie zu einer Aushöhlung des die Privatrechtsordnung tragenden Grundsatzes der Privatautonomie zu führen droht[66]. Zwar wird von den Anhängern der unmittelbaren Drittwirkung betont, daß auch die Privatautonomie Grundrechtsschutz genieße und daher stets eine gerechte Abwägung zwischen der Privatautonomie und den betroffenen Grundrechten stattfinde[67]. Es ist jedoch zu berücksichtigen, daß sich die Güterabwägung an den Kriterien der Geeignetheit, Erforderlichkeit und Verhältnismäßigkeit orientiert und damit den Weg zu einer weitgehenden Angemessenheitsprüfung eröffnet. Dadurch können der Privatautonomie erhebliche Schranken gesetzt und diese in ihrer Bedeutung als grundlegendes Prinzip des Privatrechts deutlich geschwächt werden[68].

Die von der herrschenden Theorie abweichende Konstruktion einer unmittelbaren Drittwirkung, die von *Schwabe* entwickelt wurde, vermag mit ihrem Ansatz bei der Schutzfunktion der Grundrechte im Staat-Bürger-Verhältnis einige der genannten Bedenken gegenüber einer unmittelbaren Drittwirkung zu vermeiden. Nach seiner Auffassung ist der Staat durch die Bereitstellung des Privatrechtssystems an den in diesem Rahmen möglichen Grundrechtsbeeinträchtigungen be-

---

63 Spieß, DVBl. 1994, S. 1222 (S. 1224); Canaris, AcP 184 (1984), S. 201 (S. 205).

64 Spieß, DVBl. 1994, S. 1222 (S. 1224).

65 Canaris, AcP 184 (1984), S. 201 (S. 206).

66 Hesse, Grundzüge des Verfassungsrechts, § 11 II Rn. 354; Stein, Staatsrecht, § 26 V.

67 Nipperdey, in: Grundrechte IV/2, S. 741 (S. 754). So wohl auch Kopp, in: FS Wilburg, S. 141 (S. 156 f.); Moser, Europäische Menschenrechtskonvention, S. 84.

68 Singer, JZ 1995, S. 1133 (S. 1136).

teiligt und muß sich diese daher als staatliche Eingriffe zurechnen lassen. Damit sollen die Grundrechte bereits in ihrer Funktion als staatsgerichtete Abwehrrechte unmittelbare Drittwirkung im Privatrecht entfalten[69]. Doch auch wenn man es als richtig anerkennen mag, daß sich die Geltung der Grundrechte auch im Privatrecht nur als Folge der Bindung staatlicher Gewalt darstellen kann[70], geht es zu weit, aus der staatlichen Normsetzung die Beteiligung der Hoheitsgewalt an allen denkbaren Grundrechtsverletzungen zwischen Privatrechtssubjekten und damit eine unmittelbare Drittwirkung ableiten zu wollen[71].

2. Mittelbare Drittwirkung

In Reaktion auf die von *Nipperdey* und dem *Bundesarbeitsgericht* vertretene Auffassung von der unmittelbaren Anwendbarkeit der Grundrechte auch auf die Rechtsbeziehungen zwischen Privatrechtssubjekten begründete *Günther Dürig* die Theorie von der mittelbaren Drittwirkung der Grundrechte im Privatrecht. Ansatzpunkt seiner Kritik an der unmittelbaren Drittwirkung und zugleich Ausgangspunkt seiner weiteren Überlegungen zu einer nur mittelbaren Drittwirkung ist die Feststellung, daß zu dem durch die Art. 1 I und Art. 2 I GG sowie durch die nachfolgenden Grundrechte konstituierten Wertsystem der Verfassung auch das Recht des einzelnen gehöre, seine individuellen Lebensbeziehungen zu anderen rechtlich selbständig und unabhängig gestalten zu können. Durch dieses Selbstbestimmungsrecht werde die absolute Wirkung der Grundrechte im Verhältnis der Privatrechtssubjekte untereinander relativiert, weswegen der Rechtsverkehr unter Privaten einem Sonderrecht, nämlich dem Privatrecht unterliege. Der Schutz gegenüber Eingriffen durch andere Privatrechtssubjekte erfolge nur über die zivilrechtlichen Generalklauseln, bei deren Konkretisierung die grund-

---

69 Schwabe, Drittwirkung der Grundrechte, S. 16 f. und S. 154. Ähnlich wie Schwabe auch Murswiek, Die staatliche Verantwortung für die Risiken der Technik, S. 108, der es z.B. als Eingriff des Gesetzgebers in ein Grundrecht als Abwehrrecht ansieht, wenn der Gesetzgeber eine Duldungspflicht gegenüber Eingriffen Dritter auferlegt, ohne zugleich ein entsprechendes Eingriffsverbot zu statuieren.

70 Diesen Ansatz greift die Lehre von den Grundrechten als Schutzgeboten auf (dazu näher 1. Teil § 1 B II 3).

71 F. Kirchhof, Private Rechtsetzung, S. 522. Ebenso Diederichsen, AcP 198 (1998), S. 171 (S. 209), der Schwabes Lehre als einen „Rückfall in das etatistische Denken des Gesetzespositivismus des 19. Jahrhunderts" ansieht.

rechtlichen Wertungen eine bedeutende Rolle spielten und über deren Ausfüllung die Grundrechte die Rechtsbeziehungen zwischen Privatrechtssubjekten beeinflußten. Durch die Einwirkung der Grundrechte auf das Privatrecht über das Medium der Generalklauseln könne einerseits die Eigenständigkeit des Privatrechts gewahrt, andererseits der Einheit der Rechtsordnung hinreichend Rechnung getragen werden[72].

Die von Dürig entwickelte Lehre von der mittelbaren Drittwirkung der Grundrechte wurde durch das Bundesverfassungsgericht schon bald im Lüth-Urteil[73] aufgegriffen, in dem es feststellte, daß das Grundgesetz keine wertneutrale Ordnung sein wolle, sondern eine durch die Grundrechte errichtete objektive Wertordnung enthalte, in deren Mittelpunkt die freie Persönlichkeitsentfaltung und die Würde des Menschen stünden. Diese in den Grundrechten zum Ausdruck kommenden verfassungsrechtlichen Grundentscheidungen beanspruchten in allen Rechtsbereichen Geltung[74].

Die Lehre von der mittelbaren Drittwirkung begründet den Einfluß der Grundrechte auf die Rechtsbeziehungen zwischen Privaten also nicht über die subjektiv-rechtliche Seite der Grundrechte, sondern über ihre objektiv-rechtliche Komponente[75]. Die in den Grundrechten enthaltenen Rechtsgrundsätze bzw. Grundentscheidungen sollen bei der Auslegung und Anwendung zivilrechtlicher Normen sowie bei der Ausfüllung von Lücken zu berücksichtigen sein[76], insbesondere die Konkretisierung der wertausfüllungsbedürftigen und wertausfüllungsfähigen Generalklauseln[77] beeinflussen, die aus diesem Grunde als Ein-

---

72 Dürig, in: FS Nawiasky, S. 157 (S. 176 f.); Mikat, in: FS Nipperdey Bd. I, S. 581 (S. 587).

73 BVerfG, Urt. v. 15.1.1958, BVerfGE 7, S. 198 ff.

74 BVerfG, Urt. v. 15.1.1958, BVerfGE 7, S. 198 (S. 205); BVerfG, Beschl. v. 2.5.1967, BVerfGE 21, S. 362 (S. 372); BVerfG, Beschl. v. 26.2.1969; BVerfGE 25, S. 256 (S. 263); BVerfG, Urt. v. 18.7.1972, BVerfGE 33, S. 303 (S. 330).

75 Rupp, AöR 101 (1976), S. 161 (S. 171).

76 Kopp, in: FS Wilburg, S. 141 (S.158).

77 BVerfG, Beschl. v. 23.4.1986, BVerfGE 73, S. 261 (S. 269); Leisner, Grundrechte und Privatrecht, S. 365; Alexy, Theorie der Grundrechte, S. 481; Hesse, Grundzüge des Verfassungsrechts, § 11 II Rn. 356; Achterberg, JZ 1976, S. 440; Mikat, in: FS Nipperdey Bd. I, S. 581 (S. 587); Korinek, Wirtschaftliche Selbstverwaltung, S. 252.

bruchstellen der Grundrechte in das Privatrecht bezeichnet werden[78]. Die erforderliche Anpassung der Grundrechte an das Zivilrecht erfolge aber grundsätzlich über die (verfassungskonforme) Auslegung jeder Norm des Zivilrechts[79], denn auch Normen mit festen Tatbeständen könnten der Verwirklichung von Grundrechten dienen[80].

Die Lehre von der mittelbaren Drittwirkung ist sowohl vom Bundesgerichtshof als auch vom Bundesverfassungsgericht ausdrücklich anerkannt[81]. Der einschlägigen Rechtsprechung beider Gerichte liegt die Erkenntnis zugrunde, daß die Grundrechtsbestimmungen sich erst durch "das Medium der das jeweilige Rechtsgebiet unmittelbar beherrschenden Vorschriften" entfalten[82].

3. Grundrechte als Schutzgebote

In jüngerer Zeit wird die Lehre von der mittelbaren Drittwirkung in zunehmendem Maße durch die Auffassung abgelöst, daß sich die Grundrechte im Privatrecht über ihre Funktion als Schutzgebote verwirklichen. Nach dieser Theorie von den Grundrechten als Schutzgeboten ist der Einfluß der Grundrechte auf die Rechtsbeziehungen zwischen den Bürgern Folge der in Art. 1 III GG verfassungsrechtlich verankerten Bindung der staatlichen Gewalt an die Grundrechte[83] in ihrer Eigenschaft als objektive Grundsatznormen[84]. Den Staat trifft die Ver-

---

78 BVerfG, Beschl. v. 11.5.1976, BVerfGE 42, S. 143 (S. 148).

79 Alexy, Theorie der Grundrechte, S. 481.

80 So die Interpretation der Lehre von der mittelbaren Drittwirkung durch Canaris, AcP 184 (1984), S. 201 (S. 223), der als Beispiele § 888 II ZPO, § 624 BGB und § 74 HGB nennt.

81 BVerfG, Beschl. v. 26.2.1969, BVerfGE 25, S. 256 (S. 263); BVerfG, Beschl. v. 14.2.1973, BVerfGE 34, S. 269 (S. 280); BVerfG, Beschl. v. 11.5.1976, BVerfGE 42, S. 143 (S. 148); BVerfG, Beschl. v. 25.7.1979, BVerfGE 52, S. 131 (S. 165/166); BVerfG, Beschl. v. 7.2.1990, BVerfGE 81, S. 242 (S. 256); BVerfG, Beschl. v. 11.6.1991, BVerfGE 84, S. 192 (S. 195); BVerfG, Beschl. v. 23.4.1986, BVerfGE 73, S. 261 (S. 269); BGH, Urt. v. 28.4.1986, NJW 1986, S. 2944.

82 BVerfG, Beschl. v. 11.5.1976, BVerfGE 42, S. 143 (S. 148); BVerfG, Beschl. v. 23.4.1986, BVerfGE 73, S. 261 (S. 269).

83 Höfling, Vertragsfreiheit, S. 53; Oldiges, in: FS Friauf, S. 281 (S. 300); Canaris, Grundrechte und Privatrecht, S. 38.

84 BVerfG, Beschl. v. 6.5.1997, BVerfGE 96, S. 56 (S. 64); Badura, in: FS Karl Molitor, S. 1 (S. 9); F. Kirchhof, Private Rechtsetzung, S. 523; Lücke, JZ 1999, S. 377 (S. 381); AK-GG/Denninger, vor Art. 1 Rn. 33. Alexy, Theorie der Grundrechte, S. 483 und Spieß,

pflichtung, nicht nur selber Eingriffe in die grundrechtlich gewährleistete Freiheitssphäre des Individuums zu unterlassen, sondern darüber hinaus die in den Grundrechten zum Ausdruck kommenden Werte und Rechtsgüter auch gegen Verletzungen durch andere Bürger zu schützen[85]. Wie der Staat durch Art. 1 I 2 GG ausdrücklich zum Schutz der Würde des Menschen verpflichtet wird, so muß ihn eine Schutzverpflichtung auch zugunsten der Freiheitsrechte treffen, die letztlich nur spezifische Ausprägungen der Menschenwürde sind[86].

Hinsichtlich der durch die Grundrechte aufgegebenen Schutzpflichten ist zwischen dem Erlaß bzw. der Gestaltung privatrechtlicher Normen einerseits und der Kontrolle vertraglicher Vereinbarungen andererseits zu unterscheiden[87].

Den Gesetzgeber trifft aufgrund der Schutzgebotsfunktion der Grundrechte die Verpflichtung, für eine grundrechtskonforme Ausgestaltung des Privatrechts Sorge zu tragen[88]. Ihm obliegt die Aufgabe, grundrechtlichen Werten und Gütern durch Erlaß und Gestaltung entsprechender privatrechtlicher Vorschriften auch gegenüber Dritten hinreichenden Schutz zu gewähren[89]. Dabei wird der dem Gesetzgeber grundsätzlich zustehende Gestaltungsspielraum[90] durch das Verhältnismäßigkeitsprinzip begrenzt[91]: Der Schutz einer grundrechtlich ge-

---

DVBl. 1994, S. 1222 (S. 1225) leiten die Schutzgebotsfunktion hingegen aus den Grundrechten als subjektiv-öffentlichen Rechten ab.

85 Oldiges, in: FS Friauf, S. 281 (S. 299); Canaris, AcP 184 (1984), S. 201 (S. 225 f.); Böckenförde, Der Staat 29 (1990), S. 1 (S. 13); F. Kirchhof, Private Rechtsetzung, S. 522.

86 Canaris, AcP 184 (1984), S. 201 (S. 226). Art. 1 I 1 GG wird daher als Anknüpfungspunkt für die Schutzgebotsfunktion der Grundrechte herangezogen (Badura, in: FS Eichenberger, S. 481 (S. 482)).

87 Canaris, Anm. zum Beschluß des BVerfG vom 7.2.1990, AP Nr. 65 zu Art. 12 GG.

88 BVerfG, Beschl. v. 19.10.1993, BVerfGE 89, S. 214 (S. 231 f.); Rüfner, in: GS Martens, S. 215 (S. 219); F. Kirchhof, Private Rechtsetzung, S. 522.

89 Lerche, in: FS Steindorff, S. 897 (S. 902 f.). Es darf aber umgekehrt nicht jede privatrechtliche Norm als Ausdruck der grundrechtlichen Schutzpflichten interpretiert werden (F. Kirchhof, Private Rechtsetzung, S. 524).

90 BVerfG, Beschl. v. 11.10.1978, BVerfGE 49, S. 304 (S. 320); BVerfG, Urt. v. 14.7.1981, BVerfGE 57, S. 361 (S. 393); BVerfG, Beschl. v. 13.1.1982, BVerfGE 59, S. 231 (S. 257); BVerfG, Beschl. v. 6.5.1997, BVerfGE 96, S. 56 (S. 64); Lerche, in: FS Steindorff, S. 897 (S. 904); Canaris, Grundrechte und Privatrecht, S. 44; Wahl/Masing, JZ 1990, S. 553 (S. 558).

91 BVerfG, Beschl. v. 7.2. 1990, BVerfGE 81, S. 242 (S. 255); Hermes, NJW 1990, S. 1764 (S. 1768); Höfling, Vertragsfreiheit, S. 53.

schützten Position der einen Seite bedeutet meist zugleich die Beschränkung einer ebenfalls grundrechtlich geschützten Position der anderen Seite[92]. So wie der Gesetzgeber einerseits durch die Schutzgebotsfunktion der Grundrechte verpflichtet ist, wird er andererseits durch ihre Eingriffsverbotsfunktion beschränkt[93]. Im Wege der Abwägung hat er derartige Grundrechtskollisionen einem angemessenen Ausgleich im Sinne praktischer Konkordanz zuzuführen[94].

Erst wenn der Gesetzgeber seiner Schutzpflicht nicht oder nicht hinreichend nachkommt, richtet sich das grundrechtliche Schutzgebot an den Richter, der bei Auslegung und Anwendung der Vorschriften des Privatrechts gegebenenfalls berührte Grundrechte angemessen zu berücksichtigen und die einschlägigen Normen verfassungskonform zu interpretieren hat[95].

Neben der Verpflichtung des Gesetzgebers zur grundrechtskonformen Ausgestaltung des Privatrechts erlangt die Schutzgebotsfunktion der Grundrechte auch für die Inhaltskontrolle vertraglicher Vereinbarungen Bedeutung[96]. Das Privatrecht ist zwar durch die gemäß Art. 2 I GG verfassungsrechtlich geschützten Grundsätze der Privatautonomie und der Vertragsfreiheit geprägt. Privatrechtssubjekte unterliegen daher in der Gestaltung ihrer rechtlichen Beziehungen untereinander prinzipiell keiner Kontrolle. Sie sind frei, anderen gegenüber Bindungen einzugehen und dabei auch grundrechtlich geschützte Positionen preiszugeben[97]. Ihre Dispositionsbefugnis unterliegt aber gewissen äußersten Grenzen. Ein Mindestgehalt an grundrechtlichen Freiheiten ist unantastbar[98]. Es obliegt dem Gesetzgeber, durch Erlaß entsprechender Vorschriften diesen grund-

---

92 Krause, JZ 1984, S. 656 (S. 660).

93 Isensee, in: FS Kriele, S. 5 (S. 32); Canaris, Anm. zum Beschluß des BVerfG vom 7.2.1990, AP Nr. 65 zu Art. 12 GG. Die Grundrechte können an den Gesetzgeber beim Normerlaß daher zugleich ein Interventions*gebot* und ein Interventions*verbot* richten (Höfling, Vertragsfreiheit, S. 53).

94 BVerfG, Beschl. v. 7.2.1990, BVerfGE 81, S. 242 (S. 255); BVerfG, Beschl. v. 19.10.1993, BVerfGE 89, S. 214 (S. 232); BVerfG, Beschl. v. 6.5.1997, BVerfGE 96, S. 56 (S. 64); Rüfner, in: GS für Martens, S. 215 (S. 224); Rupp, AöR 101 (1976), S. 161 (S. 171); Jarass, AöR 110 (1985), S. 363 (S. 384).

95 Höfling, Vertragsfreiheit, S. 55.

96 Pietzcker, in: FS Dürig, S. 345 (S. 362).

97 BVerfG, Beschl. v. 7.2.1990, BVerfGE 81, S. 242 (S. 254); Oldiges, in: FS Friauf, S. 281 (S. 305); Spieß, DVBl. 1994, S. 1222 (S. 1226).

98 Singer, JZ 1995, S. 1133 (S. 1139).

rechtlichen Mindestschutz auch im Rahmen vertraglicher Bindungen zu gewährleisten[99]. Das schützende Eingreifen des Gesetzgebers setzt nicht unbedingt ein strukturelles Verhandlungsungleichgewicht zwischen den betroffenen Vertragspartnern voraus. Auch in Fällen, in denen keine gestörte Vertragsparität vorliegt, kann der Schutz der tangierten Grundrechte den Gesetzgeber zur Inhaltskontrolle von Verträgen berechtigen und verpflichten[100]. Dies kann sowohl durch tatbestandlich bestimmte Vorschriften als auch durch Generalklauseln wie insbesondere § 138 I BGB erfolgen.

Erst wenn der Gesetzgeber seiner Schutzpflicht nicht oder nicht hinreichend nachkommt oder wenn es um die Ausfüllung einer Generalklausel geht, ist die Rechtsprechung Adressat des grundrechtlichen Schutzgebots[101]. Auch für das Eingreifen des Richters ist das Vorliegen gestörter Vertragsparität nicht notwendige Voraussetzung[102]. Die durch Art. 2 I GG gewährleistete Privatautonomie ist gegen die durch die vertragliche Vereinbarung tangierten Grundrechtspositionen abzuwägen. Grundsätzlich gebührt dabei der das Privatrecht prägenden Vertragsfreiheit der Vorrang. Der Zivilrichter hat wie der Gesetzgeber lediglich einen grundrechtlichen Minimalschutz sicherzustellen[103]. Bei der Bewertung, wo die Zulässigkeitsgrenzen einer vertraglichen Vereinbarung liegen, spielen vor allem Bedeutung und Stellenwert des betroffenen Grundrechts sowie Art und Intensität der Gefährdung eine Rolle[104]. Je stärker der Menschenwürdegehalt des betroffenen Grundrechts ist, desto größer ist auch sein der freien Disposition entzogener Kernbereich[105]. Es bleibt jedoch dabei, daß die durch eine vertragliche Vereinbarung betroffenen Grundrechte gegenüber der mit ihnen kollidieren

---

99 Badura, in: FS Karl Molitor, S. 1 (S. 5).

100 Oldiges, in: FS Friauf, S. 281 (S. 298); Singer, JZ 1995, S. 1133 (S. 1139).

101 F. Kirchhof, Private Rechtsetzung, S. 526; Badura, in: FS Karl Molitor, S. 1 (S. 5).

102 Oldiges, in: FS Friauf, S. 281 (S. 289); Singer, JZ 1995, S. 1133 (S. 1139); vgl. aus der Rspr. bspw. BGH, Urt. v. 26.3.1984, BGHZ 91, S. 1 (S. 2 ff.); BGH, Urt. v. 9.4.1986, BGHZ 97, S. 304 (S. 305 ff.). A. A. Zöllner, AcP 196 (1996), S. 1 (S. 11 u. 36), der jede grundrechtliche Schutzpflicht im vertraglichen Bereich ablehnt.

103 Hesse, Grundzüge des Verfassungsrechts, § 11 II Rn. 356; Spieß, DVBl. 1994, S. 1222 (S. 1226).

104 Singer, JZ 1995, S. 1133 (S. 1139); F. Kirchhof, Private Rechtsetzung, S. 527; Canaris, Grundrechte und Privatrecht, S. 79 f.

105 Oldiges, in: FS Friauf, S. 281 (S. 307).

den, ebenfalls grundrechtlich gewährleisteten Vertragsfreiheit generell nur einen Mindestschutz beanspruchen können.

Die Lehre von der Schutzgebotsfunktion der Grundrechte wird mittlerweile auch von der Rechtsprechung akzeptiert und umgesetzt[106]. Mit der formalen Anknüpfung an die grundrechtliche Bindung der Hoheitsgewalt bietet sie eine überzeugende Konstruktion für die Einwirkung der Grundrechte auf das Privatrecht[107]. Dabei werden die als richtig erkannten und von der Rechtsprechung übernommenen Grundgedanken der Lehre von der mittelbaren Drittwirkung, insbesondere die Bedeutung der Grundrechte für die Konkretisierung der Generalklauseln, nicht aufgegeben, sondern aufgenommen und ergänzt[108]. Da als Ziel lediglich ein grundrechtlicher Minimalschutz angestrebt wird, werden angemessene Ergebnisse erreicht, die sich mit den Strukturen und Prinzipien des Privatrechts vereinbaren lassen. Die Lehre von den Grundrechten als Schutzgeboten vermag das Verhältnis der Grundrechte zum Privatrecht ohne konstruktive und inhaltliche Widersprüche zu klären.

§ 2 Geltung der Grundrechte für juristische Personen gemäß Art. 19 III GG

Die Frage, ob sich neben natürlichen auch juristische Personen oder sonstige Personenvereinigungen auf die im Grundgesetz festgeschriebenen Grundrechte berufen können, wird von Art. 19 III GG beantwortet. Nach dieser Bestimmung gelten die Grundrechte auch für inländische juristische Personen, soweit sie ihrem Wesen nach auf diese anwendbar sind. Im Folgenden sollen nur die für den

---

106 Der Auftrag an den Gesetzgeber zum Schutz der Grundrechte ist seit dem ersten Urteil zu § 218 StGB anerkannt (vgl. BVerfG, Urt. v. 25.2.1975, BVerfGE 39, S. 1 (S. 41); BVerfG, Urt. v. 16.10.1977, BVerfGE 46, S. 160 (S. 164); BVerfG, Beschl. v. 8.8.1978, BVerfGE 49, S. 89 (S. 141 f.); BVerfG, Beschl. v. 20.12.1979, BVerfGE 53, S. 30 (S. 57); BVerfG, Beschl. v. 14.1.1981, BVerfGE 56, S. 54 (S. 73)). Zur grundrechtlichen Schutzpflicht im Zivilrecht BVerfG, Beschl. v. 7.2.1990, BVerfGE 81, S. 242 (S. 254 ff.); BVerfG, Beschl. v. 19.10.1993, BVerfGE 89, S. 214 ff.; BVerfG, Beschl. v. 6.5.1997, BVerfGE 96, S. 56 ff.

107 Wie hier auch Starck, JuS 1981, S. 237 (S. 245). In die gleiche Richtung zielend Isensee, in: FS Kriele, S. 5 (S. 32).

108 So offenbar auch Pietzcker, in: FS Dürig, S. 345 (S. 362).

Fortgang der Untersuchung erheblichen Fragen zu Art. 19 III GG erläutert werden, nämlich der Begriff des „Wesens der Grundrechte" und der Begriff der „juristischen Person". Nicht hingegen wird die Grundrechtsberechtigung ausländischer juristischer Personen, inländischer juristischer Personen unter ausländischer Kontrolle[109] und juristischer Personen des öffentlichen Rechts erörtert.

A. Wesensmäßige Anwendbarkeit der Grundrechte

Maßgebliches Kriterium für die Grundrechtsberechtigung juristischer Personen ist gemäß Art. 19 III GG die wesensmäßige Anwendbarkeit der Grundrechte auf juristische Personen. Darüber, worin das Wesen der Grundrechte liegt, gehen die Meinungen auseinander.

I. Liberale Naturrechtskonzeption

Nicht nur zur Zeit der Weimarer Verfassung, sondern teilweise auch noch in den ersten Jahren nach Erlaß des Grundgesetzes wurde von einem nicht unbedeutenden Teil der Lehre, insbesondere von *Carl Schmitt*, die Auffassung vertreten, daß das Wesen der Grundrechte durch ihren naturrechtlichen, d.h. vorstaatlichen Ursprung ausgemacht werde. Daraus wurde die Konsequenz gezogen, daß auch nur vorstaatliche, also natürliche Personen Grundrechte besitzen und ausüben könnten[110].

Die These vom naturrechtlichen Wesen der Grundrechte vernachlässigt jedoch die Tatsache, daß überpositive Rechtssätze durch das Grundgesetz in konkreten verfassungsrechtlichen Vorschriften ausdrücklich normiert und damit durch die

---

[109] Inwieweit sich inländische juristische Personen, die ausländisch beherrscht werden, gemäß Art. 19 III GG auf die Deutschengrundrechte berufen können, zu denen auch Art. 12 I GG gehört, ist umstritten. Während es für die wesensmäßige Anwendbarkeit der Deutschengrundrechte teilweise als ausreichend erachtet wird, daß eine juristische Person ihren Sitz in Deutschland hat (so z.B. Krüger, in: Sachs, Art. 19 Rn. 49; Dreier, in: Dreier, Art. 19 Rn. 31 ff.), wird von anderer Seite darüber hinaus gefordert, daß sie deutsch kontrolliert sein müsse (so z.B. Quaritsch, in: HStR V, § 120 Rn. 54 ff.; Rupp-v. Brünneck, in: FS Arndt, S. 349 (S. 382 f.)).

[110] C. Schmitt, Verfassungsrechtliche Aufsätze, S. 192.

Verfassung selbst konstituiert worden sind[111]. Stellt man den Charakter der Grundrechte als positivierte verfassungsmäßige Rechte in Rechnung, vermag die klassische Naturrechtskonzeption für den Ausschluß juristischer Personen von der Grundrechtsberechtigung keine überzeugende Begründung zu liefern. Überdies steht sie in offenem Widerspruch zur Vorschrift des Art. 19 III GG, die gerade auch juristischen Personen Grundrechtsschutz zuerkennen will[112].

II. Individualistisches Grundrechtsverständnis

Nach dem über Jahrzehnte vorherrschenden individualistischen Grundrechtsverständnis liegt das Wesen der Grundrechte in der Würde und Freiheit des Einzelmenschen als dem Mittelpunkt des Wertesystems der Grundrechte[113]. Aus diesem Grundrechtsverständnis, das das personale Element in den Vordergrund stellt, sind die Lehre vom "Durchgriff" auf die hinter einer juristischen Person stehenden natürlichen Personen und die Formel vom „personalen Substrat" hervorgegangen[114], die es zur entscheidenden Voraussetzung für die Grundrechtsberechtigung juristischer Personen machen, daß „ihre Bildung und Betätigung Ausdruck der freien Entfaltung der natürlichen Personen sind" bzw. daß „der Durchgriff auf die hinter der juristischen Person stehenden Menschen" die Einbeziehung der juristischen Person in den Schutzbereich eines Grundrechts „als sinnvoll und erforderlich erscheinen läßt"[115].

An ähnlichen materiellen Kriterien orientieren sich jene Ansichten, die es für die eigene Grundrechtsberechtigung einer juristischen Person als ausschlaggebend

---

111 BK/v. Mutius, Art. 19 Abs. 3 Rn. 27; Häberle, Wesensgehaltsgarantie, S. 147.

112 Art. 19 III GG dient der Klarstellung, daß eben nicht nur natürliche Personen - einzeln oder in Gemeinschaft -, sondern auch juristische Personen selbst grundrechtsberechtigt sein können (Bethge, Grundrechtsberechtigung juristischer Personen, S. 25).

113 Meessen, JZ 1970, S. 603; Ulsamer, in: FS Geiger, S. 199 (S. 213).

114 Dürig, BayVBl. 1959, S. 201 (S. 202); Bachof, in: Grundrechte III/1, S. 155 (S. 180); Achterberg, in: GS Klein, S. 1 (S. 5); v. Mangoldt/Klein/Starck/Huber, Art. 19 Rn. 227 f.

115 BVerfG, Beschl. v. 2.5.1967, BVerfGE 21, S. 362 (S. 369); BVerfG, Beschl. v. 31.10.1984, BVerfGE 68, S. 193 (S. 205 f.). Nach Dürig liegt der Sinn der vom Bundesverfassungsgericht verwandten Figur des Durchgriffs darin, „daß der Schutz des Einzelnen als eines Einzelnen oder innerhalb von Zusammenschlüssen, die im Interesse der Entfaltung des Menschen erfolgen, Ziel und Aufgabe der Grundrechte ist" (M/D/H/Dürig, Art. 19 Abs. 3 Rn. 1).

ansehen, daß diese Sachwalter der gebündelten Individualrechte ihrer Mitglieder bzw. Treuhänder der Grundrechte der hinter ihr stehenden natürlichen Personen sei[116].

Betrachtet man die Entstehungsgeschichte des Art. 19 III GG, ergeben sich jedoch grundlegende Bedenken gegenüber dem rein individualistischen Grundrechtsverständnis. Mit dieser Norm, die als gleichrangige Vorschrift neben Art. 1 GG getreten ist, sollte nämlich dem unter der Weimarer Verfassung herrschenden Streit um die Möglichkeit der Grundrechtsträgerschaft juristischer Personen ein Ende gesetzt und zu diesem Zwecke dem allein auf die Würde und Freiheit des Einzelmenschen abstellenden individualistischen Grundrechtsverständnis eine deutliche Absage erteilt werden[117].

Auch die grammatikalische Interpretation des Art. 19 III GG läßt zweifelhaft erscheinen, ob sich das individualistische Grundrechtsverständnis mit dieser Norm vereinbaren läßt, deren Wortlaut als äußerste Grenze jeder Auslegung stets Beachtung verlangt. Art. 19 III GG erstreckt die Grundrechtsgeltung expressis verbis auf juristische Personen[118]. Bereits die bloße Verwendung dieses Begriffs deutet darauf hin, daß den darunter fallenden Organisationen selbst und nicht nur den hinter ihnen stehenden natürlichen Personen in kollektiver Form der Grundrechtsschutz zugute kommen soll[119].

Schließlich und vor allem bestehen jedoch methodische Bedenken gegenüber dem individualistischen Grundrechtsverständnis. Die Formel vom Wesen der Grundrechte bezweckt, den Kreis potentieller Grundrechtsträger zu bestimmen, soweit es sich *nicht* um natürliche Personen handelt. Daher kann bei der Auslegung des Begriffs des Wesens der Grundrechte in Art. 19 III GG nicht bei der natürlichen Person als dem eigentlichen Grundrechtsberechtigten angesetzt werden. Vielmehr ist das Wesen der Grundrechte gerade unter Außerachtlassung der primären Grundrechtsberechtigung natürlicher Personen aus Sinn und

---

116 So dem Inhalt nach, ohne allerdings den Begriff der Grundrechtstreuhand zu verwenden, Bachof, in: Grundrechte III/1, S. 155 (S. 180).

117 Bethge, AöR 104 (1979), S. 55 (S. 69).

118 Zum Begriff der juristischen Person i.S.d. Art. 19 III GG 1. Teil § 2 B I.

119 BK/v. Mutius, Art. 19 Abs. 3 Rn. 33.

Zweck der Grundrechte insgesamt bzw. spezieller einzelner Grundrechte heraus zu interpretieren[120]. Andernfalls unterliegt man der Gefahr eines Zirkelschlusses.

Ähnlich wie das individualistische Grundrechtsverständnis als solches weisen auch die aus ihm hervorgegangenen Formeln vom personalen Substrat oder vom Durchgriff auf die hinter der juristischen Person stehenden natürlichen Personen entscheidende Schwächen auf. Die Durchgriffslehre zielt ihrem Grundgedanken und ihrer Struktur nach im Allgemeinen darauf ab, die rechtliche Verselbständigung der juristischen Person in bestimmten Fällen außer acht zu lassen bzw. beiseite zu schieben. Im Rahmen des Art. 19 III GG geht es hingegen genau umgekehrt darum, die juristische Person als Grundrechtsträger zu verselbständigen[121]. Die Lehre vom Durchgriff auf die hinter der juristischen Person stehenden natürlichen Personen ist daher nicht geeignet, die Grundrechtsträgerschaft der juristischen Person i.S.d. Art. 19 III GG zu begründen[122].

Ebenso erweisen sich sowohl das Kriterium des personalen Substrats als auch die These von einer Grundrechtstreuhand im Rahmen des Art. 19 III GG letztlich als untauglich. Bei Auslegung und Anwendung dieser Bestimmung geht es um die Frage, ob und inwieweit ein Eingriff in die grundrechtlich geschützten Interessen der juristischen Person *selbst* gegeben ist, ohne daß notwendigerweise zugleich ein Eingriff in die Grundrechte der dahinter stehenden natürlichen Personen vorliegen muß[123]. Es darf nicht übersehen werden, daß es korporationsgebundene Rechte geben kann, die den einzelnen Mitgliedern für sich genommen nicht zustehen. Nicht selten wird sogar ein Gegensatz zwischen den Interessen der Organisation und den Interessen zumindest einiger ihrer Mitglieder bestehen[124]. Die Formel vom personalen Substrat und die These von einer Grundrechtstreuhand, die auf der Vorstellung aufbauen, die Rechte der juristischen Person müßten zugleich Rechte der einzelnen Mitglieder sein, vermögen solche Konstellationen nicht zu erfassen. Sie erweisen sich damit als ungeeignet zur Bestimmung, *ob* eine juristische Person oder sonstige Personenvereinigung

---

120 BK/v. Mutius, Art. 19 Abs. 3 Rn. 30.

121 Rupp-v.Brünneck, in: FS Arndt, S. 349 (S. 359).

122 M/D/H/Dürig, Art. 19 Abs. 3 Rn. 1 räumt ein, daß der dogmatisch anderweitig besetzte Begriff des „Durchgriffs" ungünstig gewählt sei.

123 Rupp-v.Brünneck, in: FS Arndt, S. 349 (360).

124 Ritter, NJW 1964, S. 279 (S. 280); BK/v. Mutius, Art. 19 Abs. 3 Rn. 33.

Grundrechtsschutz genießt. Die Frage nach dem personalen Substrat kann aber für die Intensität des Grundrechtsschutzes Bedeutung erlangen[125].

III. Genuine Grundrechtssubjektivität juristischer Personen

Dem individualistischen Grundrechtsverständnis in seinen unterschiedlichen Ausprägungen steht heute die wohl mittlerweile dominierende Auffassung gegenüber, daß eine juristische Person *als solche*, unabhängig von den hinter ihr stehenden natürlichen Personen, Grundrechtsträger sein kann. Sinn und Zweck des Art. 19 III GG liegen darin, die Rechtsposition juristischer Personen durch die Zuordnung von Grundrechten in gleicher Weise zu stärken, wie die Rechtsposition natürlicher Personen durch die Grundrechte gestärkt wird. Diesem Regelungsziel liegt die Erkenntnis zugrunde, daß Handeln in Gemeinschaft nicht mit der bloßen Summierung von Einzelhandlungen gleichgesetzt werden kann[126]. Vielmehr hat die juristische Person eigene Belange und entfaltet eigene Aktivitäten, welche durch staatliche Eingriffe beeinträchtigt werden können[127]. Sie ist daher in gleicher Weise schutzwürdig wie natürliche Personen[128].

Das Wesen der Grundrechte liegt danach nicht in der Würde und Freiheit des Einzelmenschen, sondern vielmehr in ihrer Funktion, bestimmte, durch die einzelnen Grundrechte näher umgrenzte Freiheitsbereiche gegenüber der staatlichen Hoheitsgewalt zu gewährleisten[129]. Maßgeblich für die Anwendbarkeit von Grundrechten auf juristische Personen ist daher das Bestehen einer grundrechtstypischen Gefährdungslage bzw. das Vorhandensein eines entsprechenden Schutzbedürfnisses der juristischen Person gegenüber dem Staat[130].

---

125 M/D/H/Dürig, Art. 19 Abs. 3 Rn. 6.

126 Stern, Staatsrecht III/1, S. 1104; Bethge, Grundrechtsberechtigung juristischer Personen, S. 27; M/D/H/Dürig, Art. 19 Abs. 3 Rn. 3.

127 Isensee, in: HStR V, § 118 Rn. 8.

128 Stern, Staatsrecht III/1, S. 1118.

129 Dreier, in: FS Scupin, S. 81 (S. 89); BK/v. Mutius, Art. 19 Abs. 3 Rn. 36.

130 Fuß, DVBl. 1958, S. 740 f.; Bettermann, NJW 1969, S. 1324; Achterberg, in: GS Klein, S. 1 (S. 6); BK/v. Mutius, Art. 19 Rn. 37.

Bei der Bestimmung des Wesens der Grundrechte nach diesen Kriterien ist nicht nur auf die allen Grundrechten gemeinsame Funktion, sondern auch auf den Inhalt des im konkreten Einzelfall einschlägigen Grundrechts bzw. die Besonderheiten seines Schutzbereichs zurückzugreifen[131]. Dabei ist weniger ausschlaggebend, daß sich das von dem jeweiligen Grundrecht geschützte Interesse auch kollektiv verfolgen läßt, als vielmehr maßgeblich, ob die Ausübung des betreffenden Grundrechts Eigenschaften und Fähigkeiten voraussetzt, die nur natürlichen Personen zukommen[132]. Darüber hinaus muß die juristische Person nach dem Schutz- und Ordnungsgehalt des Grundrechts als Zuordnungssubjekt des geschützten Lebensbereichs angesehen werden können[133]. Aufgrund dieser Erwägungen läßt sich unterscheiden zwischen Grundrechten, die sich vollständig oder nur teilweise, unverändert oder nur modifiziert oder aber gar nicht auf juristische Personen übertragen lassen[134].

Gegen die eigene Grundrechtssubjektivität juristischer Personen läßt sich nicht vorbringen, daß das letzte Ziel aller Grundrechte allein der Schutz der menschlichen Persönlichkeit und ihre Freiheit ist[135]. Zu bedenken ist nämlich, daß die Grundlage juristischer Personen des Privatrechts stets privatautonomes Handeln natürlicher Personen ist. Hinter einer juristischen Person des Privatrechts steht also stets die Aktivität natürlicher Personen, die auch in ihrer neuen Gestalt schutzwürdig ist[136]. Die juristische Person wird zum Medium der Privatautonomie. Dies gilt auch für solche juristischen Personen, bei denen das personale Element weit im Hintergrund steht[137]. Die Grundrechtsberechtigung juristischer Personen bedeutet eine Vervollkommnung und Stabilisierung des Grundrechts-

---

131 BVerfG, Beschl. v. 2.5.1967, BVerfGE 21, S. 362 (S. 368 f.); Bettermann, NJW 1969, S. 1321 (S. 1324); Rüfner, AöR 89 (1964), S. 261 (S. 266); Stern, Staatsrecht III/1, S. 1124 f.; BK/v. Mutius, Art. 19 Abs. 3 Rn. 24; Krebs, in: v. Münch/Kunig, Art. 19 Rn. 30.

132 Wiedemann, Gesellschaftsrecht Bd. I, S. 692.

133 Badura, DÖV 1990, S. 353 (S. 356 f.).

134 Isensee, in: HStR V, § 118 Rn. 54.

135 Rüfner, in: HStR V, § 116 Rn. 31.

136 Stern, Staatsrecht III/1, S. 1119; ähnlich Hoffmann, Grundrechtlicher Schutz der marktwirtschaftlichen Unternehmenstätigkeit, S. 193.

137 Wer z.B. eine Aktie erwirbt, akzeptiert die Organisationsstruktur und die Zweckwidmung der Aktiengesellschaft, so daß auch hier eine individualrechtliche Basis vorhanden ist (Isensee, in: HStR V, § 118 Rn. 30).

schutzes, indem sie auch die solchermaßen verlängerte Betätigung natürlicher Personen erfaßt[138].

B. Juristische Personen im Sinne des Art. 19 III GG

Für die Frage, ob und inwieweit Gesellschaften nach Maßgabe des Art. 19 III GG Grundrechte geltend machen können, ist die Auslegung des Begriffs der juristischen Person im Sinne dieser Vorschrift von entscheidender Bedeutung.

I. Begriff der juristischen Person

Der Begriff der juristischen Person i.S.d. Art. 19 III GG ist extensiv auszulegen und nicht auf juristische Personen im engeren Sinne zu beschränken. Neben der Entstehungsgeschichte des Art. 19 III GG, aus der sich ergibt, daß man neben juristischen Personen auch „sonstige Vereinigungen" in den Text dieser Bestimmung aufzunehmen überlegte[139], spricht insbesondere ein Vergleich mit der mit Art. 19 III GG in innerem Zusammenhang stehenden Vorschrift des Art. 9 I GG für ein weites Begriffsverständnis. Art. 9 I GG spricht von Vereinigungen, ohne diese auf rechtsfähige Gebilde zu beschränken, schützt also auch nicht-(voll)rechtsfähige Organisationen. Es ist nicht ersichtlich, warum solchen nicht-(voll)rechtsfähigen Personenvereinigungen, deren Bildung und Betätigung durch Art. 9 I GG gewährleistet wird, der weiterreichende Schutz des Art. 19 III GG versagt werden sollte[140].

Vor allem jedoch verlangen Sinn und Zweck des Art. 19 III GG, den Begriff der juristischen Person weit zu fassen. Die Grundrechte sind primär auf den Schutz von Individuen ausgerichtet. Mit der Erstreckung der Grundrechte auf juristische

---

[138] Bethge, Grundrechtsberechtigung juristischer Personen, S. 31.

[139] Die Vorschrift sollte zunächst folgenden Wortlaut erhalten: „Die Grundrechte gelten danach auch für inländische Körperschaften und sonstige Vereinigungen mit eigener Rechtspersönlichkeit, soweit sie ihrem Wesen nach auf diese anwendbar sind." (Drucks. Parl. Rat PR 12.48-370, S. 12).

[140] Art. 9 I GG und Art. 19 III GG ergänzen einander und gewährleisten im Zusammenspiel die Persönlichkeitsentfaltung der Individuen in Gemeinschaft (M/D/H/Dürig, Art. 19 Abs. 3 Rn. 4).

Personen durch Art. 19 III GG soll der personale Grundrechtsschutz ergänzt und gefestigt werden[141]. Wenn aber sogar juristischen Personen im technischen Sinne die Möglichkeit der Berufung auf die Grundrechte zuerkannt wird, so muß erst recht von einer Grundrechtsberechtigung nicht-(voll)rechtsfähiger Vereinigungen ausgegangen werden, bei denen die individuelle Persönlichkeitsentfaltung ihrer Mitglieder viel deutlicher erkennbar ist[142]. Für die bezweckte Verlängerung des Schutzes freiheitlicher Betätigung in Personenvereinigungen hinein ist also nicht relevant, ob die betreffende Organisationseinheit vom Zivilrecht mit Vollrechtsfähigkeit oder nur mit Teilrechtsfähigkeit ausgestattet worden ist[143], sondern entscheidend ist vielmehr, ob sie überhaupt Zuordnungssubjekt von Rechtsnormen, damit auch von Grundrechtsnormen, sein kann[144]. Notwendige Voraussetzung für die Zuerkennung einer eigenständigen Grundrechtsberechtigung sind außerdem das Bestehen einer organisatorischen Entscheidungs- und Handlungseinheit sowie eine rechtliche Verselbständigung der Organisation gegenüber den sie tragenden natürlichen Personen[145].

---

141 Bethge, Grundrechtsberechtigung juristischer Personen, S. 31.

142 Wiedemann, Gesellschaftsrecht Bd. I, S. 690; Bethge, Grundrechtsberechtigung juristischer Personen, S. 32; v. Mangoldt/Klein/Starck/Huber, Art. 19 Rn. 257. Dies will wohl auch das Bundesverfassungsgericht zum Ausdruck bringen, wenn es formuliert, „daß nicht nur - wie es dem Ursprung der Grundrechte an sich entspräche - natürliche Personen grundrechtsfähig sind, sondern sogar juristische Personen, obwohl sie nicht notwendig Vereinigungen von natürlichen Personen sind“ (BVerfG, Urt. v. 3.6.1954, BVerfGE 3, S. 383 (S. 391)).

143 In diesem Zusammenhang wird darauf verwiesen, daß die zivilrechtliche Vollrechtsfähigkeit ohnehin niemals absolut, sondern immer nur relativ zu sehen sei (Bethge, Grundrechtsberechtigung juristischer Personen, S. 31; ähnlich Krebs, in: v. Münch/Kunig, Art. 19 Rn. 31).

144 BVerfG, Beschl. v. 21.2.1957, BVerfGE 6, S. 273 (S. 277); Bethge, AöR 104 (1979), S. 55 (S. 76).

145 Isensee, in: HStR V, § 118 Rn. 27. Nach Dreier, in: Dreier, Art. 19 Rn. 27, kann unter dem Gesichtspunkt der erforderlichen organisatorischen Verfestigung solchen Personenzusammenschlüssen, die nicht einmal eine der GbR vergleichbare organisatorische Ausgestaltung erreichen, eine eigene Grundrechtsberechtigung nicht mehr zuerkannt werden.

II. Gesellschaften als Grundrechtsträger

Das Bundesverfassungsgericht erkennt unter Hinzuziehung der genannten Kriterien neben den als juristischen Personen ausgestalteten Gesellschaften wie AG, KGaA und GmbH auch der OHG und der KG, die keine juristischen Personen im streng technischen Sinne sind, eine grundsätzliche Grundrechtsberechtigung zu[146]. Entgegen anderslautender Positionen[147], die die BGB-Gesellschaft aus dem Kreis möglicher Grundrechtsträger nach Art. 19 III GG unter dem Hinweis darauf ausschließen möchten, daß Eingriffe in die Positionen „bloßer" Gesamthandsgesellschaften mangels rechtlicher Eigenständigkeit immer nur als Eingriffe in die Positionen ihrer Mitglieder bewertet werden könnten[148], muß auch der Gesellschaft bürgerlichen Rechts die Grundrechtssubjektivität zuerkannt werden. BGB-Gesellschaften werden in der Zivilrechtslehre in zunehmendem Maße als Zuordnungssubjekte eigener Rechte anerkannt[149]. Diese Sichtweise entspricht nicht nur dem tatsächlichen Erscheinungsbild vieler Gesellschaften sowie der allgemeinen rechtlichen Entwicklung[150], sondern läßt sich durch Rückschlüsse aus neueren gesetzlichen Regelungen auch rechtlich stützen[151]. Es

---

[146] Für die AG: BVerfG, Urt. v. 29.7.1959, BVerfGE 10, S. 89 (S. 99); BVerfG, Beschl. v. 14.10.1970, BVerfGE 29, S. 260 (S. 265 f.); BVerfG, Beschl. v. 13.1.1976, BVerfGE 41, S. 126 (S. 149); BVerfG, Urt. v. 1.3.1979, BVerfGE 50, S. 290 (S. 319). Für die KGaA: BVerfG, Beschl. v. 6.3.1968, BVerfGE 23, S. 153 (S. 163). Für die GmbH: BVerfG, Beschl. v. 25.10.1966, BVerfGE 20, S. 323 (336); BVerfG, Urt. v. 4.4.1967, BVerfGE 21, S. 261 (S. 266); BVerfG, Urt. v. 4.4.1967, BVerfGE 21, S. 271 (S. 277 f.); BVerfG, Beschl. v. 3.7.1973, BVerfGE 35, S. 348 (S. 360); BVerfG, Beschl. v. 13.1.1976, BVerfGE 41, S. 126 (S. 149); BVerfG, Urt. v. 1.3. 1979, BVerfGE 50, S. 290 (S. 319). Für die OHG: BVerfG, Urt. v. 20.7.1954, BVerfGE 4, S. 7 (S. 12). Für die KG: BVerfG, Urt. v. 20.7.1954, BVerfGE 4, S. 7 (S. 12); BVerfG, Urt. v. 29.7.1959, BVerfGE 10, S. 89 (S. 99); BVerfG, Beschl. v. 19.12.1962, BVerfGE 15, S. 235 (S. 239); BVerfG, Teilurt. v. 5.8.1966, BVerfGE 20, S. 162 (S. 171); BVerfG, Beschl. v. 18.10.1966, BVerfGE 20, S. 283 (S. 290); BVerfG, Beschl. v. 4.12.1979, BVerfGE 53, S. 1 (S. 13).

[147] Rüfner, in: HStR V, § 116 Rn. 56.

[148] Isensee, in: HStR V, § 118 Rn. 32.

[149] Mülbert, AcP 199 (1999), S. 38 (S. 39); Ulmer, AcP 198 (1998), S. 113 (S. 114). Weiterhin gegen eine eigene Rechtssubjektivität der GbR: G. Hueck, in: FS Zöllner, S. 275 (S. 284 f.); Zöllner, in: FS Gernhuber, S. 563 (S. 576).

[150] Raiser, AcP 199 (1999), S. 104 (S. 138 f.).

[151] So wird z.B. aus der gesetzlichen Ausgestaltung des Formwechsels einer Kapitalgesellschaft in eine GbR als identitätswahrende Umwandlung (§§ 190 ff., 226 ff. UmwG) auf

ist daher davon auszugehen, daß die BGB-Gesellschaft als gegenüber ihren Mitgliedern - jedenfalls in gewissen Grenzen[152] - eigenständiges Rechtssubjekt[153] nicht nur Träger einfacher Rechte, sondern auch nach Maßgabe des Art. 19 III GG selbst Träger von Grundrechten sein kann[154].

§ 3 Ergebnis

Grundsätzliche Vorüberlegungen zur Bedeutung der Berufsfreiheit von Gesellschaften im Unternehmensrecht müssen sich mit den Fragen nach der Grundrechtswirkung im Privatrecht und der Grundrechtsberechtigung von Gesellschaften beschäftigen.

Gegenüber der gesetzgebenden Gewalt kommen die Grundrechte anerkanntermaßen auch im Privatrecht in ihrer Funktion als freiheitssichernde Abwehrrechte zum Tragen. Der Gesetzgeber unterliegt im Zivilrecht nicht anders als im öffentlichen Recht der vollen Grundrechtsbindung gemäß Art. 1 III GG. Eine Sonderbehandlung des Privatrechtsgesetzgebers läßt sich auch unter Hinweis auf seine Gestaltungsfreiheit bei der Abwägung gegenläufiger Interessen und bei der Wahl adäquater Regelungsinstrumente nicht begründen[155].

Auch der Einfluß der Grundrechte auf die Rechtsbeziehungen zwischen Privatrechtssubjekten untereinander ist im Grundsatz unbestritten; Uneinigkeit besteht jedoch über die Modalitäten ihrer Ausstrahlung. Während die Lehre von der unmittelbaren Drittwirkung die Grundrechte mit Blick auf ihre Bedeutung als

---

die Rechtssubjektivität der GbR geschlossen (Mülbert, AcP 199 (1999), S. 38 (S. 63 u. 66)). Desweiteren wird auf § 11 InsO verwiesen, der alle Personenaußengesellschaften als insolvenzfähig und damit als mögliche Inhaber einer Insolvenzmasse ansieht (K. Schmidt, ZIP 1998, S. 2).

152 Jedenfalls den *Außen*gesellschaften wird auch von der Rechtsprechung zunehmend eigene Rechtsfähigkeit zuerkannt, insbesondere dann, wenn sie ein Unternehmen betreiben (Raiser, AcP 199 (1999), S. 104 (S. 138)).

153 So z.B. Bälz, in: FS Zöllner, S. 35 (S. 47); mit Hinweis auf die von Flume begründete Gruppenlehre Ulmer, AcP 198 (1998), S. 113.

154 Wie hier Krüger, in: Sachs, Art. 19 Rn. 57 f.; Dreier, in: Dreier, Art. 29 f.; v. Mangoldt/Klein/Starck/Huber, Art. 19 Rn. 259. Allgemein für die Grundrechtsfähigkeit von Gesamthandsgesellschaften Raiser, AcP 199 (1999), S. 104 (S. 139).

155 Zur Grundrechtsbindung des Privatrechtsgesetzgebers 1. Teil § 1 A.

Ordnungssätze für das soziale Leben als unmittelbar geltende Normen des Zivilrechts anerkennt[156], sollen sie nach der Lehre von der mittelbaren Drittwirkung durch das verfassungsrechtlich verankerte Selbstbestimmungsrecht der Individuen relativiert werden und deshalb nur über die zivilrechtlichen Generalklauseln Eingang in das Privatrecht finden[157].

Die konstruktiven und inhaltlichen Schwächen der klassischen Theorien werden durch die neuere, auch von der Rechtsprechung bereits angewandte Lehre von den Grundrechten als Schutzgeboten überwunden, die auch den Einfluß der Grundrechte auf die Rechtsbeziehungen der Privatrechtssubjekte untereinander über die Grundrechtsbindung der staatlichen Gewalt nach Art. 1 III GG begründet. Danach untersagen die Grundrechte dem Gesetzgeber und der Rechtsprechung nicht nur, in ungerechtfertigter Weise in die grundrechtlich geschützten Freiheitsbereiche einzugreifen, sondern verpflichten sie außerdem in Form von Schutzgeboten dazu, bei der Regelung privatrechtlicher Rechtsbeziehungen einen Mindestgehalt grundrechtlicher Freiheiten auch im Verhältnis der Privatrechtssubjekte untereinander zu gewährleisten. Dabei auftretende Grundrechtskollisionen sind im Wege der Abwägung einem angemessenen Ausgleich im Sinne praktischer Konkordanz zuzuführen.

Die grundrechtlichen Schutzgebote betreffen aber nicht nur die Ausgestaltung des Privatrechts durch Normerlaß und Norminterpretation, sondern erlangen auch für die Inhaltskontrolle vertraglicher Vereinbarungen Bedeutung. Unter Abwägung mit der in Art. 2 I GG verfassungsrechtlich begründeten Privatautonomie haben Gesetzgeber und Richter einen durch den Menschenwürdegehalt des im Einzelfall betroffenen Grundrechts gekennzeichneten grundrechtlichen Minimalschutz auch im Rahmen von Vertragsabreden sicherzustellen[158].

Für die Grundrechtsberechtigung von Gesellschaften gemäß Art. 19 III GG sind die Frage nach der wesensmäßigen Anwendbarkeit der Grundrechte und der Begriff der juristischen Person im Sinne dieser Vorschrift entscheidend. Unter dem Wesen der Grundrechte i.S.d. Art. 19 III GG ist nicht die Würde und Freiheit des Einzelmenschen zu verstehen. Die an den Persönlichkeitsbezug der Grundrechte anknüpfende Formel vom personalen Substrat, der zufolge auf die hinter

[156] Zur Lehre von der unmittelbaren Drittwirkung 1. Teil § 1 B II 1.

[157] Zur Lehre von der mittelbaren Drittwirkung 1. Teil § 1 B II 2.

[158] Zur Schutzgebotslehre 1. Teil § 1 B II 3.

einer juristischen Person stehenden natürlichen Personen durchzugreifen ist, wird für die Reichweite der von den Grundrechten entfalteten Schutzwirkungen relevant, nicht aber für ihre grundsätzliche Anwendbarkeit. Als maßgebliches Kriterium hierfür ist mit Rücksicht auf die von Art. 19 III GG bezweckte Stärkung der Rechtsposition juristischer Personen das Bestehen einer grundrechtstypischen Gefährdungslage anzusehen, die unter Beachtung der allen Grundrechten gemeinsamen Abwehrfunktion wie auch der Besonderheiten des im Einzelfall einschlägigen Grundrechts zu ermitteln ist. Da die Grundlage juristischer Personen des Privatrechts stets das privatautonome Handeln natürlicher Personen ist, dient auch die Anerkennung der eigenen Grundrechtssubjektivität juristischer Personen im Ergebnis dem Schutz der menschlichen Persönlichkeit als dem letzten Ziel aller Grundrechte[159].

Wegen der von Art. 19 III GG bezweckten Stabilisierung und Ergänzung des personalen Grundrechtsschutzes sind unter dem Begriff der juristischen Person im Sinne dieser Vorschrift nicht nur juristische Personen im streng technischen Sinne zu verstehen, sondern auch nicht-(voll)rechtsfähige Personenvereinigungen, die Zuordnungssubjekt von Rechtsnormen sein können[160]. Deshalb sind nicht nur die als juristische Personen verfaßten Kapitalgesellschaften, sondern auch die als Gesamthandsgemeinschaften konzipierten Personengesellschaften gemäß Art. 19 III GG prinzipiell grundrechtsberechtigt[161]. Die Wirkung der Grundrechte als objektive Wertentscheidungen für die gesamte Rechtsordnung kommt ohnehin allen Privatrechtssubjekten, also auch juristischen Personen und sonstigen Personenvereinigungen zugute.

---

[159] Zur wesensmäßigen Anwendbarkeit der Grundrechte auf juristische Personen nach Art. 19 III GG 1. Teil § 2 A.

[160] Zum Begriff der juristischen Person i.S.d. Art. 19 III GG 1. Teil § 2 B I.

[161] Zur Grundrechtsberechtigung von Gesellschaften nach Art. 19 III GG 1. Teil § 2 B II.

2. Teil

Berufsfreiheit von Gesellschaften als Abwehrrecht gegenüber der Hoheitsgewalt im Unternehmensrecht

Die grundrechtlich gewährleistete Berufsfreiheit schützt Gesellschaften im Unternehmensrecht in ihrer klassischen Funktion als Abwehrrecht vor freiheitsbeschränkenden Eingriffen durch die staatliche Hoheitsgewalt. Beeinträchtigungen des durch Art. 12 I GG geschützten Freiheitsbereichs von Gesellschaften durch den Gesetzgeber oder die Rechtsprechung sind nur bei ausreichender verfassungsrechtlicher Legitimation zulässig. Wegen der im wirtschaftspolitischen Bereich besonders großen Gestaltungsfreiheit des Gesetzgebers insbesondere bei der Bestimmung legitimer Regelungsziele[162] lassen sich Grundrechtsbeschränkungen durch unternehmensrechtliche Bestimmungen weitgehend legitimieren. Dennoch stehen immer wieder auch Regelungen aus dem Bereich des Unternehmensrechts auf dem verfassungsrechtlichen Prüfstand[163].

Im Rahmen der nachfolgenden Untersuchung der Publizitätspflichten von Kapitalgesellschaften und der Erörterung der Regelungsbefugnisse von Gesetzgebung und Rechtsprechung bei der Regulierung gesellschaftsrechtlicher Typenkombination ist zunächst die Bestimmung der für Gesellschaften im Unternehmensrecht relevanten Gewährleistungselemente der Berufsfreiheit von Bedeutung. Für die Frage nach der verfassungsrechtlichen Rechtfertigung der mit den untersuchten Regelungen verbundenen Beschränkungen des Art. 12 I GG wird eine ausreichende Differenzierung insbesondere zwischen den im einzelnen betroffenen Gesellschaften und den jeweils verfolgten Regelungszielen wichtig.

---

162 Statt vieler v. Mangoldt/Klein/Hesselberger/Manssen, Art. 12 Rn. 121.

163 Vgl. nur die in Fn. 20 aufgeführten Entscheidungen.

§ 1 Publizitätspflichten von Kapitalgesellschaften (& Co.) als Eingriff in ihre Berufsfreiheit

Die mit dem Bilanzrichtlinien-Gesetz vom 19.12.1985 eingeführten Vorschriften der §§ 325 ff. HGB über die Rechnungslegungspublizität von Kapitalgesellschaften, die mittlerweile auf Kapitalgesellschaften & Co. ausgedehnt worden sind, sorgten nicht nur rechtspolitisch für Unruhe, sondern werfen auch verfassungsrechtliche Fragen auf. In zahlreichen Beiträgen wird die Vereinbarkeit der Publizitätspflichten mit den Grundrechten der betroffenen Gesellschaften und ihrer Gesellschafter in Frage gestellt[164] und auf den diesbezüglichen Diskussionsbedarf[165] hingewiesen. Nachfolgend soll untersucht werden, ob und inwieweit die Bestimmungen der §§ 325 ff. HGB mit der durch Art. 12 I GG gewährleisteten Berufsfreiheit der publizitätspflichtigen Kapitalgesellschaften und Kapitalgesellschaften & Co. in Einklang stehen.

A. Grundgesetz als Kontrollmaßstab der §§ 325 ff. HGB

Als Vorfrage zu einer Überprüfung der Publizitätsvorschriften der §§ 325 ff. HGB am Maßstab des Art. 12 I GG bedarf zunächst das Problem der Klärung, inwieweit diese Normen einer solchen Grundrechtsprüfung überhaupt zugänglich sind. Daran bestehen deswegen Zweifel, weil die §§ 325 ff. HGB auf europarechtlichen Vorgaben, nämlich auf der 4. gesellschaftsrechtlichen EG-Richtlinie[166], der sogenannten Bilanzrichtlinie[167], beruhen.

Ob und inwieweit deutsche Gesetze, die zur Transformation einer EG-Richtlinie erlassen wurden, am Maßstab der deutschen Grundrechte zu messen sind, ist umstritten. Zwar wird nicht in Zweifel gezogen, daß es sich bei den in Umsetzung einer Richtlinie ergangenen Gesetzen um Akte deutscher Staatsgewalt

---

164 Großfeld, NJW 1986, S. 955 (S. 960); Friauf, GmbHR 1985, S. 245 ff.; Friauf, GmbHR 1991, S. 397 ff.; Weilbach, Stbg 1991, S. 471 ff.; Ehlig, WPg 1997, S. 513 (S. 517); Lenenbach, DZWir 1998, S. 265 (S. 270).

165 Schulze-Osterloh, in: FS 100 Jahre GmbHG, S. 501 (S. 520).

166 Präambel der 4. Richtlinie des Rates v. 25.7.1978 (78/660/EWG), ABl. EG Nr. L 222 v. 14.8.1978 S. 11.

167 Lutter, Europäisches Unternehmensrecht, S. 139.

handelt, die grundsätzlich gemäß Art. 1 III GG der Bindung an das Grundgesetz und damit auch an die in den Art. 1 - 19 GG festgeschriebenen Grundrechte unterliegen[168]. Probleme können sich jedoch dann ergeben, wenn sich gemeinschaftsrechtliche Vorgaben mit den Anforderungen des Grundgesetzes nicht vereinbaren lassen und dem deutschen Gesetzgeber nur die Wahl zwischen dem Erlaß einer verfassungswidrigen, aber gemeinschaftsrechtskonformen oder einer verfassungskonformen, aber gemeinschaftsrechtswidrigen Regelung bleibt.

Bei der Frage, ob und inwieweit der deutsche Gesetzgeber bei der Umsetzung von Richtlinien der Verfassungsbindung gemäß Art. 1 III GG unterliegt, ist zwischen Richtlinienbestimmungen mit und solchen ohne Umsetzungsspielraum zu unterscheiden.

I. Richtlinienbestimmungen mit Umsetzungsspielraum

Einigkeit besteht darüber, daß gesetzliche Regelungen zur Umsetzung von Richtlinien insoweit der vollen Verfassungsbindung nach Art. 20 III und Art. 1 III GG unterliegen, als die Richtlinie den nationalen Gesetzgebern einen Gestaltungsspielraum zugesteht[169]. Solange eine Richtlinie nur einen Regelungsrahmen vorgibt, jedoch freistellt, auf welche Weise die gemeinschaftsrechtlichen Vorgaben verwirklicht werden, obliegt es dem nationalen Gesetzgeber, nach einer verfassungskonformen Lösung zu suchen. Eine Kontrolle des in Umsetzung der Richtlinie ergangenen Gesetzes am Maßstab des Grundgesetzes - damit auch der Grundrechte - betrifft insoweit nur deutsches Recht[170] und unterscheidet sich daher nicht von der verfassungsrechtlichen Überprüfung anderer nationaler gesetzlicher Vorschriften. Unterlaufen dem Gesetzgeber im Rahmen des

---

[168] Bleckmann, Europarecht, Rn. 444; Streinz, Bundesverfassungsgerichtlicher Grundrechtsschutz, S. 179; Schneider, AöR 119 (1994), S. 294 (S. 298); Huber, AöR 116 (1991), S. 210 (S. 233); Everling, EuR 1990, S. 195 (S. 213); Rickert, Grundrechtsgeltung bei der Umsetzung europäischer Richtlinien, S. 33; Di Fabio, NJW 1990, S. 947 (S. 948); Friauf, in: Europarecht und Grundgesetz, S. 11 (S. 27 u. S. 35).

[169] Bleckmann, Europarecht, Rn. 448; Rengeling, Grundrechtsschutz in der Europäischen Gemeinschaft; Streinz, in: HStR VII, § 182 Rn. 33; Neßler, DVBl. 1993, S. 1240 (S. 1243 f.); Henrichs, EuGRZ 1990, S. 413 (S. 419); Stein, in: FS Zeidler, S. 1711 (S. 1727); Schneider, AöR 119 (1994), S. 294 (S. 298); Gersdorf, DVBl. 1994, S. 674 (S. 678).

[170] Nicolaysen, EuR 1989, S. 215 (S. 221).

ihm zustehenden Gestaltungsspielraums Fehler und kommt es zu Verfassungsverstößen, so können die entsprechenden Regelungen vom Bundesverfassungsgericht als verfassungswidrig aufgehoben werden[171].

Die den Bestimmungen der §§ 325 ff. HGB zugrundeliegende 4. EG-Richtlinie enthält zwar zahlreiche Vorschriften, die dem nationalen Gesetzgeber unterschiedliche Wahlmöglichkeiten, also Umsetzungsspielräume, gewähren[172]. Der deutsche Gesetzgeber hat sich bei der Transformation solcher Bestimmungen teilweise für die Erfüllung lediglich der vorgeschriebenen Mindestbedingungen entschieden[173]. Diese Mindestvorgaben sind allerdings, obwohl Teil einer Gestaltungsmöglichkeiten vorsehenden Vorschrift, ihrerseits zwingenden Charakters. Zudem darf nicht übersehen werden, daß die Bilanzrichtlinie teilweise auch zwingende Bestimmungen enthält[174]. Angesichts dieser Tatsachen bleibt für die Untersuchung der Publizitätsvorschriften der §§ 325 ff. HGB die Frage von Relevanz, inwieweit auch Gesetzgebungsakte zur Umsetzung zwingender Richtlinienvorgaben einer Kontrolle anhand nationaler Grundrechte unterliegen.

II. Richtlinienbestimmungen ohne Umsetzungsspielraum

Die Frage, ob auch solche gesetzlichen Regelungen in vollem Umfang am Grundgesetz gemessen werden können, die zur Transformation inhaltlich zwingender Richtlinienvorgaben ergangen sind, betrifft ein bislang ungeklärtes Problem des Verhältnisses des Verfassungsrechts zum Europarecht. Ob hier im Falle einer Kollision zwischen Gemeinschaftsrecht und Verfassungsrecht den Vorgaben der Richtlinie oder aber den Anforderungen des Grundgesetzes der Vorrang zukommt, ist umstritten.

---

171 Streinz, Bundesverfassungsgerichtlicher Grundrechtsschutz, S. 186.

172 Als Beispiel sei Art. 47 Abs. 2 der Richtlinie zitiert, der die Möglichkeit vorsieht, kleine Kapitalgesellschaften von der Offenlegung der Gewinn- und Verlustrechnung, des Lageberichts und des Berichts des Abschlußprüfers zu befreien.

173 Der deutsche Gesetzgeber hat z.B. mit der Vorschrift des § 326 HGB nur das von Art. 47 Abs. 2 der Richtlinie vorgesehene Minimum an Publizität kleiner Kapitalgesellschaften verwirklicht.

174 Zwingend ist bspw. die Bestimmung des Art. 47 Abs. 1 der Richtlinie, nach der der Jahresabschluß und die sonstigen Berichte gemäß Art. 3 der Richtlinie offenzulegen sind.

1. Absoluter Vorrang des Gemeinschaftsrechts

Vielfach wird die Ansicht vertreten, die Rechtsprechung der „Solange II"-Entscheidung[175], deren unmittelbarer Bezugspunkt eine EG-Verordnung war, sei uneingeschränkt auch auf den Erlaß von Richtlinien und ihre Umsetzung in nationales Recht zu übertragen[176]. In der „Solange-II"-Entscheidung hatte das Bundesverfassungsgericht zwar an der grundsätzlichen Möglichkeit einer Überprüfung sekundären Gemeinschaftsrechts am Maßstab des Grundgesetzes festgehalten, jedoch erklärt, auf eine direkte Kontrolle zu verzichten, solange die Europäische Gemeinschaft Grundrechte in einer Weise gewährleiste, die nach Inhalt und Wirksamkeit dem Grundrechtsschutz, wie er nach dem Grundgesetz unabdingbar ist, im wesentlichen gleichkomme[177]. Der dem sekundären Gemeinschaftsrecht damit eingeräumte Vorrang vor dem nationalen Verfassungsrecht soll nach verbreiteter Auffassung nicht von seiner unmittelbaren Geltung in den Mitgliedstaaten abhängig sein[178], sondern auch die noch der Transformation in nationales Recht bedürfenden Richtlinien erfassen, welche immerhin verpflichtende Zielvorgaben enthielten (Art. 249 III EGV). Für eine solche Gleichbehandlung von Verordnungen und Richtlinien spreche im übrigen auch, daß beide Regelungsinstrumente vom EGV als gleichwertig angesehen würden[179]. Wenn aber somit Richtlinien vom Vorrang des Gemeinschaftsrechts erfaßt seien, so müsse dies auch für die zu ihrer Umsetzung ergehenden Rechtssetzungsakte gelten[180], weil andernfalls über die verfassungsrechtliche Überprüfung des Umsetzungsgesetzes letztlich wieder der Weg frei gemacht werde für eine Inzidentkontrolle der Richtlinie[181]. Außerdem verliere der Vorrang des Gemeinschaftsrechts seinen Sinn, wenn nicht auch sein Vollzug der Kontrolle anhand nationaler Verfassungsnormen entzogen und auf diese Weise sichergestellt sei[182].

---

175 BVerfG, Beschl. v. 22.10.1986, BVerfGE 73, S. 339 ff.

176 Schneider, AöR 119 (1994), S. 294 (S. 299).

177 BVerfG, Beschl. v. 22.10.1986, BVerfGE 73, S. 339 (S. 387).

178 Gersdorf, DVBl. 1994, S. 674 (S. 677); Everling, EuR 1990, S. 195 (S. 213).

179 Tomuschat, EuR 1990, S. 340 (S. 345).

180 Gersdorf, DVBl. 1994, S. 674 (S. 677); Neßler, DVBl. 1993, S. 1240 (S. 1244).

181 Bleckmann, Europarecht, Rn. 448; Stein, in: FS Zeidler, S. 1711 (S. 1727).

182 Everling, EuR 1990, S. 195 (S. 213); Tomuschat, EuR 1990, S. 340 (S. 344); Ipsen, in:

Für einen uneingeschränkten Vorrang des Gemeinschaftsrechts auch gegenüber den Umsetzungsakten zu einer Richtlinie und damit für eine Freistellung des deutschen Gesetzgebers von seiner Bindung gemäß Art. 20 III, 1 III GG wird zudem auf die Notwendigkeit der einheitlichen und gleichmäßigen Anwendung des Gemeinschaftsrechts[183] sowie der Funktionssicherung der Gemeinschaften[184] verwiesen. Zu bedenken gegeben wird schließlich auch, daß durch die Aufhebung eines Umsetzungsgesetzes wegen Verfassungsverstoßes die Pflicht zur Transformation der Richtlinie verletzt werde, diese Verletzung einer gemeinschaftsrechtlichen Verpflichtung aber durch das nationale Verfassungsrecht nicht zu legitimieren sei[185].

2. Relativierte Verfassungsbindung gemäß Art. 1 III GG

Nach anderer Ansicht bleibt auch bei Umsetzung zwingender Richtlinienvorgaben die grundsätzliche Bindung des deutschen Gesetzgebers an das Grundgesetz, damit auch an die Grundrechte, prinzipiell bestehen. Sie soll jedoch durch die verfassungsrechtliche Entscheidung für die internationale Zusammenarbeit[186] und die Anerkennung von Integrations- und Gemeinschaftsbelangen in Art. 23 I GG relativiert werden[187]. Dem Integrationsgesetzgeber komme die Aufgabe zu, die umfassende Bindung aller staatlichen Gewalt an das Grundgesetz gemäß Art. 1 III, 20 III GG und die Entscheidung der Verfassung für eine „offene Staatlichkeit" als verfassungsrechtliche Grundwerte einander im Sinne praktischer Konkordanz zuzuordnen[188]. Zur Transformation von Richtlinien in innerstaatliches Recht ergangene Gesetze seien daher zwar an den Maßstäben des Grundgesetzes zu messen, diese Kontrolle finde jedoch im Hinblick auf Art. 23 I GG nicht in voller Schärfe statt[189]. Vielmehr seien bei der Überprüfung

HStR VII, § 181 Rn. 71.

183 Stein, in: FS Zeidler, S. 1711 (S. 1727); Gersdorf, DVBl. 1994, S. 674 (S. 677); Chwolik-Lanfermann, Grundrechtsschutz in der Europäischen Union, S. 187.

184 Rickert, Grundrechtsgeltung bei der Umsetzung europäischer Richtlinien, S. 114 f.

185 Nicolaysen, EuR 1989, S. 215 (S. 222).

186 Huber, AöR 116 (1991), S. 210 (S. 234).

187 Streinz, in: HStR VII, § 182 Rn. 33.

188 Huber, AöR 116 (1991), S. 210 (S. 234).

189 Huber, AöR 116 (1991), S. 210 (S. 234). So wohl auch Pernice, NJW 1990, S. 2409 (S. 2417 f.), der eine Verfassungsbindung des Umsetzungsgesetzgebers nur insoweit be-

eines Umsetzungsgesetzes am Maßstab der Art. 1-19 GG die Belange der europäischen Integration als prinzipiell zur Rechtfertigung von Eingriffen in grundgesetzlich geschützte Positionen geeignete öffentliche Interessen im Rahmen der Abwägung zu berücksichtigen[190].

3. Volle Verfassungsbindung gemäß Art. 1 III GG

Schließlich wird die Position vertreten, daß der Gesetzgeber bei der Transformation einer Richtlinie als einem Akt deutscher Staatsgewalt stets der vollen Bindung an die Verfassung nach Art. 20 III, 1 III GG unterliegt[191]. Die Herleitung eines Vorrangs auch von Richtlinien gegenüber nationalem Verfassungsrecht aus der „Solange II"-Rechtsprechung erscheint nämlich zweifelhaft, da das Bundesverfassungsgericht das Verhältnis des Gemeinschaftsrechts zum nationalen Recht dort ausschließlich in prozessualer, nicht hingegen in materieller Hinsicht bestimmt[192]. Vor allem aber bezieht sich die „Solange II"-Entscheidung inhaltlich nur auf unmittelbar in den Mitgliedstaaten geltendes Gemeinschaftsrecht, sie beschäftigt sich hingegen nicht mit nur mittelbar wirkenden gemeinschaftsrechtlichen Regelungen, die zu ihrer innerstaatlichen Geltung noch eines Transformationsaktes des nationalen Gesetzgebers bedürfen[193].

In der Frage der Verfassungsbindung des deutschen Gesetzgebers bei der Transformation von Richtlinien ist das Bundesverfassungsgericht zunächst von einer uneingeschränkten Überprüfbarkeit der Umsetzungsgesetze auf ihre Vereinbarkeit mit dem Grundgesetz ausgegangen. Im „Erdölbevorratungsbeschluß"[194] legte es dar, daß für den einzelnen, der von der Richtlinie nicht unmittelbar be-

---

jaht, als der Wesensgehalt der Grundrechte tangiert wird.

190 Streinz, Bundesverfassungsgerichtlicher Grundrechtsschutz, S. 253 f.

191 Di Fabio, NJW 1990, S. 947 (S. 952 f.); Friauf, in: Europarecht und Grundgesetz, S. 35; Friauf, GmbHR 1991, S. 397 (S. 401). So offenbar auch Blumenwitz, NJW 1989, S. 621 (S. 625); Götz, NJW 1992, S. 1849 (S. 1853); Herdegen, EuGRZ 1989, S. 309 (S. 311), nach dessen Ansicht sich Verfassungsdurchbrechungen in der Weise, daß der Gesetzgeber aufgrund entsprechender Richtlinienverpflichtungen ohne vorherige Verfassungsänderung Eingriffe in grundgesetzlich geschützte Rechtspositionen normiert, nicht mit gemeinschaftsrechtlichen Verpflichtungen legitimieren lassen.

192 Friauf, in: Europarecht und Grundgesetz, S. 11 (S. 29).

193 Götz, NJW 1992, S. 1849 (S. 1853).

194 BVerfG, Beschl. v. 16.3.1971, BVerfGE 30, 292ff.

troffen werde, allein das deutsche Recht gelte. Daher seien zu seinem Schutz die grundgesetzlichen Vorgaben einzuhalten[195].

In jüngerer Zeit beschränkte das Bundesverfassungsgericht seine Stellungnahme zu Richtlinienumsetzung und Verfassungskontrolle im „Tabakbeschluß" vom 12.5.1989 auf die im konkreten Fall allein entscheidungserhebliche Feststellung, daß die Frage, ob der nationale Gesetzgeber „bei der Umsetzung im Rahmen des ihm von der Richtlinie eingeräumten Gestaltungsspielraums Grundrechte oder grundrechtsgleiche Rechte" verletze, „in vollem Umfang verfassungsrechtlicher Überprüfung" unterliege[196]. Inwieweit das Bundesverfassungsgericht seine frühere Rechtsprechung fortsetzen möchte und den deutschen Gesetzgeber auch bei der Umsetzung zwingender Richtlinienvorgaben als in vollem Umfang an das Grundgesetz gebunden ansieht, läßt das Gericht damit zur Zeit offen. Es formuliert allerdings, daß es sich bei Umsetzungsgesetzen um einen „selbständig angreifbaren Rechtsetzungsakt der deutschen Staatsgewalt" handelt[197], d.h. um einen nationalen Hoheitsakt, für den die grundgesetzliche Bindung der Art. 20 III, 1 III GG gilt. Aus derzeitiger Sicht erscheint es zumindest fraglich, ob das Bundesverfassungsgericht so weit gehen wird, die im Hinblick auf die in den Mitgliedstaaten unmittelbare Geltung beanspruchenden EG-Verordnungen entwickelte „Solange II"-Rechtspechung uneingeschränkt auf die eine Richtlinie transformierenden Gesetzgebungsakte des deutschen Gesetzgebers anzuwenden[198]. Solange das Bundesverfassungsgericht sich nicht gegen die uneingeschränkte verfassungsrechtliche Kontrolle solcher Umsetzungsgesetze ausspricht, ist von der vollen Bindung des Gesetzgebers auch bei der Transformation zwingender Richtlinienvorgaben in deutsches Recht auszugehen.

B. Vereinbarkeit der §§ 325 ff. HGB mit der Berufsfreiheit von Kapitalgesellschaften (& Co.)

Vor der verfassungsrechtlichen Überprüfung der §§ 325 ff. HGB am Maßstab des Art. 12 I GG soll zunächst ein kurzer Überblick über die gesetzliche Rege-

---

195 BVerfG, Beschl. v. 16.3.1971, BVerfGE 30, 292 (S. 310).

196 BVerfG, Beschl. v. 12.5.1989, EuR 1989, S. 270 (S. 273).

197 BVerfG, Beschl. v. 12.5.1989, EuR 1989, S. 270 (S. 273).

198 Wie hier Götz, NJW 1992, S. 1849 (S. 1853).

lung der Publizitätspflichten von Kapitalgesellschaften und Kapitalgesellschaften & Co. gegeben werden, deren konkrete Ausgestaltung für die Frage ihrer Vereinbarkeit mit der Berufsfreiheit der betroffenen Gesellschaften von Bedeutung ist.

I. Gesetzliche Regelung der Publizität von Kapitalgesellschaften (& Co.)

Das HGB befaßt sich in seinem dritten Buch, überschrieben mit dem Titel „Handelsbücher“, mit Fragen der Rechnungslegung und der Publizität. Publizität bedeutet, daß Unternehmen bestimmte geschäfts- bzw. unternehmensbezogene Daten offenzulegen haben und damit die Unternehmensverhältnisse in einem den gesetzlichen Regelungen entsprechenden Umfang aufdecken müssen[199]. Nachdem bis zum Jahre 1969 im Wesentlichen nur Aktiengesellschaften und aktienrechtliche Konzerne zur Offenlegung verpflichtet waren (§§ 148-173, 329-338 AktG a. F.), mit dem Publizitätsgesetz vom 15.8.1969 dann eine von der Rechtsform unabhängige Publizitätspflicht für Großunternehmen statuiert wurde, gilt seit dem Inkrafttreten des zur Durchführung der 4., 7. und 8. Richtlinie[200] ergangenen Bilanzrichtlinien-Gesetzes am 1.1.1986 für Kapitalgesellschaften die in den §§ 325 ff. HGB geregelte Pflicht zur Offenlegung der Rechnungslegungsunterlagen mit größenabhängigen Erleichterungen[201]. Diese Publizitätspflichten sind durch das Kapitalgesellschaften- und Co-Richtlinie-Gesetz vom 24.2.2000 auf offene Handelsgesellschaften und Kommanditgesellschaften ausgedehnt worden, „bei denen nicht wenigstens ein persönlich haftender Gesellschafter eine natürliche Person oder eine offene Handelsgesellschaft, Kommanditgesellschaft oder andere Personengesellschaft mit einer natürlichen Person als persönlich haftendem Gesellschafter ist oder sich die Verbindung von Gesellschaften dieser Art fortsetzt“.

---

199 K. Schmidt, Handelsrecht, § 15 VI 1 a.

200 4. Richtlinie des Rates vom 25.7.1978 (78/660/EWG), ABl. EG Nr. L 222 v. 14.8.1978 S. 11 (sog. Bilanzrichtlinie); 7. Richtlinie des Rates vom 18.7.1983 (83/349/EWG), ABl. EG Nr. L 193 S. 1 (sog. Konzernbilanzrichtlinie); 8. Richtlinie des Rates vom 12.5.1984 (84/253/EWG), ABl. EG Nr. L 126 S. 20 (sog. Prüferrichtlinie).

201 Dazu HK-HGB/Niedner, vor § 238 Rn. 1; Baumbach/Hopt, Einl. v. § 238 Rn.1; GK-HGB/Marsch-Barner, vor §§ 238 ff. Rn. 1.

1. Materiellrechtliche Regelung der Rechnungslegungs- und Publizitätspflichten

Die Verpflichtung der Kapitalgesellschaften zur Offenlegung der Rechnungslegungsunterlagen, die den Gegenstand der folgenden Untersuchung bildet, ist in den §§ 325 – 329 HGB geregelt. Während § 325 I HGB als Grundtatbestand[202] die prinzipiellen Anforderungen an Form und Umfang der Offenlegungspflichten festlegt, statuiert § 325 II HGB Erschwernisse für die Publizität von großen, bestimmen §§ 326, 327 HGB Erleichterungen für die Publizität von kleinen und mittelgroßen Kapitalgesellschaften und Kapitalgesellschaften & Co.[203].

a) Gegenstand der Publizität

Gegenstand der Publizitätspflicht von Kapitalgesellschaften und Kapitalgesellschaften & Co. sind nach der Grundregel des § 325 I HGB grundsätzlich Jahresabschluß und Lagebericht mit Bestätigungs- oder Versagungsvermerk, der Bericht des Aufsichtsrats[204] sowie Vorschlag und Beschluß über die Ergebnisverwendung unter Angabe des Jahresergebnisses. Der Jahresabschluß muß ein den tatsächlichen Verhältnissen entsprechendes Bild der Vermögens-[205], Finanz-[206] und Ertragslage[207] der Gesellschaft geben (§ 264 II HGB) und dadurch den Anforderungen des true and fair view-Prinzips[208] gerecht werden. Der Umsetzung

---

[202] Heymann/Herrmann, §§ 325-327 Rn. 1; Baumbach/Hopt, § 325 Rn. 1; Ellrott/Spremann, in: Beck Bil-Komm., § 325 Rn. 1.

[203] Zur Systematik der §§ 325 – 329 HGB Ellrott/Spremann, in: Beck Bil-Komm., § 325 Rn. 1.

[204] Auch der Bericht eines fakultativen Aufsichtsrats ist vorzulegen (Baumbach/Hopt, § 325 Rn. 2).

[205] Die Vermögenslage bezeichnet das Verhältnis des Vermögens des Kaufmanns bzw. der Gesellschaft und seiner/ihrer Schulden (Baumbach/Hopt, § 264 Rn. 10). Nach anderer Ansicht bezieht sich das Vermögen nur auf die Aktivseite (A/D/S, § 264 Rn. 64).

[206] Die Finanzlage bezieht sich auf die gesamte Finanzierung der Gesellschaft (GK-HGB/Marsch-Barner, § 264 Rn. 11; Baumbach/Hopt, § 264 Rn. 11).

[207] Die Ertragslage bezeichnet Quellen, Zustandekommen und Höhe des Unternehmenserfolgs (A/D/S, HGB § 264 Rn. 78; Baumbach/Hopt, § 264 Rn. 12).

[208] HK-HGB/Niedner, § 264 Rn. 4; GK-HGB/Marsch-Barner, § 264 Rn. 8. Mit der Aufnahme in die Bestimmung des § 264 II HGB hat das dem anglo-amerikanischen Rechtskreis entnommene true and fair view-Prinzip das bislang für die Bilanzpraxis geltende Gläubigerschutz- und Vorsichtsprinzip abgelöst (Baumbach/Hopt, Einl. v. § 238 Rn. 28).

dieses Prinzips dienen auch die Angaben im Anhang[209], die insbesondere der Information der Anteilseigner und der Öffentlichkeit zugute kommen[210]. In Ergänzung zum Jahresabschluß enthält der Lagebericht eine Darstellung des Geschäftsverlaufs im abgelaufenen Geschäftsjahr sowie zusätzliche Angaben zur Lage der Gesellschaft, die auch die Risiken der künftigen Entwicklung berücksichtigt[211]. Der Lagebericht gibt der Gesellschaft Gelegenheit zur Information der Betriebsangehörigen und der interessierten Öffentlichkeit über ihre Geschäftspolitik[212].

b) Größenabhängige Abstufung der Publizität

Die in den §§ 325 ff. HGB geregelte Publizitätspflicht von Kapitalgesellschaften und Kapitalgesellschaften & Co. ist hinsichtlich Form und Umfang der Offenlegung je nach Größe der betroffenen Gesellschaften unterschiedlich ausgestaltet. Die größenmäßige Abstufung zwischen großen, mittelgroßen und kleinen Gesellschaften orientiert sich nach Maßgabe des § 267 HGB an den Kriterien der Bilanzsumme, des Umsatzerlöses und der Anzahl der Arbeitnehmer.

Für *große* Kapitalgesellschaften und Kapitalgesellschaften & Co. (§ 267 III HGB) gilt nach den gegenüber dem Grundtatbestand des § 325 I HGB gesteigerten Anforderungen des § 325 II HGB die sogenannte Bundesanzeigerpublizität mit anschließender Registerpublizität[213]. Danach haben große Gesellschaften die offenzulegenden Unterlagen, also den Jahresabschluß, den Lagebericht, den Bericht des Aufsichtsrats sowie den Vorschlag und den Beschluß über die Ergebnisverwendung zunächst im Bundesanzeiger bekanntzumachen und diese Bekanntmachung dann unter Beifügung der genannten Unterlagen zum Handelsregister ihres Sitzes einzureichen[214].

---

209 Baumbach/Hopt, § 284 Rn. 2.

210 GK-HGB/Marsch-Barner, § 284 Rn. 1; A/D/S, § 284 Rn. 12 u. 14, wo auf die Informations- und die Erläuterungsfunktion des Anhangs hingewiesen wird.

211 Heymann/Jung, § 289 Rn. 5; Baumbach/Hopt, § 264 Rn. 5 und § 289 Rn. 1; GK-HGB/Marsch-Barner, § 289 Rn. 6.

212 HK-HGB/Niedner, § 289 Rn. 2.

213 Ellrott/Spremann, in: Beck Bil-Komm., § 325 Rn. 2; HK-HGB/Niedner, § 325 Rn. 2.

214 A/D/S, § 325 Rn. 56; GK-HGB/Marsch-Barner, § 325 Rn. 10.

Für *kleine* Kapitalgesellschaften und Kapitalgesellschaften & Co. (§ 267 I) statuiert § 326 HGB unterschiedliche Publizitätserleichterungen. Zum einen unterliegen kleine Gesellschaften danach nur der reinen Registerpublizität mit Hinweisbekanntmachung, d.h. sie brauchen die offenzulegenden Unterlagen nur zum Handelsregister ihres Sitzes einzureichen und anschließend im Bundesanzeiger bekanntzumachen, bei welchem Handelsregister und unter welcher Handelsregisternummer die Unterlagen eingereicht worden sind[215]. Zum anderen haben kleine Gesellschaften lediglich Bilanz und Anhang offenzulegen, und dies nur in der für die Bilanz in § 266 I 3 HGB und für den Anhang in § 288 S. 1 HGB vorgesehenen verkürzten Form. Da die Gewinn- und Verlustrechnung nicht der Publizität unterliegt, dürfen im Anhang auch die diesbezüglichen Angaben weggelassen werden[216]. Von der Erstellung eines Lageberichts sind kleine Gesellschaften bereits nach § 264 I 3 HGB befreit[217].

Auch *mittelgroßen* Kapitalgesellschaften und Kapitalgesellschaften & Co. (§ 267 II HGB) werden nach Maßgabe des § 327 HGB gewisse Publizitätserleichterungen zuerkannt. Wie kleine Kapitalgesellschaften und Kapitalgesellschaften & Co. unterliegen auch sie nur der Registerpublizität mit Hinweisbekanntmachung[218]. Der Umfang der Offenlegung wird in der Weise reduziert, daß die Bilanz nur in der für kleine Gesellschaften nach § 266 I 3 HGB vorgeschriebenen Form unter Hinzufügung einiger ausdrücklich aufgeführter zusätzlicher Posten eingereicht werden muß, auch im Anhang darf von bestimmten Angaben abgesehen werden[219]. Gewinn- und Verlustrechnung sowie Lagebericht sind hingegen in ungekürzter Form zu publizieren[220].

---

215 HK-HGB/Niedner, § 325 Rn. 2. Mit dem Hinweis im Bundesanzeiger soll die Inanspruchnahme der Registerpublizität nach § 9 HGB erleichtert werden (GK-HGB/Marsch-Barner, § 325 Rn. 13).

216 Baumbach/Hopt, § 326, Rn.1; GK-HGB/Marsch-Barner, § 326 Rn. 2 f.

217 Zu den Details der Offenlegungspflicht kleiner Kapitalgesellschaften vgl. den Wortlaut des § 326 HGB.

218 GK-HGB/Marsch-Barner, § 325 Rn. 13.

219 A/D/S, § 327 Rn. 2 f.; Baumbach/Hopt, § 327 Rn. 1; GK-HGB/Marsch-Barner, § 327 Rn. 1.

220 Zu den Details der Offenlegungspflicht mittelgroßer Kapitalgesellschaften vgl. den Wortlaut des § 327 HGB.

2. Durchsetzbarkeit der Rechnungslegungs- und Publizitätspflichten

Die in den §§ 325 ff. HGB geregelten Publizitätspflichten von Kapitalgesellschaften sowie Kapitalgesellschaften & Co. sind nach der derzeitigen Rechtslage nur bedingt durchsetzbar. Zwar hat das Registergericht gemäß §§ 335 a S. 1, 335 b HGB bei Nichtbefolgung der in § 335 a S. 1 Nr. 1 HGB aufgeführten Offenlegungspflichten ein Ordnungsgeld nach § 140 a II FGG festzusetzen. Das Registergericht kann jedoch gemäß §§ 335 a S. 3, 335 b HGB nur auf Antrag einschreiten[221]. Ohne Antragstellung ist die Einhaltung der Publizitätspflicht damit nicht erzwingbar.

Die Vorschrift des § 2 I 2 LöschG, die das Registergericht zur Löschung von Amts wegen verpflichtete, wenn eine publizitätspflichtige Gesellschaft ihrer Offenlegungspflicht in drei aufeinanderfolgenden Jahren nicht oder nur mangelhaft nachgekommen war und die Erfüllung dieser Pflicht nach Mitteilung der Löschungsabsicht weder nachholte noch glaubhaft machen konnte, daß sie Vermögen besitze, wurde durch das Einführungsgesetz zur Insolvenzordnung aufgehoben[222].

II. Vereinbarkeit der §§ 325 ff. HGB mit der Berufsfreiheit von Kapitalgesellschaften (& Co.)

Bei der Untersuchung der §§ 325 ff. HGB auf ihre Vereinbarkeit mit der durch Art. 12 I GG gewährleisteten Berufsfreiheit der ihnen unterliegenden Gesellschaften soll der klassischen dreistufigen Grundrechtsprüfung gefolgt werden, die auch den Entscheidungen des Bundesverfassungsgerichts zugrundeliegt. Dementsprechend wird zunächst der Gewährleistungsbereich der Berufsfreiheit

---

221 Nach der bis zum Inkrafttreten des Kapitalgesellschaften- und Co-Richtlinie-Gesetzes bestehenden Rechtslage war die Durchsetzbarkeit der Publizitätspflichten durch die Beschränkung der Antragsberechtigung auf die Gesellschafter, Gläubiger und den Gesamtbetriebsrat bzw. Betriebsrat nach § 335 S. 2 HGB noch weitergehend eingeschränkt. Der EuGH entschied jedoch mit Urt. v. 4.12.1997, daß die Regelung des § 335 S. 2 HGB mit der 1. Richtlinie des Rates vom 9.3.1968 (68/151/EWG) unvereinbar ist (EuGH, Urt. v. 4.12.1997, NJW 1998, S. 129 f.).

222 Art. 2 Nr. 9 EG InsO, BGBl. 1994 I, S. 2911.

der betroffenen Gesellschaften bestimmt und analysiert, ob und in welcher Weise die Publizitätspflichten in den durch Art. 12 I GG geschützten Freiheitsbereich eingreifen. Im Rahmen der sich anschließenden Überlegungen zur Rechtfertigung des Grundrechtseingriffs ist eine ausführliche Verhältnismäßigkeitsprüfung vorzunehmen.

1. Gewährleistungsbereich des Art. 12 I GG

Die Vorschriften der §§ 325 ff. HGB über die Publizität von Kapitalgesellschaften und Kapitalgesellschaften & Co. statuieren die Verpflichtung zur Offenlegung geschäfts- und unternehmensbezogener Daten. Damit ist die unternehmerische Tätigkeit der betroffenen Gesellschaften thematisiert.

a) Sachlicher Gewährleistungsbereich

Der Schutzgehalt des Art. 12 I GG bestimmt sich einerseits nach dem von der Berufsfreiheit erfaßten Freiheitsbereich, andererseits nach der Abgrenzung zu inhaltlich benachbarten Grundrechten.

aa) Umfang

Der durch Art. 12 I GG gewährleistete Freiheitsbereich wird durch den Begriff des Berufs determiniert. Darunter fällt jede Tätigkeit, die der Schaffung und Unterhaltung einer Lebensgrundlage dient und auf gewisse Dauer angelegt ist[223]. Aufgrund seiner Offenheit bedarf der Begriff des Berufs der Konkretisierung im jeweiligen Einzelfall[224]. Generell ist eine extensive Auslegung geboten[225].

Kennzeichnend für die durch Art. 12 I GG garantierte Berufsfreiheit ist ihr ausgeprägter Persönlichkeitsbezug. Sie gewährleistet dem einzelnen das Recht, sich

---

223 BVerfG, Beschl. v. 7.1.1959, BVerfGE 9, S. 73 (S. 78); BVerwG, Urt. v. 17.12.1953, BVerwGE 1, S. 54; BVerwG, Urt. v. 10.3.1954, BVerwGE 1, S. 92 (S. 93); BVerwG, Urt. v. 10.5.1955, BVerwGE 2, S. 85 (S. 86); BVerwG, Urt. v. 3.11.1955, BVerwGE 2, S. 295 (S. 298); BVerwG, Urt. v. 24.1.1957, BVerwGE 4, S. 250 (S. 254 f.); BVerwG, Urt. v. 28.5.1965, S. 195 (S. 196); BVerwG, Urt. v. 4.11.1965, BVerwGE 22, S. 286 (S. 287).

224 M/D/H/Scholz, Art. 12 Rn. 8.

225 Jarass/Pieroth, Art. 12 Rn. 4.

in freier Selbstbestimmung durch individuelle Leistung (s)eine Existenzgrundlage aufzubauen und zu sichern[226]. Damit konkretisiert Art. 12 I GG das Recht auf freie Entfaltung der Persönlichkeit für einen speziellen Freiheitsbereich[227].

Im Bereich wirtschaftlicher Aktivitäten liegt die Bedeutung der Berufsfreiheit vor allem in der Gewährleistung gewerblicher[228] und unternehmerischer Betätigung[229], die als eigenständiger Beruf anerkannt ist[230]. Ob eine bestimmte Tätigkeit als Element der Unternehmer- bzw. Unternehmensfreiheit durch Art. 12 I garantiert wird, läßt sich durch Rückgriff auf die von ihr umfaßten Einzelfreiheiten bestimmen[231]. Als konkrete Einzelausformungen unterfallen der Freiheit unternehmerischer bzw. unternehmensmäßiger Betätigung die Dispositionsfreiheit, Investitionsfreiheit und Produktionsfreiheit, die Wettbewerbsfreiheit, die Freiheit des Marktzutritts und der marktmäßigen Betätigung, die Wachstumsfreiheit, Preisfreiheit, Organisationsfreiheit, die Werbungs- und Vertriebsfreiheit[232].

Für die grundrechtliche Kontrolle der §§ 325 ff. HGB sind die unternehmerische Dispositionsfreiheit sowie die Wettbewerbsfreiheit von Bedeutung. Die Dispositionsfreiheit bezieht sich auf die freie Verfügung nicht nur über Unternehmensgegenstände, sondern auch über betriebsbezogene Daten und Informatio-

---

226 Badura/Rittner/Rüthers, Mitbestimmungsgesetz 1976 und Grundgesetz, S. 196; Leibholz/Rinck/Hesselberger, Art. 12 Rn. 2.

227 BVerG, Urt. v. 30.4.1952, BVerfGE 1, S. 264 (S. 273); BVerfG, Beschl. v. 17.7.1961, BVerfGE 13, S. 97 (S. 104); Bryde, NJW 1984, S. 2177 (S. 2182); Leibholz/Rinck/Hesselberger, Art. 12 Rn. 17; Badura/Rittner/Rüthers, Mitbestimmungsgesetz 1976 und Grundgesetz, S. 196.

228 Die Gewerbefreiheit wird zwar - anders als noch in Art. 151 III WRV - in Art. 12 I GG nicht mehr ausdrücklich genannt, jedoch ist anerkannt, daß sie auch durch die allgemeine Berufsfreiheit garantiert wird. Breuer, in: HStR VI, § 147 Rn. 9; M/D/H/Scholz, Art. 12 Rn. 5 und Rn. 135.

229 AK-GG/Rittstieg, Art. 12 Rn. 45; M/D/H/Scholz, Art. 12 Rn. 79; Wieland, in: Dreier, Art. 12 Rn. 61; Tettinger, AöR 108 (1983), S. 93 (S. 95).

230 M/D/H/Scholz, Art. 12 Rn. 130, spricht vom Beruf des Unternehmers.

231 Diese Einzelfreiheiten stellen keine speziellen Gewährleistungen dar, sondern umschreiben lediglich den Schutzbereich des Art. 12 I GG (Wieland, in: Dreier, Art. 12 Rn. 61; v. Mangoldt/Klein/Hesselberger/Manssen, Art. 12 Rn. 67).

232 M/D/H/Scholz, Art. 12 Rn. 124; Breuer, in: HStR VI, § 147 Rn. 63.

nen[233]. Dies ergibt sich aus der Rechtsprechung des Bundesverwaltungsgerichts, das durch gesetzliche Mitteilungs- und Auskunftspflichten über wirtschaftliche Sachverhalte die Freiheit der Berufsausübung eingeschränkt sieht. Die Wettbewerbsfreiheit hat das unternehmerische Verhalten im Wettbewerb[234] zum Gegenstand und gewährt Unternehmern wie Unternehmen Schutz vor typischen nachteilhaften Veränderungen ihrer Marktstellung gegenüber anderen Marktteilnehmern[235]. Auch wenn sie dadurch keine Sicherheit vor Konkurrenz bietet[236], schützt sie den Unternehmer damit in seiner generellen Wettbewerbsfähigkeit.

bb) Konkurrenzen

Im Bereich der unternehmerischen Betätigung weist die Berufsfreiheit enge Bezüge zu anderen Grundrechten auf. Für die Unternehmensfreiheit, die unternehmerische Dispositionsfreiheit über Geschäfts- und Betriebsinformationen sowie die Wettbewerbsfreiheit stellt sich die Konkurrenzfrage mit Blick auf die Grundrechtsgewährleistungen der Art. 2 I GG und Art. 14 I GG.

aaa) Schutz der Unternehmensfreiheit durch Art. 2 I GG

Teilweise wird die Ansicht vertreten, daß die Unternehmer- bzw. Unternehmensfreiheit als Element der wirtschaftlichen Handlungsfreiheit allein durch Art. 2 I GG gewährleistet wird[237]. Soweit die Voraussetzungen eines Berufs im Sinne des Art. 12 I GG erfüllt sind, wird die unternehmerische Tätigkeit jedoch

---

233 BVerwG, Urt. v. 19.12.1958, BVerwGE 8, S. 78 (S. 80); BVerwG, Urt. v. 18.4.1985, BVerwGE 71, S. 183 (S. 197); vgl. auch Breuer, in: HStR VI, § 147 Rn. 26. A.A. Taeger, Offenbarung von Betriebs- und Geschäftsgeheimnissen, S. 59, der die Berufsfreiheit wegen ihres personalen Charakters durch unternehmensbezogene Informationspflichten nur in Ausnahmefällen berührt sieht.

234 BVerfG, Beschl. v. 8.2.1972, BVerfGE 32, S. 311 (S. 317); BVerfG, Beschl. v. 12.10.1977, BVerfGE 46, S. 120 (S. 137); BVerwG, Urt. v. 7.12.1995, NJW 1996, S. 3161; Badura/Rittner/Rüthers, Mitbestimmungsgesetz 1976 und Grundgesetz, S. 197; Di Fabio, JZ 1993, S. 689 (S. 694); Schulte, DVBl. 1988, S. 512 (S. 515); Pieroth/ Schlink, Staatsrecht II, S. 227 Rn. 880.

235 Breuer, in: HStR VI, § 148 Rn. 26.

236 M/D/H/Scholz, Art. 12 Rn. 40.

237 Tettinger, in: Sachs, Art. 12 Rn. 162.

vorrangig durch das speziellere Grundrecht der Berufsfreiheit geschützt[238]. Schutzgut der Berufsfreiheit ist bei juristischen Personen oder sonstigen Personenvereinigungen die Freiheit, „eine Erwerbszwecken dienende Tätigkeit, insbesondere ein Gewerbe zu betreiben, soweit diese Tätigkeit ihrem Wesen und ihrer Art nach in gleicher Weise von einer juristischen wie von einer natürlichen Person ausgeübt werden kann"[239]. Der grundrechtlich geschützte Beruf unternehmenstragender Gesellschaften besteht in diesem Sinne in der unternehmerischen Erwerbstätigkeit[240]. Die Unternehmensfreiheit von Gesellschaften und die von ihr umfaßten Einzelfreiheiten werden daher nicht durch Art. 2 I GG, sondern grundsätzlich durch Art. 12 I GG gewährleistet.

bbb) Schutz der Disposition über Betriebsinformationen durch Art. 2 I GG

Aus dem Recht auf informationelle Selbstbestimmung gemäß Art. 2 I GG i.V.m. Art. 1 I GG ergibt sich kein vorrangiger oder ergänzender Schutz der unternehmerischen Dispositionsfreiheit über geschäftliche Daten. Zwar tritt das Recht auf informationelle Selbstbestimmung, das vom Bundesverfassungsgericht im Volkszählungs-Urteil[241] als unbenanntes *spezielles* Freiheitsrecht[242] aus dem durch Art. 2 I GG i.V.m. Art. 1 I GG geschützten allgemeinen Persönlichkeitsrecht entwickelt worden ist, nicht hinter dem Grundrecht des Art. 12 I GG zurück[243]. Umstritten ist aber, ob das allgemeine Persönlichkeitsrecht auch juristischen Personen oder sonstigen Personenvereinigungen Schutz gewährt[244]. Nur wenn dies zu bejahen ist, wäre ein grundsätzlich vorrangiger Schutz von Gesellschaften in ihrer freien Disposition über Unternehmensdaten durch das Recht auf informationelle Selbstbestimmung möglich.

---

238 Allgemein zum Ausschluß des Art. 2 I GG duch die besonderen Grundrechtsnormen BVerfG, Urt. v. 14.12.1965, BVerfGE, 19, S. 206 (S. 225).

239 BVerfG, Urt. v. 1.3.1979; BVerfGE 50, S. 290 (S. 363).

240 Raiser, JZ 1979, S. 489 (S. 490).

241 BVerfG, Urt. v. 15.12.1983, BVerfGE 65, S. 1 (S. 41 ff.).

242 Schmitt Glaeser, in: HStR VI, § 129 Rn. 29.

243 Das allgemeine Persönlichkeitsrecht, welches durch das Recht auf informationelle Selbstbestimmung konkretisiert wird, ist nicht subsidiär, sondern tritt neben die anderen Spezialgrundrechte (Dreier, in: Dreier, Art. 2 Rn. 67; Kunig, in: v. Münch/Kunig, Art. 2 Rn. 91. A.A. offenbar Schmitt Glaeser, in: HStR VI, § 129 Rn. 81).

244 Dreier, in: Dreier, Art. 2 I Rn. 56.

Während im Zivilrecht der Schutz juristischer Personen durch das (zivilrechtliche) allgemeine Persönlichkeitsrecht insbesondere auch in der Rechtsprechung anerkannt ist[245], wird die wesensmäßige Anwendbarkeit des (verfassungsrechtlichen) Persönlichkeitsrechts auf juristische Personen gemäß Art. 19 III GG unter Hinweis auf seinen ausgeprägten Bezug zur Menschenwürde in Frage gestellt. Das Bundesverfassungsgericht hat zu diesem Problem bislang nicht Stellung bezogen. Mit Rücksicht auf den ausgeprägten Menschenwürdegehalt des allgemeinen Persönlichkeitsrechts dürfte es sachgemäß sein, allenfalls einzelne seiner Elemente auch auf juristische Personen zur Anwendung zu bringen[246]. Angesichts der Tatsache, daß das Recht auf informationelle Selbstbestimmung den Schutz *personenbezogener* Daten zum Gegenstand hat[247], über die nur natürliche Personen verfügen, ist diese Einzelausprägung des Persönlichkeitsrechts seinem Wesen nach auf juristische Personen nicht anwendbar[248]. Der Geheimnisschutz juristischer Personen wird im übrigen bereits über andere Spezialgrundrechte ausreichend gewährleistet, so daß nach einem Schutz durch das informationelle Selbstbestimmungsrecht insoweit auch kein Bedürfnis besteht[249].

ccc) Schutz der Disposition über Betriebsinformationen durch Art. 14 I GG

Berufsfreiheit und Eigentumsgarantie erfassen in ihrer wirtschaftlichen Funktion den gleichen Freiheitsbereich. So dienen sie gemeinsam auch dem Schutz der Freiheit unternehmerischer Betätigung[250]. Ihre Gewährleistungsbereiche sind in

---

245 BGH, Urt. v. 8.7.1980, BGHZ 78, S. 24 (S. 25 f.); BGH, Urt. v. 25.9.1980, BGHZ 78, S. 274 (S. 278 f.); BGH, Urt. v. 3.6.1986, BGHZ 98, S. 95 (S. 97); BGH, Urt. v. 8.2.1994, NJW 1994, S. 1281 (S. 1282).

246 Dreier, in: Dreier, Art. 2 I Rn. 56.

247 Jarass, NJW 1989, S. 857 (S. 860); Murswiek, in: Sachs, Art. 2 Rn. 73; Schmitt Glaeser, in: HStR VI, § 129 Rn. 31.

248 Jarass, NJW 1989, S. 857 (S. 860). Im Ergebnis wie hier offenbar auch Schmitt Glaeser, in: HStR VI, § 129 Rn. 88; Dreier, in: Dreier, Art. 2 I Rn. 56; Hirte, NJW 1988, S. 1698 (S. 1704). A.A. Murswiek, in: Sachs, Art. 2 Rn. 77. Das sog. Flick-Urteil (BVerfG, Urt. v. 17.7.1984, BVerfGE 67, S. 100 (S. 142 f.)) dürfte der hier vertretenen Auffassung nicht entgegenstehen, da das Bundesverfassungsgericht den Schutz persönlicher, beruflicher, betrieblicher, unternehmerischer oder sonstiger wirtschaftlicher Verhältnisse in dieser Entscheidung undifferenziert aus Art. 2 I GG i.V.m. Art. 1 I GG und Art. 14 GG ableitet.

249 Jarass, NJW 1989, S. 857 (S. 860); Dreier, in: Dreier, Art. 2 I Rn. 56.

250 M/D/H/Scholz, Art. 12 Rn. 123.

der Weise voneinander abzugrenzen, daß Art. 12 I GG persönlichkeitsbezogen, zukunftsorientiert und auf den Schutz von Tätigkeit und Erwerb gerichtet ist, Art. 14 I GG hingegen als objektbezogenes Grundrecht der Sicherung eines Freiheitsraums im vermögensrechtlichen Bereich dient und den bereits erworbenen Bestand an Vermögenswerten schützt[251]. Aufgrund dieser unterschiedlichen Schutzrichtung stehen Berufsfreiheit und Eigentumsgarantie nicht in einem Exklusivitätsverhältnis zueinander, sondern können vielmehr auch nebeneinander zur Anwendung kommen[252]. Ein- und dieselbe Maßnahme kann zugleich in den Schutzbereich des Art. 12 I GG und des Art. 14 I GG eingreifen und am Maßstab beider Grundrechte zu messen sein[253]. Dies ist namentlich dann der Fall, wenn eine bestimmte durch Art. 12 I GG gewährleistete Betätigung zugleich mit der Innehabung oder Nutzung eines bestimmten Eigentumsrechts verbunden ist bzw. diese voraussetzt[254].

Die freie Verfügung über Betriebs- und Unternehmensdaten, die Basis für künftige geschäftliche Dispositionen sind, ist Bestandteil der unternehmerischen Tätigkeit. Die unternehmerische Entscheidung über ihre Offenlegung oder Geheimhaltung im Geschäftsverkehr spielt eine wichtige Rolle für die Geschäftsstrategie. Zugleich können Unternehmensdaten als bereits erzieltes Resultat der zurückliegenden Geschäftstätigkeit auch in ihrem Bestand einen Vermögenswert bilden. Die Verpflichtung zur Offenlegung von Geschäftsdaten betrifft daher sowohl die unternehmerische Tätigkeit als auch den Unternehmensbestand. Damit berührt sie zugleich die Berufsfreiheit und die Eigentumsgarantie in ihren unterschiedlichen Funktionen, so daß die Grundrechte der Art. 12 I GG und Art. 14 I GG nebeneinander anwendbar sind. Die Gewährleistung der freien Disposition über Unternehmensdaten durch Art. 12 I GG wird durch den grundrechtlichen Schutz des Art. 14 I GG nicht verdrängt[255].

---

251 Tettinger, AöR 108 (1983), S. 93 (S. 129); Gubelt, in: v. Münch/Kunig, Art. 12 Rn. 98; Leibholz/Rinck/Hesselberger, § 12 Rn. 36; Breuer, in: HStR VI, § 147 Rn. 97.

252 M/D/H/Papier, Art. 14 Rn. 220. Allgemein zum Schutz ein- und desselben Lebensvorgangs durch unterschiedliche Grundrechte Bachof, in: Grundrechte III/1, S. 155 (S. 169).

253 Gubelt, in: v. Münch/Kunig, Art. 12 Rn. 98.

254 M/D/H/Scholz, Art. 12 Rn. 138; Rüfner, DVBl. 1976, S. 689 (S. 690).

255 Wie hier v. Mangoldt/Klein/Hesselberger/Manssen, Art. 12 Rn. 284, der neben dem Schutz von Betriebs- und Geschäftsgeheimnissen durch Art. 14 I GG auch die Berufsfreiheit als einschlägig bezeichnet, wenn ein Unternehmen zur Auskunftserteilung verpflich-

ddd) Schutz der Wettbewerbsfreiheit durch Art. 2 I GG

Auch im Hinblick auf die unternehmerische Wettbewerbsfreiheit wird der Grundrechtsschutz des Art. 12 I GG nicht durch Art. 2 I GG zurückgedrängt. Die Gewährleistung des Art. 2 I GG garantiert im Rahmen der allgemeinen Handlungsfreiheit auch die Betätigungsfreiheit im wirtschaftlichen Bereich, grundsätzlich also auch die Wettbewerbsfreiheit[256]. Die allgemeine Handlungsfreiheit ist ihrem Charakter nach jedoch nur Auffanggrundrecht[257] und tritt als lex generalis hinter einem spezielleren Grundrecht zurück, sobald der von diesem geschützte Lebensbereich berührt wird[258]. Soweit es um Fragen der Berufsausübung geht, wird die grundsätzlich durch Art. 2 I GG gewährleistete Wettbewerbsfreiheit daher durch das speziellere Grundrecht des Art. 12 I GG geschützt[259].

b) Persönlicher Gewährleistungsbereich

Unter dem Gesichtspunkt des persönlichen Gewährleistungsbereichs ist die Anwendbarkeit des Art. 12 I GG auf Gesellschaften nach Maßgabe des Art. 19 III GG zu konkretisieren.

Kennzeichnend für die Berufsfreiheit ist ihr ausgeprägter personaler Grundzug[260]. Das Bundesverfassungsgericht betont deshalb, daß als Beruf die Arbeit in ihrer Beziehung zur Persönlichkeit des Menschen im ganzen geschützt werde,

---

tet wird.

256 Badura, DÖV 1990, S. 353 (S. 356).

257 Rüfner, Der Staat 7 (1968), S. 41.

258 BVerfG, Urt. v. 16.1.1957, BVerfGE 6, S. 32 (S. 37); BVerfG, Beschl. v. 12.11.1958, BVerfGE 8, S. 274 (S. 328); BVerfG, Beschl. v. 17.12.1958, BVerfGE 9, S. 63 (S. 73); BVerfG, Beschl. v. 7.1.1959, BVerfGE 9, S. 73 (S. 77); BVerfG, Beschl. v. 15.3.1967, BVerfGE 21, S. 227 (S. 234); BVerfG, Beschl. v. 10.5.1972, BVerfGE 33, S. 171 (S. 191); BVerfG, Beschl. v. 21.7.1977, BVerfGE 45, S. 354 (S. 359); Tettinger, AöR 108 (1983), S. 93 (S. 130); Dreier, in: Dreier, Art. 2 Rn. 66; Kunig, in: v. Münch/Kunig, Art. 2 Rn. 88 f; Murswiek, in: Sachs, Art. 2 Rn. 137.

259 BVerfG, Beschl. v. 13.7.1992, NJW 1993, S. 1969; Leibholz/Rinck/Hesselberger, Art. 12 Rn. 17; M/D/H/Scholz, Art. 12 Rn. 115; Breuer, in: HStR VI, § 147 Rn. 97; v. Mangoldt/Klein/Hesselberger/Manssen, Art. 12 Rn. 267. A.A. offenbar Gubelt, in: v. Münch/Kunig, Art. 12 Rn. 93.

260 Dazu näher 2. Teil § 1 B II 1 a aa.

die sich erst darin voll ausforme und vollende, daß der einzelne sich einer Tätigkeit widme, die für ihn Lebensaufgabe und Lebensgrundlage sei[261]. Der damit hervorgehobene starke Persönlichkeitsbezug der Berufsfreiheit deutet in erster Linie auf natürliche Personen als die eigentlichen Grundrechtsträger hin[262].

Das Bundesverfassungsgericht sieht sich allerdings trotz des personalen Charakters der Berufsfreiheit nicht daran gehindert, auch juristischen Personen das Grundrecht aus Art. 12 I GG zuzuerkennen. Auch wenn eine juristische Person einen Beruf nicht im Sinne einer Lebensaufgabe, in der sich die menschliche Persönlichkeit entfalte, ausüben könne, so sei in der Berufsfreiheit doch auch die Freiheit enthalten, eine Erwerbszwecken dienende Tätigkeit, insbesondere ein Gewerbe zu betreiben. Soweit eine bestimmte Erwerbstätigkeit ihrem Wesen und ihrer Art nach in gleicher Weise von einer juristischen wie von einer natürlichen Person ausgeübt werden könne, sei das Grundrecht des Art. 12 I GG gemäß Art. 19 III GG auch auf juristische Personen anwendbar[263].

Neben dieser an das in der Berufsfreiheit enthaltene objektive Element der Gewerbefreiheit anknüpfenden Begründung[264] ist im Hinblick auf die wesensmäßige Anwendbarkeit des Art. 12 I GG auf juristische Personen und sonstige Personenvereinigungen auch zu berücksichtigen, daß in einem zunehmend komplexer werdenden Wirtschaftssystem viele Berufe nicht mehr vom Einzelnen, sondern nur noch in kollektiver Form ausgeübt werden können[265]. Der grundrechtliche Schutz juristischer Personen oder sonstiger Personenvereinigungen durch Art. 12 I GG gilt deshalb zugleich dem Schutz der auf Organisation angewiesenen natürlichen Personen und ist daher auch im Hinblick auf den personalen Grundzug der Berufsfreiheit zu bejahen[266].

---

261 BVerfG, Urt. v. 11.6.1958, BVerfGE 7, S. 377 (S. 397); BVerfG, Urt. v. 1.3.1979, BVerfGE 50, S. 290 (S. 362).

262 Breuer, in: HStR VI, § 148 Rn. 22.

263 BVerfG, Urt. v. 4.4.1967, BVerfGE 21, S. 261 (S. 266).

264 Badura/Rittner/Rüthers, Mitbestimmungsgesetz 1976 und Grundgesetz, S. 197.

265 Ottmann, Vereinigungsfreiheit, S. 145; speziell im Hinblick auf die unternehmerische Betätigung Badura, in: FS Rittner, S. 1 (S. 5).

266 Badura, DÖV 1990, S. 353 (S. 359); Isensee, in: HStR V, § 118 Rn. 2; v. Mangoldt/Klein/Starck/Manssen, Art. 12 Rn. 261; M/D/H/Scholz, Art. 12 Rn. 98, wonach Art. 12 GG zu den wichtigsten gemäß Art. 19 III GG auf juristische Personen anwendbaren Grundrechten gehört. A.A. AK-GG/Rittstieg, Art. 12 Rn. 65, der in der juristischen Per-

Bei der Anwendung des Art. 12 I GG auf juristische Personen verlangt aber der ausgeprägte personale Charakter der grundsätzlich auf natürliche Personen zugeschnittenen Berufsfreiheit stets Beachtung[267]. Die „wesensmäßige Anwendung“ der Grundrechte auf juristische Personen gemäß Art. 19 III GG kann Modifikationen des Gewährleistungsgehalts erfordern. So ist das in Art. 12 I GG enthaltene Element der Persönlichkeitsentfaltung des einzelnen auf juristische Personen als solche nicht übertragbar. Mit Rücksicht auf diesen Persönlichkeitsbezug fällt der grundrechtliche Schutz der wirtschaftlichen Betätigung juristischer Personen daher u.U. weniger intensiv aus als derjenige natürlicher Personen. Ebenso können juristische Personen bzw. sonstige Personenvereinigungen im Vergleich zueinander je nach Größe und Struktur unterschiedlich starken Grundrechtsschutz genießen. Maßgeblich ist insoweit, in welchem Maße die juristische Person oder sonstige Personenvereinigung der sich in einer beruflichen Betätigung vollziehenden Persönlichkeitsentfaltung der hinter ihr stehenden natürlichen Personen dient. In diesem Sinne betont das Bundesverfassungsgericht, daß zwar sowohl die Tätigkeit eines Großunternehmens als auch die Führung eines Klein- oder Mittelbetriebes der durch Art. 12 I GG geschützten Unternehmerfreiheit unterfallen würden. Da jedoch bei einem Großunternehmen das Element der freien Entfaltung der dahinter stehenden natürlichen Personen nicht mehr erkennbar sei, handele es sich um durchaus unterschiedliche Sachverhalte, die nach einer dementsprechend unterschiedlichen Behandlung verlangten[268].

Die Frage der Schutzintensität gewinnt jedoch erst im Rahmen der Rechtfertigung eines Eingriffs, nämlich für die Regelungsbefugnis des Gesetzgebers Bedeutung[269], der den gegen die Interessen einer juristischen Person abzuwägenden öffentlichen Belangen größeres Gewicht beimessen kann als es ihm bei dem stärkeren Grundrechtsschutz natürlicher Personen möglich ist[270].

---

son ein reines Organisationsmittel für die berufliche Betätigung eines Unternehmers sieht und sie daher als für eine eigene Grundrechtsberechtigung aus Art. 12 I GG ungeeignet hält.

267 In dieser Richtung Raiser, JZ 1979, S. 489 (S. 490).

268 BVerfG, Urt. v. 1.3.1979, BVerfGE 50, S. 290 (S. 363 f.).

269 BVerfG, Urt. v. 1.3.1979, BVerfGE 50, S. 290 (S. 363 f.).

270 Badura, DÖV 1990, S. 353 (S. 359).

2. Eingriff in den Gewährleistungsbereich

Ein Eingriff in die Berufsfreiheit ist generell immer dann gegeben, wenn eine hoheitliche Maßnahme unmittelbar und final auf die berufliche Betätigung abzielt[271]. Der durch Art. 12 I GG gewährleistete Freiheitsbereich kann aber auch durch Vorschriften beeinträchtigt werden, die eine Berufstätigkeit nicht unmittelbar zum Gegenstand haben, sondern sich nur mittelbar, in rein tatsächlicher Hinsicht auf einen Beruf auswirken[272]. In solchen Fällen ist von einem rechtfertigungsbedürftigen Eingriff dann auszugehen, wenn die Regelung oder sonstige Maßnahme in engem Zusammenhang mit der Berufsfreiheit steht und eine objektiv berufsregelnde Tendenz aufweist[273].

Als typisches Beispiel für finale Eingriffe in Art. 12 I GG werden vielfach gesetzliche Gebote und Verbote angeführt, durch die die wirtschaftliche Tätigkeit von Unternehmern bzw. Unternehmen reglementiert wird[274]. Eine solche die unternehmerische Betätigung unmittelbar betreffende Reglementierung liegt u.a. in der Festlegung besonderer Mitteilungspflichten[275]. So zielt auch die Festsetzung der Publizitätspflichten für Kapitalgesellschaften und Kapitalgesellschaften & Co. in den §§ 325 ff. HGB bewußt auf die durch Art. 12 I GG geschützte unternehmerische Dispositionsfreiheit über Betriebs- und Geschäftsdaten ab und enthält damit einen unmittelbaren Eingriff in die Berufsfreiheit[276]. Auch wenn es materiell um den Ausgleich privatrechtlicher Rechtspositionen, nämlich um die freie Verfügung und Verwertung von Daten auf der einen Seite und die Befrie-

---

271 BVerfG, Beschl. v. 30.10.1961, BVerfGE 13, S. 181 (S. 185); Tettinger, in: Sachs, Art. 12 Rn. 71.

272 BVerfG, Beschl. v. 11.10.1977, BVerfGE 47, S. 1 (S. 21); BVerfG, Urt. v. 3.11.1982, BVerfGE 61, S. 291 (S. 308); Gubelt, in: v. Münch/Kunig, Art. 12 Rn. 43; Wieland, in: Dreier, Art. 12 Rn. 81.

273 BVerfG, Beschl. v. 30.10.1961, BVerfGE 13, S. 181 (S. 185); BVerfG, Beschl. v. 18.7.1979, BVerfGE 52, S. 42 (S. 54); BVerfG, Beschl. v. 15.7.1980, BVerfGE 55, S. 7 (S. 25); BVerfG, Beschl. v. 19.6.1985, BVerfGE 70, S. 191 (S. 214); BVerfG, Beschl. v. 29.11.1989, BVerfGE 81, S. 108 (S. 121).

274 AK-GG/Rittstieg, Art. 12 Rn. 76.

275 Tettinger, in: Sachs, Art. 12 Rn. 71. So wohl auch v. Mangoldt/Klein/Hesselberger/Manssen, Art. 12 Rn. 64.

276 Wie hier Siekmann, in: FS Friauf, S. 647 (S. 656), der generell in der Belastung eines Privatrechtssubjekts mit Publizitätspflichten einen potentiellen Eingriff in die Berufsfreiheit sieht.

digung berechtigter Informationsinteressen auf der anderen Seite geht, handelt es sich formell um einen staatlichen Grundrechtseingriff durch Hoheitsakt[277].

Die Vorschriften der §§ 325 ff. HGB beschränken die ihnen unterliegenden Kapitalgesellschaften und Kapitalgesellschaften & Co. aber nicht nur in ihrer Dispositionsfreiheit. Die Verpflichtung zur Offenlegung von Geschäfts- und Unternehmensdaten bedeutet eine Verschärfung der Wettbewerbsbedingungen, die die publizitätspflichtigen Gesellschaften in ihrer Wettbewerbsfähigkeit belastet und ihre Marktposition gegenüber anderen Marktteilnehmern, die einer solchen Informationspflicht nicht unterliegen, typischerweise nachteilhaft verändern kann.[278]. Deshalb enthalten die §§ 325 ff. HGB auch einen mittelbaren Eingriff in die unternehmerische Wettbewerbsfreiheit der von ihnen betroffenen Kapitalgesellschaften und Kapitalgesellschaften & Co.[279].

3. Rechtfertigung des Eingriffs

Bei der Rechtfertigung eines Grundrechtseingriffs geht es um die angemessene Abwägung zwischen den durch die eingreifende Maßnahme geschützten Belangen und dem durch sie beeinträchtigten Grundrecht. Diese Verhältnismäßigkeitsprüfung hat für die Berufsfreiheit in Gestalt der vom Bundesverfassungsgericht entwickelten Stufentheorie eine besondere Ausprägung erfahren[280]. Danach müssen die durch eine Regelung geschützten bzw. geförderten Interessen um so gewichtiger sein, je mehr die Vorschrift den freien Berufszugang betrifft[281]. Die eingreifende Regelung ist daher zunächst einer der drei voneinander zu unterscheidenden Stufen der Berufsausübung, der subjektiven Berufswahl und der objektiven Berufswahl zuzuordnen. Anschließend ist eine stufenspezifische Verhältnismäßigkeitsprüfung vorzunehmen[282], in deren Rahmen nach dem legitimen Regelungszweck, der Geeignetheit und Erforderlichkeit sowie der Angemessenheit der getroffenen Maßnahme gefragt wird[283].

---

[277] Siekmann, in: FS Friauf, S. 647 (S. 658).

[278] Breuer, in: HStR VI, § 148 Rn. 26.

[279] So i.E. auch Wimmer, Bilanzpublizität, S. 27.

[280] AK-GG/Rittstieg, Art. 12 Rn. 78.

[281] AK-GG/Rittstieg, Art. 12 Rn. 49.

[282] Tettinger, in: Sachs, Art. 12 Rn. 115.

[283] Tettinger, AöR 108 (1983), S. 93 (S. 122).

a) Qualifizierung der Berufsregelung

Nach der Kategorisierung der Stufentheorie unterscheiden sich die genannten Arten der Berufsregelungen dadurch voneinander, daß sich Berufswahlregelungen auf den Berufszugang, Berufsausübungsregelungen auf die Modalitäten einer beruflichen Betätigung beziehen[284]. So statuieren Berufswahlregelungen Voraussetzungen für das Ergreifen bzw. den Verbleib in einem bestimmten Beruf, wobei die jeweiligen Bedingungen an bestimmten persönlichen Eigenschaften des Betroffenen anknüpfen (subjektive Berufswahlregelung) oder aber von seiner Person völlig unabhängig sein können (objektive Berufswahlregelung)[285]. Berufsausübungsregelungen hingegen haben typischerweise Umfang, Form, Mittel oder Verfahrensweisen einer bestimmten Berufstätigkeit, ihre Instrumente und ihren Inhalt zum Gegenstand[286]. In die zuletzt genannte Kategorie sind auch die Vorschriften der §§ 325 ff. HGB einzuordnen, die keine Zulässigkeitsvoraussetzungen, sondern eine inhaltliche Ausgestaltung der gewerblichen und unternehmerischen Tätigkeit von Kapitalgesellschaften bzw. Kapitalgesellschaften & Co. enthalten. Dieses Ergebnis steht in Einklang mit der Rechtsprechung des Bundesverwaltungsgerichts, das den ähnlich gelagerten Fall der Auskunftspflicht von Gewerbetreibenden über wirtschaftliche Sachverhalte als Berufsausübungsregelung qualifiziert[287].

b) Regelungszweck

Zur Rechtfertigung einer Berufsausübungsregelung bedarf es nach den Vorgaben der Stufentheorie sachgerechter und vernünftiger Gründe des Gemeinwohls[288]. Bei der Bestimmung des mit einer Regelung zu verfolgenden Zwecks steht dem Gesetzgeber - insbesondere bei wirtschaftspolitischen Entscheidungen

---

284 v. Mangoldt/Klein/Starck/Manssen, Art. 12 Rn. 134; Wieland, in: Dreier, Art. 12 Rn. 78.

285 Jarass/Pieroth, Art. 12 Rn. 20 a.

286 Lücke, Die Berufsfreiheit, S. 12; Tettinger, AöR 108 (1983), S. 93 (S. 112); Gubelt, in: v. Münch/Kunig, Art. 12 Rn. 38.

287 BVerwG, Urt. v. 19.12.1958, BVerwGE 8, S. 78 (S. 80); BVerwG, Urt. v. 18.4.1985, BVerwGE 71, S. 183 (S. 197).

288 BVerfG, Urt. v. 11.6.1958, BVerfGE 7, S. 377 (S. 405); BVerfG, Beschl. v. 16.3.1971, BVerfGE 30, S. 292 (S. 316); BVerfG, Beschl. v. 23.3.1971, BVerfGE 30, S. 336 (S. 351).

- ein weiter Gestaltungs- und Beurteilungsspielraum zu[289]. Im Rahmen der Legitimation einer Berufsausübungsregelung durch vernünftige Gründe des Gemeinwohls können auch reine Zweckmäßigkeitserwägungen Bedeutung erlangen[290]. Dementsprechend beschränkt sich das Bundesverfassungsgericht bei der Kontrolle, ob eine Bestimmung vernünftigen Gemeinwohlinteressen dient, auf eine Vertretbarkeitsprüfung. Solange die vom Gesetzgeber vorgenommene Interessenbewertung nicht abwegig und mit verfassungsrechtlichen Prinzipien unvereinbar ist, sind die von ihm mit einer Regelung verfolgten Zwecke als legitime Regelungsziele anzuerkennen[291].

aa) Richtlinienumsetzung

Ziel des Bilanzrichtlinien-Gesetzes ist zunächst die Umsetzung der 4., 7. und 8. gesellschaftsrechtlichen EG-Richtlinie in nationales Recht. Da der Regelungszweck der Richtlinienumsetzung für sich genommen jedoch jeglichen materiellen Gehaltes entbehrt, verbietet sich seine Qualifizierung als zur Rechtfertigung eines Grundrechtseingriffs geeignetes legitimes öffentliches Interesse. Wollte man diesen rein formalen Zweck als legitimes Regelungsziel anerkennen, würden die Grundrechte bei der Transformation von EG-Richtlinien ihrer freiheitssichernden Funktion beraubt, weil der Gesetzgeber bei der Richtlinienumsetzung als eines die Rechtfertigung von Grundrechtseingriffen in sich tragenden Gesetzgebungsaktes faktisch von seiner durch Art. 1 III GG vorgeschriebenen Grundrechtsbindung befreit wäre[292].

Als maßgeblich können daher allein die vom Bilanzrichtlinien-Gesetz verfolgten *materiellen* Ziele gelten. Dabei ist zu berücksichtigen, daß sich das Bilanzrichtlinien-Gesetz mit der Umsetzung der den Bestimmungen der §§ 325 ff. HGB zugrundeliegenden Bilanzrichtlinie deren Regelungszwecke zu eigen gemacht hat. Von Relevanz sind aber auch die Regelungsziele der schon vor der Richtli-

---

289 BVerfG, Beschl. v. 22.5.1979, BVerfGE 51, S. 193 (S. 208); Leibholz/Rinck/Hesselberger, Art. 12 Rn. 313; AK-GG/Rittstieg, Art. 12 Rn. 80; Gubelt, in: v. Münch/Kunig, Art. 12 Rn. 48; v. Mangoldt/Klein/Hesselberger/Manssen, Art. 12 Rn. 121.

290 BVerfG, Urt. v. 11.6.1958, BVerfGE 7, S. 377 (S. 406); BVerfG, Beschl. v. 15.12.1987, BVerfGE 77, S. 308 (S. 332); Tettinger, AöR 108 (1983), S. 93 (S. 119); Gubelt, in: v. Münch/Kunig, Art. 12 Rn. 48.

291 BVerfG, Beschl. v. 17.7.1961, BVerfGE 13, S. 97 (S. 107).

292 So auch Friauf, GmbHR 1991, S. 397 (S. 402).

nienumsetzung im deutschen Gesellschaftsrecht existierenden Publizitätspflichten von Aktiengesellschaften und Großunternehmen. Denn durch die Rechtsharmonisierung auf europäischer Ebene erkennt der Richtliniengeber grundsätzlich die Regelungsziele der zu vereinheitlichenden nationalen Vorschriften an, so daß sie auch für die in Umsetzung der entsprechenden Richtlinie ergangenen Bestimmungen ihre Gültigkeit behalten. Dies gilt für die durch das Bilanzrichtlinien-Gesetz eingeführten Publizitätsvorschriften insbesondere auch deshalb, weil das deutsche Aktienrecht mit seiner Publizitäts- und Prüfungspflicht Reformvorbild für die EG-Bilanzrichtlinie war[293].

bb) Rechtsharmonisierung

Die Bilanzrichtlinie verfolgt ihrem Charakter als Instrument der Rechtsharmonisierung entsprechend die Vereinheitlichung der nationalen Vorschriften über Gliederung, Inhalt und Offenlegung der Jahresabschlüsse von Kapitalgesellschaften in den EG-Mitgliedstaaten[294]. Im Dienst dieses Zieles steht auch das Bilanzrichtlinien-Gesetz. Durch die europaweite Angleichung der Publizitätspflichten von Kapitalgesellschaften sollen innerhalb der Gemeinschaft gleichwertige rechtliche Mindestbedingungen für miteinander im Wettbewerb stehende Gesellschaften geschaffen werden[295]. Die Vereinheitlichung des Informationsstandards soll außerdem dem Interesse von Gesellschaftern und Dritten dienen, denen durch die Vergleichbarkeit der offenzulegenden Jahresabschlüsse die wirtschaftliche Lage von Unternehmen in anderen EG-Mitgliedstaaten in gleichem Umfang und in gleicher Weise einer Einschätzung zugänglich gemacht werden soll wie diejenige inländischer Gesellschaften[296]. Diese Überlegungen gelten auch für die seit dem Inkrafttreten des Kapitalgesellschaften- und Co-Richtlinie-Gesetz ebenfalls publizitätspflichtigen Kapitalgesellschaften & Co.

---

[293] Vgl. Strobel, BB 1981, S. 1742; Biener, in: Der Jahresabschluß im Widerstreit der Interessen, S. 21 (S. 32).

[294] Präambel der 4. Richtlinie des Rates v. 25.7.1978 (78/660/EWG), ABl. EG Nr. L 222 v. 14.8.1978 S. 11.

[295] Präambel der 4. Richtlinie des Rates v. 25.7.1978 (78/660/EWG), ABl. EG Nr. L 222 v. 14.8.1978 S. 11.

[296] Präambel der 4. Richtlinie des Rates v. 25.7.1978 (78/660/EWG), ABl. EG Nr. L 222 v. 14.8.1978 S. 11.

Die Schaffung eines einheitlichen Informationsstandards für die auf dem gemeinsamen Markt Agierenden bildet nicht nur einen europäischen Gemeinwohlbelang, sondern liegt nach vertretbarer Einschätzung auch im jeweiligen nationalen öffentlichen Interesse der einzelnen Mitgliedstaaten. Sie bietet ein sachlich begründetes Regelungsziel für die in den §§ 325 ff. HGB enthaltene Berufsausübungsregelung.

cc) Gläubigerschutz

Von ihrem materiellen Gehalt her sollen die durch das Bilanzrichtlinien-Gesetz eingeführten Publizitätspflichten ein Korrelat für die bei Kapitalgesellschaften in der Regel auf das Gesellschaftsvermögen beschränkte Haftung bieten[297]. Dasselbe gilt für die seit dem Inkrafttreten des Kapitalgesellschaften- und Co-Richtlinie-Gesetzes ebenfalls publizitätspflichtigen offenen Handelsgesellschaften und Kommanditgesellschaften ohne natürliche Person als persönlich haftenden Gesellschafter. Mit diesem Gesichtspunkt ist der Schutz aktueller wie potentieller Gläubiger angesprochen, die ein essentielles Interesse an der finanziellen Stabilität der Gesellschaft haben und sich mit Hilfe der offenzulegenden Rechnungslegungsunterlagen einen Überblick über ihre wirtschaftliche Lage verschaffen können[298]. Damit soll ihnen die Möglichkeit eröffnet werden, die Bonität ihrer Forderungen zu prüfen und vor allem eine sich abzeichnende Unternehmenskrise so rechtzeitig zu erkennen, daß sie vom Abschluß von (weiteren) Geschäften absehen können[299].

Dieser Schutz aktueller und potentieller Gläubiger vor den spezifischen Gefahren der rechtlich oder faktisch auf das Gesellschaftsvermögen beschränkten Haftung von Kapitalgesellschaften bzw. Kapitalgesellschaften & Co. ist als

---

297 Präambel der 4. Richtlinie des Rates v. 25.7.1978 (78/660/EWG), ABl. EG Nr. L 222 v. 14.8.1978 S. 11; Höflich, Wettbewerbliche Wirkungen publizierter Jahresabschlüsse, S. 15; Apelt, Die Publizität der GmbH, S. 43. Nur für die KGaA, die mit den Komplementären über persönlich haftende Gesellschafter verfügt, paßt der Gedanke nicht, daß bei Kapitalgesellschaften ein die Gefahren der Haftungsbeschränkung ausgleichendes Schutzinstrument zu schaffen sei.

298 v. Caemmerer, in: Das Frankfurter Publizitätsgespräch, S. 141 (S. 158 f.) Die Gläubigerschutzfunktion von Publizitätspflichten wird auch vom Bundesgerichtshof ausdrücklich betont (vgl. BGH, Beschl. v. 11.7.1957, BGHZ 25, S. 154 (S. 159)).

299 Delp, Publizitäts- und Prüfungspflicht der GmbH, S. 92 u. 95.

durch sachliche Gründe gerechtfertigtes Regelungsziel zu bewerten. Zwar dienen bei Kapitalgesellschaften bereits die gesetzliche Festsetzung eines Mindeststammkapitals (bzw. Mindestgrundkapitals) sowie die Vorschriften zur Aufbringung und Erhaltung des Stammkapitals (Grundkapitals) dem Gläubigerschutz, doch ist es durchaus vertretbar, wenn der Gesetzgeber mit den über die Publizität geschaffenen Kontrollmöglichkeiten ein weiteres Schutzinstrument zur Verfügung stellt.

dd) Gesellschafterschutz

Neben dem Gläubigerschutz sollen die Publizitätspflichten auch dem Schutz der Gesellschafter dienen[300]. Insbesondere Gesellschafter von Kapitalgesellschaften sind häufig bloße Anlagegesellschafter und haben als solche keinen unmittelbaren Einblick in die Geschäftstätigkeit des Unternehmens. Zur Kontrolle der Geschäftsführung[301], zur sachgerechten Ausübung ihrer Gesellschafterrechte[302] und gegebenenfalls auch zur Bewertung ihres Gesellschaftsanteils[303] sind sie daher auf Informationen über die wirtschaftliche Lage der Gesellschaft angewiesen, die ihnen durch die Offenlegung der Rechnungslegungsunterlagen verschafft werden sollen. Ebenso haben potentielle Gesellschafter ein berechtigtes Interesse, Kenntnis von der Vermögens- und Ertragslage des Unternehmens zu erlangen, um diese ihrer Entscheidung über die Beteiligung an der Gesellschaft zugrundelegen zu können. Auch diesem Informationsbedürfnis soll durch die Publizitätspflichten abgeholfen werden[304].

Der den Vorschriften der §§ 325 ff. HGB zugrundeliegende Aspekt des Gesellschafterschutzes ist ebenfalls als legitimes Regelungsziel zu qualifizieren. Der Gedanke, die Stellung der Gesellschafter gegenüber der Geschäftsführung durch

---

300 Präambel der 4. Richtlinie des Rates v. 25.7.1978 (78/660/EWG), ABl. EG Nr. L 222 v. 14.8.1978 S. 11; Hopt, ZGR 1980, S. 225 (S. 234).

301 Hommelhoff, ZIP 1983, S. 383 (S. 387).

302 Höflich, Wettbewerbliche Wirkungen publizierter Jahresabschlüsse, S. 13; für die AG Wiethölter, in: Das Frankfurter Publizitätsgespräch, S. 33 (S. 42); v. Caemmerer, in: Das Frankfurter Publizitätsgespräch, S. 141 (S. 142).

303 Für die AG v. Caemmerer, in: Das Frankfurter Publizitätsgespräch, S. 141 (S. 144).

304 So für die Gesellschafter einer Aktiengesellschaft Delp, Publizitäts- und Prüfungspflicht der GmbH, S. 115; v. Caemmerer, in: Das Frankfurter Publizitätsgespräch, S. 141 (S. 157).

Einräumung zusätzlicher Informationsmöglichkeiten zu stärken und ihnen die sachgemäße Wahrnehmung ihrer Informationsrechte zu ermöglichen oder zumindest zu erleichtern, beruht auf vernünftigen Erwägungen des Gesetzgebers. Die mit der Rechnungslegungspublizität bezweckte Förderung der Interessen potentieller künftiger Gesellschafter ist dem Gedanken des Anlegerschutzes zuzuordnen[305], der als schützenswerter öffentlicher Belang anerkannt ist.

ee) Schutz der Arbeitnehmer

Als Regelungsziel der durch das Bilanzrichtlinien-Gesetz eingeführten Publizitätspflichten wird teilweise auch der Schutz der Arbeitnehmer angeführt[306]. Das Informationsinteresse der Arbeitnehmer besteht insbesondere darin, die Sicherheit ihres Arbeitsplatzes und die Angemessenheit ihres Lohnes richtig einschätzen zu können[307]. Diesem Informationsbedürfnis liegt jedoch kein spezifischer Bezug zur Rechtsform der Kapitalgesellschaft oder Kapitalgesellschaft & Co. zugrunde, vielmehr ist es im Zusammenhang mit anderen sozialen Belangen im Unternehmen zu sehen[308]. Der Schutz der Arbeitnehmer wird primär durch die Gesetzgebung über die Mitbestimmung realisiert, ist hingegen nicht originärer Regelungszweck der handelsrechtlichen Publizitätspflichten. Aus diesen resultiert ein Schutz der Arbeitnehmer nur als Rechtsreflex[309].

ff) Kontrolle durch die interessierte Öffentlichkeit

Schließlich soll durch die Verpflichtung zur Publizität die wirtschaftliche Entwicklung von Unternehmen der kritischen Analyse und Beurteilung durch die Allgemeinheit zugänglich gemacht werden[310]. Die durch die kontinuierliche

---

305 Generell zur Anlegerschutzfunktion der Jahresabschlußpublizität Weber/Wohlfarth, BB 1986, S. 699. Zum Anlegerschutz durch Jahresabschlußpublizität im Aktienrecht Hopt, ZHR 141 (1977), S. 389 (400).

306 KölnerKomm/Claussen, Vorb. § 238 HGB Rn. 41; Lutter/Hommelhoff, Anh § 42 a Rn. 1; Weber/Wohlfarth, BB 1986, S. 699.

307 Apelt, Die Publizität der GmbH, S. 50.

308 Apelt, Die Publizität der GmbH, S. 52.

309 v. Caemmerer, in: Das Frankfurter Publizitätsgespräch, S. 141 (S. 160).

310 Lutter/Hommelhoff, Anh § 42 a Rn. 1. Einschränkend Apelt, Die Publizität der GmbH, S. 52 f., der die Öffentlichkeit als Schutzadressat nur für die Publizitätspflicht solcher Unternehmen anerkennt, die wegen ihrer Größe oder mit Rücksicht auf die Branche, in der

Veröffentlichung aktueller Informationen gewährleistete Transparenz der Geschäftslage und der Entscheidungen von Unternehmen[311] soll die Stabilität des Marktes fördern. Außerdem soll die auf den publizierten Informationen basierende Kontrolle durch die Öffentlichkeit[312] eine Disziplinierung der Geschäftsführung bewirken[313], die im Hinblick auf die drohende öffentliche Kritik für eine der Unternehmung angemessene Kapitalausstattung und ein entsprechendes Geschäftsverhalten der Gesellschaft Sorge tragen wird[314]. Damit wird indirekt eine die Gläubiger schützende Wirkung erzielt, denen eine vernünftige Kapitalausstattung als solide Haftungsgrundlage zugute kommt[315].

Auch die Kontrolle von Unternehmen durch die interessierte Öffentlichkeit stellt ein legitimes Regelungsziel dar. An der durch die Unternehmenstransparenz ermöglichten öffentlichen Beurteilung einzelner Unternehmen besteht im Hinblick auf das davon beeinflußte Vertrauen in den Markt und seine Funktionsfähigkeit ein begründetes Interesse der Allgemeinheit.

c) Eignung und Erforderlichkeit der Regelung

Die Analyse der Eignung und Erforderlichkeit der Publizitätspflichten bedarf der Differenzierung nach den vorstehend erörterten unterschiedlichen Regelungszielen. Die §§ 325 ff. HGB stellen allerdings schon dann eine geeignete Maßnahme dar, wenn sie zumindest einen der verfolgten Regelungszwecke[316] substantiell zu fördern vermögen. Ihre Erforderlichkeit ist zu bejahen, wenn es kein anderes, gleich wirksames, die Berufsfreiheit der betroffenen Gesellschaften weniger einschränkendes Mittel gibt[317].

---

sie tätig sind, als gesamtwirtschaftlich bedeutsam anzusehen sind.

311 Reuter, in: FS Goerdeler, S. 427 (S. 430).

312 Delp, Publizitäts- und Prüfungspflicht der GmbH, S. 113, verweist insoweit recht anschaulich auf „das kapitolinische Geschnatter der Wirtschaftspresse".

313 Lutter/Hommelhoff, Anh. § 42 a Rn. 1. So wohl auch Wiethölter, in: Das Frankfurter Publizitätsgespräch, S. 33 (S. 48); v. Caemmerer, in: Das Frankfurter Publizitätsgespräch, S. 141 (S. 166).

314 Schwark, AG 1978, S. 269 (S. 272).

315 Apelt, Die Publizität der GmbH, S. 84; Delp, Publizitäts- und Prüfungspflicht der GmbH, S. 123.

316 v. Mangoldt/Klein/Hesselberger/Manssen, Art. 12 Rn. 126.

317 Vgl. BVerfG, Beschl. v. 16.3.1971, BVerfGE 30, S. 292 (S. 316); BVerfG, Beschl. v.

aa) Rechtsharmonisierung

Die durch das Bilanzrichtlinien-Gesetz eingeführten Vorschriften der §§ 325 ff. HGB dienen dem von der 4. gesellschaftsrechtlichen EG-Richtlinie verfolgten Ziel, einerseits einheitliche Wettbewerbsbedingungen für die betroffenen Gesellschaften zu schaffen und andererseits Gesellschaftern und Dritten im Hinblick auf inländische und ausländische Gesellschaften ein gleichmäßiges Informationsniveau zu bieten[318].

aaa) Eignung

Der Erlaß der §§ 325 ff. HGB zur Umsetzung der in der Bilanzrichtlinie gemachten Vorgaben sowie die Erweiterung der Publizitätspflichten nach Maßgabe der Kapitalgesellschaften- und Co-Richtlinie[319] trägt zur Vereinheitlichung der Rechnungslegungs- und Publizitätsregelungen in den EG-Mitgliedstaaten bei. Sie bieten deshalb ein zur Erreichung des Regelungsziels der Rechtsharmonisierung geeignetes Mittel. Die größenabhängig abgestufte gleichmäßige Belastung der Kapitalgesellschaften bzw. Kapitalgesellschaften & Co. in allen Mitgliedstaaten schafft im Hinblick auf die Rechnungslegungspublizität einheitliche Wettbewerbsvoraussetzungen. Außerdem wird aufgrund der Rechtsangleichung im Bereich der Unternehmenstransparenz die wirtschaftliche Lage ausländischer Gesellschaften in gleicher Weise einer Einschätzung zugänglich wie diejenige inländischer Unternehmen.

bbb) Erforderlichkeit

Unter dem Blickwinkel der Erforderlichkeit ist hingegen zu bedenken, daß die Rechtsharmonisierung im Bereich der Publizität nicht zwingendermaßen auf einem so hohen Niveau stattfinden mußte, wie es durch die Bestimmungen der Bilanzrichtlinie geschehen ist. Der EGV verlangt nicht, daß eine zwecks Rechtsharmonisierung erlassene Richtlinie den Standard derjenigen nationalen Bestimmungen eines Mitgliedstaates übernimmt, die die strengsten Anforderun-

---

10.12.1975, BVerfGE 40, S. 371 (S. 383); v. Mangoldt/Klein/Hesselberger/Manssen, Art. 12 Rn. 131.

318 Dazu näher 2. Teil § 1 B II 3 b bb.

319 Richtlinie des Rates v. 8.11.1990 (90/605/EWG), ABl. EG Nr. L 317 S. 60.

gen zu dem betreffenden Regelungskomplex aufstellen. Die Rechtsvereinheitlichung als solche hätte in gleicher Weise auch durch die Festlegung einer weniger weitgehenden Publizität erreicht werden können, die dann ebenso gleichartige Wettbewerbsbedingungen für die auf dem gemeinsamen Markt agierenden Kapitalgesellschaften und Kapitalgesellschaften & Co. sowie einen einheitlichen Informationsstandard und damit vergleichbare Voraussetzungen für die Beurteilung der wirtschaftlichen Situation von Unternehmen in unterschiedlichen Mitgliedstaaten geschaffen hätte. In diesem Sinne sind die Publizitätsvorschriften der §§ 325 ff. HGB zur Rechtsharmonisierung nicht erforderlich.

bb) Gläubigerschutz

Zum Schutz aktueller wie potentieller Gläubiger sollen die Publizitätspflichten ein Korrelat zu der bei Kapitalgesellschaften[320] und Kapitalgesellschaften & Co. auf das Gesellschaftsvermögen beschränkten Haftung bieten[321].

aaa) Eignung

Nachteile und Gefahren können den Gläubigern von Kapitalgesellschaften aus der Haftungsbeschränkung insofern erwachsen, als ihnen die Gesellschafter mit ihrem Privatvermögen als Schuldner nicht zur Verfügung stehen und das Gesellschaftsvermögen zur Deckung der Gesellschaftsschulden nicht ausreichen könnte. Ähnliche Überlegungen treffen Kapitalgesellschaften & Co., weil bei ihnen keine natürliche Person persönlich haftet. Teilweise wird vorgebracht, daß Publizitätspflichten zum Gläubigerschutz nicht geeignet seien, weil sie eine den Gläubigern zum Schaden gereichende Unterkapitalisierung nicht verhindern könnten[322]. Die Publizitätspflichten haben jedoch offensichtlich eine andere Zielrichtung als die Sicherung des Gesellschaftsvermögens, sie verfolgen den Schutz der Gläubiger durch Information. Mittels der offengelegten Rechnungslegungsunterlagen sollen sich aktuelle wie potentielle Gläubiger einen Überblick über die wirtschaftliche Lage der Gesellschaft verschaffen können, um ihre fi-

---

320 Eine Ausnahme zum Grundsatz der Haftungsbeschränkung bei Kapitalgesellschaften bildet nur die KGaA.

321 Dazu unter 2. Teil § 1 B II 3 b cc.

322 Rittner, in: Probleme der GmbH-Reform, S. 133 (S. 149 f.).

nanzielle Stabilität einschätzen und auf zukünftige Unternehmensentwicklungen reagieren zu können. Die Eignung der Publizitätspflichten zum Gläubigerschutz durch Informationsgewährung wird allerdings mit dem Argument bestritten, daß die jährliche Rechnungslegung nur über die wirtschaftliche Entwicklung des zurückliegenden Jahres Auskunft gebe[323], also vergangenheitsorientiert sei, hingegen keine Angaben bzw. Prognosen zur zukünftigen Unternehmensentwicklung enthalte[324].

Auch die zurückliegende Geschäftsentwicklung kann jedoch für Gläubiger insofern von Interesse sein, als sie mittelbare Rückschlüsse zuläßt[325]. So werden z.B. gleichbleibende Unternehmenserfolge das Vertrauen der Gläubiger fördern, starke Schwankungen ihnen hingegen Vorsicht gebieten[326]. Außerdem indizieren die Jahresabschlußinformationen teilweise auch frühzeitig zu erwartende Entwicklungen[327]. Insbesondere hat auch der von großen und mittelgroßen Gesellschaften aufzustellende und offenzulegende Lagebericht künftige Entwicklungsrisiken zu berücksichtigen[328]. Deshalb vermag die Pflicht zur Offenlegung der Rechnungslegungsunterlagen zur Einschätzung der aktuellen und zukünftigen wirtschaftlichen Lage der publizitätspflichtigen Gesellschaften zumindest beizutragen und damit den Schutz der Gläubiger zu fördern, die sich in ihrem Verhalten dementsprechend einrichten können.

Ferner wird die Geeignetheit der §§ 325 ff. HGB als Maßnahme des Gläubigerschutzes mit der Feststellung negiert, daß es für die betroffenen Gläubiger auch bei ordnungsgemäßer Erfüllung der Offenlegungspflichten praktisch undurchführbar sei, vor Abschluß jeden Geschäftes beim Registergericht Einsicht in die Unterlagen des Geschäftspartners zu nehmen[329] und u.U. eine mit zeitlichem und finanziellem Aufwand verbundene Bilanzanalyse vorzunehmen. Deshalb würden die Gläubigerinteressen durch die Publizitätspflichten nicht gefördert.

---

323 Vgl. Verhandlungen der Unternehmensrechtskommission, Tz. 1772.

324 Apelt, Die Publizität der GmbH, S. 82; Heuser, in: Lexikon des Rechnungswesens („Publizität“).

325 Verhandlungen der Unternehmensrechtskommission, Tz. 1774.

326 Weimar/Kohl, MDR 1989, S. 396 (S. 397).

327 Apelt, Die Publizität der GmbH, S. 82.

328 Dazu näher 1. Teil § 1 B I 1.

329 Meilicke, DB 1986, S. 2446.

Kein (künftiger) Gläubiger wird jedoch bestrebt sein, sich vor jedem Geschäftsabschluß eine hundertprozentige Sicherheit über die finanzielle Situation seines Geschäftspartners zu verschaffen. Von dieser Vorstellung dürfte auch der Gesetzgeber nicht ausgegangen sein. Mit der Offenlegung der Rechnungslegungsunterlagen soll den Gläubigern in jenen Fällen ein Schutzinstrument zur Verfügung stehen, in denen Anlaß zu Zweifeln an einem adäquaten Gesellschaftsvermögen bestehen. Mit zunehmender Bedeutung des abzuschließenden Geschäfts lohnt dann auch der Aufwand, die entsprechenden Unterlagen beim Registergericht einzusehen. Die Geeignetheit der §§ 325 ff. HGB zum Schutze der Gläubiger i.S.e. Förderung ihrer Informationsinteressen ist daher nicht in Zweifel zu ziehen.

bbb) Erforderlichkeit

Unter dem Aspekt der Erforderlichkeit der §§ 325 ff. HGB zum Gläubigerschutz durch Informationsgewährung ist an die Möglichkeit einer Hauspublizität verbunden mit einer Beschränkung des einsichtsberechtigten Personenkreises als weniger einschneidender, aber ebenso zwecktauglicher Alternative zur Registerpublizität zu denken. Hauspublizität, deren Einführung im Rahmen der Vorbereitung der EG-Mittelstandsrichtlinie für kleine und mittelgroße Kapitalgesellschaften erwogen wurde, bedeutet, daß Gesellschaften ihren Jahresabschluß nur am Sitz ihres Unternehmens, d.h. in ihren Geschäftsräumen, zur Verfügung zu stellen haben[330]. Eine Hauspublizität mit Einsichtnahmerecht nur für Gesellschafter, Gläubiger und ggf. Betriebsrat[331] würde für die betroffenen Gesellschaften eine geringere Belastung bedeuten als die Registerpublizität. Denn es bestünde nicht der Zwang, die Unternehmensverhältnisse stets zugleich der Öffentlichkeit gegenüber aufzudecken. Selbst im Falle mißbräuchlicher Ausübung des Einsichtsrechts zur Weitergabe der erlangten Informationen ist mit einer der

330 Vorschlag der Kommission für eine Richtlinie des Rates zur Änderung der Richtlinie 78/660/EWG und der Richtlinie 83/349/EWG v. 24.10.1988, ABl. EG Nr. C 287 v. 11.11.1988 S. 5 (S. 11).

331 Eine solche Beschränkung des einsichtsberechtigten Personenkreises entspräche dem Auftrag aus Art. 44 Abs. 2 lit. g EGV (Art. 54 Abs. 3 lit. g EGV a.F.), wonach die gesellschaftsrechtlichen Bestimmungen zum Schutze der Gesellschafter wie Dritter i.S.v. Gläubigern und u.U. auch von Arbeitnehmern zu koordinieren sind (vgl. Stellungnahme der Bundessteuerberaterkammer, DStR 1989, S. 151).

Bundesanzeiger- oder Registerpublizität ähnlichen Öffentlichkeitswirkung nicht zu rechnen. Wollte man im Hinblick auf Kosten und Aufwand bezweifeln, daß eine Hauspublizität weniger belastend wirkt als die Registerpublizität[332], so bleibt als gegenüber der Zwangspublizität nach §§ 325 ff. HGB weniger einschneidendes Mittel die Möglichkeit einer *wahlweisen* Hauspublizität[333], bei der es der Entscheidung der betroffenen Gesellschaften überlassen bleibt, ob sie ihre Rechnungslegungsunterlagen zum Handelsregister einreichen oder in ihren Geschäftsräumen zur Einsichtnahme bereithalten.

Die gesetzliche Verpflichtung, Gesellschaftern, Gläubigern und ggf. dem Betriebsrat Jahresabschluß und Lagebericht in den Geschäftsräumen zur Einsichtnahme vorzulegen, gewährleistet die Befriedigung ihres Informationsbedarfs grundsätzlich ebenso gut wie die Registerpublizität. Die Rechnungslegungsunterlagen werden dem berechtigten Personenkreis, also auch den Gläubigern, in gleichem Umfang und in gleicher Weise zugänglich wie im Falle der Offenlegung nach §§ 325 ff. HGB, und die Einsichtnahme am Sitz des Unternehmens verursacht prinzipiell keinen größeren Aufwand als diejenige beim Registergericht.

Das eventuelle Anliegen von Gläubigern, ihre Erkundigungen über die wirtschaftliche Lage der Gesellschaft vor dieser geheim zu halten, kann nicht nur bei der Hauspublizität, sondern in gleicher Weise bei der Registerpublizität ein jedenfalls potentielles Hindernis für die Befriedigung ihrer Informationsinteressen darstellen und bietet daher kein tragfähiges Argument gegen die Zwecktauglichkeit der Hauspublizität[334]. Die Offenlegungspflichten der §§ 325 ff. HGB werden nämlich - insbesondere von kleinen und mittelgroßen GmbH[335] - vielfach nicht freiwillig erfüllt. Bei ihrer zwangsweisen Durchsetzung, die gemäß §§ 335 a S. 3, 335 b HGB von der Stellung eines Antrags abhängig ist, wird aber der Name des Antragstellers der Gesellschaft in der registergerichtlichen Verfü-

---

332 Solche Zweifel äußern Weimar/Kohl, MDR 1989, S. 396 (S. 401).

333 Bei der Vorbereitung der EG-Mittelstandsrichtlinie wurde ein solches Wahlrecht zwischen Hauspublizität und Registerpublizität für kleine Kapitalgesellschaften von deutscher Seite vorgeschlagen (vgl. Schreiben der Bundessteuerberaterkammer vom 25.11.1988, StB 1989, S. 110).

334 A.A. offenbar Wimmer, Bilanzpublizität, S. 116.

335 Zur geringen Publizitätsrate bei offenlegungspflichtigen GmbH Paschen, DB 1992, S. 49 (S. 49 f.).

gung mitgeteilt[336], so daß sie von den Nachforschungen des betreffenden Gläubigers ebenso erfährt wie im Falle der Hauspublizität.

Die Durchsetzbarkeit des Anspruchs aus dem Einsichtsrecht könnte durch ein Verfahren vor dem Registergericht, wie es Kommanditisten oder stillen Gesellschaftern nach §§ 166 III, 233 III HGB eröffnet ist, oder durch ein dem Informationserzwingungsverfahren des § 51 b GmbHG nachgebildetes Verfahren vor dem Landgericht gesichert werden[337]. Auf diese Weise wäre die Realisierung des Einsichtsrechts bei der Hauspublizität ebenso gewährleistet wie bei der Registerpublizität durch §§ 335 a, 335 b HGB.

Die (wahlweise) Hauspublizität bildet unter Berücksichtigung der vorstehenden Erwägungen jedenfalls bei kleinen Gesellschaften ein ebenso taugliches Instrument zum Gläubigerschutz durch Information wie die Registerpublizität. Bei mittelgroßen und großen Gesellschaften ist hingegen davon auszugehen, daß aufgrund des typischerweise entsprechend großen Kreises einsichtsberechtigter Personen eine individuelle Informationsgewährung durch Einsichtnahme in die Rechnungslegungsunterlagen unter Prüfung der Auskunftsberechtigung kaum mehr durchführbar ist. Es bestehen erhebliche Zweifel daran, daß den zu erwartenden Anfragen bzgl. der Vorlage von Jahresabschluß und Lagebericht noch in adäquater, den Informationsinteressen der Geschäftspartner gerecht werdender Weise, d.h. insbesondere ohne größere zeitliche Verzögerungen, nachgekommen werden könnte. Insofern mangelt es der Hauspublizität im Falle mittelgroßer und großer Kapitalgesellschaften bzw. Kapitalgesellschaften & Co. an einer der Registerpublizität gleichkommenden Zwecktauglichkeit. Somit ist die Erforderlichkeit der in den §§ 325 ff. HGB statuierten Publizitätspflichten zum Schutze der Gläubiger bei mittelgroßen und großen Gesellschaften zu bejahen, bei kleinen Gesellschaften hingegen abzulehnen.

cc) Gesellschafterschutz

Die in den §§ 325 ff. HGB statuierten Publizitätspflichten sollen den Gesellschaftern der ihnen unterliegenden Gesellschaften die Möglichkeit eröffnen, sich die für die sachgemäße Kontrolle der Geschäftsführung, für die sinnvolle Aus-

---

[336] Gustavus, ZIP 1988, S. 1429 (S. 1433).

[337] Gustavus, ZIP 1988, S. 1429 (S. 1435).

übung ihrer Gesellschafterrechte sowie für die im Falle einer geplanten Veräußerung bzw. eines beabsichtigten Beteiligungserwerbs anstehende Anteilsbewertung erforderlichen Informationen zu verschaffen[338].

aaa) Eignung

Die Bestimmungen der §§ 325 ff. HGB stellen ein zu solchem Gesellschafterschutz geeignetes Mittel dar. Auch wenn die rechtlich gebotene Möglichkeit tatsächlich nicht immer optimal realisiert wird, werden aktuelle wie potentielle Gläubiger mittels der durch die Offenlegung der Rechnungslegungsunterlagen geschaffenen Transparenz grundsätzlich in die Lage versetzt, eine ungünstige Unternehmensentwicklung möglichst frühzeitig zu erkennen und entsprechend zu reagieren oder sich gegen eventuelle Übervorteilung und erkennbar unsolides Geschäftsverhalten der Geschäftsführung zur Wehr zu setzen.

bbb) Erforderlichkeit

Weniger eindeutig läßt sich die Frage nach der Erforderlichkeit der Publizitätsregelungen zum Gesellschafterschutz durch Information beantworten. Bereits im geltenden Recht finden sich teilweise Regelungen, die den angestrebten Schutz der Gesellschafter ebenso wirksam wie die Vorschriften der §§ 325 ff. HGB gewährleisten, die betroffenen Gesellschaften dabei aber weniger belasten.

(1) Gesellschafterschutz in der AG

Den Gesellschaftern einer AG eröffnet die Vorschrift des § 175 II AktG gesellschaftsintern Zugang zu den Rechnungslegungsunterlagen der Gesellschaft. Jahresabschluß, Lagebericht, Aufsichtsratsbericht und Gewinnverwendungsvorschlag sind gemäß § 175 II 1 AktG ab dem Zeitpunkt der Einberufung der jährlich stattfindenden ordentlichen Hauptversammlung in den Geschäftsräumen der Gesellschaft auszulegen. Vom gleichen Zeitpunkt an kann jeder Aktionär gem. § 175 II 2 AktG auch Abschriften der Vorlagen verlangen. Darüber hinaus steht den Aktionären das individuelle Auskunftsrecht des § 131 AktG zu. Nach der Bestimmung des § 131 I 3 AktG kann in kleinen oder mittelgroßen Aktienge-

---

[338] Dazu 2. Teil § 1 B II 3 b dd.

sellschaften, die von den Abschlußerleichterungen der §§ 266 I 3, 276 oder 288 HGB Gebrauch gemacht haben, jeder Aktionär verlangen, daß ihm in der ordentlichen Hauptversammlung der Jahresabschluß ohne Berücksichtigung der größenabhängigen Erleichterungen vorgelegt wird[339]. Anders als § 131 I 1 u. 2 AktG setzt das Auskunftsrecht nach § 131 I 3 AktG dabei nicht voraus, daß die Vorlage des ungekürzten Jahresabschlusses zur Beurteilung eines der Tagesordnungspunkte erforderlich ist[340]. Den Aktionären werden also jene Informationen, die ihnen über die Rechnungslegungspublizität der §§ 325 ff. HGB eröffnet werden sollen, bereits über die Möglichkeit der Einsichtnahme der nach § 175 II AktG auszulegenden Unterlagen zugänglich gemacht, in kleinen und mittelgroßen Kapitalgesellschaften sogar u.U. auf ein entsprechendes Auskunftsverlangen gemäß § 131 I 3 AktG durch Vorlage des ungekürzten Jahresabschlusses in noch größerem Umfang.

Die gesellschaftsinterne Information über § 175 II AktG und § 131 I 3 AktG ist für die Aktionäre nicht mit größerem Aufwand verbunden als die Informationsbeschaffung über den Bundesanzeiger oder die Einsichtnahme beim Registergericht. Insbesondere kann die Einsichtnahme nach § 175 II AktG auch durch einen Bevollmächtigten erfolgen[341] oder auf Verlangen des Aktionärs gemäß § 175 II 2 AktG durch Abschriften der Vorlagen ersetzt werden. Für die Gesellschaft bedeutet die Erteilung unternehmensrelevanter Informationen durch Auslegung der Rechnungslegungsunterlagen gemäß § 175 II AktG eine geringere Belastung als die Registerpublizität nach §§ 325 ff. HGB. Denn nach § 175 II AktG muß die Gesellschaft die Unternehmensverhältnisse nur gegenüber ihren Anteilseignern, die sich überdies auf Verlangen der Gesellschaft als ihre Aktionäre ausweisen müssen[342], nicht hingegen zugleich gegenüber der Allgemeinheit offenlegen. Die Vorlage des ungekürzten Jahresabschlusses nach § 131 I 3 AktG stellt für die AG aufgrund derselben Erwägungen ebenfalls eine weniger einschneidende Maßnahme dar als die Offenlegungspflichten nach §§ 325 ff. HGB, obwohl dem Aktionär dadurch gegenüber den publizierten Rechnungslegungsunterlagen umfassendere Informationen vermittelt werden. Die Regelun-

---

339 Sog. gespaltene Publizität - die interne Publizität geht über die externe Publizität hinaus (Lutter/Hommelhoff, § 42 a Rn. 2).

340 Hüffer, § 131 Rn. 20.

341 A/D/S, § 175 AktG Rn. 13.

342 G/H/E/K/Kropff, § 175 Rn. 22; Hüffer, § 175 Rn. 5.

gen der §§ 175 II, 131 I 3 AktG sind deshalb ein zum Schutz der Aktionäre durch Information ebenso taugliches, aber milderes Mittel als die Publizitätspflichten der §§ 325 ff. HGB, die insoweit nicht erforderlich sind.

Anders ist die Erforderlichkeit der §§ 325 ff. HGB zum Schutz potentieller künftiger Gesellschafter der AG zu beurteilen. Ihnen steht das Einsichtsrecht nach § 175 II AktG, das die Aktionärseigenschaft voraussetzt, nicht zu. Es ist für sie jedoch von erheblichem Interesse, Kenntnisse über die Vermögens- und Geschäftslage der betreffenden AG zu erwerben, um auf der Grundlage dieser Informationen eine rationale Entscheidung über den Anteilserwerb an der Gesellschaft treffen zu können. Die Gewährleistung einer gewissen Unternehmenstransparenz gegenüber dem potentiellen künftigen Aktionär, der typischerweise bloßer Anlagegesellschafter ist, stellt sich vor diesem Hintergrund als Gesichtspunkt des Anlegerschutzes dar[343].

Zum Schutz potentieller künftiger Gesellschafter der AG ist ein milderes, ebenso taugliches Instrument wie die Registerpublizität gemäß §§ 325 ff. HGB nicht ersichtlich. Andere Bestimmungen, die dem Individualschutz der Anleger in gleicher Weise dienen, existieren nicht. Insbesondere unterscheiden sich die Ad-hoc-Publizität nach § 15 WpHG und die Regelpublizität gemäß § 44 b BörsG ihrer Schutzrichtung sowie vor allem ihrem Inhalt nach deutlich von der Jahresabschlußpublizität der §§ 325 ff. HGB.

Nach § 15 I WpHG ist der Emittent von Wertpapieren, die zum Handel an einer inländischen Börse zugelassen sind, zur unverzüglichen Vorabveröffentlichung kurserheblicher Tatsachen, die in seinem Tätigkeitsbereich eingetreten sind, verpflichtet. Die Ad-hoc-Publizität nach dem WpHG verfolgt nicht den Individualschutz der Anleger[344], sondern dient ausschließlich dem Funktionenschutz des Kapitalmarktes[345], indem sie durch die Verpflichtung zur raschen Veröffentlichung von Insidertatsachen dem Insiderhandel vorbeugt[346] und den Markt transparent erhält[347]. Die individuellen Anlegerinteressen werden durch § 15 WpHG im Gegensatz zu den §§ 325 ff. HGB nur im Sinne eines Rechtsreflexes

---

343 Hopt, ZHR 141 (1977), S. 389 (S. 400).

344 Kümpel, in: Assmann/Schneider, § 15 Rn. 15.

345 Kümpel, Bank- und Kapitalmarktrecht, Tz. 14.240.

346 Assmann, ZGR 1994, S. 494 (S. 528).

347 Geibel, in: Schäfer, § 15 WpHG Rn. 1.

geschützt[348]. Inhaltlich sind Überschneidungen der Ad-hoc-Publizität mit der Offenlegung nach §§ 325 ff. HGB zwar möglich[349], die Publizität nach § 15 WpHG ist jedoch hinsichtlich ihres Gegenstandes offen und gewährt Informationen über die wirtschaftliche Lage der interessierenden Unternehmen nicht mit der Gleichmäßigkeit und in dem Umfang wie die Jahresabschlußpublizität. Die Ad-hoc-Publizität stellt damit nur eine Ergänzung der regelmäßigen Publizität durch Offenlegung der jährlichen Rechnungslegung dar[350], vermag diese aber nicht als ebenso zweckwirksames Mittel zum Schutze der Gesellschafter zu ersetzen.

Die Vorschrift des § 44 b BörsG verpflichtet die Emittenten zugelassener Aktien zur Veröffentlichung unterjähriger Zwischenberichte, durch die anhand von Zahlenangaben und Erläuterungen ein den tatsächlichen Verhältnissen entsprechendes Bild der Finanzlage und des allgemeinen Geschäftsgangs im Berichtszeitraum zu geben ist. Regelungsziel des § 44 b BörsG ist sowohl der Individualschutz der Anleger[351] als auch der Funktionenschutz des Kapitalmarktes[352]. Im Dienste dieser Regelungszwecke sollen die Zwischenberichte die Anleger sowohl durch vergangenheits- als auch durch zukunftsbezogene Angaben informieren und ihnen Prognosen hinsichtlich der weiteren Unternehmensentwicklung ermöglichen[353]. Den Anlegern bieten die Zwischenberichte i.S.d. § 44 b BörsG gegenüber der Rechnungslegungspublizität nach §§ 325 ff. HGB den Vorteil, daß sie grundsätzlich aktuellere, komprimiertere und insbesondere auch prospektive Angaben enthalten[354].

Trotz dieser dem Anleger entgegenkommenden Eigenschaften kann die Informationsvermittlung durch den Zwischenbericht nicht mit derjenigen durch die offengelegten Rechnungslegungsunterlagen verglichen werden. Während die

---

348 Kümpel, in: Assmann/Schneider, § 15 Rn. 17.

349 Im einzelnen ist umstritten, ob Tatsachen, die Inhalt des Jahresabschlusses, des Lageberichts oder der unterjährigen Zwischenberichte nach § 44 b BörsG sind, der Ad-hoc-Publizität unterliegen (Geibel, in: Schäfer, § 15 WpHG Rn. 7). Dieser Meinungsstreit hat jedoch für die hier vorzunehmende Untersuchung keine Konsequenzen.

350 Kümpel, in: Assmann/Schneider, § 15 Rn. 1.

351 Richtlinie des Rates v. 15.2.1982 (82/121/EWG), ABl. EG Nr. L 48 v. 22.2.1982 S. 26.

352 Dahl, Zwischenberichterstattung börsennotierter Unternehmen, S. 51 f.

353 Hamann, in: Schäfer, § 44 b BörsG Rn. 3.

354 Dahl, Zwischenberichterstattung börsennotierter Unternehmen, S. 76.

Angaben im Zwischenbericht eine Vorschau nur auf kurzfristige Entwicklungen bis zum Ende des laufenden Geschäftsjahres[355] geben, erlauben die Daten in den Rechnungslegungsunterlagen, insbesondere im Lagebericht, Rückschlüsse auf die Unternehmensentwicklung während eines mittelfristigen Zeitraumes[356]. Vor allem aber sind die nach den §§ 325 ff. HGB offenzulegenden Unterlagen um ein Vielfaches umfangreicher als der regelmäßig aus nur wenigen Seiten bestehende Zwischenbericht[357]. Die erheblich weniger umfassende und inhaltsreiche Anlegerinformation über § 44 b BörsG[358] bildet daher zwar eine wichtige Ergänzung der Jahresabschlußpublizität nach dem HGB, jedoch für sich allein genommen im Hinblick auf die AG kein zum Schutz potentieller künftiger Gesellschafter durch Informationsgewährung ebenso wirksames und taugliches Regelungsinstrument wie die §§ 325 ff. HGB.

Im übrigen ist nicht zu vergessen, daß die Ad-hoc-Publizität des § 15 WpHG und die Regelpublizität des § 44 b BörsG nur die dem Anwendungsbereich dieser Gesetze unterfallenden Aktiengesellschaften betreffen und auch unter diesem Gesichtspunkt als mildere, aber ebenso taugliche Alternative zum Schutze potentieller künftiger Gesellschafter der AG als solcher ausscheiden müssen.

(2) Gesellschafterschutz in der GmbH

In der GmbH wird eine weitgehende Information ihrer aktuellen Gesellschafter über die Bestimmungen des § 42 a GmbHG einerseits und des § 51 a GmbHG andererseits sichergestellt.

Gemäß § 46 Nr. 1 GmbHG obliegt die Feststellung des Jahresabschlusses und die Verwendung des Ergebnisses der Bestimmung der Gesellschafter. Zur Wahrnehmung dieser Kompetenz der Gesellschaftergesamtheit haben die Geschäftsführer den Gesellschaftern gemäß § 42 a I GmbHG den Jahresabschluß und den Lagebericht - sofern die Gesellschaft von seiner Aufstellung nicht gemäß § 264 I 3 HGB befreit ist - sowie gegebenenfalls vorhandene Prüfungsbe-

[355] Schwark BörsG, § 44 b Rn. 2.

[356] Hamann, in: Schäfer, § 44 b BörsG Rn. 6.

[357] Hamann, in: Schäfer, § 44 b BörsG Rn. 7.

[358] Schwark BörsG , § 44 b Rn. 2.

richte unverzüglich nach ihrer Aufstellung vorzulegen[359]. Den Gesellschaftern sind damit zwecks Vorbereitung der Beschlußfassung in der Gesellschafterversammlung dieselben Unterlagen zuzuleiten, die nach der Feststellung des Jahresabschlusses und dem Beschluß über die Ergebnisverwendung gemäß §§ 325 ff. HGB offenzulegen sind. Die aufgrund der Publizität vermittelten Geschäftsinformationen werden den Gesellschaftern gesellschaftsintern also grundsätzlich in gleichem Umfang bereits in einem früheren Stadium zugänglich.

Im Falle einer von der Kompetenznorm des § 46 Nr. 1 GmbHG abweichenden Zuständigkeitsregelung in der Satzung entfällt zwar die Vorlage nach § 42 a I GmbHG, die betreffenden Rechnungslegungsunterlagen sind den Gesellschaftern dann aber im Hinblick auf ihre in § 46 Nr. 6 GmbHG verankerte Überwachungsfunktion vorzulegen. Nur wenn den Gesellschaftern durch den Gesellschaftsvertrag auch die Zuständigkeit zur Prüfung und Überwachung der Geschäftsführung entzogen ist, unterbleibt die Vorlage von Jahresabschluß und Lagebericht und ggf. vorhandener Prüfungsberichte an die Gesellschafter. In diesen Fällen bleibt die den Interessen der Gesellschafter dienende gesellschaftsinterne Information hinter derjenigen der §§ 325 ff. HGB zurück. Die Gesellschafter können in dieser Situation jedoch von ihrem individuellen Informationsrecht nach § 51 a GmbHG Gebrauch machen[360].

Gemäß § 51 a I GmbHG steht den Gesellschaftern gegenüber der GmbH[361] das Recht auf Auskunft über die Angelegenheiten der Gesellschaft und auf Einsicht der Bücher und Schriften zu. Mit Hilfe dieses individuellen Informationsrechts soll ihnen die Kontrolle der Gesellschaftsangelegenheiten, die sachgemäße Ausübung ihrer Mitgliedschaftsrechte sowie die Wahrnehmung ihrer Vermögensinteressen ermöglicht werden[362]. Gegenstand des Auskunftsrechts ist grundsätzlich alles, was mit der Geschäftsführung der Gesellschaft, mit ihren wirtschaftlichen

---

359 Scholz/Crezelius, § 42 a Rn. 2; Hachenburg/Mertens, § 42 a Rn. 1.

360 Lutter/Hommelhoff, § 42 a Rn. 9; Schulze-Osterloh, in: Baumbach/Hueck GmbHG, § 42 a Rn. 9.

361 Schuldner des aus § 51 a GmbHG resultierenden Informationsanspruchs ist die Gesellschaft selber, auch wenn die Auskunft von den Geschäftsführern zu erteilen ist. Hachenburg/Hüffer, § 51 a Rn. 19; Scholz/K. Schmidt, § 51 a Rn. 16; MünchHdb.GesR III/ Schiessl, § 33 Rn. 9; Lutter/Hommelhoff, § 51 a Rn. 5; Zöllner, in: Baumbach/Hueck GmbHG, § 51 a Rn. 8.

362 MünchHdb.GesR III/Schiessl, § 33 Rn. 4; Hachenburg/Hüffer, § 51 a Rn. 1.

Verhältnissen, ihren Beziehungen zu Dritten, zu verbundenen Unternehmen etc. zusammenhängt[363]. Zu den Angelegenheiten der Gesellschaft gehören insbesondere alle wesentlichen Tatsachen und Daten, deren der Gesellschafter zur Wahrung seiner Kontroll-, Gewinn- und Vermögensinteressen bedarf[364] oder die für die Gewinnermittlung und -verwendung oder für die Anteilsbewertung von Bedeutung sind[365]. Das Einsichtsrecht bezieht sich auf die Handelsbücher i.S.v. § 238 HGB, umfaßt also die gesamte Buchhaltung, die dem Jahresabschluß dient[366]. Unter die Schriften der Gesellschaft fällt das nach § 257 I HGB aufbewahrungspflichtige Schriftgut und alle sonstigen Unterlagen der GmbH[367]. Durch das Auskunfts- und Einsichtsrecht werden damit in umfassender Weise diejenigen Informationsbedürfnisse der Gesellschafter befriedigt, auf die auch die Bestimmungen der §§ 325 ff. HGB im Rahmen des Gesellschafterschutzes abzielen. Wie dargelegt, erhalten die Gesellschafter über das Informationsrecht des § 51 a GmbHG entsprechend dem mit den Publizitätspflichten der §§ 325 ff. HGB übereinstimmenden Regelungszweck des Gesellschafterschutzes alle Daten und Angaben, die sie für die Beurteilung der Geschäftsführung, die Wahrnehmung ihrer Gesellschafterrechte sowie eine eventuelle Entscheidung über den Verkauf ihres Anteils benötigen.

Allerdings werden den Gesellschaftern beim Gebrauch ihres Informationsrechts aus § 51 a GmbHG durch ihre Treuebindung, das Verbot des Rechtsmißbrauchs sowie das Gebot der Verhältnismäßigkeit als Rechtsausübungsschranken[368] Grenzen gesetzt[369]. Diese Ausübungsschranken verlangen, daß der Gesellschafter nur um solche Auskünfte nachsucht, die zur Befriedigung seines Informationsinteresses erforderlich sind und mit denen er nicht übermäßig in die schützenswerten Belange der Gesellschaft oder anderer Gesellschafter eingreift[370]. Auch wenn ein Informationsbegehren an diesen dem Auskunfts- und Einsichts-

---

363 Zöllner, in: Baumbach/Hueck GmbHG, § 51 a Rn. 10.

364 Lutter/Hommelhoff, § 51 a Rn. 8; Hachenburg/Hüffer, § 51 a Rn. 22.

365 Hachenburg/Hüffer, § 51 a Rn. 22.

366 Zöllner, in: Baumbach/Hueck GmbHG, § 51 a Rn. 16.

367 MünchHdb.GesR III/Schiessl, Rn. 13.

368 Zu den unterschiedlichen Versuchen einer Einschränkung des Informationsrechts aus § 51 a GmbHG Kübler, Gesellschaftsrecht, § 17 IV 3 b bb.

369 Zu den Bemühungen um eine Einschränkung des § 51 a GmbHG Fn. 847.

370 Scholz/K. Schmidt, § 51 a Rn. 36; Zöllner, in: Baumbach/Hueck GmbHG, § 51 a Rn. 22.

recht immanenten Schranken nicht scheitert, also grundsätzlich berechtigt ist, kann die verlangte Information nach § 51 a II GmbHG verweigert werden, wenn die Besorgnis besteht, daß der Gesellschafter sie zu gesellschaftsfremden Zwekken verwenden und dadurch der Gesellschaft oder einem verbundenen Unternehmen einen nicht unerheblichen Nachteil zufügen wird. Als gesellschaftsfremd sind in diesem Rahmen solche Verwendungszwecke zu qualifizieren, die nicht der Kontrolle der Geschäftsführung, der Ausübung von Gesellschafterrechten oder der Wahrnehmung sonstiger mitgliedschaftlicher Belange dienen[371].

Trotz dieser Einschränkungen bietet das Informationsrecht des § 51 a GmbHG den Gesellschaftern einen nicht weniger umfassenden und wirksamen Schutz als die Publizitätspflichten der §§ 325 ff. HGB. Sofern es Gesellschaftern um die Befriedigung rein privater Informationsinteressen geht, dient eine Auskunftserteilung nicht dem von § 51 a GmbHG und §§ 325 ff. HGB in gleicher Weise bezweckten Gesellschafterschutz. Auch Informationen, die über das geäußerte Auskunftsbegehren hinausgehen, tragen nicht mehr gezielt zur Förderung der mitgliedschaftlichen Belange eines Gesellschafters bei. Wenn dem Auskunft begehrenden Gesellschafter insoweit keine Informationen von Seiten der Gesellschaft zufließen, wird dadurch der Gesellschafterschutz nicht eingeschränkt. In Fällen, in denen Gesellschaftern Informationen deswegen verwehrt werden, weil durch die Erfüllung ihres Auskunftsbegehrens in unverhältnismäßiger Weise in schutzwürdige Interessen der Gesellschaft oder anderer Gesellschafter eingegriffen würde oder weil die Besorgnis gesellschaftsfremder Verwendung zum Nachteil der Gesellschaft besteht, muß ihnen aufgrund ihrer gesellschaftsrechtlichen Treuepflicht auch die Durchsetzung der ihrem Schutz dienenden Publizitätspflichten durch Antragstellung nach § 335 a S. 3 HGB untersagt sein[372]. Wenn aber die Durchsetzung der Offenlegungspflicht von der für die Gesellschafter zufälligen Antragstellung durch einen anderen Antragsberechtigten oder der de facto nur in einem Teil der Fälle zu verzeichnenden freiwilligen Publizität abhängt, bieten die §§ 325 ff. HGB den Gesellschaftern keinen effektiveren Schutz als das individuelle Informationsrecht.

---

[371] Hachenburg/Hüffer, § 51 a Rn. 47; Scholz/K. Schmidt, § 51 a Rn. 39.

[372] So auch Friauf, GmbHR 1991, S. 397 (S. 404); a.A. Wimmer, Bilanzpublizität, S. 127.

Das Auskunfts- und Einsichtsrecht nach § 51 a GmbHG stellt im Ergebnis ein ebenso taugliches Mittel zum Schutz der Gesellschafter durch Information dar wie die Publizitätspflichten der §§ 325 ff. HGB. Die Bestimmung des § 51 a GmbHG trifft die Gesellschaft weniger schwer als die Offenlegungspflichten nach §§ 325 ff. HGB, weil die individuelle Auskunftspflicht auf den Kreis der Gesellschafter beschränkt ist, die zudem aufgrund ihrer gesellschaftsrechtlichen Treuebindung zur Verschwiegenheit verpflichtet sind[373], während die Bundesanzeiger- und Registerpublizität jedermann Einblick in die Geschäftsdaten der Gesellschaft gewährt. Im Hinblick auf die GmbH muß daher die Erforderlichkeit der Publizitätspflichten nach §§ 325 ff. HGB unter dem Gesichtspunkt des Schutzes aktueller Gesellschafter verneint werden[374].

Es bleibt die Frage nach der Erforderlichkeit der §§ 325 ff. HGB zum Schutze potentieller künftiger Gesellschafter der GmbH. Ihnen stehen die Informationsmöglichkeiten über §§ 42 a, 51 a GmbHG mangels Gesellschaftereigenschaft nicht offen. Im Hinblick auf die Entscheidung über den Erwerb eines GmbH-Anteils liegt es jedoch in ihrem Interesse, sich ein Bild von der Vermögenslage und den Geschäftsverhältnissen der betreffenden Gesellschaft machen zu können.

Bei der GmbH stellt sich die Lage grundlegend anders dar als bei der AG. Die GmbH ist nicht als Publikumsgesellschaft konzipiert, sondern als Gesellschaftsform für kleine und mittlere Unternehmen mit mäßigem Kapitalbedarf und beschränktem Gesellschafterkreis[375]. Dieser Konzeption entsprechend steht bei der GmbH anders als bei der AG der Kapitalanlagegedanke im Hintergrund[376]. Die GmbH-Anteile sind gemäß § 15 I GmbHG zwar frei veräußerlich, jedoch anders als Aktien nicht frei handelbar. Sowohl die Übertragung eines GmbH-Anteils als auch das ihr zugrundeliegende Verpflichtungsgeschäft bedürfen gemäß § 15 III, IV GmbHG der notariellen Beurkundung. Die Veräußerung eines jeden GmbH-Anteils erfordert also eine individuelle Geschäftsanbahnung[377], in deren Rahmen

---

373 Lutter/Hommelhoff, § 51 a Rn. 24.

374 Im Ergebnis wie hier, allerdings nicht unter verfassungsrechtlicher Fragestellung Apelt, Die Publizität der GmbH, S. 49.

375 Kübler, Gesellschaftsrecht, § 17 I 2 a.

376 Raiser, Kaitalgesellschaftsrecht, § 30 Rn. 1.

377 Raiser, Kapitalgesellschaftsrecht, § 30 Rn. 1.

auch der erforderliche Informationsaustausch stattfindet. Auch wenn darin nicht das primäre Ziel der Bestimmungen des § 15 III, IV GmbHG liegt[378], so hat die Regelung doch zur Konsequenz, daß am Erwerb eines Gesellschaftsanteils Interessierte aufgrund des notwendigerweise individuellen geschäftlichen Kontakts regelmäßig die Möglichkeit erhalten, ihre Informationsinteressen - ggf. mit Druck - durchzusetzen und die für die Erwerbsentscheidung erforderlichen Auskünfte zu erhalten[379]. Gegenüber der Einsichtnahme in die nach §§ 325 ff. HGB offengelegten Rechnungslegungsunterlagen bietet die im Rahmen des individuellen Geschäftskontakts stattfindende Unterrichtung den zusätzlichen Vorteil, daß die erteilten Auskünfte genau auf den Informationsbedarf des Interessenten zugeschnitten sind. Die Vorschrift des § 15 III und IV GmbHG stellt im Ergebnis ein ebenso zwecktaugliches Mittel zum Schutz potentieller künftiger Gesellschafter dar wie die Publizitätspflichten der §§ 325 ff. HGB, ohne die GmbH so schwer zu belasten wie die Rechnungslegungspublizität, die die Unternehmensverhältnisse für jedermann transparent macht. Bei der GmbH sind die Vorschriften der §§ 325 ff. HGB somit auch im Hinblick auf potentielle künftige Gesellschafter nicht erforderlich.

(3) Gesellschafterschutz in den Kapitalgesellschaften & Co.

In der OHG und KG, die den Publizitätspflichten der §§ 325 ff. HGB unterliegen, wenn keine natürliche Person persönlich haftender Gesellschafter ist, sind den Gesellschaftern unternehmensbezogene Informationen nach Maßgabe der §§ 118 I, 166 I HGB zugänglich. Da diese Informationsrechte kein ebenso wirksames Regelungsinstrument zur Deckung des Informationsbedarfs der Gesellschafter bieten wie die Offenlegungspflichten, ist die Erforderlichkeit der Publizitätsvorschriften der §§ 325 ff. HGB im Hinblick auf große und mittelgroße Kapitalgesellschaften & Co. zu bejahen. Nur bei kleinen Kapitalgesellschaften & Co. bietet die Hauspublizität aufgrund der bereits zum Gläubigerschutz

---

[378] Regelungsziel des § 15 III, IV GmbHG ist in erster Linie, den leichten und spekulativen Handel mit GmbH-Anteilen zu verhindern (BGH, Urt. v. 24.3.1954, BGHZ 13, S. 49 (S. 51 f.)).

[379] Ähnlich Streim/Klaus, BB 1994, S. 1109 (S. 1116).

vorgenommenen Erwägungen[380] ein weniger belastendes, aber ebenso wirksames Mittel zum Schutz aktueller Gesellschafter.

Das Einsichtsrecht nach § 118 I HGB, das sich auf die „Angelegenheiten der Gesellschaft" bezieht, gewährt den Gesellschaftern einer OHG zwar einen umfassenden Einblick in die schriftlichen Unterlagen der Gesellschaft, umfaßt insbesondere auch bilanzierungspflichtige Tatbestände, Informationen über die Gewinnsituation, über die Anlage des Gesellschaftsvermögens etc.[381]. Es ist jedoch grundsätzlich abdingbar[382] und erlaubt im Falle der Kapitalgesellschaft & Co. OHG auch keinen Einblick in die Rechnungslegungsunterlagen der einzelnen beteiligten Gesellschaften. Insofern vermag das Einsichtsrecht des § 118 I HGB den Informationsbedarf der einzelnen Gesellschafter nicht in ebenso umfassender und wirksamer Weise zu gewährleisten wie die Publizitätsvorschriften der §§ 325 ff. HGB.

In der KG gewährt die Vorschrift des § 166 I HGB den Kommanditisten das Recht, die abschriftliche Mitteilung des Jahresabschlusses zu verlangen und seine Richtigkeit unter Einsicht der Bücher und Papiere zu prüfen. Ist die KG als personengleiche GmbH & Co.KG ausgestaltet, erlangt die restriktive Bestimmung des § 166 I HGB keine praktische Relevanz, weil in diesen Fällen sämtliche Gesellschafter über das Einsichts- und Auskunftsrecht des § 51 a GmbHG umfassende Informationen auch über die Angelegenheiten der KG verlangen können[383]. Sind die Kommanditisten hingegen nicht zugleich GmbH-Gesellschafter oder handelt es sich um eine andere Form der Kapitalgesellschaft & Co.KG, bei der sie nur im Rahmen des § 166 I HGB Daten über die KG erhalten, wird ihr Informationsbedarf durch das mitgliedschaftliche Informationsrecht wesentlich weniger umfassend und sicher abgedeckt als durch die Publizitätsvorschriften der §§ 325 ff. HGB. Die Vorschrift des § 166 I HGB ist einerseits abdingbar[384], andererseits berechtigt sie lediglich zur Einsichtnahme in den Jah-

---

[380] Dazu näher 2. Teil § 1 B II 3 c bb.

[381] Dazu näher 3. Teil § 2 B I 1 a aa.

[382] Dies entspricht der noch h.M. (Heymann/Emmerich, § 118 Rn. 18; Baumbach/Hopt, § 118 Rn. 17; von Gerkan, in: Röhricht/von Westphalen, § 118 Rn. 17). Die Abdingbarkeit der Kontrollrechte ist allerdings - jedenfalls für § 166 HGB - vom BGH in Frage gestellt worden (BGH, Urt. v. 11.7.1988, NJW 1989, S. 225 (S. 225 f.)).

[383] Statt vieler Lutter/Hommelhoff, § 51 a Rn. 17.

[384] Schlegelberger/Martens, § 166 Rn. 40; Baumbach/Hopt, § 166 Rn. 18; HK-HGB/

resabschluß. Damit werden die berechtigten Informationsinteressen der Kommanditisten nur in unzureichender Weise befriedigt[385]. Insbesondere vermögen sie sich auch keinen Einblick in die Rechnungslegungsunterlagen der als Komplementärin beteiligten Kapitalgesellschaft zu verschaffen[386]. Das mitgliedschaftliche Informationsrecht des § 166 I HGB bietet insofern kein ebenso zwecktaugliches Instrument zum Gesellschafterschutz wie die Publizitätspflichten der §§ 325 ff. HGB.

Mit Blick auf den Schutz potentieller künftiger Gesellschafter ist die Erforderlichkeit der Offenlegungspflichten hingegen zu verneinen. Die Aufnahme in eine Personenhandelsgesellschaft erfolgt grundsätzlich durch individuellen Vertragsabschluß. Dabei können im Rahmen der Vertragsverhandlungen die für die Entscheidung über eine Beteiligung an der Gesellschaft erforderlichen Informationen verlangt werden. Insbesondere die GmbH & Co.KG ist allerdings häufig als Publikumsgesellschaft konzipiert, bei der eine individuelle Geschäftsanbahnung de facto nicht mehr stattfindet. In diesen Fällen gewährleistet jedoch der aus der zivilrechtlichen Prospekthaftung folgende Zwang zur Erstellung eines umfassenden Emissionsprospekts in effektiver Weise die zum Schutze potentieller künftiger Gesellschafter erforderlichen Informationen[387].

dd) Kontrolle durch die interessierte Öffentlichkeit

Durch die über die Publizitätspflichten der §§ 325 ff. HGB bewirkte Unternehmenstransparenz soll die wirtschaftliche Entwicklung von Kapitalgesellschaften und Kapitalgesellschaften & Co. bzw. der von ihnen getragenen Unternehmen der Kontrolle durch die interessierte Öffentlichkeit zugänglich gemacht werden, um auf diese Weise die Marktteilnehmer zu solidem Geschäftsverhalten anzu-

---

Stuhlfelner, § 166 Rn. 4. Der BGH, Urt. v. 11.7.1988, NJW 1988, S. 225 (S. 225 f.) hat allerdings die Frage angesprochen, ob die Rechte des Kommanditisten aus § 166 HGB nicht im Hinblick auf das umfassende Informationsrecht der GmbH-Gesellschafter aus § 51 a GmbHG als nicht einschränkbar interpretiert werden müßten.

[385] K. Schmidt, GesR, § 56 IV 1 d.

[386] Zu den nur beschränkten Kontrollrechten des Kommanditisten in der GmbH & Co.KG Heymann/Horn, § 166 Rn. 22.

[387] So auch Dietrich, Publikums-Kommanditgesellschaft, S. 68 f.; Wimmer, Bilanzpublizität, S. 123.

halten und die Stabilität des Marktes zu stärken[388]. Bei den Erwägungen, ob sich die §§ 325 ff. HGB zur Erreichung dieses Regelungsziels als geeignet erweisen, ist ein Blick auf die Durchsetzung der Rechnungslegungspublizität zu werfen.

Die Durchsetzbarkeit der Offenlegungspflichten ist gemäß §§ 335 a S. 1 u. 3, 335 b HGB von der Stellung eines Antrags abhängig. Der Antrag auf Festsetzung eines Ordnungsgelds kann zwar nach der durch das Kapitalgesellschaften- und Co-Richtlinie-Gesetz eingeführten Neuregelung der §§ 335 a, 335 b HGB von jedermann gestellt werden. Dadurch ist die Durchsetzbarkeit der Publizitätsvorschriften gegenüber der früheren Rechtslage effektiver gestaltet worden. Nach § 335 S. 2 HGB a.F. waren nämlich nur Gesellschafter, Gläubiger und Gesamtbetriebsrat bzw. Betriebsrat antragsberechtigt. Für die Allgemeinheit, die keinen Einfluß auf die Erzwingung der Offenlegung hatte, handelte es sich deshalb um eine vom Zufall abhängige Publizität.

Da die Durchsetzung der Offenlegungspflichten nach den Bestimmungen der §§ 335 a, 335 b HGB aber weiterhin durch eine Antragstellung bedingt ist, gilt auch für die durch das Kapitalgesellschaften- und Co-Richtlinie-Gesetz geschaffene neue Rechtslage, daß die Rechnungslegungspublizität keinen repräsentativen Überblick über die Verhältnisse der einen Markt beherrschenden Unternehmen gewährleistet. Es bleibt unberechenbar, in welchen Fällen tatsächlich ein Antrag nach §§ 335 a S. 3, 335 b HGB gestellt wird. Die damit nach wie vor bis zu einem gewissen Grad rein zufällige, selektive Publizität vermag den Informationsinteressen der Allgemeinheit daher nur in eingeschränktem Maße gerecht zu werden[389] und auch nur eine begrenzte prophylaktische Wirkung hinsichtlich des Geschäftsverhaltens der publizitätspflichtigen Gesellschaften zu entfalten, die im Zweifel darauf rechnen werden, daß eine Antragstellung zur Durchsetzung der Publizitätspflichten unterbleiben wird. Die Vorschriften der §§ 325 ff. HGB vermögen den von ihnen verfolgten Zweck einer Unternehmenskontrolle durch die interessierte Öffentlichkeit mit den dargestellten erstrebten Auswirkungen aber immerhin in gewissem Umfang zu fördern, sind deshalb zur Erreichung dieses Regelungsziels geeignet und mangels eines möglichen milderen Regelungsinstruments auch erforderlich.

---

388 Dazu näher 2. Teil § 1 B II 3 b ff.

389 Wie hier, allerdings für die frühere Rechtslage, Friauf, GmbHR 1991, S. 397 (S. 404).

d) Verhältnismäßigkeit der Regelung

Die Verhältnismäßigkeit einer Berufsausübungsregelung erfordert eine angemessene Abwägung zwischen der Schwere des Eingriffs und dem Gewicht der zu schützenden Belange[390]. Je weiterreichend die Regelung in den durch Art. 12 I GG geschützten Freiheitsbereich eingreift, desto gewichtiger muß der zu erreichende Zweck sein[391]. Bei dem vorzunehmenden Interessenausgleich zwischen der beeinträchtigten Berufsfreiheit und dem geschützten Gemeinwohlbelang ist dem Gesetzgeber eine typisierende Betrachtungsweise gestattet[392]. Maßgeblich sind daher auf Seiten der durch die eingreifende Regelung betroffenen Grundrechtsträger grundsätzlich die Belange der Berufsgruppe generell, nicht hingegen die Interessen einzelner Berufsangehöriger[393]. Zu berücksichtigen hat der Gesetzgeber allerdings *typische* Ungleichheiten innerhalb der betroffenen Berufsgruppe[394]. Wenn durch eine Berufsausübungsregelung eine - wenn auch zahlenmäßig begrenzte - Gruppe von Berufsangehörigen ohne erkennbaren sachlichen Grund wesentlich stärker belastet wird, so kann darin ein Verstoß gegen Art. 12 I GG i.V.m. Art. 3 I GG liegen[395].

Bei der Abwägung zu berücksichtigen ist auch die Intensität der von Art. 12 I GG entfalteten Schutzwirkung, die je nach dem personalen Gehalt der betroffenen Gesellschaften unterschiedlich stark ausfällt[396]. Bei typischerweise kapitalistisch strukturierten Gesellschaften sind eingreifende Regelungen des Gesetzgebers dementsprechend grundsätzlich eher gerechtfertigt als bei Gesellschaften mit regelmäßig personaler Struktur.

Große Kapitalgesellschaften bzw. Kapitalgesellschaften & Co. werden, unabhängig von ihrer Rechtsform, durch die Pflicht zur Offenlegung in ihrer Unter-

---

390 BVerfG, Urt. v. 1.3.1979, BVerfGE 50, S. 290 (S. 365).

391 v. Mangoldt/Klein/Starck/Manssen, Art. 12 Rn. 133.

392 Zur Befugnis des Gesetzgebers zur Typisierung Jarass/Pieroth, Art. 2 Rn. 22.

393 Gubelt, in: v. Münch/Kunig, Art. 12 Rn. 49; AK-GG/Rittstieg, Art. 12 Rn. 81.

394 Badura/Rittner/Rüthers, Mitbestimmungsgesetz 1976 und Grundgesetz, S. 200; Leibholz/Rinck/Hesselberger, Art. 12 Rn. 314; Gubelt, in: v. Münch/Kunig, Art. 12 Rn. 94; AK-GG/Rittstieg, Art. 12 Rn. 81.

395 BVerfG, Beschl. v. 16.3.1971, BVerfGE 30, S. 292 (S. 327); BVerfG, Beschl. v. 11.10.1972, BVerfGE 34, S. 71.

396 Dazu näher 2. Teil § 1 II 1 b.

nehmenstätigkeit in der Regel nur mäßig beeinträchtigt. Zwar müssen große Gesellschaften ihre Rechnungslegungsunterlagen gemäß § 325 I u. II HGB in großem Umfang aufdecken und unterliegen nicht nur der Register-, sondern auch der Bundesanzeigerpublizität[397], die eine weitreichende Öffentlichkeitswirkung erzeugt. Die durch die Jahresabschlußpublizität hergestellte Unternehmenstransparenz wird aber dadurch begrenzt, daß bei der normalerweise breitgefächerten Tätigkeitspalette großer Unternehmen nur das wirtschaftliche Ergebnis sichtbar wird[398], die Ertragslage in Bezug auf einzelne Produktsparten hingegen nicht erkennbar wird[399]. Gezielte taktische Reaktionen von Konkurrenten nach Publizierung der Rechnungslegungsunterlagen mit der Konsequenz einer Schädigung der publizitätspflichtigen Gesellschaften im Wettbewerb sind daher nicht zu erwarten. Dem in den Bestimmungen der §§ 325 ff. HGB enthaltenen Eingriff in die Berufsfreiheit großer Kapitalgesellschaften ist daher ein nur begrenztes Gewicht beizumessen. Angesichts der geringen Eingriffstiefe entspricht die Festlegung der Publizitätspflichten zum Zwecke des Gläubigerschutzes als berechtigtem und gewichtigem öffentlichen Belang, zu dessen Erreichung die §§ 325 ff. HGB im Falle großer Kapitalgesellschaften als geeignet und erforderlich eingestuft wurden[400], den Anforderungen der Verhältnismäßigkeit.

Bei mittelgroßen Gesellschaften i.S.d. § 267 II HGB wird das Betriebsgeschehen aufgrund der für sie vorgesehenen Rechnungslegungs- und Publizitätserleichterungen[401] ebenfalls nur in begrenztem Umfang transparent. Zwar gewährt die sie treffende Rechnungslegungspublizität einen Einblick in ihre wirtschaftlichen Verhältnisse, der Entwicklungstendenzen erkennen läßt[402]. Geschäftliche Details werden aber auch bei mittelgroßen Gesellschaften aufgrund der vorgesehenen Rechnungslegungs- und Publizitätserleichterungen nicht sichtbar. So haben mittelgroße Gesellschaften ihre Gewinn- und Verlustrechnung zwar in ungekürzter Form zu veröffentlichen[403], werden beispielsweise aber dadurch entla-

---

397 Dazu näher 2. Teil § 1 B I.

398 Barth, BB 1986, S. 2235 (S. 2238).

399 Meilicke, DB 1986, S. 2445; Weimar/Reeh, DB 1988, S. 1637.

400 Dazu näher 2. Teil § 1 B II 3 c bb.

401 Dazu näher 2. Teil § 1 B I 1 b.

402 Apelt, Die Publizität der GmbH, S. 133.

403 Dazu näher 2. Teil § 1 B I 1.

stet, daß ihre Umsatzerlöse nicht getrennt ausgewiesen werden müssen, sondern unter dem Posten „Rohergebnisse" zusammengefaßt werden können. Auch bei mittelgroßen Gesellschaften ist die Entwicklung gezielter Wettbewerbsstrategien aufgrund der Rechnungslegungspublizität nicht möglich. Daher können auch die Offenlegungspflichten für mittelgroße Kapitalgesellschaften und Kapitalgesellschaften & Co. nicht als unangemessen qualifiziert werden.

Kleine Gesellschaften haben nach der Vorschrift des § 326 HGB nur die Bilanz und den Anhang zu publizieren, aus denen ihre Ertragslage im einzelnen nicht deutlich wird[404]. Bilanz und Anhang geben jedoch Auskunft über die Vermögens- und Liquiditätslage der betroffenen Gesellschaften und können bei einem Vergleich über mehrere Jahre auch Informationen über die Ergebnis- und Absatzentwicklung vermitteln. Da kleine Gesellschaften eine gegenüber großen Gesellschaften sehr viel schwächere Position am Markt einnehmen und im Wettbewerb in ungleich stärkerem Maße angreifbar sind, kann allein die Erkennbarkeit einer wirtschaftlichen Schwäche erhebliche, im Extremfall existentielle Gefahren für sie bedeuten[405]. In Reaktion auf eine erkennbar schlechte Geschäftslage können beispielsweise Gläubiger sich zur Kündigung von Krediten, Geschäftpartner sich zur Verschlechterung ihrer Geschäftsbedingungen veranlaßt sehen. Konkurrenten werden den Versuch unternehmen, das in einer Krise befindliche Unternehmen durch gezielte Preisgestaltung aus dem Markt zu verdrängen oder sich u.U. um eine Übernahme bemühen[406]. Die Publizitätspflichten der §§ 325 ff. HGB haben daher für kleine Kapitalgesellschaften und Kapitalgesellschaften & Co. regelmäßig eine erhebliche Beeinträchtigung ihrer Wettbewerbsfähigkeit zur Folge und greifen in schwerwiegender Weise in ihre Berufsfreiheit ein.

Es bleibt zu erwägen, wie stark die Schutzwirkung ist, die Art. 12 I GG zugunsten kleiner Gesellschaften entfaltet. Mit Rücksicht auf die nur wesensmäßige Anwendbarkeit der Grundrechte auf Gesellschaften gemäß Art. 19 III GG fällt die grundrechtliche Schutzintensität je nach Ausprägung des personalen Sub

---

404 Wimmer, Bilanzpublizität, S. 75 (für kleine GmbH).

405 Bitz/Schneeloch/Wittstock, Der Jahresabschluß, S. 523.

406 Weimar/Kohl, MDR 1989, S. 396 (S. 397).

strats unterschiedlich aus[407]. Es ist zwischen der AG einerseits, der GmbH und den Kapitalgesellschaften & Co. andererseits zu differenzieren.

Ihrer Grundkonzeption nach sind bei der AG Anteilseigentum und unternehmerische Leitungsmacht voneinander getrennt. Die Aktionäre sind in der Regel bloße Anlagegesellschafter ohne unternehmerische Initiative[408]. Die AG verfügt daher aufgrund ihrer körperschaftlichen Struktur über ein nur wenig ausgeprägtes personales Element. Dementsprechend bietet Art. 12 I GG einen verhältnismäßig schwachen Schutz. In die Abwägung ist daher einzustellen, daß der Gesetzgeber also grundsätzlich auch zum Erlaß weiterreichender Regelungen befugt ist. Berücksichtigt man ferner Gewicht und Bedeutung des Anlegerschutzes als auch in anderen Rechtsgebieten gewichtigem öffentlichem Belang, zu dessen Erreichung die Publizitätspflichten im Falle kleiner AG als geeignet und erforderlich beurteilt wurden[409], so sind die Regelungen der §§ 325 ff. HGB insoweit als verhältnismäßig anzusehen.

Kleine GmbH und kleine Kapitalgesellschaften & Co. verfügen hingegen als Träger von in der Regel mittelständischen Unternehmen typischerweise über eine personalistische Struktur[410]. Die Größenmerkmale des § 267 I HGB knüpfen zwar nicht an die Gesellschaftsstruktur, sondern an die Kriterien der Bilanzsumme, des Umsatzerlöses und der Anzahl der Arbeitnehmer an. Bei Gesellschaften, die der Kategorie des § 267 I HGB unterfallen, ist jedoch eine Kapitalansammlung größeren Ausmaßes typischerweise nicht erforderlich, so daß bei ihnen von einem regelmäßig personalen Gepräge auszugehen ist. Im Hinblick auf ihren daher grundsätzlich deutlich ausgeprägten personalen Grundzug werden sie durch Art. 12 I GG intensiver geschützt als die AG. Die Publizitätspflichten müssen deshalb im Falle von kleinen Kapitalgesellschaften & Co. und kleinen GmbH im Hinblick auf die Schwere des Eingriffs, die starke Schutzintensität des Art. 12 I GG sowie die nur eingeschränkte Eignung der §§ 325 ff. HGB für eine Unternehmenskontrolle durch die interessierte Öffentlichkeit als übermäßig bewertet werden. Die Vorschriften der §§ 325 ff. HGB sind mit der

---

407 Dazu näher 2. Teil § 1 B II 1 b.

408 MünchHdb.GesR IV/Hoffmann-Becking, § 2 Rn. 6

409 Dazu näher 2. Teil § 1 B II 3 c cc aaa und bbb (1).

410 So wohl auch Wimmer, Bilanzpublizität, S. 40.

Berufsfreiheit kleiner Kapitalgesellschaften & Co. und kleiner GmbH wegen dieses Verstoßes gegen den Verhältnismäßigkeitsgrundsatz nicht vereinbar.

C. Ergebnis

Die in Umsetzung der 4. gesellschaftsrechtlichen EG-Richtlinie ergangenen Vorschriften der §§ 325 ff. HGB unterwerfen Kapitalgesellschaften sowie offene Handelsgesellschaften und Kommanditgesellschaften, bei denen keine natürliche Person persönlich haftender Gesellschafter ist, der Pflicht zur Offenlegung ihrer Rechnungslegungsunterlagen mit größenabhängigen Erleichterungen. Da sich das Bundesverfassungsgericht bislang nicht für eine Abschwächung der verfassungsrechtlichen Kontrolle solcher gesetzlicher Bestimmungen ausgesprochen hat, die zur Transformation europäischer Richtlinien erlassen werden, sind die Regelungen der §§ 325 ff. HGB gemäß Art. 1 III GG einer Überprüfung am Maßstab des Grundgesetzes in vollem Umfang zugänglich[411].

Die Publizitätspflichten der §§ 325 ff. HGB tangieren die ihnen unterliegenden Kapitalgesellschaften und Kapitalgesellschaften & Co. in ihrer grundrechtlich gewährleisteten Berufsfreiheit. Die Pflicht zur Offenlegung ihrer Unternehmensverhältnisse bedeutet für die betroffenen Gesellschaften eine nachteilhafte Veränderung ihrer Marktstellung gegenüber nicht publizitätspflichtigen Marktteilnehmern und beeinträchtigt sie damit in ihrer durch Art. 12 I GG geschützten unternehmerischen Wettbewerbsfreiheit[412].

Die Rechtfertigung dieses Grundrechtseingriffs bemißt sich nach Verhältnismäßigkeitserwägungen, die für die Berufsfreiheit in Gestalt der sogenannten Stufentheorie eine besondere Ausprägung gefunden haben. Die Publizitätspflichten der §§ 325 ff. HGB, die die Modalitäten unternehmerischer Betätigung reglementieren und daher als Berufsausübungsregelung zu qualifizieren sind, verfolgen als legitime Regelungsziele die europäische Rechtsvereinheitlichung, den Gläubiger- und Gesellschafterschutz sowie die Unternehmenskontrolle

---

411 Zur verfassungsrechtlichen Kontrolle gesetzlicher Bestimmungen, die in Umsetzung einer Richtlinie ergangen sind, 2. Teil § 1 A.

412 Zu den §§ 325 ff. HGB als Eingriff in die Berufsfreiheit der ihnen unterliegenden Gesellschaften 2. Teil § 1 B II 1 u. 2.

durch die interessierte Öffentlichkeit[413]. Während das gesamte Regelungsgefüge der §§ 325 ff. HGB zur Förderung der europäischen Rechtsharmonisierung nicht erforderlich ist, bedarf es bei den Überlegungen zur Geeignetheit und Erforderlichkeit der Publizitätspflichten im Hinblick auf die weiteren Regelungszwecke einer differenzierenden Betrachtungsweise.

Zum Gläubigerschutz sind die Offenlegungspflichten in großen und mittelgroßen Kapitalgesellschaften bzw. Kapitalgesellschaften & Co. unabhängig von ihrer Rechtsform geeignet und erforderlich, wohingegen bei kleinen Gesellschaften die (wahlweise) Hauspublizität ein weniger einschneidendes, aber ebenso zwecktaugliches Regelungsinstrument bietet. Der Schutz aktueller wie potentieller Gesellschafter wird in der GmbH bereits durch die Bestimmungen der §§ 42 a, 51 a GmbHG sowie mittels § 15 III u. IV GmbHG in wirksamer Weise gewährleistet, während sich die Publizitätspflichten bei der AG zum Schutz potentieller, in den Kapitalgesellschaften & Co. zum Schutz aktueller Gesellschafter als nicht nur geeignet, sondern auch erforderlich erweisen.

Auch zur Unternehmenskontrolle durch die Öffentlichkeit und die damit bezweckte Disziplinierung der Geschäftsführung von Kapitalgesellschaften und Kapitalgesellschaften & Co. sind die §§ 325 ff. HGB geeignet und erforderlich, obwohl ihre Durchsetzung gemäß §§ 335 a S. 1 u. 3, 335 b HGB von der Stellung eines Antrags abhängig ist und daher möglicherweise keine repräsentative, sondern eine in gewissem Grade nur zufällige Publizität bewirkt[414].

In Anbetracht der begrenzten Eingriffstiefe sowie der abgeschwächten Schutzintensität des Art. 12 I GG zugunsten von Aktiengesellschaften, großen und mittelgroßen Kapitalgesellschaften & Co. sowie großen und mittelgroßen GmbH, bei denen sich die Publizitätspflicht als zur Erreichung der verfolgten Regelungsziele zumindest teilweise geeignet und erforderlich erwiesen haben, überschreiten die §§ 325 ff. HGB nicht die Grenzen der Angemessenheit und sind daher mit der Berufsfreiheit dieser Gesellschaften vereinbar. Kleine Kapitalgesellschaften & Co. sowie kleine GmbH hingegen werden durch die Publizitätspflichten in unverhältnismäßiger und damit ungerechtfertigter Weise in ihrer Grundrechtsposition aus Art. 12 I GG verletzt, so daß die §§ 325 ff. HGB

---

[413] Zu den Regelungszielen der §§ 325 ff. HGB 2. Teil § 1 B II 3 b.

[414] Zur Geeignetheit und Erforderlichkeit der §§ 325 ff. HGB zur Erreichung der von ihnen verfolgten Regelungsziele 2. Teil § 1 B II 3 c.

insoweit als verfassungswidrig zu qualifizieren sind, als sie diese Kategorie von Gesellschaften zur Offenlegung ihrer Rechnungslegungsunterlagen verpflichten[415].

§ 2 Beschränkung freier Typenkombination als Eingriff in die Berufsfreiheit von Gesellschaften

Die Zulässigkeit freier gesellschaftsrechtlicher Typenkombination ist ein Fragenkomplex, der immer wieder aufs Neue Anlaß zu teils rechtspolitisch, teils rechtsdogmatisch geprägter Diskussion gibt. So wie über viele Jahre hinweg die gesellschaftsrechtliche Konstruktion der GmbH & Co.KG im Mittelpunkt des Interesses stand[416], bildete in jüngerer Zeit die Zulässigkeit der Kapitalgesellschaft & Co.KGaA den Gegenstand eines mehr oder minder heftig geführten Meinungsstreits[417]. Die Auseinandersetzung mit der Kapitalgesellschaft & Co.KGaA bietet erneut ein anschauliches Beispiel für die unterschiedlichen Auffassungen darüber, ob der freien Typenvermischung im Hinblick auf die damit verbundene Entfernung von dem jeweiligen gesetzgeberischen Leitbild der einzelnen Gesellschaftsformen entgegenzuwirken[418] oder aber die freie Typenkombination uneingeschränkt zuzulassen ist[419].

Obwohl die KGaA als Gesellschaftsform generell eine nur marginale Rolle spielt[420], ist die Zulässigkeit kapitalistisch strukturierter KGaA auch für die Praxis von Interesse. Es darf nicht übersehen werden, daß die Rechtsform der KGaA als Mischform zwischen der personenbezogenen KG und der kapitalbe-

---

415 Zur Verhältnismäßigkeit der Publizitätspflichten nach §§ 325 ff. HGB 2. Teil § 1 B II 3 d.

416 Zur schrittweisen Etablierung und Akzeptanz der GmbH & Co.KG K. Schmidt, GesR, § 56 I 2 a m.w.N.

417 Der Streit über die Zulässigkeit der Beteiligung einer juristischen Person als persönlich haftender Gesellschafter einer KGaA setzte bereits kurze Zeit nach der Entstehung dieser Gesellschaftsform ein und dauerte über 100 Jahre an (vgl. dazu Baumann/Kusch, in: FS Boujong, S. 3).

418 Kübler, NJW 1984, S. 1857 ff., brandmarkt die unbeschränkte Typenvermischung als gesellschaftsrechtliche Fehlentwicklung.

419 Zu den wirtschaftlichen und rechtlichen Vorteilen der Kapitalgesellschaft & Co. Raiser, Kapitalgesellschaftsrecht, § 42 II.

420 Dazu Henn, Hdb. des Aktienrechts, § 4 Rn. 117; Hüffer, § 278 Rn. 2.

zogenen AG[421] spezifische Bedürfnisse zu befriedigen vermag[422] und sich in besonderer Weise für solche Unternehmen anbietet, bei denen sich eine starke individualistische Führung mit einem großen Kapitalbedarf verbindet[423]. Die KGaA eröffnet nämlich - anders als Personenhandelsgesellschaften und die GmbH - die Möglichkeit einer Eigenkapitalbeschaffung über den Kapitalmarkt, ohne daß zugleich die unternehmerische Leitungsmacht aus den Händen gegeben werden müßte[424], wie es bei der AG der Fall ist. Wenn zu diesem Merkmal der zusätzliche Vorteil der faktischen Haftungsbeschränkung durch Einsatz einer juristischen Person als einzigem persönlich haftenden Gesellschafter hinzutritt[425], kann die KGaA zu einer attraktiven Gesellschaftsform werden[426].

Die Rechtsprechung zeigte sich der umstrittenen kapitalistischen Ausgestaltung der KGaA gegenüber frühzeitig offen. Schon im Jahre 1968 erklärte das OLG Hamburg in der Eurokai-Entscheidung, es sei zulässig, daß neben natürlichen Personen auch eine GmbH & Co.KG persönlich haftender Gesellschafter einer KGaA sei[427]. Auf dieses Urteil aufbauend entschied der Bundesgerichtshof[428] drei Jahrzehnte später, daß eine GmbH auch die Stellung des *einzigen* Komplementärs in einer KGaA einnehmen könne[429]. Mittlerweile hat sich der Gesetzgeber der von der Rechtsprechung vertretenen Ansicht angeschlossen, indem er die

---

421 MünchHdb.GesR IV/Herfs, § 74 Rn. 7.

422 Näher zu einzelnen spezifischen Vorteilen der Gesellschaftsform der KGaA Hennerkes/May, DB 1988, S. 537 (S. 539 ff.); Hennerkes/Lorz, DB 1997, S. 1388 (S. 1389); Haase, GmbHR 1997, S. 917 (S. 918 ff.); G/H/E/K/Semler, Vor § 278, Rn. 2 f.; MünchHdb.GesR IV/Herfs, § 74 Rn. 6.

423 G/H/E/K/Semler, Vor § 278 Rn. 2.

424 Haase, GmbHR 1997, S. 917 (S. 918 f.).

425 Durch die Konstruktion einer KGaA mit einer juristischen Person als einzigem persönlich haftenden Gesellschafter geht der Vorteil der unternehmerischen Leitungsmacht nicht verloren (vgl. dazu näher Haase, GmbHR 1997, S. 917 (S. 922); Hesselmann, BB 1989, S. 2344 (S. 2346)).

426 Mit der faktischen Umgehung des Risikos der unbeschränkten Haftung wird eine Hürde beseitigt, die für die seltene Inanspruchnahme der KGaA als Gesellschaftsform mitverantwortlich sein dürfte (Hartel, DB 1992, S. 2329 (S. 2331)).

427 OLG Hamburg, Beschl. v. 5.12.1968, NJW 1969, S. 1030 ff.

428 Die Entscheidung des BGH erging auf Vorlage des OLG Karlsruhe, das in seinem Vorlagebeschluß vom 29.7.1996, ZIP 1996, S. 1787 f., eine zum OLG Hamburg konträre Position vertrat.

429 BGH, Beschl. v. 24.2.1997, BGHZ 134, S. 392 ff.

Kapitalgesellschaft & Co.KGaA mit der durch das am 1.7.1998 in Kraft getretene Handelsrechtsreformgesetz eingefügten Bestimmung des § 279 II AktG über die Firma einer KGaA, in der keine natürliche Person persönlich haftet, indirekt anerkannt hat[430]. Damit ist ein weiterer Schritt in Richtung gesellschaftsrechtlicher Deregulierung unternommen, der sich über die Bedenken jener hinwegsetzt, die - auch mit Blick auf die Erfahrungen mit der GmbH & Co.KG - auf die Risiken schrankenloser Typenvermischung hinweisen, für die die bestehenden gesellschaftsrechtlichen Bestimmungen nicht geschaffen sind.

Im Rahmen der vorliegenden Arbeit soll die Problematik der freien gesellschaftsrechtlichen Typenkombination unter verfassungsrechtlichen Gesichtspunkten thematisiert werden. Es geht um die Frage, ob die gesetzgeberische Entscheidung für die Zulässigkeit der Kapitalgesellschaft & Co.KGaA in der Weise verfassungsrechtlich determiniert war, daß eine Beschränkung der freien Typenkombination eine ungerechtfertigte Beeinträchtigung der betroffenen Gesellschaften in ihrer Berufsfreiheit enthielte und damit unzulässig wäre. Eine verfassungsrechtlich begründete Verpflichtung des Gesetzgebers zur Anerkennung der Kapitalgesellschaft & Co.KGaA würde zugleich bedeuten, daß eine Änderung der gesetzlichen Lage in diesem Punkte für die Zukunft ausgeschlossen wäre. Anschließend sollen einige kurze Überlegungen auch der grundrechtlichen Bindung der Rechtsprechung gelten.

A. Verpflichtung des Gesetzgebers zur Zulassung der Kapitalgesellschaft & Co.KGaA

Der gesetzlichen Anerkennung der Kapitalgesellschaft & Co.KGaA durch die mit dem Handelsrechtsreformgesetz eingeführte Vorschrift des § 279 II AktG ist erhebliche Bedeutung beizumessen. Die im Rahmen der gescheiterten GmbH-Novelle zunächst vorgesehene, dann aber doch nicht Gesetz gewordene Bestimmung, nach der ausschließlich natürliche Personen als Komplementäre einer KGaA zugelassen werden sollten, spricht dafür, daß der Gesetzgeber der kapitalistisch strukturierten KGaA ursprünglich eher skeptisch gegenüberstand. Daher dürfte die Bestimmung des § 279 II AktG tatsächlich als erstmals bewußte Ent-

[430] Hüffer, § 278 Rn. 9; Dirksen/Möhrle, ZIP 1998, S. 1377 (S. 1379); MünchHdb. GesR IV/Herfs, § 74 Rn. 5.

scheidung des Gesetzgebers für die Zulässigkeit der Kapitalgesellschaft & Co.KGaA zu deuten sein. Vor diesem Hintergrund soll der Frage nach der grundrechtlichen Bindung des Gesetzgebers durch Art. 12 I GG nachgegangen werden, indem am Beispiel der GmbH & Co.KGaA überlegt wird, ob ein gesetzliches Verbot der Kapitalgesellschaft & Co.KGaA in ungerechtfertigter Weise in die Berufsfreiheit der betroffenen Gesellschaften eingreifen würde.

I. Gewährleistungsbereich des Art. 12 I GG

Ausgangspunkt für die Überlegung, ob auch eine gesetzgeberische Entscheidung gegen die Zulässigkeit der Kapitalgesellschaft & Co.KGaA mit der Berufsfreiheit der betroffenen Gesellschaften vereinbar wäre, ist die Bestimmung des durch Art. 12 I GG geschützten Freiheitsbereichs dieser Gesellschaften. Bei der Erläuterung des Gewährleistungsbereichs der Berufsfreiheit sind einerseits die im Hinblick auf ein Verbot der Kapitalgesellschaft & Co.KGaA relevanten Schutzelemente des Art. 12 I GG zu benennen, andererseits ist das Verhältnis zu anderen, u.U. vorrangig einschlägigen Grundrechtsbestimmungen zu erörtern.

1. Umfang

Die Bestimmung der einschlägigen Schutzelemente des Art. 12 I GG bedarf der Differenzierung zwischen den von einem Verbot der Kapitalgesellschaft & Co.KGaA betroffenen Gesellschaften. Eine gesetzgeberische Entscheidung gegen die Zulässigkeit einer solchen Gesellschaftsform würde immer mindestens zwei Gesellschaften betreffen. Im Falle der nachfolgend exemplarisch betrachteten GmbH & Co.KGaA wäre auf der einen Seite die KGaA belastet, um deren gesellschaftsrechtliche Ausgestaltung es geht, auf der anderen Seite aber auch die GmbH, die sich als persönlich haftende Gesellschafterin an der KGaA beteiligen will.

a) KGaA

Das Verbot einer kapitalistischen Ausgestaltung der KGaA betrifft die gesellschaftsrechtliche Organisation dieser Gesellschaft. Art. 12 I GG, der die unternehmerische Tätigkeit als Beruf schützt[431], erfaßt als Einzelausprägung der Unternehmensfreiheit auch die unternehmerische Organisationsfreiheit[432]. Mit der unternehmerischen Organisationsfreiheit gewährleistet Art. 12 I GG das Recht, die Rechtsform eines Unternehmens auszuwählen, zu ändern oder eigenverantwortlich zu gestalten[433]. Damit wird auch die Möglichkeit, einer Gesellschaftsform durch freie rechtliche Gestaltung im Rahmen des geltenden Rechts ein mehr personalistisches oder ein eher kapitalistisches Gepräge zu geben, durch die Berufsfreiheit geschützt.

Die freie kapitalistische Ausgestaltung der KGaA ist jedoch als Element der durch Art. 12 I GG geschützten unternehmerischen Organisationsfreiheit nicht der KGaA selbst zuzuordnen, sondern betrifft vielmehr den Freiheitsschutz der an ihr beteiligten Gesellschafter. Maßgeblich ist insoweit, daß die Entscheidung über die Beteiligung einer bestimmten natürlichen oder juristischen Person als Komplementär sowohl im Falle der Gründung einer KGaA als auch beim Gesellschafterwechsel in einer bereits bestehenden KGaA nicht dem Kompetenzbereich der KGaA bzw. der für sie handelnden Geschäftsführung unterfällt, sondern der Bestimmung der Gesellschaftergesamtheit unterliegt.

Bei der Gründung einer KGaA sind die Komplementäre gemäß § 281 I AktG in der Satzung zu benennen, an deren Feststellung nach § 280 II AktG alle persönlich haftenden Gesellschafter beteiligt sein und auch alle Kommanditaktionäre mitwirken müssen. Die Entscheidung darüber, wer sich als Komplementär an der KGaA beteiligt, wird damit allein von den Gründergesellschaftern (§ 280 III AktG) getroffen. Die vor der Feststellung der Satzung weder in ihrer endgültigen Gestalt noch als bereits mit der späteren Gesellschaft identische Vorgesellschaft[434] existente KGaA[435] ist an der Bestimmung ihrer Komplementäre nicht beteiligt.

---

431 M/D/H/Scholz, Art. 12 Rn. 130.

432 M/D/H/Scholz, Art. 12 Rn. 124; Breuer, in: HStR VI, § 147 Rn. 63.

433 Breuer, in: HStR VI, § 147 Rn. 62.

434 Zur rechtlichen Identität von Vorgesellschaft und (endgültiger) Gesellschaft in dem - auf alle Kapitalgesellschaften zu übertragenden - Falle der GmbH MünchHdb.GesR III/ Gummert, § 16 Rn. 12.

435 Vor der Feststellung der Satzung existiert allenfalls eine Vorgründungsgesellschaft, die als Rechtssubjekt weder mit der Vorgesellschaft noch mit der KGaA identisch ist (Kübler, Gesellschaftsrecht, § 24 I 2 c; Raiser, Kapitalgesellschaftsrecht, § 26 Rn. 21).

Eine zunächst dem gesetzlichen Leitbild entsprechende KGaA kann auch zu einem späteren Zeitpunkt durch entsprechenden Gesellschafterwechsel in der Komplementärstellung kapitalistisch ausgestaltet werden. Ein solcher Gesellschafterwechsel kann durch das zeitlich koordinierte Ausscheiden eines bisherigen und die Aufnahme eines neuen persönlich haftenden Gesellschafters erfolgen. Der Austritt des alten wie der Eintritt des zukünftigen Komplementärs unterliegen über die Verweisung des § 278 II AktG personengesellschaftsrechtlichen Regeln und bedürfen daher sowohl der Zustimmung aller persönlich haftenden Gesellschafter als auch der Zustimmung der Gesamtheit der Kommanditaktionäre, die durch einen entsprechenden Beschluß der Hauptversammlung mit satzungsändernder Mehrheit erteilt wird[436]. Erfolgt der Gesellschafterwechsel in der Komplementärstellung durch eine rechtsgeschäftliche Übertragung des Gesellschaftsanteils, gelten die gleichen Anforderungen[437]. Möglich ist auch, daß in der Satzung der KGaA von vornherein eine Regelung für den Gesellschafterwechsel in der Komplementärstellung getroffen wurde, der dann schlicht in Ausführung der Satzungsbestimmung erfolgt[438]. Maßgeblich ist für den vorliegenden Zusammenhang allein, daß der Wechsel eines persönlich haftenden Gesellschafters stets eine Satzungsregelung bzw. eine Satzungsänderung erfordert[439] und damit der Bestimmung durch die Gesellschafter, nicht hingegen der Bestimmung durch die Gesellschaft unterliegt.

Weder im Falle der Gründung noch im Falle des Gesellschafterwechsels hat damit die KGaA selbst Einfluß darauf, wer sich als persönlich haftender Gesellschafter an ihr beteiligt. Die freie kapitalistische Ausgestaltung ist demnach nicht der unternehmerischen Organisationsfreiheit der Gesellschaft selbst zuzuordnen und durch die Berufsfreiheit der KGaA nicht geschützt[440].

---

436 KölnerKomm/Mertens, § 278 Rn. 19.

437 So in Bezug auf die GbR Kübler, Gesellschaftsrecht, § 6 V 4 c.

438 KölnerKomm/Mertens, § 278 Rn. 18.

439 MünchHdb.GesR IV/Herfs, § 76 Rn. 4; G/H/E/K/Semler, § 278 Rn. 59.

440 Die Frage der Zuordnung der unternehmerischen Organisationsfreiheit vernachlässigend und daher im Ergebnis anders Baumann, BB 1997, S. 2281 (S. 2285).

b) GmbH

Die Tätigkeit der GmbH, die sich als persönlich haftende Gesellschafterin an einer KGaA beteiligt und in dieser Funktion die Aufgabe eines Geschäftsführers wahrnimmt[441], unterfällt dem materiellen Schutzbereich des Art. 12 I GG[442]. Die Geschäftsführertätigkeit in einer Handelsgesellschaft entspricht einem klassischen Berufsbild und ist damit auch als Beruf i.S.d. Art. 12 I GG zu qualifizieren[443]. Der Schutzbereich des Art. 12 I GG ist der GmbH als juristischer Person des Privatrechts über Art. 19 III GG in vollem Umfang eröffnet[444].

2. Konkurrenzen

Da die kapitalistische Ausgestaltung der KGaA nicht Gegenstand der unternehmerischen Organisationsfreiheit der Gesellschaft ist, erübrigt sich im Rahmen der vorliegenden Untersuchung die Frage, inwieweit die unternehmerische Organisationsfreiheit als Einzelausprägung der grundsätzlich durch Art. 12 I GG geschützten Unternehmensfreiheit ihrem materiellen Gehalt nach vorrangig dem Gewährleistungsbereich des Art. 9 I GG zuzuordnen ist[445].

Das Konkurrenzverhältnis von Art. 9 I GG zu Art. 12 I GG bedarf jedoch im Hinblick auf den grundrechtlichen Schutz der GmbH näherer Erörterung. Der Zusammenschluß natürlicher oder juristischer Personen zu einer Gesellschaft, um den es auch im Fall der GmbH & Co.KGaA geht, unterfällt nämlich dem Grundrechtsschutz des Art. 9 I GG[446]. Die Vereinigungsfreiheit gewährleistet

---

441 Raiser, Kapitalgesellschaftsrecht, § 23 Rn. 3.

442 Berufe, die einem traditionellen, festen Berufsbild entsprechen, unterfallen stets dem Berufsbegriff des Art. 12 I GG (vgl. BVerfG, Urt. v. 11.6.1958, BVerfGE 7, S. 377 (S. 397)).

443 So im Ergebnis auch Baumann, BB 1997, S. 2281 (S. 2285).

444 Zur Anwendung des Art. 12 I GG auf Gesellschaften 2. Teil § 1 B II 1 b.

445 Es ist umstritten, ob die unternehmerische Organisationsfreiheit in allen ihren Ausformungen (so Tettinger, in: Sachs, Art. 12 Rn. 57) oder aber nur insoweit dem Schutz des Art. 12 I GG unterfällt, als die freie Berufsausübung von einer ganz bestimmten Unternehmensorganisation abhängt, in allen übrigen Fällen hingegen durch Art. 9 I gewährleistet wird (so M/D/H/Scholz, Art. 12 Rn. 185). Ausnahmen sollen im zuletzt genannten Fall allerdings wieder für die Unternehmensorganisation in den Formen des Gesellschaftsrechts gelten (näher dazu Breuer, in: HStR VI, § 147 Rn. 231).

446 Allgemein zu den Voraussetzungen, unter denen der Zusammenschluß natürlicher oder

dabei neben der Freiheit der Gründung, des Beitritts bzw. Verbleibens und der Organisation der Vereinigung auch die interne Betätigungsfreiheit[447]. Die Beteiligung einer GmbH als Komplementärin an einer KGaA wird deshalb auch durch Art. 9 I i.V.m. Art. 19 III GG[448] geschützt. Soweit es um den Schutz nicht der Vereinigung selbst, sondern einzelner ihrer Mitglieder geht, schließen die Vereinigungs- und die Berufsfreiheit einander aber nicht aus, sondern können in Idealkonkurrenz nebeneinander stehen[449]. Dementsprechend wird auch der von Art. 12 I GG gewährte Schutz der GmbH in ihrer Tätigkeit als geschäftsführende Gesellschafterin einer KGaA nicht durch die Grundrechtsgewährleistung des Art. 9 I GG verdrängt.

II. Eingriff in den Gewährleistungsbereich

Eingriffe in die Berufsfreiheit sind zu unterscheiden nach unmittelbaren Eingriffen, die final auf eine Berufstätigkeit gerichtet sind[450], und mittelbaren Eingriffen[451], die zwar eine berufliche Betätigung nicht gezielt zum Gegenstand haben, jedoch in engem Zusammenhang mit der Berufsfreiheit stehen und eine objektiv berufsregelnde Tendenz aufweisen[452]. Kein Eingriff in die Berufsfreiheit liegt vor, sofern eine Regelung ein völlig berufsneutrales Ziel verfolgt[453].

Ein Verbot der Kapitalgesellschaft & Co.KGaA, das - im Falle der hier exemplarisch erörterten GmbH & Co.KGaA - der GmbH untersagte, in einer KGaA

---

juristischer Personen den Schutz des Art. 9 I GG genießt, Löwer, in: v. Münch/Kunig, Art. 9 Rn. 27; Jarass/Pieroth, Art. 9 Rn. 3.

447 Höfling, in: Sachs, Art. 9 Rn. 16.

448 Auch die Gesellschaftsbeteiligung juristischer Personen wird gemäß Art. 19 III GG durch Art. 9 I GG geschützt (Merten, in: HStR VI, § 144 Rn. 41).

449 Tettinger, in: Sachs, Art. 12 Rn. 167; M/D/H/Scholz, Art. 12 Rn. 84.

450 Zum finalen Eingriff in die Berufsfreiheit BVerfG, Beschl. v. 30.10.1961, BVerfGE 13, S. 181 (S. 185).

451 Zum mittelbaren Eingriff in die Berufsfreiheit BVerfG, Beschl. v. 11.10.1977, BVerfGE 47, S. 1 (S. 21); BVerfG, Urt. v. 3.11.1982, BVerfGE 61, S. 291 (S. 308).

452 BVerfG, Beschl. v. 30.10.1961, BVerfGE 13, S. 181 (S. 185); BVerfG, Beschl. v. 18.7.1979, BVerfGE 52, S. 42 (S. 54); BVerfG, Beschl. v. 15.7.1980, BVerfGE 55, S. 7 (S. 25); BVerfG, Beschl. v. 19.6.1985, BVerfGE 70, S. 191 (S. 214); BVerfG, Beschl. v. 29.11.1989, BVerfGE 81, S. 108 (S. 121).

453 Tettinger, AöR 108 (1983), S. 93 (S. 113).

die Position des einzigen persönlich haftenden Gesellschafters einzunehmen, würde sich für diese in erster Linie als Beteiligungsverbot darstellen. Da die Stellung des Komplementärs einer KGaA mit der Geschäftsführung in der Gesellschaft verbunden ist (§ 278 II AktG), läge in dem Beteiligungsverbot aber zugleich eine Einschränkung der beruflichen Betätigung als Geschäftsführer. Zwar würde die GmbH nicht generell vom Beruf des Geschäftsführers ausgeschlossen. So könnte sie beispielsweise weiterhin in Kommanditgesellschaften oder auch neben natürlichen Personen in der KGaA die Stellung eines Komplementärs und damit geschäftsführenden Gesellschafters übernehmen. Mit dem Verbot der GmbH & Co.KGaA würde ihr aber doch ein Bereich der Geschäftsführertätigkeit entzogen und damit die Bandbreite der beruflichen Betätigung als Geschäftsführer einer Handelsgesellschaft verringert. Ein Verbot der Kapitalgesellschaft & Co.KGaA enthielte für die betroffenen GmbH daher zwar keinen finalen, aufgrund des engen inneren Zusammenhangs mit der beruflichen Betätigung jedoch einen ebenso rechtfertigungsbedürftigen mittelbaren Eingriff in ihre Berufsfreiheit[454].

III. Rechtfertigung des Eingriffs

Die verfassungsrechtliche Rechtfertigung des mit einem gesetzlichen Verbot der Kapitalgesellschaft & Co.KGaA verbundenen Grundrechtseingriffs ist nach Verhältnismäßigkeitserwägungen zu beurteilen, in deren Rahmen die durch eine entsprechende Bestimmung geförderten Belange gegen die damit verbundene Grundrechtsbeeinträchtigung abzuwägen sind. Für die Berufsfreiheit ist der Verhältnismäßigkeitsgrundsatz vom Bundesverfassungsgericht durch die Stufentheorie konkretisiert worden[455], deren Vorgaben auch bei den nachfolgenden Überlegungen gefolgt werden soll. Dementsprechend ist zunächst die Qualität eines gesetzlichen Verbots der Kapitalgesellschaft & Co.KGaA als Berufswahl- oder als Berufsausübungsregelung zu bestimmen, um anschließend die Legitimität der mit einer solchen Maßnahme verbundenen Regelungsziele zu erörtern, zu deren Erreichung sich eine entsprechende gesetzliche Bestimmung

---

454 So im Ergebnis auch Baumann, BB 1997, S. 2281 (S. 2286).

455 AK-GG/Rittstieg, Art. 12 Rn. 78.

als geeignet und erforderlich sowie als angemessen erweisen müßte, um mit Art. 12 I GG vereinbar zu sein.

1. Qualifizierung der Berufsregelung

Ein gesetzliches Verbot der Kapitalgesellschaft & Co.KGaA trägt im Falle der hier beispielhaft betrachteten GmbH & Co.KGaA für die betroffenen GmbH den Charakter einer Berufsausübungsregelung. Durch ein solches Verbot würde der GmbH der Zugang zum Beruf des Geschäftsführers einer Handelsgesellschaft nicht gänzlich verwehrt. Untersagt wäre einer GmbH lediglich, als einzige Komplementärin einer KGaA die Funktionen des Geschäftsführers in der Gesellschaft zu übernehmen. Es wäre ihr hingegen weiterhin möglich, in Gesellschaften anderer Rechtsform, so z.B. in einer KG, oder auch neben natürlichen Personen in der KGaA als Geschäftsführer tätig zu sein. Es würden also nur die möglichen Varianten der Tätigkeit eines Geschäftsführers reduziert, ohne daß die GmbH von der Geschäftsführertätigkeit in einer Handelsgesellschaft schlechthin ausgeschlossen wäre.

2. Regelungszweck

Berufsausübungsregelungen bedürfen zu ihrer Rechtfertigung vernünftiger Gründe des Gemeinwohls[456]. Deshalb ist zu erwägen, welche im Allgemeininteresse liegenden Ziele mit einem gesetzlichen Verbot der Kapitalgesellschaft & Co.KGaA verfolgt werden könnten. Dabei ist zu berücksichtigen, daß dem Gesetzgeber bei der Bestimmung sachlich begründeter Regelungszwecke insbesondere im wirtschaftlichen Bereich ein weiter Gestaltungsspielraum zusteht[457].

a) Schutz der Kommanditaktionäre vor Minderheitenherrschaft

Als Regelungsziel eines gesetzlichen Verbots der Kapitalgesellschaft & Co.KGaA käme der Schutz der Kommanditaktionäre vor einer Minderheitenherrschaft in Betracht. Das Verbot der Minderheitenherrschaft ist aus dem Ak-

---

[456] BVerfG, Urt. v. 11.6.1958, BVerfGE 7, S. 377 (S. 405); BverfG, Beschl. v. 16.3.1971, BVerfGE 30, S. 292 (S. 316); BVerfG, Beschl. v. 23.3.1971, BVerfGE 30, S. 336 (S. 351).

[457] v. Mangoldt/Klein/Hesselberger/Manssen, Art. 12 Rn. 121 und oben Fn. 289.

tienrecht bekannt. Dort hat es seinen Niederschlag insbesondere in den über die Verweisung des § 278 III AktG auch für die KGaA geltenden Bestimmungen des § 12 II AktG[458] und des § 139 II AktG[459] gefunden. Sowohl der Regelung des § 12 II AktG, wonach Mehrstimmrechte unzulässig sind, als auch der Vorschrift des § 139 II AktG, die die Ausgabe von Vorzugsaktien begrenzt, liegt die Vorstellung des Gesetzgebers zugrunde, daß sich die Einflußmöglichkeit, d.h. die Stimmrechtsmacht der Aktionäre in der AG nach der Größe ihrer Kapitalbeteiligung richten soll[460]. Das Verbot von Mehrstimmrechtsaktien sowie die Beschränkung der Ausgabe von Vorzugsaktien ohne Stimmrecht sollen verhindern, daß eine Minderheit von Aktionären über eine Stimmrechtsmacht verfügt, mittels derer sie die Mehrheit der Aktionäre zu beherrschen vermögen[461].

Dieser im Aktienrecht geltende, in den Bestimmungen der §§ 12 II, 139 II AktG Ausdruck findende Grundsatz der Unzulässigkeit einer Minderheitenherrschaft[462] kann in der KGaA durch Einsatz einer juristischen Person in der Stellung eines Komplementärs ausgehöhlt werden[463]. Hält nämlich in einer GmbH & Co.KGaA eine Minderheit von Kommanditaktionären die Mehrheit der Anteile an der Komplementär-GmbH, wird es dieser Minderheit möglich, die KGaA über die GmbH zu dominieren[464]. Zwar wird gegen eine strikte Übertragung des Verbots der Minderheitenherrschaft von der AG auf die KGaA vorgebracht, daß die KGaA im Gegensatz zur AG nicht rein kapitalistisch strukturiert sei, sondern auch durch personalistische Elemente, insbesondere durch die starke Stellung der Komplementäre gekennzeichnet sei[465]. Wollte der Gesetzgeber jedoch zur konsequenten Umsetzung des Verbots der Minderheitenherrschaft auch in der KGaA die Unzulässigkeit der Kapitalgesellschaft & Co.KGaA normieren, wäre dieser Gedanke nicht als abwegig zu qualifizieren. Auch in der KGaA entspricht es einem vernünftigen Interesse, Einfluß und Kapitalrisiko der

---

458 Steindorff, in: FS Ballerstedt, S. 127 (S. 137).

459 Bezzenberger, Vorzugsaktien ohne Stimmrecht, S. 92.

460 Hüffer, § 12 Rn. 8; Godin/Wilhelmi, § 12 Anm. 4; KölnerKomm/Zöllner, § 12 Rn. 7.

461 G/H/E/K/Hefermehl, § 139 Rn. 12; G/H/E/K/Semler, § 278 Rn. 35; Hüffer, § 139 Rn. 17.

462 Binz/Sorg, BB 1988, S. 2041 (S. 2049).

463 G/H/E/K/Semler, § 278 Rn. 35; Knur, in: FS Flume, 1978, Bd. 2, S. 173 (S. 176).

464 Steindorff, in: FS Ballerstedt, S. 127 (S. 137).

465 Priester, ZHR 160 (1996), S. 250 (S. 261); ähnlich Sethe, Die personalistische Kapitalgesellschaft mit Börsenzugang, S. 175.

Kommanditaktionäre zueinander ins Verhältnis zu setzen. Der Schutz der Kommanditaktionäre vor einer Minderheitenherrschaft würde daher ein legitimes Regelungsziel darstellen.

b) Disziplinierung der Geschäftsführung durch persönliche Haftung

Auch die Gewährleistung der mit der persönlichen Haftung verbundenen Kontroll- und Disziplinierungsfunktion wäre als legitimes Regelungsziel eines gesetzlichen Verbots der Kapitalgesellschaft & Co.KGaA anzuerkennen. In diesem Zusammenhang steht bei der KGaA weniger der Aspekt des Gläubigerschutzes im Vordergrund. Denn anders als im Falle der GmbH & Co.KG, bei der der Gläubigerschutz gefährdet ist, weil sich die Gläubiger weder an eine unbeschränkt haftende natürliche Person noch an ein rechtlich gebundenes Gesellschaftskapital halten können[466], stellt bei der KGaA das durch Kapitalerhaltungsvorschriften geschützte Grundkapital die entscheidende Haftungsgrundlage dar[467]. Der persönlichen Haftung der Komplementäre kommt in der KGaA jedoch eine besondere Kontroll- und Disziplinierungsfunktion zu[468]. Die weitgehende Unabhängigkeit der Komplementäre, die daraus resultiert, daß sie als Geschäftsführer der Gesellschaft weder vom Aufsichtsrat eingesetzt noch abberufen werden und auch nicht auf außerordentlichem Wege ihres Amtes enthoben werden können, soll durch die persönliche Haftung kompensiert werden[469].

Eine solche die Geschäftsführung disziplinierende Wirkung muß jedoch bei einer juristischen Person als Komplementärin, deren Geschäftsführer einer persönlichen Haftung für die Gesellschaftsschulden nicht unterliegen, ausbleiben. Auch wenn im Falle der GmbH & Co.KGaA bereits die Schadensersatzhaftung der Geschäftsführer wegen unsorgfältiger Aufgaben- und Pflichterfüllung nach § 43 GmbHG indirekt zu verantwortlicher Geschäftsführung der KGaA anhält[470], wäre die gesetzgeberische Entscheidung, die Kapitalgesellschaft & Co.KGaA zu verbieten, um mit der unmittelbaren, unbeschränkten persönlichen

---

466 Kübler, Gesellschaftsrecht, § 21 II 4 b.

467 MünchHdb.GesR IV/Herfs, § 76 Rn. 20.

468 Wiesner, ZHR 148 (1984), S. 56 (S. 63);Pflug, NJW 1971, S. 345 (S. 349); Binz/Sorg, BB 1988, S. 2041 (S. 2049).

469 KölnerKomm/Mertens, § 278 Rn. 13.

470 So Strieder/Habel, DB 1994, S. 1557 (S. 1559).

Haftung ein zusätzliches Instrument zur Disziplinierung der Geschäftsführung bereitzuhalten, im Rahmen des weiten gesetzgeberischen Ermessens als vernünftige Erwägung im Allgemeininteresse anzuerkennen. Die Erhaltung und Sicherung der mit der persönlichen Haftung verbundenen Kontroll- und Disziplinierungsfunktion würde als legitimes Regelungsziel zu bewerten sein.

3. Eignung und Erforderlichkeit der Regelung

Bei den Überlegungen zu Eignung und Erforderlichkeit eines gesetzlichen Verbots der Kapitalgesellschaft & Co.KGaA ist zwischen den aufgeführten Regelungszielen zu differenzieren.

a) Schutz der Kommanditaktionäre vor Minderheitenherrschaft

Als legitimes Regelungsziel des gesetzlichen Verbots der Kapitalgesellschaft & Co.KGaA wurde zunächst die Verhinderung einer Minderheitenherrschaft genannt. Das Verbot der Kapitalgesellschaft & Co.KGaA könnte durch die Ausschaltung der Gefahr, daß eine Minderheit von Kommanditaktionären über eine maßgebliche Beteiligung an der die Komplementärstellung innehabenden GmbH auch die Herrschaft über die KGaA ausüben kann, den Schutz der Kommanditaktionäre vor einer Minderheitenherrschaft zumindest stärken und würde sich damit als zur Förderung bzw. Erreichung dieses Regelungsziels geeignet erweisen.

Näherer Überlegungen bedarf aber die Frage, ob zur Verhinderung einer Minderheitenherrschaft nicht ein milderes, ebenso taugliches Mittel zur Verfügung steht, womit das Verbot der Kapitalgesellschaft & Co.KGaA als nicht erforderlich zu qualifizieren wäre. Dabei ist der in der langjährigen Diskussion um die Zulässigkeit der kapitalistisch strukturierten KGaA propagierte Lösungsvorschlag aufzugreifen, nach dem juristische Personen zwar die Stellung eines Komplementärs einnehmen können, dabei aber von Geschäftsführung und Vertretung ausgeschlossen bleiben sollen[471]. Durch einen solchen Ausschluß von Geschäftsführung und Vertretung wäre die Gefahr der Errichtung einer Minderheitenherrschaft durch Einsatz einer juristischen Person als persönlich haften-

[471] G/H/E/K/Semler, § 278 Rn. 34 f.; KölnerKomm/Mertens, § 278 Rn. 13, der jedenfalls den Ausschluß von Geschäftsführungsfunktionen fordert.

dem Gesellschafter ebenso ausgeschaltet wie durch den Ausschluß von der Komplementärstellung überhaupt.

Zu bedenken ist jedoch, daß die Berufsfreiheit der GmbH nicht durch das Verbot der Beteiligung als Komplementär an sich, sondern durch die damit verbundene Beschränkung der Tätigkeit als Geschäftsführer in einer Handelsgesellschaft tangiert würde. Der Ausschluß einer die Stellung einer Komplementärin innehabenden juristischen Person von der Geschäftsführungs- und Vertretungsbefugnis schmälert die Betätigungsmöglichkeit der GmbH als Geschäftsführer in gleichem Maße wie das Verbot der Beteiligung als persönlich haftende Gesellschafterin und bietet daher kein weniger einschneidendes Regelungsinstrument. Das Verbot der Kapitalgesellschaft & Co.KGaA wäre daher mangels eines milderen Regelungsinstruments als zur Verhinderung einer Minderheitenherrschaft erforderlich zu qualifizieren.

b) Disziplinierung der Geschäftsführung durch persönliche Haftung

Auch im Hinblick auf das Regelungsziel der Disziplinierung der Geschäftsführung durch persönliche Haftung wäre ein Verbot der Kapitalgesellschaft & Co.KGaA als geeignetes Regelungsinstrument zu bewerten. Durch ihre persönliche Haftung für die Schulden der Gesellschaft werden die Komplementäre einer KGaA zu solider Geschäftsführung[472], insbesondere auch zu verantwortungsbewußtem Finanzverhalten angehalten. Wird eine GmbH als einzige Komplementärin eingesetzt, geht diese Disziplinierungsfunktion ins Leere[473]. Eine GmbH ist bei der Wahrnehmung der Geschäftsführungsaufgaben in der KGaA auf das Handeln ihrer Geschäftsführer angewiesen, die deshalb mittelbar auch die Verantwortung für die Leitung der KGaA tragen. Da jedoch nur die GmbH selbst als Komplementärin mit ihrem Gesellschaftsvermögen der persönlichen Haftung für die Schulden der KGaA unterliegt, nicht aber die die Geschäftstätigkeit letztlich steuernden GmbH-Geschäftsführer, geht von der persönlichen Haftung kein Anstoß zur Selbstkontrolle der verantwortlichen Personen aus. Durch ein Verbot der Kapitalgesellschaft & Co.KGaA würde die Herbeiführung einer faktischen Haftungsbeschränkung mittels Einsatz einer juristischen Person

---

472 Pflug, NJW 1971, S. 345 (S. 349); Wiesner, ZHR 148 (1984), S. 56 (S 63); Binz/Sorg, BB 1988, S. 2041 (S. 2049).

473 G/H/E/K/Semler, § 278 Rn. 19.

als einziger Komplementärin unterbunden und damit zugleich die Effektivität der mit der persönlichen Haftung verbundenen Kontrollfunktion gewährleistet.

Für die Frage der Erforderlichkeit gewinnt im Falle der GmbH & Co.KGaA die Bestimmung des § 43 GmbHG Bedeutung. Bei einer GmbH & Co.KGaA unterliegen nämlich die auch für die Unternehmenstätigkeit der KGaA verantwortlichen GmbH-Geschäftsführer der Schadensersatzhaftung nach § 43 GmbHG, deren Voraussetzungen bei unsorgfältiger Geschäftsführung der KGaA erfüllt sein können. Auch die Bestimmung des § 43 GmbHG hält die Geschäftsführer damit zur Selbstkontrolle an[474] und käme daher als ein gegenüber dem Verbot der Kapitalgesellschaft & Co.KGaA ebenso taugliches, aber milderes Regelungsinstrument in Betracht.

§ 43 GmbHG ist jedoch als Mittel zur Disziplinierung der für die Geschäftsführung verantwortlichen Personen sehr viel weniger effektiv als die unmittelbare persönliche Haftung[475]. Die persönliche Haftung bedeutet ein verschuldensunabhängiges Einstehenmüssen für den Erfolg der Gesellschaft, während die Schadensersatzhaftung nach § 43 GmbHG die Verletzung von Sorgfaltspflichten sowie die Verursachung eines Schadens voraussetzt. Die Haftung des Gesellschafters für die Gesellschaftsschulden enthält damit eine unmittelbarere und schärfere Drohung für die verantwortlichen Personen, die deshalb insbesondere für eine dem Geschäftsumfang angemessene Kapitalausstattung und solide Finanzierungsstrategie Sorge tragen werden. Der Schadensersatzhaftung nach § 43 GmbHG kann keine ebenso intensive disziplinierende Wirkung beigemessen werden wie der unmittelbaren persönlichen Haftung für die Gesellschaftsschulden. Das Verbot der Kapitalgesellschaft & Co.KGaA wäre deswegen als zur Disziplinierung der Geschäftsführung durch die persönliche Haftung erforderlich zu qualifizieren.

4. Verhältnismäßigkeit der Regelung

Die Überlegungen zur Verhältnismäßigkeit erfordern eine Angemessenheitsprüfung im Sinne einer gerechten Abwägung zwischen der beeinträchtigten Berufs-

---

474 Strieder/Habel, DB 1994, S. 1557 (S. 1559).

475 So auch KölnerKomm/Mertens, § 278 Rn. 13; Binz/Sorg, BB 1988, S. 2041 (S. 2049); a.A. BGH, Beschl. v. 24.2.1997, BGHZ 134, S. 392 (S. 398); Strieder/Habel, DB 1994, S. 1557 (S. 1559).

freiheit einerseits und den aufgeführten geschützten Interessen andererseits, wobei insbesondere das Ausmaß der Grundrechtsbeeinträchtigung und das Gewicht der geschützten Belange zu berücksichtigen sind[476]. Der in einem Verbot der Kapitalgesellschaft & Co.KGaA liegende Eingriff in die Berufsfreiheit beteiligungswilliger GmbH wäre von eher geringer Intensität. Der GmbH bliebe die Freiheit, als Komplementärin in einer KG oder auch neben natürlichen Personen in einer KGaA Geschäftsführerfunktionen wahrzunehmen. Mit der KG als insbesondere für mittelständische Unternehmen wichtiger Gesellschaftsform würde der GmbH ein weiter Bereich der Betätigung im Beruf des Geschäftsführers erhalten bleiben. Die KGaA ist demgegenüber eine Gesellschaftsform, von der bislang nur in geringem Umfang Gebrauch gemacht wird, so daß der GmbH bei Betrachtung der aktuellen Lage durch das Verbot der Kapitalgesellschaft & Co.KGaA nur ein kleines Tätigkeitsfeld genommen würde. Vorstellbar ist allerdings, daß die KGaA als Gesellschaftsform bei ausdrücklicher Zulassung der Kapitalgesellschaft & Co.KGaA im Hinblick auf die spezifischen Vorteile einer Gesellschaftskonstruktion wie der GmbH & Co.KGaA einen beachtlichen Aufschwung erleben könnte[477]. Unter Berücksichtigung einer solchen potentiellen Entwicklung wäre auch der der GmbH durch ein Verbot der Kapitalgesellschaft & Co.KGaA entzogene Tätigkeitsbereich weiter und der darin liegende Eingriff in die Berufsfreiheit von entsprechend größerem Gewicht.

Selbst wenn man von einer solchen Hypothese ausgehen wollte, würde jedoch ein gesetzliches Verbot der Kapitalgesellschaft & Co.KGaA angesichts der Bedeutung der dadurch zu schützenden Interessen die Grenzen der Verhältnismäßigkeit nicht überschreiten. Der dem Schutz vor Minderheitenherrschaft zugrunde liegende Gedanke, daß das Kapitalrisiko und der Einfluß in der Gesellschaft miteinander korrespondieren sollen, ist ein aus dem Aktienrecht bekanntes grundlegendes Prinzip[478], das der gerechten Interessenwahrnehmung innerhalb der Gesellschaft dient. Ebenso liegt die Gewährleistung der Selbstkontrolle der Geschäftsführung im allgemeinen Interesse, da eine solide Geschäftsleitung nicht nur für alle mit der Gesellschaft in rechtlichen Beziehungen stehenden

---

476 Tettinger, in: Sachs, Art. 12 Rn. 116.

477 Zur erhöhten Attraktivität der GmbH & Co.KGaA nach ihrer ausdrücklichen Zulassung durch den Gesetzgeber MünchHdb.GesR IV/Herfs, § 74 Rn. 5.

478 KölnerKomm/Zöllner, § 12 Rn. 7; Godin/Wilhelmi, § 12 Rn. 4; MünchHdb.GesR IV/ Semler, § 38 Rn. 5.

Personen, sondern auch für den Kapitalmarkt von Relevanz ist. Angesichts der Bedeutung dieser mit dem Verbot der Kapitalgesellschaft & Co.KGaA geschützten Belange und der tendenziell eher geringen Intensität der darin liegenden Grundrechtsbeschränkung wäre eine Regelung, die die Beteiligung juristischer Personen als Komplementäre an einer KGaA für unzulässig erklärte, als verhältnismäßig zu qualifizieren. Der Eingriff in die Berufsfreiheit der betroffenen Gesellschaften wäre gerechtfertigt und eine gesetzgeberische Entscheidung gegen die Zulässigkeit der Kapitalgesellschaft & Co.KGaA demnach mit Art. 12 I GG vereinbar.

B. Verpflichtung der Rechtsprechung zur Zulassung der Kapitalgesellschaft & Co.KGaA

Für die Rechtsprechung hat die Anerkennung der Kapitalgesellschaft & Co.KGaA durch das einfache Recht zur Auflösung von bis dahin bestehenden verfassungsrechtlichen Unklarheiten geführt. Nach Einführung der Vorschrift des § 279 II AktG steht nunmehr eindeutig fest, daß die Rechtsprechung vor dem Hintergrund des Art. 12 I GG zur Anerkennung der Kapitalgesellschaft & Co.KGaA als zulässiger Gesellschaftsform verpflichtet ist. In einer gerichtlichen Entscheidung, die eine Kapitalgesellschaft & Co.KGaA für unzulässig erklären würde, läge ein ungerechtfertigter Eingriff in die Berufsfreiheit der als Komplementärin beteiligten Gesellschaft.

Die verfassungsrechtliche Legitimation des in einem richterlichen Verbot liegenden Grundrechtseingriffs[479] bemißt sich nicht nur nach materiellen, sondern zunächst nach formellen Kriterien. Aufgrund des in Art. 12 I 2 GG verankerten Gesetzesvorbehalts ist ein Eingriff in die Berufsfreiheit nur gerechtfertigt, wenn er durch Gesetz oder aufgrund eines Gesetzes erfolgt. Durch die Bestimmung des Art. 12 I 2 GG soll dem Umstand Rechnung getragen werden, daß die freie Entfaltung der menschlichen Persönlichkeit durch die Berufsfreiheit in einem für sie besonders wichtigen Bereich geschützt wird[480]. Deshalb sollen alle we-

---

479 Zum Schutz der durch ein richterliches Verbot von Kapitalgesellschaften & Co.KGaA betroffenen Gesellschaften durch Art. 12 I GG sowie zur Eingriffsqualität eines solchen Verbotes gelten die unter 2. Teil § 2 A I und II aufgeführten Überlegungen.

480 Zum starken Persönlichkeitsbezug der Berufsfreiheit BVerfG, Urt. v. 11.6.1958,

sentlichen Entscheidungen vom Gesetzgeber getroffen werden, dem dadurch die Aufgabe übertragen ist, den angemessenen Ausgleich mit den durch die Inanspruchnahme der Berufsfreiheit berührten Belangen der Allgemeinheit selbst herzustellen[481]. Für die Rechtfertigung einer Ingerenz durch gerichtliche Entscheidung bedarf es daher einer hinreichenden gesetzlichen Ermächtigung, deren Grenzen durch den Richter nicht überschritten werden dürfen[482]. Erforderlich ist eine gesetzliche Regelung, die Umfang und Grenzen eines zulässigen Eingriffs hinreichend klar, bestimmt und vollständig erkennen läßt[483].

Aufgrund der vor Einführung des § 279 II AktG bestehenden Rechtslage war unklar, ob die gesetzlichen Bestimmungen über die KGaA eine den Anforderungen des Art. 12 I 2 GG genügende Ermächtigungsgrundlage für ein richterliches Verbot der Kapitalgesellschaft & Co.KGaA enthielten oder ob ein solches mangels ausreichender gesetzlicher Grundlage verfassungsrechtlich unzulässig war. Welchen Grad an Präzision die Bestimmungen einer zur Beschränkung der Berufsfreiheit ermächtigenden gesetzlichen Regelung erreichen müssen, wird nämlich durch die Kriterien der Klarheit, Bestimmtheit und Vollständigkeit nur vage umrissen. Nach Auffassung des Bundesverfassungsgerichts kann auch eine Gesamtregelung eine für die Beschränkung der Berufsfreiheit geeignete Grundlage darstellen, wenn sich aus ihr unter Berücksichtigung der Auslegung in Rechtsprechung und Schrifttum eine hinreichend erkennbare und bestimmte Berufsausübungsregelung gewinnen läßt[484] bzw. wenn sich die vom Gesetzgeber selbst zu treffenden wesentlichen Entscheidungen unter Einsatz der allgemeinen Auslegungsregeln aus dem Sinnzusammenhang, aus dem Zweck und aus der Vorgeschichte der gesetzlichen Regelung ergeben[485].

Angesichts der unterschiedlichen Bemühungen, einzelne gesetzliche Bestimmungen als Ausdruck des gesetzgeberischen Willens für oder gegen die Zulassung der Kapitalgesellschaft & Co.KGaA zu interpretieren[486], warf die Beurtei-

---

BVerfGE 7, S. 377 (S. 397).

481 Leibholz/Rinck/Hesselberger, Art. 12 Rn. 178.

482 AK-GG/Rittstieg, Art. 12 Rn. 77.

483 Wieland, in: Sachs, Art. 12 Rn. 84; Leibholz/Rinck/Hesselberger, Art. 12 Rn. 176.

484 BVerfG, Urt. v. 1.7.1980, BVerfGE 54, S. 224 (S. 234).

485 BVerfG, Beschl. v. 12.6.1990, BVerfGE 82, S. 209 (S. 224 f.).

486 Insbesondere war unklar, ob sich aus den Verweisungen des § 278 II u. III AktG sowie aus der Festlegung der obligatorischen Satzungsangaben in § 281 I AktG und dem Wett-

lung der Gesamtregelung der KGaA als ausreichender Ermächtigungsgrundlage, die den vom Bundesverfassungsgericht herausgearbeiteten Anforderungen genügte, nicht sicher zu beantwortende Bewertungsfragen auf. Durch die firmenrechtliche Regelung des § 279 II AktG sind diese verfassungsrechtlichen Zweifel aufgelöst worden. Nach der Einführung des § 279 II AktG, der eine zwar indirekte, aber eindeutige gesetzgeberische Anerkennung der Kapitalgesellschaft & Co.KGaA als zulässiger Gesellschaftsform enthält, ist klargestellt, daß gerichtliche Entscheidungen, die solche Gesellschaftsformen verbieten, mangels ausreichender Ermächtigungsgrundlage mit der durch Art. 12 I GG gewährleisteten Berufsfreiheit der betroffenen Gesellschaften unvereinbar sind. Die Rechtsprechung ist durch Art. 12 I GG zur Anerkennung der Kapitalgesellschaft & Co.KGaA grundrechtlich verpflichtet.

C. Ergebnis

In der Auseinandersetzung um die Zulässigkeit freier Typenkombination hat der Gesetzgeber mit der indirekten Anerkennung der Kapitalgesellschaft & Co.KGaA durch die firmenrechtliche Bestimmung des § 279 II AktG einen wichtigen Schritt in Richtung gesellschaftsrechtlicher Deregulierung unternommen. Der Gesetzgeber unterlag in seiner Entscheidung für die Zulässigkeit der Kapitalgesellschaft & Co.KGaA keiner verfassungsrechtlichen Bindung durch die grundrechtlich geschützte Berufsfreiheit der betroffenen Gesellschaften, weil auch das gesetzliche Verbot freier Typenkombination im Bereich der KGaA mit der Grundrechtsposition der betroffenen Gesellschaften aus Art. 12 I GG vereinbar gewesen wäre.

Während die KGaA selbst durch eine gesetzgeberische Entscheidung gegen die Zulässigkeit der Kapitalgesellschaft & Co.KGaA von vornherein nicht in ihrem durch Art. 12 I GG geschützten Freiheitsbereich tangiert wäre, läge in einer ent-

---

bewerbsverbot in § 284 I AktG zwingende Rückschlüsse auf die Zulässigkeit von Kapitalgesellschaften & Co.KGaA ergaben. Näher zur Diskussion um die Zulässigkeit der Kapitalgesellschaft & Co.KGaA vor Einführung des § 279 II AktG Grobe, NJW 1968, S. 1709 f.; Pflug, NJW 1971, S. 345 ff.; Binz/Sorg, BB 1988, S. 2041 (S. 2046 ff.); Strieder/Habel, DB 1994, S. 1557 ff.; Priester, ZHR 160 (1996), S. 250 (S. 254 ff.); Hennerkes/Lorz, DB 1997, S. 1388 ff.; Sethe, Die personalistische Kapitalgesellschaft mit Börsenzugang, S. 157 ff.

sprechenden gesetzlichen Bestimmung eine als Berufsausübungsregelung zu qualifizierende Beschränkung der beteiligungswilligen Kapitalgesellschaften[487]. Dieser mittelbare Eingriff in die Berufsfreiheit der betroffenen Kapitalgesellschaften, die in den Möglichkeiten der Geschäftsführertätigkeit beschnitten würden, wäre mit Blick auf die geförderten Belange, nämlich den Schutz der Kommanditaktionäre vor einer Minderheitenherrschaft sowie die Disziplinierung der Geschäftsführung durch die persönliche Haftung, verfassungsrechtlich gerechtfertigt. Ein Verbot der Kapitalgesellschaft & Co.KGaA wäre zur Förderung bzw. Erreichung der genannten Regelungsziele nicht nur geeignet und erforderlich, sondern bewegte sich insbesondere unter Berücksichtigung der geringen Eingriffstiefe auch im Rahmen der Angemessenheit[488].

Da auch eine Beschränkung der freien Typenkombination mit der Grundrechtsgewährleistung des Art. 12 I GG vereinbar ist, kommt der Berufsfreiheit von Gesellschaften für die gesetzgeberische Entscheidung für oder gegen die Zulässigkeit der Typenvermischung bei der KGaA keine Bedeutung zu. Die verfassungsrechtliche Analyse der gesetzlichen Anerkennung der Kapitalgesellschaft & Co.KGaA bietet damit ein Beispiel, das die Grenzen des grundrechtlichen Einflusses des Art. 12 I GG im Unternehmensrecht deutlich macht. Art. 12 I GG vermag sich in diesem Fall gegenüber der weitreichenden Gestaltungsfreiheit des Gesetzgebers im wirtschaftspolitischen Bereich nicht durchzusetzen.

Die Rechtsprechung ist nach der Einführung des § 279 II AktG hinsichtlich der Zulassung der Kapitalgesellschaft & Co.KGaA verfassungsrechtlich gebunden. Da der Gesetzgeber mit dieser Vorschrift seinem Willen Ausdruck verliehen hat, die Kapitalgesellschaft & Co.KGaA als zulässige Gesellschaftsform anzuerkennen, fehlt es nunmehr eindeutig an einer dem Gesetzesvorbehalt des Art. 12 I 2 GG genügenden Ermächtigungsgrundlage für ein richterliches Verbot dieser Gesellschaftsform[489].

---

487 Zum gesetzlichen Verbot der Kapitalgesellschaft & Co.KGaA als Eingriff in die Berufsfreiheit beteiligungswilliger GmbH 2. Teil § 2 A I u. II.

488 Zur verfassungsrechtlichen Rechtfertigung eines gesetzlichen Verbots der Kapitalgesellschaft & Co.KGaA 2. Teil § 2 A III.

489 Zur grundrechtlichen Bindung der Rechtsprechung durch die gesetzgeberische Entscheidung für die Zulässigkeit der Kapitalgesellschaft & Co.KGaA 2. Teil § 2 B.

3. Teil
Berufsfreiheit von Gesellschaften als Wertungselement bei der Ausgestaltung privatrechtlicher Rechtsbeziehungen im Unternehmensrecht

Bei der Untersuchung der Berufsfreiheit von Gesellschaften in ihrer Funktion als Wertungselement für die Ausgestaltung privatrechtlicher Rechtsbeziehungen im Unternehmensrecht steht die klassische Drittwirkung, d.h. die Wirkung der Grundrechte zwischen Privatrechtssubjekten im Vordergrund. Nach der Schutzgebotslehre ist der Einfluß der Grundrechte auf die Rechtsbeziehungen zwischen Privatrechtssubjekten Folge der Grundrechtsbindung der Hoheitsgewalt nach Art. 1 III GG, der die Gesetzgebung und die Rechtsprechung dazu verpflichtet, einen Mindestschutz grundrechtlicher Freiheiten auch im Verhältnis der Privatrechtssubjekte zueinander sicherzustellen.

In dieser Funktion als grundrechtlicher Schutzauftrag erlangt die Berufsfreiheit von Gesellschaften für die Regulierung privatrechtlicher Rechtsbeziehungen im Unternehmensrecht Bedeutung: Dem Gesetzgeber und dem Richter kommt die Aufgabe zu, angemessene Vorkehrungen zum Schutz von Gesellschaften in ihrer Grundrechtsposition aus Art. 12 I GG zu treffen, wenn diese übermäßigen Beeinträchtigungen ausgesetzt sind[490]. Dabei entstehen grundrechtsrelevante Gefahren für die Berufsfreiheit unternehmenstragender Gesellschaften vor allem durch die Konkurrenz aus den eigenen Reihen und durch die Weitergabe gesellschaftsinterner Informationen. Deshalb strahlt die Grundrechtsposition von Gesellschaften aus Art. 12 I GG auf die rechtliche Regulierung gesellschaftsrechtlicher Wettbewerbsverbote und mitgliedschaftlicher Informationsrechte aus.

Die Untersuchung, welche konkreten rechtlichen Konsequenzen sich aus dem Schutzgebot des Art. 12 I GG für die Gestaltung dieser Rechte und Pflichten im Verhältnis zwischen der Gesellschaft und ihren Gesellschaftern bzw. Organmit-

---

[490] Zur Verpflichtung von Gesetzgebung und Rechtsprechung durch die Grundrechte als Schutzgebote 1. Teil § 1 B II 3.

gliedern ergeben, folgt einem einheitlichen methodischen Vorgehen. Zunächst werden allein der Schutzauftrag des Art. 12 I GG zugunsten der Gesellschaft und die aus ihm folgenden rechtlichen Konsequenzen analysiert. Anschließend werden gegenläufige Grundrechtspositionen oder Rechte und Interessen von Verfassungsrang in den Blick genommen, die dem grundrechtlich gebotenen Schutz der Gesellschaft in ihrer Berufsfreiheit Grenzen setzen können[491]. Das Aufeinandertreffen gegenläufiger Grundrechtspositionen ist im Sinne praktischer Konkordanz aufzulösen und erfordert daher eine angemessene Grundrechtsabwägung, deren Ergebnis darüber entscheidet, ob die bei der zunächst erfolgten isolierten Betrachtung des Schutzauftrags aus Art. 12 I GG bestimmten Regelungsinstrumente zum Schutz der Gesellschaft den Anforderungen der Verhältnismäßigkeit entsprechen.

Nach der Schutzgebotslehre beeinflussen die Grundrechte in ihrer Eigenschaft als Schutzgebote auch die vertragliche Regulierung von Rechtsbeziehungen zwischen Privatrechtssubjekten. Sie verpflichten Gesetzgebung und Rechtsprechung auch in diesem Bereich zur Sicherstellung grundrechtlicher Mindestgehalte. Im Rahmen der Erörterung gesellschaftsrechtlicher Wettbewerbsverbote werden daher nicht nur gesetzliche und richterrechtliche, sondern auch vertragliche Wettbewerbsverbote zwischen der Gesellschaft und ihren Gesellschaftern und Organmitgliedern im Hinblick auf den grundrechtlichen Einfluß der Berufsfreiheit von Gesellschaften untersucht.

§ 1 Berufsfreiheit von Gesellschaften als Wertungselement bei der Ausgestaltung gesellschaftsrechtlicher Wettbewerbsverbote

Die bekannte zivilrechtliche Problematik der Zulässigkeitsgrenzen von Wettbewerbsverboten wird nicht nur in der Rechtslehre viel diskutiert, sondern beschäftigt auch die Zivilgerichte bis heute immer wieder aufs Neue[492]. Wettbe-

---

491 Zu den Grenzen grundrechtlicher Schutzgebote 1. Teil § 1 B II 3.

492 Vgl. aus der neueren Rechtsprechung bspw. LG Hannover, Urt. v. 22.4.1998, BB 1998, S. 1501; OLG Stuttgart, Urt. v. 13.3.1998, DStR 1999, S. 1917; BGH, Urt. v. 14.7.1997, WM 1997, S. 1707; Urt. v. 23.10.1996, GmbHR 1998, S. 180.

werbsverbote finden sich in zwei Bereichen des Zivilrechts, im Arbeitsrecht[493] und im Gesellschaftsrecht[494]. Die folgenden Darlegungen haben die Kategorie der gesellschaftsrechtlichen Wettbewerbsverbote zum Gegenstand. Es soll untersucht werden, ob und in welcher Weise die grundrechtlich geschützte Berufsfreiheit von Gesellschaften im Rahmen gesellschaftsrechtlicher Wettbewerbsverbote Wirkungen entfaltet. Bei dieser Untersuchung ist zwischen den mitgliedsbezogenen Wettbewerbsverboten für Gesellschafter und den amtsbezogenen Wettbewerbsverboten für Organmitglieder zu unterscheiden.

A. Wettbewerbsverbote für Gesellschafter

Wettbewerbsverbote für Gesellschafter können unterschiedlichen Ursprungs sein, nämlich einerseits gesetzlich normiert oder von der Rechtsprechung entwickelt sein, andererseits auf vertraglicher Vereinbarung beruhen. Im Rahmen der hier vorzunehmenden Überlegungen ist nach diesen unterschiedlichen Kategorien zwischen hoheitlichen und privaten Wettbewerbsverboten zu differenzieren.

I. Hoheitliche Wettbewerbsverbote

Mit dem Begriff der hoheitlichen Wettbewerbsverbote sollen all jene Wettbewerbsverbote erfaßt werden, die in Ausübung hoheitlicher Gewalt statuiert worden sind, also vom Gesetzgeber ausdrücklich normierte und von der Rechtsprechung ausgesprochene bzw. zu entwickelnde Wettbewerbsverbote. Bevor analysiert wird, auf welche Weise die Wertung des Art. 12 I GG Inhalt und Umfang gesetzlicher und richterrechtlicher Wettbewerbsverbote im einzelnen prägt, sind zunächst die Grundlagen einer solchen Grundrechtsausstrahlung zu erörtern.

---

493 Beispiel für ein arbeitsrechtliches Wettbewerbsverbot ist das in §§ 60 ff. HGB und §§ 74 ff. HGB geregelte Wettbewerbsverbot für Handlungsgehilfen.

494 Gesellschaftsrechtliche Wettbewerbsverbote finden sich in § 112 HGB, § 88 AktG und § 284 AktG.

1. Begründung der Ausstrahlungswirkung des Art. 12 I GG

Sowohl der Gesetzgeber als auch der Richter können als Adressaten grundrechtlicher Schutzgebote bei der Gestaltung von Wettbewerbsverboten für Gesellschafter durch die Berufsfreiheit der Gesellschaft gebunden werden[495]. Nach der Lehre von den Grundrechten als Schutzgeboten sind bei der Ausgestaltung privatrechtlicher Rechtsbeziehungen durch Gesetzgeber und Richter grundrechtliche Wertungen *stets* hinreichend zu berücksichtigen[496]. Die Schutzgebotslehre knüpft insofern an die klassische Auffassung von der mittelbaren Drittwirkung an, als sie eine Wirkung der Grundrechte im Privatrecht auch über die Konkretisierung von unbestimmten Rechtsbegriffen und Generalklauseln anerkennt[497]. Der Rückgriff auf eine solche zivilrechtliche Generalklausel als Medium für die Grundrechtsausstrahlung bietet den Vorteil, die nachfolgend zu erörternden grundrechtlichen Einflüsse mit anerkannten dogmatischen Grundlagen des Gesellschaftsrechts zu verbinden. Es stellt sich daher zunächst die Frage, ob hoheitlichen Wettbewerbsverboten ein gesellschaftsrechtliches Rechtsinstitut zugrundeliegt, das eine Einwirkung des Art. 12 I GG in der beschriebenen Weise zu vermitteln vermag.

a) Mitgliedschaftliche Treuepflicht als Grundlage hoheitlicher Wettbewerbsverbote

Gesetzlich normierte Wettbewerbsverbote wie das Wettbewerbsverbot des § 112 I HGB für die Gesellschafter der OHG und - über die Verweisung des § 161 II HGB - für die Komplementäre der KG sowie das Wettbewerbsverbot des § 284 I AktG für die Komplementäre der KGaA stellen eine spezielle Ausprägung der ungeschriebenen gesellschaftsrechtlichen Treuepflicht dar[498]. Die mitgliedschaftliche Treuepflicht verpflichtet die Gesellschafter, den gemeinsam verfolgten Gesellschaftszweck einerseits aktiv zu fördern, andererseits ihm entge-

---

[495] Dazu näher 1. Teil § 1 B II 3.

[496] Dazu näher 1. Teil § 1 B II 3.

[497] Canaris, AcP 184 (1984), S. 201 (S. 240).

[498] BGH, Urt. v. 5.12.1983, BGHZ 89, S. 162 (S. 165); Baumbach/Hopt, § 112 Rn. 1; Heymann/Horn, § 165, Rn. 1; Raiser, ZHR 151 (1987), S. 422 (S. 428) (für § 112 HGB); G/H/E/K/Semler, § 284 Rn. 3 (für § 284 AktG).

gengesetzte Maßnahmen zu unterlassen[499]. Die gesetzlichen Wettbewerbsverbote sind Ausfluß dieser zuletzt genannten „passiven Förderpflicht"[500].

Nicht gesetzlich normierte Wettbewerbsverbote werden demgegenüber teilweise positivrechtlich mit einer Analogie zu § 112 I HGB zu begründen versucht[501]. Die analoge Anwendung einer Vorschrift erfordert eine planwidrige Regelungslücke sowie die Vergleichbarkeit des zu regelnden mit dem geregelten Sachverhalt[502]. Da das Gesellschaftsrecht mit den Vorschriften der §§ 112 I, 161 II, 165 HGB und des § 284 I AktG eine nur rudimentäre Regelung des Wettbewerbsverbots für Gesellschafter enthält[503], ist von einer entsprechenden Regelungslücke auszugehen.

Weniger offensichtlich ist hingegen die Planwidrigkeit dieser Regelungslücke, da der Gesetzgeber angesichts der Schwierigkeit einer abstrakten Bestimmung der Voraussetzungen, unter denen ein Schutz der Gesellschaft bzw. ihrer Gesellschafter vor der Konkurrenz aus den eigenen Reihen geboten ist, die Frage des Wettbewerbsverbots in Teilen bewußt offen gelassen und der Entwicklung durch die Rechtsprechung überantwortet haben könnte. Überdies läßt sich an der Vergleichbarkeit des zu regelnden mit dem geregelten Sachverhalt im Hinblick darauf zweifeln, daß die Vorschrift des § 112 I HGB teilweise als nicht mitgliedsbezogen, sondern als amtsbezogen interpretiert wird[504]. Demnach soll sie den OHG-Gesellschafter bzw. Komplementär nicht in seiner Eigenschaft als Gesellschafter, sondern in seiner Funktion als Geschäftsführungsorgan betreffen und daher ihrem Grundgedanken nach z.B. für einen GmbH-Gesellschafter, der nicht zugleich Gesellschaftsorgan ist, nicht passen. Auch wenn dieser Interpretation entgegengehalten wird, aus den nach Umfang und Normzweck bestehenden Abweichungen gegenüber dem Wettbewerbsverbot in § 88 I AktG, welches ausschließlich Vorstandsmitglieder erfaßt, lasse sich ablesen, daß sich die Vorschrift des § 112 I HGB wohl zumindest auch an die Gesellschafter als Mitglie-

---

499 Hüffer, in: FS Steindorff, S. 59 (S. 69); A. Hueck, Der Treuegedanke im modernen Privatrecht, S. 15.

500 Lutter, AcP 180 (1980), S. 84 (S. 110).

501 Becher, NJW 1961, S. 1998 (S. 1999); Löffler, NJW 1986, S. 223 (S. 225).

502 Näher zur Ausfüllung von Gesetzeslücken im Wege der Analogie Larenz/Canaris, Methodenlehre, S. 202 ff.

503 Armbrüster, ZIP 1997, S. 1269.

504 So Wiedemann/Hirte, ZGR 1986, S. 163 (S. 167).

der wende[505], sollte wegen der bestehenden Zweifel an den erforderlichen Voraussetzungen von einer analogen Anwendung des § 112 I HGB abgesehen werden.

Die Diskussion um die positivrechtliche Begründung ungeschriebener Wettbewerbsverbote durch eine Analogie zu § 112 I HGB erübrigt sich ohnehin, wenn man sich vergegenwärtigt, daß letztlich allein der Geltungsgrund des § 112 I HGB, nämlich die mitgliedschaftliche Treuepflicht, ebenso wie gesetzliche auch richterrechtliche Wettbewerbsverbote legitimiert[506]. Die eigentliche Bedeutung des gesetzlich normierten Wettbewerbsverbotes für die persönlich haftenden Gesellschafter der OHG und KG liegt darin, daß § 112 I HGB die Gesellschaft bei der Geltendmachung der Rechtsfolgen aus einem Verstoß gegen das Wettbewerbsverbot von der Berufung auf eine Verletzung der Treuepflicht entbindet, die bei ungeschriebenen Wettbewerbsverboten in jedem Einzelfall nachgewiesen werden muß[507]. Die Vorschrift hat nur klarstellende Funktion, indiziert hingegen nicht, daß die Schutzbedürftigkeit gegenüber einer konkurrierenden Tätigkeit von OHG-Gesellschaftern oder Komplementären größer sei als gegenüber derjenigen anderer Gesellschafter[508], die im Rahmen ihrer Mitgliedschaft ebenfalls zur Förderung des Gesellschaftszwecks wie zur Unterlassung schädigender Maßnahmen verpflichtet sind. Die mitgliedschaftliche Treuepflicht ist also gleichermaßen rechtliche Grundlage für normierte wie für ungeschriebene Wettbewerbsverbote[509].

b) Mitgliedschaftliche Treuepflicht als Einfallstor für die Berufsfreiheit von Gesellschaften

Wie bereits erläutert[510], eignet sich die den hoheitlichen Wettbewerbsverboten zugrundeliegende mitgliedschaftliche Treuepflicht unstreitig dann zur Vermittlung grundrechtlicher Einflüsse, wenn sie ihrer Rechtsnatur nach als Gene-

---

505 Mertens/Cahn, in: FS Heinsius, S. 543 (S. 553 f.).

506 A. Hueck, Recht der OHG, S. 195.

507 Kardaras, Das Wettbewerbsverbot in den Personalgesellschaften, S. 23; K. Schmidt, GesR, § 47 II 2 a.

508 Geiger, Wettbewerbsverbote im Konzernrecht, S. 57.

509 Armbrüster, ZIP 1997, S. 261 (S. 270).

510 S. 3. Teil § 1 A I 1 vor a.

ralklausel einzuordnen ist. Eine Ausstrahlung der Berufsfreiheit von Gesellschaften auf hoheitliche Wettbewerbsverbote über die mitgliedschaftliche Treuepflicht hängt außerdem davon ab, daß sie als Medium der Grundrechtseinwirkung (auch) dem Schutz der betroffenen Gesellschaften dient.

aa) Treuepflicht als Generalklausel

Die gesellschaftsrechtliche Treuepflicht ist ein Rechtsinstitut, das sich als Weiterentwicklung und Steigerung von im Gesetz verankerten schuldrechtlichen und gesellschaftsrechtlichen Prinzipien darstellt. Ihrer Rechtsnatur nach unterscheidet sie sich nicht von den Grundsätzen, an die sie anknüpft[511], nämlich dem in § 242 BGB verankerten Grundsatz von Treu und Glauben sowie der in § 705 BGB enthaltenen Förderpflicht[512]. Wie diese stellt die mitgliedschaftliche Treuepflicht einen offenen Begriff ohne fest umrissenen Tatbestand dar[513]. Eine präzise Bestimmung von Tatbestand und Rechtsfolgen der Treuepflicht bzw. eines Verstoßes gegen dieselbe würde dem Zweck dieser Rechtsfigur, jene Regelungslücken zu füllen, die wegen der Komplexität gesellschaftsrechtlicher Rechtsverhältnisse und des häufig entstehenden rechtlichen Anpassungsbedarfs an die tatsächlichen Verhältnisse auftreten, nicht gerecht[514]. Angesichts dieser Funktion als Auffangtatbestand für Regelungslücken und als Ermächtigung zur richterrechtlichen Rechtsfortbildung[515], ihrer dementsprechend unbestimmten Fassung sowie ihrer Anknüpfung an den seinerseits als Generalklausel zu quali-

---

511 Lutter, AcP 180 (1980), S. 84 (S. 114). Kardaras, Das Wettbewerbsverbot in den Personalgesellschaften, S. 15, bezeichnet die Treuepflicht in diesem Sinne als „die Verstärkung, Steigerung und Verdichtung des Grundsatzes von Treu und Glauben".

512 Als rechtlicher Anknüpfungspunkt für das Rechtsinstitut der gesellschaftsrechtlichen Treuepflicht werden die Generalklausel des § 242 BGB wie auch die Vorschrift des § 705 BGB angeführt (Becher, NJW 1961, S. 1998 (S. 1999); Hüffer, in: FS Steindorff, S. 59 (S. 72); Winter, Mitgliedschaftliche Treuebindungen, S. 14, der die Anknüpfung an § 242 BGB oder § 705 BGB davon abhängig macht, ob es sich um die Ausübung eigennütziger oder uneigennütziger Rechte eines Gesellschafters handelt).

513 Crezelius, RWS- Forum Gesellschaftsrecht 1995, S. 47 (S. 57); Wiedemann, in: FS Heinsius, S. 949 (S. 950); Raiser, ZHR 151 (1987), S. 422, spricht in diesem Sinne von der „generalklauselartigen Offenheit" der gesellschaftsrechtlichen Treuepflicht.

514 Hüffer, in: FS Steindorff, S. 59 (S. 69).

515 Geiger, Wettbewerbsverbote im Konzern, S. 49.

fizierenden Grundsatz von Treu und Glauben[516] ist die gesellschaftsrechtliche Treuepflicht ihrem Charakter nach als Generalklausel einzuordnen. Wie jede Generalklausel ist sie wertausfüllungsfähig und wertausfüllungsbedürftig. Im Rahmen der im Einzelfall erforderlichen Konkretisierung können daher auch grundrechtliche Wertungen in Gestalt von Schutzgeboten oder Eingriffsverboten auf die jeweiligen von der Treuepflicht beherrschten gesellschaftsrechtlichen Rechtsbeziehungen einwirken.

bb) Schutz der Gesellschaft durch die Treuepflicht

Ob die mitgliedschaftliche Treuepflicht als Verpflichtung zu loyalem Verhalten den Interessen der Gesellschafter oder dem Schutz der Gesellschaft dient, wird unterschiedlich beurteilt. Entgegen einer früher geäußerten Ansicht[517] bereitet heute die Vorstellung keine Schwierigkeiten mehr, daß die Treuepflicht nicht nur gegenüber natürlichen Personen, sondern auch gegenüber juristischen Personen oder sonstigen Personenvereinigungen bestehen kann[518]. Die teilweise vertretene Auffassung, die den Gesellschafter treffende Treuepflicht obliege ihm nur gegenüber den Mitgesellschaftern, nicht hingegen gegenüber der Gesellschaft selbst, wird nicht mit der Qualität der Gesellschaft als juristischer Person bzw. Gesamthandsgemeinschaft begründet, sondern darauf gestützt, daß die Gesellschaft über keine von den Gesellschafterinteressen zu unterscheidenden Eigeninteressen verfüge; folglich gehe es im Rahmen der Treuepflicht nicht um den Schutz der Gesellschaft selbst, sondern nur um denjenigen der übrigen Gesellschafter wie der Gesellschaftsgläubiger. Die Treuepflicht begünstige die Gesellschaft deshalb nur reflexartig[519].

Dagegen geht die überwiegende Meinung einschließlich des Bundesgerichtshofs insbesondere im Hinblick auf Kapitalgesellschaften davon aus, daß die gesellschaftsrechtliche Treuepflicht auch die Rechtsbeziehungen zwischen dem ein-

---

516 Die Tatsache, daß § 705 BGB, auf dem die Treuepflicht ebenfalls basiert, keine Generalklausel ist, steht der Qualifizierung der Treuepflicht als Generalklausel nicht entgegen (Winter, Mitgliedschaftliche Treuebindungen, S. 14).

517 Fechner, Die Treuebindungen des Aktionärs, S. 24, der davon ausging, daß Treuepflichten nur gegenüber natürlichen Personen bestehen, da man einer juristischen Person keine Treue schulden könne.

518 So bereits A. Hueck, Der Treuegedanke im modernen Privatrecht, S. 13 f.

519 Tiedchen, GmbHR 1993, S. 616 (S. 618).

zelnen Gesellschafter und der Gesellschaft kennzeichnet[520]. Die eigene Rechtspersönlichkeit von Kapitalgesellschaften[521] sowie der Umstand, daß Ansprüche aus einer Treuepflichtverletzung der Gesellschaft selbst zustehen[522], sind als Indiz für ihre eigenständige Berechtigung aus der Treuepflicht zu werten. Ebenso unterliegen in Personengesellschaften nicht nur die rechtlichen Beziehungen der Gesellschafter untereinander, sondern auch das Rechtsverhältnis zur Gesellschaft der mitgliedschaftlichen Treuepflicht[523]. Die Treuebindung verpflichtet den Gesellschafter neben der Rücksichtnahme auf die Interessen der Mitgesellschafter auch zur Förderung der Gesellschaft selbst durch positiven Einsatz und Unterlassen schädigender Maßnahmen[524]. Sowohl in Kapital- als auch in Personengesellschaften dient die Treuepflicht also auch dem Schutz der Gesellschaft und steht deshalb dem grundrechtlichen Einfluß des Art. 12 I GG zugunsten der Gesellschaft offen.

c) Art. 12 I GG als einschlägiges Grundrecht

Die Berufsfreiheit von Gesellschaften strahlt über das Medium der gesellschaftsrechtlichen Treuepflicht auf die Ausgestaltung hoheitlicher Wettbewerbsverbote aus, wenn die von einer konkurrierenden Tätigkeit von Gesellschaftern ausgehenden Gefahren den durch Art. 12 I GG garantierten Freiheitsbereich der Gesellschaft, also namentlich ihre Unternehmensfreiheit[525] tangiert. Risiken entstehen für die Gesellschaft durch die Konkurrenz von Gesellschaftern vor allem in Gestalt mißbräuchlicher Verwertung betriebsinterner Informationen sowie schädlicher, nämlich an anderweitigen unternehmerischen Interessen orientierter

---

520 BGH, Urt. v. 5.6.1975, BGHZ 65, S. 15 (S. 18); Assmann, JZ 1986, S. 928; Hartmann/Cortrie, DB 1981, S. 1073; Lutter, ZIP 1985, S. 1425 (S. 1428).

521 Raiser, ZHR 151 (1987), S. 422 (S. 434) (für die GmbH).

522 Z.B. stehen die Ansprüche aus einer Verletzung des Wettbewerbsverbots des § 112 HGB, das anerkanntermaßen eine Konkretisierung der Treuepflicht darstellt, gemäß § 113 HGB der Gesellschaft zu. Allgemein zur Anspruchsberechtigung der Gesellschaft bei Verstößen gegen die Treuepflicht Stimpel, AG 1986, S. 117; Lutter/Hommelhoff, § 14 Rn. 29; Hüffer, § 53 a Rn. 21.

523 Vgl. K. Schmidt, GesR, § 20 IV 2 a; Kübler, Gesellschaftsrecht, § 7 II 2; HK-HGB/Stuhlfelner, § 109 Rn. 44; Heymann/Emmerich, § 109 Rn. 8.

524 Kardaras, Das Wettbewerbsverbot in den Personalgesellschaften, S. 17.

525 Zum Schutz der Unternehmensfreiheit durch Art. 12 I GG Tettinger, AöR 108 (1983), S. 93 (S. 95) sowie die Nachweise in Fn. 229.

Einflußnahme auf die Geschäftsführung der Gesellschaft. Darin liegt ein Angriff auf die Wettbewerbsfähigkeit und die von ihr erworbene Marktstellung der Gesellschaft, die als Element ihrer unternehmerischen Wettbewerbsfreiheit durch Art. 12 I GG geschützt werden[526]. Art. 12 I GG erweist sich damit als thematisch einschlägiges Grundrecht, das bei der Ausgestaltung der Wettbewerbsverbote für Gesellschafter als Wertungskriterium Beachtung verlangt.

2. Konsequenzen aus der Ausstrahlungswirkung des Art. 12 I GG

Da die vorangegangenen grundsätzlichen Überlegungen zur Ausstrahlung des Art. 12 I GG auf hoheitliche Wettbewerbsverbote zu dem Ergebnis geführt haben, daß sich über das Medium der mitgliedschaftlichen Treuepflicht eine Einwirkung der Berufsfreiheit von Gesellschaften auf die rechtliche Regulierung ihrer Rechtsbeziehungen zu konkurrierenden Gesellschaftern vollzieht, ist nun näher zu untersuchen, welche rechtlichen Konsequenzen sich im einzelnen aus dieser Ausstrahlung ergeben. In Anbetracht der Tatsache, daß sich bei gesetzlichen Wettbewerbsverboten die Frage stellt, inwieweit sie in ihrem normierten Umfang dem durch Art. 12 I GG gebotenen Schutz der Gesellschaft entprechen bzw. inwieweit ein rechtlicher Anpassungsbedarf besteht, während für richterrechtliche Wettbewerbsverbote Maßstäbe für eine abstrakte Inhaltsbestimmung zu entwickeln sind, ist die Erörterung dieser Frage für die beiden Kategorien hoheitlicher Wettbewerbsverbote getrennt vorzunehmen.

a) Berufsfreiheit von Gesellschaften als Maßstab gesetzlicher Wettbewerbsverbote

Der aus dem Grundrecht der Berufsfreiheit resultierende Schutzauftrag zugunsten der Gesellschaft setzt Maßstäbe für Anwendungsbereich und Umfang der Wettbewerbsverbote für Gesellschafter. Die Überlegung, welchen Mindestinhalt gesetzlicher Wettbewerbsverbote die Berufsfreiheit von Gesellschaften fordert, darf sich jedoch nicht auf eine isolierte Betrachtung des aus Art. 12 I GG resultierenden Schutzgebots beschränken, sondern hat auch das gegenläufige Eingriffsverbot des Art. 12 I GG zugunsten der Gesellschafter sowie das öffentliche

[526] Breuer, in: HStR VI, § 148 Rn. 26.

Interesse an der Freiheit des Wettbewerbs als Grenzen dieses Schutzgebots zu berücksichtigen.

aa) Schutzgebot aus Art. 12 I GG zugunsten der Gesellschaft

Für die Bestimmung des Umfangs gesetzlicher Wettbewerbsverbote, der von dem Schutzgebot des Art. 12 I GG verlangt wird, ist maßgeblich, unter welchen Voraussetzungen die Gesellschaft in ihrem durch Art. 12 I GG geschützten Freiheitsbereich spezifischen Gefahren von Seiten konkurrierender Gesellschafter ausgesetzt ist. Bei der an einem Vergleich mit dem normierten Umfang ansetzenden Analyse des grundrechtlich gebotenen Inhalts gesetzlicher Wettbewerbsverbote empfiehlt sich eine Differenzierung zwischen gegenständlichem und personellem Geltungsbereich.

aaa) Einwirkung des Schutzgebots auf den gegenständlichen Geltungsbereich

Gesetzliche Wettbewerbsverbote normieren die Bestimmungen des § 112 I HGB (ggf. i.V.m. § 161 II HGB) sowie des § 284 I AktG. Sie untersagen den persönlich haftenden Gesellschaftern von OHG, KG und KGaA das Geschäftemachen im Geschäftszweig der Gesellschaft sowie die Beteiligung als persönlich haftender Gesellschafter bzw. die Betätigung als Vorstandsmitglied oder Geschäftsführer einer gleichartigen Handelsgesellschaft.

(1) Relevanter Markt als Bestimmungselement

Die Beschränkungen der Wettbewerbsverbote gemäß § 112 I HGB, § 284 I AktG auf den Geschäftszweig der Gesellschaft bzw. auf gleichartige Handelsgesellschaften dienen der räumlichen und sachlichen Abgrenzung des relevanten Marktes[527]. Die Tätigkeit eines Gesellschafters außerhalb der Gesellschaft ist für diese nämlich nur dann mit spezifischen Gefahren verbunden, wenn der Gesellschafter sich gerade auf dem Markt der Gesellschaft, nicht hingegen, wenn er sich auf dritten Märkten bewegt[528]. Auch die Beteiligung des Gesellschafters an einer anderen Handelsgesellschaft bringt nur dann echte Risiken für die ge-

527 Baumbach/Hopt, § 112 Rn. 5 u. 7; Heymann/Horn, § 165 Rn. 1; von Gerkan, in: Röhricht/von Westphalen, § 112 Rn. 6.

528 Wiedemann, Gesellschaftsrecht Bd. I, S. 736.

schützte Gesellschaft mit sich, wenn der Tätigkeitsbereich der beiden Gesellschaften in sachlicher und räumlicher Hinsicht zumindest in gewissem Umfang zusammenfällt[529].

Die auf solche Fallgestaltungen abzielende sachliche Ausformung der Wettbewerbsverbote entspricht der grundrechtlichen Wertung des Art. 12 I GG. Der Schutz der Gesellschaft gegenüber anderweitiger wirtschaftlicher Tätigkeit ihrer Gesellschafter ist im Hinblick auf ihre Berufsfreiheit nur insoweit geboten, als die Konkurrenztätigkeit eines Gesellschafters sie tatsächlich in ihrer Wettbewerbsfähigkeit und Marktstellung zu beeinträchtigen vermag, da andernfalls der Gewährleistungsbereich des Art. 12 I GG nicht tangiert ist. Eine derartige Beeinträchtigung ist aber nur dann gegeben, wenn Gesellschaft und Gesellschafter in räumlicher und gegenständlicher Hinsicht Teilnehmer des gleichen Marktes sind und daher einander als Wettbewerber gegenüberstehen[530].

Zu bemerken bleibt, daß spezifische Gefahren für die Unternehmenstätigkeit auch bei Beteiligung an einer auf dem relevanten Markt unternehmerisch tätigen Gesellschaft bürgerlichen Rechts entstehen[531], weswegen Art. 12 I GG eine analoge Anwendung des § 112 I HGB auch auf diese - praktisch seltenen - Fälle gebietet[532].

(2) Unternehmerische Tätigkeit als Bestimmungselement

Neben der Begrenzung der Wettbewerbsverbote auf den sachlich und räumlich relevanten Markt liegt eine weitere tatbestandliche Einschränkung ihres gegenständlichen Geltungsbereichs in dem Merkmal der „Beteiligung als persönlich haftender Gesellschafter“ bzw. der „Tätigkeit als Vorstandsmitglied oder Geschäftsführer“ einer gleichartigen Handelsgesellschaft. Im Rahmen des § 112 I HGB wird die Tätigkeit als Vorstandsmitglied oder Geschäftsführer zwar im Gegensatz zu § 284 I AktG nicht ausdrücklich genannt, sie unterfällt jedoch dem Verbot des Geschäftemachens im Handelszweig der Gesellschaft, so daß eine Differenzierung zwischen OHG und KG einerseits und KGaA andererseits nicht

[529] Heymann/Emmerich, § 112 Rn. 14 a.

[530] Im Ergebnis übereinstimmend Mertens/Cahn, in: FS Heinsius, S. 543 (S. 554).

[531] So im Ergebnis auch Baumbach/Hopt, § 112 Rn. 6.

[532] So auch HK-HGB/Stuhlfelner, § 112 Rn. 2; Baumbach/Hopt, § 112 Rn. 6; Armbrüster, ZIP 1997, S. 1269.

erforderlich ist. Eine Beteiligung als persönlich haftender Gesellschafter oder eine Tätigkeit als Geschäftsführungsorgan ist für die OHG, KG oder KGaA allerdings nur dann mit Nachteilen verbunden, wenn ihr Gesellschafter in der konkurrierenden Gesellschaft tatsächlich über Einfluß verfügt und dort sein Insiderwissen zum Schaden der OHG, KG bzw. KGaA und zum Vorteil der Konkurrenzgesellschaft einsetzen kann. Nur in diesen Fällen kann die geschützte Gesellschaft in ihrer Wettbewerbsfähigkeit und in der von ihr erworbenen Marktstellung beeinträchtigt und damit in ihrem Grundrecht der Berufsfreiheit berührt werden.

Soweit es um eine Betätigung als Vorstandsmitglied in einer gleichartigen AG geht, ist ein derartiger Einfluß in der Konkurrenzgesellschaft stets gegeben, weil die Vorstandsmitglieder einer AG die Gesellschaft gemäß § 76 I AktG in eigener Verantwortung leiten, d.h. die Geschäftsführung allein in ihren Händen liegt. Gleiches gilt für die Fälle, in denen der Gesellschafter einer OHG bzw. der Komplementär einer KG oder KGaA als in seinen Geschäftsführungsbefugnissen unbeschränkter Geschäftsführer einer gleichartigen GmbH tätig oder als gesetzestypischer, d.h. mit Geschäftsführungsbefugnissen ausgestatteter persönlich haftender Gesellschafter an einer gleichartigen Handelsgesellschaft beteiligt ist. Eine Geheimhaltungspflicht für Gesellschafter, die sich in solcher Weise in der Konkurrenzgesellschaft betätigen, vermag die betroffene OHG, KG bzw. KGaA nicht ausreichend zu schützen, da der Gesellschafter unabhängig von der Weitergabe von Informationen die ihm bekannten Unternehmensinterna, Geschäftsbeziehungen und andere Unternehmenswerte im Rahmen seiner Befugnisse für die Konkurrenzgesellschaft verwerten kann. In den aufgeführten Konstellationen sind die Wettbewerbsverbote des § 112 I HGB und des § 284 I AktG deshalb zum Schutz der durch Art. 12 I GG grundrechtlich gewährleisteten Berufsfreiheit der betroffenen OHG, KG oder KGaA geboten.

Denkbar sind aber auch Fälle, in denen der Gesellschafter einer OHG bzw. der Komplementär einer KG oder KGaA als Geschäftsführer einer konkurrierenden GmbH aufgrund satzungsrechtlicher Regelung von der aktiven Geschäftsführung ausgeschlossen ist (sog. Zölibatsgeschäftsführer)[533] und daher die Geschicke der Gesellschaft nicht mitbestimmen kann. Ebenso mag es sein, daß sich der Gesellschafter einer OHG oder der Komplementär einer KG oder KGaA

[533] HK-GmbHG/Fichtelmann, § 37 Rn. 10.

zwar als persönlich haftender Gesellschafter an einer gleichartigen Handelsgesellschaft beteiligt, aufgrund einer Regelung im Gesellschaftsvertrag bzw. in der Satzung aber im Innenverhältnis über keinerlei Geschäftsführungsbefugnisse verfügt. In diesen Fällen entsteht trotz der formalen Stellung als Geschäftsführer oder persönlich haftender Gesellschafter mangels entsprechender Einflußnahmemöglichkeit in der konkurrierenden Gesellschaft keine spezifische Gefahr für die Wettbewerbsfähigkeit der OHG, KG oder KGaA. Die potentiell gefährliche Weitergabe unternehmensinterner Informationen kann bereits durch eine entsprechende Geheimhaltungspflicht unterbunden werden. Das Wettbewerbsverbot ist insoweit nicht durch Art. 12 I GG geboten.

Umgekehrt ist es aber auch möglich, daß sich der Gesellschafter einer OHG bzw. der Komplementär einer KG oder KGaA zwar nur als Kommanditist an einer konkurrierenden Gesellschaft beteiligt, im Innenverhältnis jedoch geschäftsführungsberechtigt[534] und damit in der Lage ist, die Geschäftstätigkeit mitzubestimmen und dabei die ihm bekannten Unternehmensinformationen, das know-how, den good will und andere Unternehmenswerte der OHG, KG bzw. KGaA für die Konkurrenzgesellschaft nutzbar zu machen. Gleiches gilt für den Fall einer Beteiligung als mit Geschäftsführungsbefugnissen ausgestatteter stiller Gesellschafter[535] am Handelsgewerbe eines Konkurrenten. Eine ähnliche Situation ergibt sich dann, wenn der Gesellschafter zwar nicht Vorstandsmitglied einer AG, Geschäftsführer einer GmbH oder geschäftsführungsbefugter Gesellschafter einer OHG oder KG ist, jedoch aufgrund einer Mehrheitsbeteiligung die Geschäftsangelegenheiten dieser Gesellschaft maßgeblich zu beeinflussen vermag. Diese Konstellationen fallen zwar nicht unter den Wortlaut von § 112 I HGB, § 284 I AktG, jedoch ist hier wegen der inneren, mit Einfluß auf die Geschicke der konkurrierenden Gesellschaft verbundenen Stellung des Gesellschafters eine spezifische Gefährdung der OHG, KG oder KGaA in der von ihr am Markt erworbenen Position gegeben, so daß der Gewährleistungsgehalt der Berufsfreiheit zum Tragen kommt. Eine bloße Verschwiegenheitspflicht vermag die Gesellschaft wegen der Möglichkeit mißbräuchlicher Informationsverwertung nicht hinreichend zu schützen. Die Berufsfreiheit der Gesellschaft gebietet

---

[534] Näher zum atypischen Kommanditisten mit Geschäftsführungsbefugnis MünchHdb. GesR II/Wirth, § 3 Rn. 75.

[535] Zur stillen Beteiligung mit Geschäftsführungsbefugnis des Stillen vgl. Blaurock, Hdb. d. Stillen Gesellschaft, Rn. 184.

daher bei solchen Fallgestaltungen grundsätzlich ein entsprechendes Wettbewerbsverbot.

Unter dem Blickwinkel des aus Art. 12 I GG resultierenden Schutzgebots zugunsten der Gesellschaft ist damit hinsichtlich der untersagten Tätigkeiten eine Anpassung der gesetzlichen Wettbewerbsverbote möglich bzw. erforderlich. In den beschriebenen Fällen einer lediglich formalen Stellung als persönlich haftender Gesellschafter oder Geschäftsführer einer gleichartigen Gesellschaft, die de facto nur mit geringen oder gar keinen Geschäftsführungsbefugnissen verbunden ist, erfordert die grundrechtlich gewährleistete Berufsfreiheit der OHG, KG oder KGaA kein Wettbewerbsverbot und steht deshalb auch einer u.U. angezeigten, an materiellen Kriterien orientierten einengenden Auslegung von § 112 I HGB, § 284 I AktG nicht entgegen. Wenn hingegen auch unabhängig von der Position eines persönlich haftenden Gesellschafters oder eines Geschäftsführers aufgrund entsprechender Gestaltung des Innenverhältnisses maßgeblicher Einfluß auf die Geschäftstätigkeit der konkurrierenden Gesellschaft gegeben ist, gebietet Art. 12 I GG eine ausdehnende Anwendung der gesetzlichen Wettbewerbsverbote auch auf diese Konstellationen.

bbb) Einwirkung des Schutzgebots auf den personellen Geltungsbereich

Von seinem persönlichen Geltungsbereich her erfaßt das Wettbewerbsverbot des § 112 I HGB sämtliche Gesellschafter einer OHG und über die Verweisung des § 161 II HGB ebenso die Komplementäre einer KG, das Wettbewerbsverbot des § 284 I AktG die Komplementäre einer KGaA. Gemeinsames Merkmal dieser Gesellschaftergruppen ist neben ihrer persönlichen Haftung die vom Gesetz vorgesehene Ausstattung mit Geschäftsführungs- und Vertretungsbefugnissen. Der Gesetzgeber ging bei der Festsetzung von Wettbewerbsverboten offenbar davon aus, daß eine anderweitige wirtschaftliche Tätigkeit der geschäftsführungsberechtigten Gesellschafter, die aufgrund ihrer Befugnisse weitreichenden Einfluß auf und Einblick in die Gesellschaft haben, für diese besonders gefährlich sei.

Im Hinblick auf die hier erörterten grundrechtlichen Aspekte ist festzustellen, daß eine spezifische Gefährdung der OHG, KG oder KGaA in ihrer durch Art. 12 I GG geschützten Wettbewerbsfähigkeit bzw. in der von ihr erworbenen Marktstellung in der Tat von einer Konkurrenz derjenigen Gesellschafter ausgeht, die über Geschäftsführungsbefugnisse verfügen. Da sie aufgrund der ihnen zustehenden Rechte die Geschicke der OHG, KG oder KGaA bestimmen und mit gegenüber Dritten geheimgehaltenen Daten vertraut sind, ist es ihnen möglich, der Gesellschaft durch nachteilhafte Maßnahmen und durch die mißbräuchliche eigennützige Verwertung ihrer Insiderkenntnisse Schaden zuzufügen. Das gleiche gilt auch für Gesellschafter, die die OHG, KG oder KGaA aufgrund einer Mehrheitsbeteiligung oder sonstiger Umstände tatsächlich beherrschen.

Erhebliche Nachteile drohen überdies durch anderweitige wirtschaftliche Betätigung solcher Gesellschafter, die zwar nicht an der Geschäftsführung teilhaben, jedoch aufgrund der ihnen zustehenden umfassenden Informationsrechte weitgehenden Einblick in die Geschäftsgeheimnisse und Betriebsinterna der Gesellschaft haben. Denn nicht nur bei geschäftsführenden, sondern auch bei mit besonderen Informationsrechten ausgestatteten Gesellschaftern besteht die Gefahr mißbräuchlicher Verwendung und Ausnutzung gesellschaftsinterner, der Allgemeinheit nicht zugänglicher Informationen im Rahmen einer anderweitigen wirtschaftlichen Betätigung[536].

Eine konkurrierende Tätigkeit jener Gesellschafter, die die Geschäftstätigkeit der OHG, KG oder KGaA *nicht* beeinflussen können und auch *keinen* Zugang zu vertraulichen Informationen haben, unterscheidet sich hingegen nicht von einer Konkurrenz außenstehender Dritter und bewirkt *keine spezifische* Gefährdung der Gesellschaft in ihrer Wettbewerbsfähigkeit und Marktposition. In diesen Fällen ist der Gewährleistungsgehalt des Art. 12 I GG nicht berührt.

Der personelle Geltungsbereich der gesetzlichen Wettbewerbsverbote entspricht angesichts dieses Befundes nicht in jeder Hinsicht dem durch Art. 12 I GG gebotenen Schutz der Berufsfreiheit der betroffenen Gesellschaften. Hinsichtlich des Wettbewerbsverbots für OHG-Gesellschafter ergibt sich zwar aus dem Art. 12 I GG entspringenden Schutzauftrag kein Anpassungsbedarf, da die Vorschrift des § 112 I HGB ihrem Wortlaut nach ohnehin unterschiedslos für alle Gesellschafter einer OHG gilt. Allerdings ist zu beachten, daß in Fällen, in denen der Gesellschafter einer OHG sowohl von der Geschäftsführung als auch von den

---

[536] Deshalb wird auch vereinzelt die Auffassung vertreten, daß Gesellschafter allein wegen der ihnen zustehenden Informations- und Kontrollrechte einem Wettbewerbsverbot unterliegen können (MünchHdb.GesR I/Schmid, § 19 Rn. 81).

Kontrollrechten des § 118 I HGB ausgeschlossen[537] ist, die Berufsfreiheit der OHG kein Konkurrenzverbot erfordert und eine entsprechende einengende Auslegung des Wettbewerbsverbots möglich ist[538], wenn sich eine solche nicht aus anderen Gründen verbietet. Sofern die OHG-Gesellschafter aber den gesetzlichen Regelungen entsprechende Geschäftsführungsbefugnisse innehaben, wenn sie in weitem Umfang informationsberechtigt sind oder aufgrund einer beherrschenden Stellung über weitreichenden Einfluß in der Gesellschaft verfügen, ist ein Wettbewerbsverbot mit Rücksicht auf die durch Art. 12 I GG gewährleistete Berufsfreiheit der OHG geboten. Diese Konstellationen, in denen der Schutzauftrag aus Art. 12 I GG ein Wettbewerbsverbot verlangt, werden ohne Ausnahme von § 112 I HGB erfaßt.

Die die KG und KGaA schützenden Wettbewerbsverbote in §§ 112 I, 161 II HGB und § 284 I AktG für Komplementäre tragen dem Schutzgebot des Art. 12 I GG hingegen nicht hinreichend Rechnung. Zwar erfassen die Bestimmungen der §§ 112 I, 161 II HGB und des § 284 I AktG alle Fälle, in denen ein Wettbewerbsverbot für Komplementäre mit Rücksicht auf die grundrechtlich gewährleistete Berufsfreiheit der KG bzw. KGaA geboten ist. Wenn ein Komplementär im Innenverhältnis nicht über Geschäftsführungsbefugnisse, Informationsrechte oder sonstigen Einfluß verfügt, läßt die Berufsfreiheit der Gesellschaft auch eine einengende Auslegung der gesetzlichen Wettbewerbsverbote zu. Spezifische Gefahren für die Berufsfreiheit der Gesellschaft können aber bei atypischer Ausgestaltung ihrer Rechtsstellung, d.h. bei Einräumung von Geschäftsführungsbefugnissen oder erweiterten Informationsrechten, wie bei Bestehen eines Herrschaftsverhältnisses auch von Kommanditisten ausgehen. Da der Gesetzgeber insofern dem aus Art. 12 I GG resultierenden Schutzgebot zugunsten der KG und der KGaA nicht hinreichend nachgekommen ist, muß das Wettbewerbsverbot für Komplementäre im Wege richterrechtlicher Rechtsfortbildung durch ein aus der Treuepflicht abzuleitendes Wettbewerbsverbot für Kommanditisten und Kommanditaktionäre ergänzt werden, dessen Vorausset-

---

[537] Ein Ausschluß von den Kontrollrechten des § 118 I HGB ist nach noch h.M. möglich (Baumbach/Hopt, § 118 Rn. 17; von Gerkan, in: Röhricht/von Westphalen, § 118 Rn. 17; Schlegelberger/Martens, HGB, § 118 Rn. 31; Heymann/Emmerich, § 118 Rn. 18; Bedenken gegenüber der Abdingbarkeit der Kontrollrechte - allerdings nach § 166 HGB - äußert BGH, Urt. v. 11.7.1988, NJW 1989, S. 225 (S. 225 f.)).

[538] Z.B. zur Auflösung der Normenkollision von § 112 I HGB und § 1 GWB.

zungen und Inhalt im Abschnitt über richterrechtliche Wettbewerbsverbote[539] erläutert werden sollen.

bb) Grenzen des Schutzgebots

Grenzen des grundrechtlichen Schutzgebots können sich zum einen aus einem Verzicht der Gesellschaft auf den Schutz des Art. 12 I GG ergeben, zum anderen aus gegenläufigen Rechten und Interessen, die durch das Wettbewerbsverbot tangiert werden. So entfaltet die durch Art. 12 I GG garantierte Berufsfreiheit bei der Konkretisierung der Generalklausel der gesellschaftsrechtlichen Treuepflicht zu Wettbewerbsverboten nicht nur einseitig zugunsten der Gesellschaft Wirkungen. Das die Gesellschaft begünstigende Schutzgebot wird durch das kollidierende Eingriffsverbot des Art. 12 I GG zugunsten der betroffenen Gesellschafter begrenzt[540]. Eine Beschränkung des Schutzgebots kann sich außerdem aus dem in § 1 GWB, Art. 81 EGV ausdrücklich als schutzwürdig anerkannten Interesse der Allgemeinheit an einem freien Wettbewerb ergeben. Diese Kollision der einander gegenüberstehenden Grundrechte von Gesellschaft und Gesellschaftern sowie des öffentlichen Interesses an der Freiheit des Wettbewerbs ist durch einen gerechten Ausgleich im Sinne praktischer Konkordanz zu lösen.

aaa) Verzicht auf den Grundrechtsschutz

Die gesetzlichen Wettbewerbsverbote nach § 112 I HGB, § 284 I AktG können wegen ihres dispositiven Charakters vertraglich abbedungen werden. Außerdem sehen sie die Möglichkeit einer Einwilligung in die konkurrierende Tätigkeit der von den Wettbewerbsverboten betroffenen Gesellschafter vor. In der vertraglichen Abbedingung des gesetzlichen Wettbewerbsverbots bzw. der Einwilligung in eine konkurrierende Tätigkeit ist ein Grundrechtsverzicht zu erblicken, der - zumindest als Verzicht auf einzelne Schutzelemente eines Grundrechts - grundsätzlich als zulässig erachtet wird[541].

---

539 3. Teil § 1 A I 2 b.

540 Zum Zusammentreffen von grundrechtlichem Schutzgebot und grundrechtlichem Eingriffsverbot bei der Gestaltung privatrechtlicher Rechtsverhältnisse 1. Teil § 1 B II 3.

541 Sachs, in: Sachs, Vor Art. 1 Rn. 53 u. 57; Bleckmann, Staatsrecht II, § 15 Rn. 27; Bleckmann, JZ 1988, S. 57 (S. 58); Lerche, in: HStR V, § 122 Rn. 45; wohl auch Dreier, in:

Im Gegensatz zu einem Grundrechtsverzicht gegenüber der Hoheitsgewalt, dessen Zulässigkeit Zweifeln unterworfen sein kann, weil sich der Grundrechtsträger dem Staat gegenüber in einer strukturell schwächeren Position befindet, ist die Einwilligung in eine Grundrechtsbeschränkung unter Privaten prinzipiell unproblematisch. Auch in diesem Bereich gilt der Grundsatz der Privatautonomie, dem der Gedanke zugrundeliegt, daß die Individuen ihre Interessen selbst am besten festzulegen und untereinander auszugleichen vermögen[542]. Zu beachten sind lediglich äußerste Grenzen eines wirksamen Verzichts wie beispielsweise die Menschenwürde[543] oder andere der Menschenwürde nahestehende Belange[544] von besonderem Gewicht[545].

Bindungen sind auch im Bereich des Art. 12 I GG grundsätzlich zulässig[546]. Daher konnte der Gesetzgeber trotz des ihn treffenden Schutzgebots aus Art. 12 I GG auch die Möglichkeit eines vertraglichen Ausschlusses der Wettbewerbsverbote bzw. einer Einwilligung in die Konkurrenztätigkeit eines Gesellschafters vorsehen. Unantastbare Grenzen werden durch den Verzicht der Gesellschaft auf den durch einfaches Recht verwirklichten Schutz der Berufsfreiheit in diesem Bereich nicht berührt. Angesichts der Tragweite des Verzichts ist es allerdings als Teil des an den Gesetzgeber gerichteten Schutzauftrags anzusehen, die Gesellschaft vor einer vorschnellen Preisgabe ihres Grundrechts auf Berufsfreiheit zu bewahren. Dieser Pflicht ist der Gesetzgeber durch die hohen Anforderungen einer vertraglichen Vereinbarung bzw. eines von allen Gesellschaftern[547], im Falle der KGaA von allen persönlich haftenden Gesellschaftern und dem Auf-

---

Dreier, Vorb. Rn. 83; a.A.: Sturm, in: FS Geiger, S. 173 (S. 197); Schoenborn, Verzicht im öffentlichen Recht, S. 73 f.; Leisner, DVBl. 1960, S. 617 (621).

542 Bleckmann, Staatsrecht II, § 15 Rn. 5 u. 17.

543 M/D/H/Dürig, Art. 1 Rn. 74 u.81; Isensee, in: HStR V, § 111 Rn. 115. So wohl auch Lerche, in: HStR V, § 122 Rn. 45, der formuliert, daß die Grenzen der Verfügbarkeit „sich namentlich mit anwachsender Nähe zu Art. 1 Abs. 1 verdichten".

544 Grenzen des Grundrechtsverzichts werden z.B. auch bei Vereinbarung einer Verpflichtung erreicht, seinen Wohnsitz nicht in einer bestimmten Stadt zu nehmen. Eine solche Verpflichtung ist nach § 138 I BGB i.V.m. Art. 11 I GG nichtig (BGH, Urt. v. 26.4.1972, NJW 1972, S. 1414 f.).

545 Quaritsch, in: FS Martens, S. 407 (S. 409); Frieß, Der Verzicht auf Grundrechte, S. 184; Sachs, in: Sachs, Vor Art. 1 Rn. 57.

546 Jarass/Pieroth, Vorb. vor Art. 1, Rn. 27; Pieroth/Schlink, Staatsrecht II, Rn. 138.

547 Schlegelberger/Martens, § 112 Rn. 19; Heymann/Emmerich, § 112 Rn. 17.

sichtsrat[548] zu fassenden Beschlusses über die Einwilligung nachgekommen. Wenn die Gesellschaft von diesen Möglichkeiten Gebrauch macht und durch Freistellung eines Gesellschafters vom Wettbewerbsverbot auf ihren grundrechtlichen Schutz verzichtet, ist dieser nicht mehr geboten[549].

bbb) Eingriffsverbot des Art. 12 I GG zugunsten der Gesellschafter

Den von § 112 I HGB, § 284 I AktG erfaßten Gesellschaftern wird durch die gesetzlichen Wettbewerbsverbote untersagt, außerhalb der Gesellschaft eine aktive unternehmerische Tätigkeit im Geschäftszweig der OHG, KG oder KGaA auszuüben. Dadurch werden sie in ihren Möglichkeiten beruflicher Betätigung eingeschränkt und in ihrer grundrechtlichen Berufsfreiheit beschnitten. Für die betroffenen Gesellschafter enthalten § 112 I HGB, § 284 I AktG damit einen rechtfertigungsbedürftigen Grundrechtseingriff durch hoheitliche Gewalt[550].

Wenn der betroffene OHG-Gesellschafter oder Komplementär einer KG oder KGaA weder über Geschäftsführungsbefugnisse noch über umfassenden Einblick in die Geschäftsinterna verfügt oder wenn seine Beteiligung an bzw. Tätigkeit in einer gleichartigen Gesellschaft mit keinerlei Einflußnahmemöglichkeiten verbunden ist und die gesetzlichen Wettbewerbsverbote nach § 112 I HGB, § 284 I AktG deshalb durch die Berufsfreiheit der Gesellschaft nicht geboten sind, liefert sie keinen Rechtfertigungsgrund für den Eingriff in das Grundrecht des betroffenen Gesellschafters.

In jenen Fällen jedoch, in denen sich ein geschäftsführender oder mit weitreichenden Informationsrechten ausgestatteter oder die Gesellschaft beherrschender OHG-Gesellschafter oder Komplementär auf dem relevanten Markt wirtschaftlich betätigt oder in einer gleichartigen Gesellschaft eine mit Einflußnah-

---

548 G/H/E/K/Semler, § 284 Rn. 11.

549 Bleckmann, Staatsrecht II, § 15 Rn. 8. Nach Eckhoff, Der Grundrechtseingriff, S. 185, läßt der Grundrechtsverzicht bzw. die Einwilligung in Grundrechtsbeeinträchtigungen das grundrechtliche Schutzgebot nicht entfallen, sondern entfaltet erst auf der Ebene der Rechtfertigung seine Wirkungen. Danach wäre die in § 112 HGB, § 284 AktG enthaltene Einwilligungsmöglichkeit als (gesetzlich normierter) Rechtfertigungsgrund zu interpretieren.

550 Der in den § 112 HGB, § 284 AktG liegende Eingriff in das Grundrecht der Gesellschafter aus Art. 12 I GG ist in Rechtsprechung und Literatur bislang nicht thematisiert worden.

memöglichkeiten verbundene Position übernimmt, so daß das Schutzgebot des Art. 12 I GG eingreift, bedarf es der auf gerechten Ausgleich abzielenden Abwägung zwischen der Berufsfreiheit der Gesellschaft und der Berufsfreiheit des Gesellschafters.

Der Berufsfreiheit der OHG, KG bzw. KGaA ist insoweit große Bedeutung beizumessen, als sie einerseits notwendige Voraussetzung für die Funktionsfähigkeit dieser Gesellschaften ist und diese Gesellschaftsformen andererseits den an ihnen beteiligten Individuen die Möglichkeit bieten, auch solche unternehmerischen Tätigkeiten zu entfalten, die der einzelne für sich allein nicht auszuüben vermag. Die in der Gesellschaft eröffnete Möglichkeit kollektiver Berufsausübung erweitert daher den Spielraum der Persönlichkeitsentfaltung der in der Gesellschaft zusammengeschlossenen natürlichen Personen[551]. Im Hinblick darauf liegt die Existenz dieser Gesellschaften, deren Sicherung der Schutz ihrer Berufsfreiheit durch Art. 12 I GG dient, auch im öffentlichen Interesse. Inwieweit die Berufsfreiheit der Gesellschaft aufgrund ihres deshalb besonderen Gewichts die mit den Wettbewerbsverboten verbundene Grundrechtsbeschränkung der betroffenen Gesellschafter zu legitimieren vermag, hängt von der Qualität dieses Eingriffs ab.

Die Wettbewerbsverbote nach § 112 I HGB und § 284 I AktG untersagen den Gesellschaftern der OHG, den Komplementären der KG sowie den Komplementären der KGaA, sich im Geschäftszweig der Gesellschaft selbst unternehmerisch oder in einer gleichartigen Gesellschaft geschäftsführend zu betätigen. Da die unternehmerische Betätigung bzw. die geschäftsführende Tätigkeit in einer Gesellschaft nur als solche, nicht hingegen in Bezug auf eine bestimmte Sparte einen eigenen Beruf im Sinne des Art. 12 I GG darstellt[552], ist der in den Wettbewerbsverboten liegende Eingriff in die Berufsfreiheit der betroffenen Gesellschafter als *Berufsausübungsregelung* zu qualifizieren. Trotz dieser grundsätzlich einheitlichen Einordnung der Berufsbeschränkung bedarf es für die Abwägung der einander gegenüberstehenden Grundrechtspositionen weiterer Differenzierung zwischen den unterschiedlichen Kategorien der durch die Wettbewerbsverbote verpflichteten Gesellschafter.

---

[551] Dazu bereits 2. Teil § 1 B II 1 b.

[552] So auch Baumann, BB 1997, S. 2281 (S. 2285).

Gesellschaftern, die in der geschützten Gesellschaft Geschäftsführungsfunktionen innehaben, wird zwar eine zusätzliche Tätigkeit im Handelszweig der Gesellschaft untersagt, es verbleibt ihnen jedoch mit ihrer geschäftsführenden Position in der OHG, KG oder KGaA zumindest *eine* Möglichkeit unternehmerischer oder geschäftsführender Betätigung in der betreffenden Geschäftssparte. Angesichts der daher eher geringen Eingriffsintensität auf Seiten des Gesellschafters einerseits, dem beachtlichen Gewicht der Berufsfreiheit der Gesellschaft andererseits, an der auch ein vernünftiges öffentliches Interesse besteht, ist die Grundrechtsbeschränkung in diesen Fällen hinreichend legitimiert, überwiegt also das Art. 12 I GG entspringende Schutzgebot zugunsten der Gesellschaft das Eingriffsverbot zugunsten des Gesellschafters.

Für einen OHG-Gesellschafter oder den Komplementär einer KG oder KGaA, der an der Geschäftsführung nicht beteiligt ist und dem eine Konkurrenztätigkeit nur aufgrund seiner weitreichenden Informationsrechte untersagt werden soll, bewirkt das Wettbewerbsverbot hingegen den vollständigen Ausschluß von einer unternehmerischen oder geschäftsführenden Tätigkeit in der betreffenden Branche. Ihm bleibt damit eine berufliche Betätigung als Unternehmer oder Geschäftsführer für einen gewissen Bereich, nämlich für den Geschäftszweig der Gesellschaft, gänzlich verschlossen. Das Wettbewerbsverbot trifft ihn daher mit einer solchen Intensität, daß es einer *Berufswahlregelung* angenähert ist. Derartig schwerwiegende Berufsausübungsregelungen, die in ihrer Wirkung einer Berufswahlregelung gleich- oder zumindest nahekommen, bedürfen zu ihrer Legitimation ähnlich gewichtiger Rechtfertigungsgründe wie Berufswahlregelungen[553].

Ob die Berufsfreiheit der Gesellschaft eine insoweit ausreichende Legitimationswirkung entfaltet, ist erst unter Hinzuziehung weiterer Beurteilungskriterien zu beantworten. Für die Abwägung erlangt neben der Schwere des Eingriffs auf Seiten des Gesellschafters auch das Ausmaß der Bedrohung für die Unternehmenstätigkeit der Gesellschaft Bedeutung. Es darf nämlich nicht unbeachtet bleiben, daß die von einem lediglich informationsberechtigten Gesellschafter ausgehenden Gefahren für die Unternehmensfreiheit der Gesellschaft geringer sind als bei einem geschäftsführenden oder in anderer Weise über Einfluß ver-

---

[553] BVerfG, Urt. v. 23.3.1960, BVerfGE 11, S. 30 (S. 42); BVerfG, Urt. v. 3.11.1982, BVerfGE 61, S. 291 (S. 311); BVerfG, Beschl. v. 6.10.1987, BVerfGE 77, S. 84 (S. 106).

fügenden Gesellschafter. Er kann zwar seine Kenntnisse über Unternehmensinterna im Rahmen anderweitiger wirtschaftlicher Tätigkeit verwerten, vermag jedoch nicht zugleich in der OHG, KG oder KGaA selbst deren Interessen beeinträchtigende Maßnahmen zu veranlassen.

Wenn es sich bei dem konkurrierenden Gesellschafter um eine natürliche Person handelt, wird für den Interessenausgleich darüber hinaus der personale Charakter der Berufsfreiheit relevant, der für die Intensität des von Art. 12 I GG entfalteten Grundrechtsschutzes maßgeblich ist. Da bei der wesensmäßigen Anwendung nach Art. 19 III GG das in Art. 12 I GG enthaltene Element der Persönlichkeitsentfaltung auf Gesellschaften als juristischen Personen oder Gesamthandsgemeinschaften nicht übertragbar ist[554], fällt die grundrechtliche Schutzwirkung zugunsten der OHG, KG und KGaA schwächer aus als diejenige zugunsten des Gesellschafters, dem die berufliche Betätigung als Unternehmer oder Geschäftsführer die Möglichkeit zur freien Entfaltung seiner Person bietet. Zwar ist die Divergenz zwischen der Schutzintensität der Berufsfreiheit des Gesellschafters und derjenigen der Gesellschaft je nachdem unterschiedlich groß, in welchem Maß die OHG, KG oder KGaA der freien Entfaltung der an ihr beteiligten Gesellschafter dient, doch fällt der Grundrechtsschutz des Gesellschafters als natürlicher Person i.d.R. stärker aus. Im Falle nicht geschäftsführungsberechtigter, sondern nur über besondere Informationsrechte verfügender OHG-Gesellschafter oder Komplementäre einer KG oder KGaA ist der Berufsfreiheit des betroffenen Gesellschafters unter Berücksichtigung der aufgeführten Kriterien daher im Ergebnis das stärkere Gewicht zuzumessen, so daß die Berufsfreiheit der Gesellschaft den in dem Wettbewerbsverbot liegenden Grundrechtseingriff nicht zu rechtfertigen vermag[555]. Im Widerstreit des aus Art. 12 I GG resultierenden grundrechtlichen Schutzgebots zugunsten der Gesellschaft und zugleich hervorgehenden Eingriffsverbots zugunsten des Gesellschafters kommt letzterem der Vorrang zu.

Die Auflösung der Grundrechtskollision zwischen der Berufsfreiheit der Gesellschaft und der Berufsfreiheit des Gesellschafters verlangt auch eine zeitliche

---

[554] Dazu näher 2. Teil § 1 B II 1 b.

[555] Deshalb kann der in Fn. 536 aufgeführten Ansicht von MünchHdb.GesR I/Schmid, § 19 Rn. 81, daß bereits die den Gesellschaftern zustehenden Informations- und Kontrollrechte ein Wettbewerbsverbot zu begründen vermögen, nicht zugestimmt werden.

Begrenzung gesetzlicher Wettbewerbsverbote. Die Entscheidung des Gesetzgebers, die in § 112 I HGB und § 284 I AktG normierten Wettbewerbsverbote auf die Dauer der Gesellschaftszugehörigkeit zu beschränken, entspricht einem angemessenen Grundrechtsausgleich. Aufgrund derselben Erwägungen, wie sie für nur informationsberechtigte Gesellschafter getroffen wurden, käme ein gesetzliches Wettbewerbsverbot für ausgeschiedene Gesellschafter in seiner Intensität einer Berufswahlregelung nahe und stellte damit einen schwerwiegenden Eingriff in die Berufsfreiheit der von ihm Betroffenen dar. Andererseits sind die von der Konkurrenz eines ausgeschiedenen Gesellschafters ausgehenden Gefahren für die Unternehmenstätigkeit der Gesellschaft jedenfalls weniger groß als diejenigen, die aus der konkurrierenden Tätigkeit eines aktuellen Gesellschafters resultieren, da eine schädigende Einflußnahme auf die Geschicke der Gesellschaft nach dem Ausscheiden nicht mehr möglich ist. Ein über die Dauer der Gesellschaftszugehörigkeit hinausreichendes gesetzliches Wettbewerbsverbot würde mit Blick auf die erhebliche Eingriffstiefe in die Berufsfreiheit des früheren Gesellschafters einerseits und der vergleichsweise gemäßigten Risiken für die unternehmerische Tätigkeit der Gesellschaft andererseits die Grenzen der Verhältnismäßigkeit überschreiten.

ccc) Öffentliches Interesse an der Freiheit des Wettbewerbs

Durch das öffentliche Interesse an einem funktionsfähigen freien Wettbewerb werden dem Schutzgebot aus Art. 12 I GG keine weiteren Grenzen gezogen. Das ranghohe Gemeinschaftsgut der Freiheit des Wettbewerbs vermag das Grundrecht der Berufsfreiheit zwar grundsätzlich zu beschränken. Gegenüber der Berufsfreiheit von OHG, KG und KGaA muß es jedoch insofern zurücktreten, als Art. 12 I GG dem Schutz der Funktionsfähigkeit dieser Gesellschaften dient, an deren Erhalt als unverzichtbarem Element des modernen Wirtschaftslebens[556] ein vorrangiges Interesse besteht. Da die Berufsfreiheit unternehmenstragender Gesellschaften unabdingbare Voraussetzung für ihre wirtschaftliche Bestandsfähigkeit ist, der durch Art. 12 I GG gebotene Schutz vor der Konkurrenz von Gesellschaftern also stets zugleich ihrer Funktionsfähigkeit dient, ge

---

[556] Der BGH, Urt. v. 6.12.1962, BGHZ 38, S. 306 (S. 312), spricht von der OHG als einer „besonders erwünschten Unternehmensform“.

bührt dem aus Art. 12 I GG resultierenden Schutzauftrag zugunsten dieser Gesellschaften gegenüber dem Interesse an einem freien Wettbewerb der Vorrang.

Diesem Ergebnis entspricht auf einfachgesetzlicher Ebene die von Rechtsprechung und Lehre vorgenommene Auflösung der Normenkollision von § 112 I HGB und § 1 GWB, Art. 81 EGV. Der Vorschrift des § 112 I HGB wird der Vorrang eingeräumt, soweit die gesellschaftsrechtliche Treuepflicht zum Schutz der Bestands- und Funktionsfähigkeit der Gesellschaft ein Wettbewerbsverbot verlangt[557]. Diese Kollisionslösung ist Ausdruck der über die Treuepflicht einfließenden verfassungsrechtlichen Wertung.

b) Berufsfreiheit von Gesellschaften als Maßstab richterrechtlicher Wettbewerbsverbote

Obwohl der Gesetzgeber Wettbewerbsverbote ausdrücklich nur für die Gesellschafter der OHG (§ 112 I HGB) und für die Komplementäre der KG (§§ 161 II, 112 I HGB) sowie die Komplementäre der KGaA (§ 284 I AktG) normiert hat, können nach einhelliger Meinung auch andere Gesellschafter einem Konkurrenzverbot unterliegen. Viel diskutiert sind insbesondere Wettbewerbsverbote für Kommanditisten[558] sowie für GmbH-Gesellschafter[559], auf die daher nachfolgend besonders Bezug genommen wird. Auch die Gesellschafter einer BGB-Gesellschaft[560] und Aktionäre[561] können Wettbewerbsverboten unterliegen.

Die gesetzlichen Regelungs- bzw. Schutzlücken sind von der Rechtsprechung zu schließen. Die Berufsfreiheit von Gesellschaften bietet ein wichtiges Eckdatum für die Frage, unter welchen Voraussetzungen und in welchem Umfang Gesellschafter, die von den gesetzlichen Wettbewerbsverboten nicht erfaßt werden, einem ungeschriebenen Wettbewerbsverbot unterliegen.

---

557 Vgl. BGH, Urt. v. 21.2.1978, BGHZ 70, S. 331 (S. 336); BGH, Urt. v. 5.12.1983, BGHZ 89, S. 162 (S. 169); von Gerkan, in: Röhricht/von Westphalen, § 112 Rn. 15.

558 Vgl. Schlegelberger/Martens, § 165 Rn. 8 ff. m.w.N.

559 Vgl. Ivens, Das Konkurrenzverbot des GmbH-Gesellschafters, S. 125 ff. m.w.N.

560 Kardaras, Das Wettbewerbsverbot in den Personalgesellschaften, S. 34 f.

561 Armbrüster, ZIP 1997, S. 1269 (S. 1271).

aa) Schutzgebot aus Art. 12 I GG zugunsten der Gesellschaft

Im Rahmen der Überlegung, in welchen Konstellationen und mit welchem Inhalt der nach dem Gesetzgeber auch an den Richter adressierte Schutzauftrag[562] des Art. 12 I GG Wettbewerbsverbote für Gesellschafter fordert, ist zwischen gegenständlichem und personellem Geltungsbereich zu unterscheiden.

aaa) Einwirkung des Schutzgebots auf den gegenständlichen Geltungsbereich

Für den gegenständlichen Geltungsbereich richterrechtlicher Wettbewerbsverbote für Gesellschafter gelten die gleichen Überlegungen wie für die gesetzlichen Wettbewerbsverbote. Richterrechtliche Wettbewerbsverbote sind im Hinblick auf die Berufsfreiheit der geschützten Gesellschaft sachlich immer dann geboten, wenn die konkurrierende Tätigkeit eines Gesellschafters eine spezifische Gefährdung der Gesellschaft in ihrer durch Art. 12 I GG geschützten Wettbewerbsfähigkeit und der von ihr erworbenen Stellung am Markt darstellt[563]. Das ist einerseits dann der Fall, wenn der Gesellschafter auf dem sowohl nach sachlichen als auch nach räumlichen Kriterien zu bestimmenden relevanten Markt Geschäfte macht bzw. ein Handelsgewerbe betreibt, andererseits dann, wenn er an einer ebenfalls auf diesem Markt agierenden Gesellschaft als im Innenverhältnis über Leitungsbefugnisse oder andere erhebliche Einflußnahmemöglichkeiten verfügender Gesellschafter beteiligt ist oder als geschäftsführendes Gesellschaftsorgan für diese tätig wird. Eine bloße Geheimhaltungspflicht ist wegen der Gefahr mißbräuchlicher Verwertung der Kenntnisse von Geschäftsgeheimnissen und sonstigen Betriebsinterna im Rahmen der Konkurrenztätigkeit zum Schutze der betroffenen Gesellschaft nicht ausreichend.

bbb) Einwirkung des Schutzgebots auf den personellen Geltungsbereich

Für die Bestimmung des durch Art. 12 I GG gebotenen personellen Geltungsbereichs richterrechtlicher Wettbewerbsverbote kommt es maßgeblich darauf an, von welcher - nicht bereits von den gesetzlichen Wettbewerbsverboten erfaßten - Gruppe von Gesellschaftern bei Aufnahme einer konkurrierenden Tätigkeit

---

[562] Zu Gesetzgeber und Richter als Adressaten grundrechtlicher Schutzgebote 1. Teil § 1 B II 3.

[563] Dazu bereits 3. Teil § 1 A 2 a aa aaa.

eine spezifische Gefährdung der Gesellschaft in ihrer grundrechtlich geschützten Wettbewerbsfähigkeit und Marktstellung ausgeht. Spezifische Gefahren entstehen immer dann, wenn ein Gesellschafter aufgrund seiner Teilhabe an den Leitungsbefugnissen in der Gesellschaft oder aufgrund ihm zustehender umfangreicher Informationsrechte, z.B. als Gesellschafter-Geschäftsführer einer GmbH[564] oder als im Innenverhältnis über Geschäftsführungsbefugnisse oder besondere Informationsrechte verfügender Kommanditist[565], über Insiderwissen wie Kenntnisse der Betriebsgeheimnisse, der Geschäftsbeziehungen oder sonstiger für die Gesellschaft werthaltiger Informationen[566] verfügt, die er als Wettbewerber zum eigenen Vorteil und zugleich zum Schaden der Gesellschaft ausnutzen kann.

Ob bereits die jedem GmbH-Gesellschafter über das unabdingbare Auskunfts- und Einsichtsrecht nach § 51 a GmbHG eröffneten Informationsmöglichkeiten[567] eine besondere Gefährdung der Gesellschaft begründet, erscheint angesichts der an Kriterien wie dem Informationsbedürfnis des Gesellschafters[568], der Funktion des mitgliedschaftlichen Informationsrechts[569] oder der jeweiligen Struktur der GmbH[570] orientierten restriktiven Auslegung und Anwendung des § 51 a GmbHG fraglich. Trotz der einengenden Anwendung dieser Vorschrift wird den Gesellschaftern jedoch durch das Auskunfts- und Einsichtsrecht nach § 51 a GmbHG, welches auf dem Gedanken basiert, daß es zwischen der GmbH und ihren Gesellschaftern als Herren des Unternehmens keine Geheimnisse ge-

---

564 So Münch, NJW 1993, S. 225 (S. 226 Fn. 14); Scholz/U. H. Schneider, § 43 Rn. 126 a.

565 Deshalb geht auch OLG Frankfurt, Urt. v. 7.9.1991, DB 1992, S. 2489 (S. 2490), davon aus, daß Kommanditisten, die im Innenverhältnis geschäftsführend tätig sind oder denen unbegrenzte Kontroll- und Informationsrechte i.S.d. § 118 I HGB eingeräumt worden sind, einem Wettbewerbsverbot unterliegen.

566 Als Unternehmenswerte, die sich der Gesellschafter bei einer konkurrierenden Tätigkeit zunutze machen könnte, werden neben Fabrikationsgeheimnissen und Kundenbeziehungen z.B. Bezugs- und Absatzquellen oder das Verhältnis zu Lieferanten und Kreditgebern angesehen (Hartmann/Cortrie, DB 1981, S. 1073).

567 Dazu näher 3. Teil § 2 B III 1 a aa.

568 So K. Schmidt, in: FS Kellermann, S. 389; K. Schmidt, Informationsrechte, S. 57 ff.; K. Schmidt, in: Das neue GmbH-Recht, S. 87 (94 ff.).

569 So Mertens, in: FS Werner, S. 557 (S. 568 ff.).

570 So Kretzschmar, AG 1987, S. 121 ff.

ben soll[571], weitgehender Einblick in die Geschäftsangelegenheiten der GmbH gewährt, der eine gezielte Schädigung der GmbH im Wege der Informationsverwertung zu eigenen Zwecken ermöglicht[572]. Eine Beschränkung bzw. Versagung des Informationsrechts für Gesellschafter, die eine Konkurrenztätigkeit ausüben wollen, bietet hier jedoch eine mildere Regelungsalternative zum Schutz der Gesellschaft[573], so daß ein Wettbewerbsverbot nicht erforderlich und daher auch nicht geboten ist[574].

Auch im Hinblick auf das Kontrollrecht der Kommanditisten aus § 166 I HGB gilt, daß die KG vor den aus der Weitergabe gesellschaftsinterner Daten an konkurrierende Gesellschafter resultierenden Gefahren[575] durch entsprechende Beschränkungen des mitgliedschaftlichen Informationsrechts hinreichend geschützt werden kann, so daß ein in seinen Wirkungen schärferes Wettbewerbsverbot nicht erforderlich ist. Das vom Gesetz nur in engen Grenzen vorgesehene Informationsrecht der Kommanditisten kann aber gesellschaftsvertraglich erweitert werden. In einem solchen Fall scheidet die Beschränkung seiner Einsichts- und Auskunftsrechte als mildere Regelungsalternative gegenüber dem damit gebotenen Wettbewerbsverbot aus.

Spezifische Gefahren für die Wettbewerbsfähigkeit einer Gesellschaft resultieren auch daraus, daß Gesellschafter aufgrund ihrer Beteiligung an der Geschäftsführung, aufgrund einer ihnen rechtliche oder faktische Macht verleihenden Mehrheitsbeteiligung[576] oder - in der GmbH - aufgrund umfangreichen Gebrauchs ihrer Weisungsbefugnis nach § 37 I GmbHG Entscheidungen herbeiführen können, die die Gesellschaft in ihrer Marktposition schwächen und schädi-

---

571 Lutter/Hommelhoff, § 51 a Rn. 7; Raiser, Kapitalgesellschaftsrecht, § 27 Rn. 9.

572 In diese Richtung auch Scholz/U. H. Schneider, § 43 Rn. 126 b.

573 Dazu näher 3. Teil § 2 B III.

574 A.A. Scholz/U. H. Schneider, § 43 Rn. 126 b, der die Notwendigkeit eines Wettbewerbsverbots mit Blick auf das weitgehende Informationsrecht der GmbH-Gesellschafter nach § 51 a GmbHG grundsätzlich bejaht.

575 Zu den Gefahren, die sich für die unternehmerische Wettbewerbsfreiheit der Gesellschaft aus dem Informationsrecht der Kommanditisten aus § 166 I HGB ergeben, 3. Teil § 2 B II 2 a aa aaa.

576 Dementsprechend geht FG Köln, Urt. v. 25.7.1991, GmbHR 1992, S. 326 (S. 327), von einem ungeschriebenen Wettbewerbsverbot für Mehrheitsgesellschafter und Gesellschafter-Geschäftsführer einer GmbH aus.

gen und sie selbst als ihre Wettbewerber begünstigen[577]. In solchen Fällen wird der Gewährleistungsgehalt des Art. 12 I GG tangiert und ist daher ein Wettbewerbsverbot zum Schutze der Berufsfreiheit der Gesellschaft geboten[578].

bb) Grenzen des Schutzgebots

Auch im Rahmen richterrechtlicher Wettbewerbsverbote gebührt der Berufsfreiheit der Gesellschaft jedoch nicht schrankenloser Schutz. Der Grundrechtsschutz entfällt von vornherein, wenn die Gesellschaft von der Möglichkeit des Grundrechtsverzichts Gebrauch macht. Grenzen der grundrechtlichen Gewährleistung ergeben sich aber vor allem daraus, daß wie bei den gesetzlichen Wettbewerbsverboten das aus Art. 12 I GG resultierende Schutzgebot zugunsten der Gesellschaft und das ebenso in Art. 12 I GG enthaltene Eingriffsverbot zugunsten des von dem Wettbewerbsverbot betroffenen Gesellschafters miteinander in Einklang zu bringen, d.h. die einander gegenüberstehenden Grundrechte einem gerechten Ausgleich zuzuführen sind. Außerdem verlangt die Freiheit des Wettbewerbs als ranghohes Gemeinschaftsgut Berücksichtigung.

aaa) Verzicht auf den Grundrechtsschutz

Dem Schutz des Art. 12 I GG wird durch die Möglichkeit des Grundrechtsverzichts seitens der Gesellschaft Grenzen gesetzt. Wie von den gesetzlichen Wettbewerbsverboten können Gesellschafter auch von richterrechtlichen Wettbewerbsverboten durch eine entsprechende Regelung im Gesellschaftsvertrag oder durch ausdrückliche oder konludente Einwilligung befreit werden[579]. Durch eine

---

577 Geiger, Wettbewerbsverbote im Konzernrecht, S. 64; Scholz/U. H. Schneider, § 43 Rn. 126 b.

578 Entsprechend den genannten Fallkonstellationen soll es nach verbreiteter Meinung für das Eingreifen eines Wettbewerbsverbots auf die innere Stellung eines Gesellschafters in der Gesellschaft ankommen (Crezelius, RWS-Forum 1995, S. 57 (S. 58); Mertens/Cahn, in: FS Heinsius, S. 545 (S. 554); ähnlich Raiser, in: FS Stimpel, S. 855 (S. 862 f.), der auf die *unternehmerische* Beteiligung des Gesellschafters abstellt) bzw. maßgeblich sein, daß ein Gesellschafter aufgrund einer beherrschenden Stellung die Geschicke der Gesellschaft mitbestimmen kann (Schlegelberger/Martens, § 165 Rn. 16; Binz, GmbH & Co., § 107 Rn. 3; Tiedchen, GmbHR 1993, S. 616 (S. 617).

579 BFH, Urt. v. 14.3.1989, GmbHR 1989, S. 431 (S. 432); FG Köln, Urt. v. 25.7.1991, GmbHR 1992, S. 326 (S. 327 f.); Lutter/Hommelhoff, § 14 Rn. 23; Tillmann, GmbHR

solche Freistellung verzichtet die Gesellschaft auf den Grundrechtsschutz des Art. 12 I GG, so daß das Schutzgebot entfällt[580].

bbb) Eingriffsverbot des Art. 12 I GG zugunsten der Gesellschafter

Richterrechtliche Wettbewerbsverbote enthalten genau wie gesetzliche Wettbewerbsverbote einen hoheitlichen Eingriff in die grundrechtlich geschützte Freiheit beruflicher Betätigung der von ihnen erfaßten Gesellschafter[581]. Die daher erforderliche Abwägung der einander gegenüberstehenden Grundrechte von Gesellschaft und Gesellschafter verlangt eine Unterscheidung je nach der Stellung und den Befugnissen der betroffenen Gesellschafter in ihrer Gesellschaft, die der für gesetzliche Wettbewerbsverbote vorgenommenen Differenzierung entspricht.

Richterrechtliche Wettbewerbsverbote, die solchen Gesellschaftern eine Konkurrenztätigkeit untersagen, die im Innenverhältnis geschäftsführend oder sonst unternehmerisch tätig sind, z.B. als im Innenverhältnis geschäftsführungsbefugter Kommanditist, als Gesellschafter-Geschäftsführer oder als Mehrheitsgesellschafter einer GmbH mit entsprechendem Einfluß auf die Geschicke der Gesellschaft, enthalten nur eine einfache Berufsausübungsregelung. Die Berufsfreiheit der Gesellschaft, an deren Schutz im Hinblick auf ihre Funktions- und Bestandsfähigkeit sowie die durch sie eröffnete Möglichkeit kollektiver Berufsausübung ein vernünftiges Interesse besteht, überwiegt in diesen Fällen die Berufsfreiheit der betroffenen Gesellschafter, die durch das Wettbewerbsverbot nur begrenzt beeinträchtigt wird[582].

Wenn das Wettbewerbsverbot hingegen lediglich informationsberechtigte Gesellschafter trifft wie z.B. Kommanditisten, deren Informationsrechte gesellschaftsvertraglich erweitert worden sind, enthält es zwar grundsätzlich ebenfalls nur eine Berufsausübungsregelung, hat aber eine den Berufswahlregelungen ähnliche Wirkung. Angesichts der Schwere des Eingriffs in den durch Art. 12 I GG geschützten Freiheitsbereich des Gesellschafters sowie der abgeschwächten

---

1991, S. 26 (S. 27).

580 Dazu näher 3. Teil § 1 A I 2 a bb aaa.

581 Dieser grundrechtliche Aspekt ist in der Diskussion um ungeschriebene Wettbewerbsverbote bislang nicht thematisiert worden.

582 Dazu ausführlich 3. Teil § 1 A 2 a bb bbb.

Schutzintensität des Art. 12 I GG zugunsten der Gesellschaft als juristischer Person bzw. Gesamthandsgemeinschaft vermag die Berufsfreiheit der Gesellschaft keine ausreichende Rechtfertigung für den Grundrechtseingriff zu bieten[583].

Aufgrund der bereits für die gesetzlichen Wettbewerbsverbote vorgenommenen Überlegungen sind auch die richterrechtlichen Wettbewerbsverbote in zeitlicher Hinsicht auf die Dauer der Gesellschaftszugehörigkeit der betroffenen Gesellschafter zu beschränken. Mit Rücksicht auf die erhebliche Eingriffstiefe eines Konkurrenzverbotes für die Zeit nach dem Ausscheiden aus der Gesellschaft sowie das jedenfalls im Vergleich zu aktuellen Gesellschaftern geringere Ausmaß der von der Konkurrenztätigkeit eines ausgeschiedenen Gesellschafters ausgehenden Bedrohung für die unternehmerische Tätigkeit der Gesellschaft[584] entspricht nur ein auf die Dauer der Gesellschaftszugehörigkeit beschränktes Wettbewerbsverbot einem angemessenen Ausgleich der miteinander kollidierenden Grundrechtspositionen von Gesellschaft und Gesellschafter aus Art. 12 I GG.

ccc) Öffentliches Interesse an der Freiheit des Wettbewerbs

Durch das öffentliche Interesse an der Freiheit des Wettbewerbs werden der aus Art. 12 I GG resultierenden Schutzverpflichtung keine weiteren Grenzen gesetzt. In dem Umfang, in dem Art. 12 I GG den Schutz der Gesellschaft vor Konkurrenz seitens ihrer Gesellschafter gebietet, dienen Wettbewerbsverbote zugleich der Bestands- und Funktionsfähigkeit der Gesellschaft. Das Schutzgebot des Art. 12 I GG ist insoweit gegenüber dem öffentlichen Interesse an einem freien Wettbewerb vorrangig[585].

II. Private Wettbewerbsverbote

Mit dem Begriff privater Wettbewerbsverbote sollen zwischen Gesellschaft und Gesellschaftern ausdrücklich vereinbarte Wettbewerbsverbote erfaßt werden, d.h. solche Wettbewerbsverbote, die nicht in Ausübung hoheitlicher Gewalt

---

[583] Dazu ausführlich 3. Teil § 1 A 2 a bb bbb.

[584] Dazu ausführlich 3. Teil § 1 A 2 a bb bbb.

[585] Dazu bereits 3. Teil § 1 A I 2 a bb ccc.

statuiert werden, sondern auf gesellschaftsvertraglicher Regelung beruhen. Solche Wettbewerbsverbote können im Gesellschaftsvertrag sowohl für die Dauer der Zugehörigkeit eines Gesellschafters zur Gesellschaft wie auch für die Zeit nach seinem Ausscheiden aus der Gesellschaft vereinbart werden.

Wettbewerbsverbote, die einen Gesellschafter zum Unterlassen von Konkurrenz während seiner Zugehörigkeit zur Gesellschaft verpflichten, erlangen nur insoweit eigenständige Bedeutung, als sie in ihrem Inhalt über die hoheitlichen, sich ohnehin aus der gesellschaftsrechtlichen Treuepflicht ergebenden Wettbewerbsverbote hinausgehen[586]. Sie sollen deshalb auch nur in diesem Umfang Gegenstand der nachfolgenden Untersuchung sein. Soweit sie hingegen mit hoheitlichen Wettbewerbsverboten übereinstimmen und daher rein deklaratorischen Charakter haben, gelten die zu den gesetzlichen und richterrechtlichen Konkurrenzverboten vorgenommenen Überlegungen[587].

Auch auf Vertragsbasis beruhende Wettbewerbsverbote für Gesellschafter unterliegen der Grundrechtseinwirkung. Einerseits besitzen Privatrechtssubjekte aufgrund ihrer durch Art. 2 I GG grundrechtlich abgesicherten Vertragsfreiheit die Möglichkeit, grundrechtliche Freiheiten durch vertragliche Vereinbarung gegenüber anderen Privatrechtssubjekten zu schützen oder preiszugeben[588]. Andererseits verpflichten grundrechtliche Schutzgebote Gesetzgeber und Richter nicht nur zur grundrechtskonformen Ausgestaltung privatrechtlicher Rechtsbeziehungen, sondern stellen sie auch vor die Aufgabe, im Rahmen von grundsätzlich privatautonom zu treffenden vertraglichen Vereinbarungen einen Mindestgehalt an grundrechtlichen Freiheiten zu gewährleisten[589].

Bevor der Frage nachgegangen wird, welche Bedeutung der Berufsfreiheit von Gesellschaften im Rahmen privater Wettbewerbsverbote zukommt, ist zunächst die Grundlage der Ausstrahlung des Art. 12 I GG auf Seiten sowohl der Gesellschaft als auch des Gesellschafters zu erläutern.

---

[586] Hachenburg/Stein, § 35 Rn. 312.

[587] Dazu 3. Teil § 1 A I.

[588] So ausdrücklich in Bezug auf Art. 12 I GG BVerfG, Beschl. v. 7.2.1990, BVerfGE 81, S. 242 (S. 254).

[589] Dazu näher 1. Teil § 1 B II 3.

1. Begründung der Ausstrahlungswirkung des Art. 12 I GG

Private Wettbewerbsverbote für Gesellschafter unterliegen wegen des im Zivilrecht geltenden Grundsatzes der Privatautonomie grundsätzlich der Inhaltsfreiheit. Gesellschaft und Gesellschafter können daher prinzipiell einvernehmlich regeln, inwieweit sie durch Konkurrenzverbote ihre Freiheit beruflicher Betätigung gegenüber dem Vertragspartner schützen oder preisgeben wollen. Die grundrechtlichen Schutzgebote verlangen jedoch von Gesetzgeber und Richter, beim Erlaß und bei der Anwendung von Normen einen Mindestschutz grundrechtlicher Freiheiten auch im Rahmen vertraglicher Vereinbarungen sicherzustellen[590]. Bei der Umsetzung dieses Schutzauftrags ist allerdings mit Rücksicht auf die grundrechtlich gewährleistete Vertragsfreiheit der in der vertraglichen Vereinbarung zum Ausdruck gekommene Wille der Parteien, einen grundrechtlichen Freiheitsbereich besonders zu schützen bzw. darauf zu verzichten, soweit als möglich zu respektieren.

Im Rahmen privater Wettbewerbsverbote kommt Art. 12 I GG auf Seiten des Gesellschafters in seiner Funktion als Schutzgebot zum Tragen. Auf Seiten der Gesellschaft verlangt die grundrechtliche Gewährleistung der Berufsfreiheit als Legitimation ihrer vertraglich geschützten Interessen Beachtung.

Nach der Schutzgebotslehre bedarf ein solcher Einfluß des Grundrechts aus Art. 12 I GG zwar nicht unbedingt der Vermittlung durch eine privatrechtliche Vorschrift, es ist jedoch möglich, daß er sich über das Medium einer zivilrechtlichen Norm bzw. Generalklausel vollzieht, wie sie die Lehre von der mittelbaren Drittwirkung verlangt[591]. Die Anknüpfung an eine solche Generalklausel bietet den Vorzug, die nachfolgend zu erörternde Grundrechtsausstrahlung in anerkannte und praktizierte Anwendung einfachen Rechts einzubetten.

a) Verbot der Sittenwidrigkeit als Schranke privater Wettbewerbsverbote

Anders als bei hoheitlichen Wettbewerbsverboten steht die gesellschaftsrechtliche Treuepflicht im Falle privater Wettbewerbsverbote als Anknüpfungspunkt für eine Ausstrahlung des Art. 12 I GG nicht zur Verfügung. Da zur Zeit der Gesellschaftszugehörigkeit bereits die erörterten gesetzlichen und richterrechtli-

---

590 Badura, in: FS Karl Molitor, S. 1 (S. 5).

591 Canaris, AcP 184 (1984), S. 201 (S. 222 f.).

chen Wettbewerbsverbote die gesellschaftsrechtliche Treuepflicht konkretisieren, können in Inhalt und Umfang über die hoheitlichen Wettbewerbsverbote hinausgehende vertraglich vereinbarte Wettbewerbsverbote ihrerseits nicht mehr durch die Treuepflicht begründet sein. Auch nachvertragliche Wettbewerbsverbote resultieren nicht aus der nachwirkenden Treuepflicht von Gesellschaftern[592]. Eine grundrechtliche Einwirkungsmöglichkeit eröffnet jedoch das Verbot der Sittenwidrigkeit nach § 138 I BGB, das neben den kartellrechtlichen Vorschriften der § 1 GWB, Art. 81 EGV[593] eine praktisch wichtige Zulässigkeitsgrenze für vertragliche und nachvertragliche Wettbewerbsverbote darstellt[594].

b) Verbot der Sittenwidrigkeit als Einfallstor für die Berufsfreiheit von Gesellschaften

Die Vorschrift des § 138 I BGB ist eine wertausfüllungsfähige und wertausfüllungsbedürftige Generalklausel, in deren Rahmen der durch Art. 12 I GG garantierten Berufsfreiheit für das Sittenwidrigkeitsurteil entscheidende Bedeutung zukommen kann[595]. Nach der Lehre von der mittelbaren Drittwirkung ist § 138 I BGB als Generalklausel typisches Einfallstor für die Grundrechte in das Privatrecht[596]. Für die Schutzgebotslehre handelt es sich dabei um die Realisierung des aus Art. 12 I GG resultierenden Schutzauftrags und seine Beschränkung.

c) Art. 12 I GG als einschlägiges Grundrecht

Die Berufsfreiheit von Gesellschaften bietet für die Ausfüllung der Generalklausel des § 138 I BGB als Zulässigkeitsgrenze privater Wettbewerbsverbote nur dann ein Wertungskriterium, wenn durch die vertragliche Regelung von Konkurrenzverhältnissen zwischen der Gesellschaft und aktuellen bzw. ausgeschie-

---

592 OLG Düsseldorf, Urt. v. 8.6.1989, BB 1989, S. 1576 (S. 1577); BGH, Urt. v. 29.10.1990, WM 1990, S. 2121 (S. 2123); Baumbach/Hopt, § 112 Rn. 14 und § 138 Rn. 9.

593 Statt vieler von Gerkan, in: Röhricht/v. Westphalen, § 112 Rn. 17.

594 Zu den § 1 GWB und § 138 I BGB als Zulässigkeitsgrenzen für vertragliche und nachvertragliche Wettbewerbsverbote Kanzleiter, DNotZ 1989, S. 195.

595 Vgl. bspw. BGH, Urt. v. 28.4.1986, NJW 1986, S. 2944.

596 Zu den zivilrechtlichen Generalklauseln als Einfallstor für die Grundrechte 1. Teil § 1 B II 2.

denen Gesellschaftern der durch Art. 12 I GG garantierte Freiheitsbereich thematisiert wird. Davon ist deshalb auszugehen, weil vertraglich vereinbarte Wettbewerbsverbote gerade dem Zweck dienen, die Gesellschaft in ihrer Unternehmenstätigkeit vor den besonderen Gefahren der Konkurrenztätigkeit eines Gesellschafters zu schützen, der mit ihren Unternehmensinterna vertraut ist.

2. Konsequenzen aus der Ausstrahlungswirkung des Art. 12 I GG

Vertragliche Vereinbarungen, die einem Gesellschafter für die Dauer seiner Gesellschaftszugehörigkeit und/oder für die Zeit nach seinem Ausscheiden aus der Gesellschaft die Aufnahme und Ausübung einer Konkurrenztätigkeit untersagen, geben häufig Anlaß zu rechtlichem Streit[597]. Die Rechtsprechung, die bei der Beurteilung privater Wettbewerbsverbote am Maßstab des § 138 I BGB explizit auf die Berufsfreiheit des verpflichteten Gesellschafters zurückgreift[598], sich auf Seiten der Gesellschaft hingegen auf die wenig aussagekräftige Formel von den „schutzwürdigen Interessen des Begünstigten" beschränkt[599], kann durch Berücksichtigung des Art. 12 I GG als Wertungskriterium auch zugunsten der Gesellschaft rechtlich fundiert und präzisiert werden[600].

Die Inhaltskontrolle vertraglich vereinbarter Wettbewerbsverbote nach § 138 I BGB dient dem Schutz des Gesellschafters vor übermäßigen Beschränkungen seiner beruflichen Betätigungsfreiheit. Zu seinen Gunsten fließt das Grundrecht des Art. 12 I GG in der Weise in die Konkretisierung der Generalklausel des § 138 I BGB ein, daß es in seiner Funktion als Schutzgebot einen Minimalschutz[601] seiner Freiheit beruflicher Betätigung garantiert[602]. Private Wettbe-

---

597 Vgl. aus der neueren Rechtsprechung bspw. BGH, Urt. v. 14.7.1997, WM 1997, S. 1707; OLG Düsseldorf, Urt. v. 23.10.1996, GmbHR 1998, S. 180 f.; OLG Düsseldorf, Urt. v. 3.12.1998, ZIP 1999, S. 311 f.

598 BGH, Urt. v. 14.7.1986, WM 1986, S. 1282; BGH, Urt. v. 29.10.1990, WM 1990, S. 2121.

599 BGH, Urt. v. 14.7.1986, WM 1986, S. 1282; BGH, Urt. v. 29.10.1990, WM 1990, S. 2121 (S. 2122); OLG Düsseldorf, Urt. v. 23.10.1996, GmbHR 1998, S. 180 (S. 181).

600 Auch Reinfeld, Nachvertragliches Wettbewerbsverbot, S. 33, erkennt, daß für den Interessenausgleich im Rahmen vertraglich vereinbarter Wettbewerbsverbote auch auf Seiten der Gesellschaft Grundrechte relevant werden, stellt dabei allerdings auf Art. 14 GG ab.

601 Da die Grundrechte im Rahmen vertraglicher Vereinbarungen unter Rücksichtnahme auf die ebenfalls grundrechtlich gewährleistete Vertragsfreiheit nur die Gewährleistung eines

werbsverbote dürfen die grundrechtlich gewährleistete Berufsfreiheit des Gesellschafters daher nicht vollständig aushöhlen.

Zu berücksichtigen ist jedoch auf der anderen Seite, daß private Wettbewerbsverbote zum Schutz der Unternehmenstätigkeit der Gesellschaft vereinbart werden, die ihrerseits durch Art. 12 I GG grundrechtlich abgesichert ist. Anders als die Berufsfreiheit des Gesellschafters verlangt die durch Art. 12 I GG gewährleistete Unternehmensfreiheit der Gesellschaft entsprechend dem ausdrücklichen Willen der Vertragsparteien bei der Inhaltskontrolle nach § 138 I BGB nicht nur im Sinne eines Mindestschutzes, sondern in vollem Umfang Beachtung. Auf Seiten der Gesellschaft geht es nicht um die Umsetzung eines grundrechtlichen Schutzgebots, sondern um die Absicherung ihrer durch Art. 12 I GG garantierten Unternehmensfreiheit durch eine grundsätzlich frei zu vereinbarende vertragliche Vereinbarung. Soweit ein privates Wettbewerbsverbot den durch Art. 12 I GG gewährleisteten Freiheitsbereich der Gesellschaft schützt, ohne zugleich den von Art. 12 I GG verlangten Mindestschutz der Berufsfreiheit des Gesellschafters zu mißachten, darf es nicht für sittenwidrig und damit nach § 138 I BGB nichtig erklärt werden. Zur Bestimmung dieser „unteren" Grenze der Sittenwidrigkeit ist zunächst die Relevanz der grundrechtlichen Gewährleistung des Art. 12 I GG von Gesellschaft und Gesellschafter für die Regelung privater Wettbewerbsverhältnisse zu erörtern, um die einander gegenüberstehenden Grundrechtspositionen anschließend in der dargelegten Weise gegeneinander abwägen zu können.

a) Schutzgebot des Art. 12 I GG zugunsten des Gesellschafters

Bei der Bestimmung der Zulässigkeitsgrenzen privater Wettbewerbsverbote entfaltet Art. 12 I GG Schutzwirkungen zugunsten des Gesellschafters. Durch das Verbot der Aufnahme, Ausübung oder Fortführung einer bestimmten wirtschaftlichen Tätigkeit beschränken vertraglich vereinbarte Wettbewerbsverbote den betroffenen Gesellschafter in seiner Berufsfreiheit. In seiner Funktion als

---

Mindestgehalts des im Einzelfall betroffenen Freiheitsbereichs verlangen, kann der Ansicht des BGH, Urt. v. 29.10.1990, WM 1990, S. 2121 (S. 2123), nicht zugestimmt werden, derzufolge Wettbewerbsverbote, die über das schutzwerte Interesse des begünstigten Unternehmens hinausgehen und daher nicht geboten sind, *zwangsläufig* sittenwidrig sind.

602 Zu den Schutzgeboten als Garantie eines Mindestgehaltes grundrechtlicher Freiheiten im Rahmen vertraglicher Beziehungen 1. Teil § 1 B II 3.

Schutzgebot gewährleistet Art. 12 I GG dem Gesellschafter gegenüber solchen vertraglichen Beeinträchtigungen einen Mindestgehalt seiner Freiheit beruflicher Betätigung. Dieser Mindestgehalt wird durch das personale Element der Berufsfreiheit bestimmt. Je stärker die freie Persönlichkeitsentfaltung[603] des Gesellschafters betroffen ist, desto mehr wird der grundrechtliche Mindeststandard des Art. 12 I GG thematisiert.

b) Schutz der Gesellschaft durch Art. 12 I GG

Auf der anderen Seite bezwecken private Wettbewerbsverbote den Schutz der Gesellschaft vor der Konkurrenz eines Gesellschafters in seiner Eigenschaft als „Insider“[604]. Die grundrechtliche Gewährleistung der durch die Wettbewerbsabrede gesicherten Unternehmenstätigkeit wird für die vertragliche Regulierung des Wettbewerbsverhältnisses insoweit relevant, als die dem Gesellschafter untersagte Tätigkeit den durch Art. 12 I GG gewährleisteten Freiheitsbereich der Gesellschaft betrifft.

Wenn ein Gesellschafter während der Zeit seiner Gesellschaftszugehörigkeit oder nach seinem Ausscheiden aus der Gesellschaft eine Konkurrenztätigkeit aufnimmt und sich dabei Betriebsinterna, know-how[605] und andere Unternehmenswerte der Gesellschaft zu eigenen beruflichen Zwecken nutzbar und damit der Gesellschaft die ihr aus ihrem Tätigkeitserfolg[606] erwachsenden Vorteile streitig macht, so beeinträchtigt dies die Gesellschaft grundsätzlich in ihrer Wettbewerbsfähigkeit und der von ihr erworbenen Stellung am Markt, tangiert mit anderen Worten den Gewährleistungsbereich des Art. 12 I GG. Die Ge-

---

603 Zu Art. 12 I GG als spezieller Gewährleistung der freien Persönlichkeitsentfaltung BVerfG, Beschl. v. 16.3.1971, BVerfGE 30, S. 292 (S. 334); BVerfG, Beschl. v. 18.6.1980, BVerfGE 54, S. 301 (S. 313); BVerfG, Beschl. v. 19.11.1985, BVerfGE 71, S. 183 (S. 201); BVerfG, 5.5.1987, BVerfGE 75, S. 284 (S. 292).

604 Reinfeld, Nachvertragliches Wettbewerbsverbot, S. 26 f.

605 Auf die besonderen Gefahren, die für die Gesellschaft aus einer Verwertung von technischem und kaufmännischem know-how im Rahmen von Konkurrenzaktivitäten entstehen, verweist auch Reinfeld, Nachvertragliches Wettbewerbsverbot, S. 26.

606 Auch der BGH knüpft regelmäßig auf den mit nachvertraglichen Wettbewerbsverboten bezweckten Schutz vor illoyaler Verwertung des Erfolgs der Arbeit an (vgl. BGH, Urt. v. 9.5.1968, NJW 1968, S. 1717; BGH, Urt. v. 28.4.1986, NJW 1986, S. 2944 (S. 2945); BGH, Urt. v. 29.10.1990, WM 1990, S. 2121 (S. 2122); BGH, Urt. v. 14.7.1997, WM 1997, S. 1707).

währleistung des Art. 12 I GG ist aber stets nur so weit berührt, wie die Gesellschaft im Einzelfall tatsächlich in ihrer unternehmerischen Betätigung, ihrer Wettbewerbsfähigkeit und ggf. Existenzfähigkeit[607] gefährdet wird. Von Bedeutung ist daher zum einen der zeitliche, räumliche und gegenständliche Umfang der von dem ausscheidenden Gesellschafter geplanten Tätigkeit. Nur wenn sie den nach räumlichen und sachlichen Kriterien zu bestimmenden Markt der Gesellschaft betrifft und ihre Aufnahme alsbald nach dem Ausscheiden aus der Gesellschaft erfolgen soll, stellt sie eine Bedrohung für die Gesellschaft dar. Um eine echte Konkurrenz, die die Gesellschaft in ihrer Unternehmensfreiheit bedroht, handelt es sich außerdem nur dann, wenn der ausscheidende Gesellschafter eine selbständige wirtschaftliche Betätigung oder eine unternehmerische oder geschäftsführende Tätigkeit in einer gleichartigen Gesellschaft aufnehmen möchte, nicht hingegen, wenn er eine nur kapitalmäßige Beteiligung an einer anderen Gesellschaft beabsichtigt[608].

Zu berücksichtigen ist zum anderen, inwieweit der Gesellschafter für die Gesellschaft in einer Weise tätig wird bzw. tätig geworden ist, die es ihm erlaubt, den Unternehmenserfolg der Gesellschaft oder Teile desselben zu eigenen beruflichen Zwecken zu verwerten. Maßgebliche Bedeutung kommt dabei dem Umstand zu, ob und in welchem Maße der Gesellschafter mittelbaren oder unmittelbaren Einfluß auf die Gesellschaft und Zugang zu betriebsinternen Informationen hat bzw. hatte[609]. Je intensiver der Gesellschafter für die Gesellschaft tätig ist oder gewesen ist, desto stärker berührt seine Konkurrenztätigkeit diese in ihrer Wettbewerbsfähigkeit[610]. So wird beispielsweise ein unternehmerisch tätiger Gesellschafter für eine während seiner Gesellschaftszugehörigkeit oder nach seinem Ausscheiden ausgeübte bzw. aufgenommene Tätigkeit aus geschäftli-

---

607 Ein expliziter Hinweis auf die Existenzgefährdung durch Konkurrenz findet sich, allerdings ohne Bezugnahme auf Art. 12 I GG, in BGH, Urt. v. 16.10.1989, NJW-RR 1990, S. 226 (S. 227).

608 Vgl. dazu die parallele Wertung bei den hoheitlichen Wettbewerbsverboten 3. Teil § 1 A I 2 a aa aaa und b aa aaa.

609 In ähnlicher Richtung, allerdings aufgrund anderer Überlegungen, Kanzleiter, DNotZ 1989, S. 195 (S. 196).

610 Dem entspricht die umgekehrte Aussage, daß bei einer rein kapitalistischen Beteiligung die Konkurrenztätigkeit des ausgeschiedenen Gesellschafters keine Gefahr für das Gesellschaftsunternehmen darstellt (so OLG Karlsruhe, Urt. v. 30.9.1986, WM 1986, S. 1437 (S. 1474 f.)).

chen Beziehungen der Gesellschaft wesentlich mehr Nutzen ziehen können als ein bloßer Anlagegesellschafter.

Art. 12 I GG wirkt also als verfassungsrechtliche Grundentscheidung zugunsten der Gesellschaft in den je nachdem engeren oder weiteren Grenzen, in denen es um den Schutz der Tätigkeit und der Wettbewerbsfähigkeit der Gesellschaft vor einer Beeinträchtigung durch mißbräuchliche Ausnutzung ihrer einzelnen Tätigkeitserfolge geht.

c) Grundrechtsabwägung

Die Grenze, bis zu welcher private Wettbewerbsverbote dem Schutz der grundrechtlich gewährleisteten Unternehmensfreiheit der Gesellschaft dienen, ohne zugleich den durch Art. 12 I GG gebotenen Mindestschutz der Berufsfreiheit des Gesellschafters zu vernachlässigen, ist im Wege der Grundrechtsabwägung[611] zu bestimmen.

aa) Abwägungskriterien

Die Abwägung orientiert sich an unterschiedlichen Gesichtspunkten, insbesondere am Ausmaß der drohenden Beeinträchtigung und der Qualität des grundrechtlichen Schutzes des Art. 12 I GG auf Seiten der Gesellschaft einerseits, auf Seiten des Gesellschafters andererseits.

Der Umfang der Beeinträchtigung, die von der Konkurrenztätigkeit eines ausgeschiedenen Gesellschafters für die unternehmerische Wettbewerbsfreiheit und die Marktposition der Gesellschaft ausgeht, ist von der (früheren) Stellung des Gesellschafters in der Gesellschaft abhängig[612]. Sie ist für die Reichweite der Grundrechtswirkung des Art. 12 I GG auf Seiten der Gesellschaft von Bedeutung.

---

[611] Auch der BGH, Urt. v. 14.7.1986, WM 1986, S. 1282, spricht von der Notwendigkeit eines Interessenausgleichs zwischen Gesellschaft und Gesellschafter, ohne aber auf die betroffenen Grundrechte zu verweisen.

[612] Zur Bedeutung der früheren Stellung eines ausgeschiedenen Gesellschafters in der Gesellschaft vgl. Petzold, Anm. zu OLG Hamm, Urt. v. 7.10.1987, EWiR 1988, S. 229 (S. 230).

Die Gefahren, die der Gesellschaft durch den Wettbewerb eines *Unternehmergesellschafters* drohen, sind erheblich, weil ein solcher Gesellschafter aufgrund der Tätigkeit in der Gesellschaft über weitreichende Kenntnisse über das von ihr betriebene Unternehmen verfügt und insbesondere auch von ihm betreute Geschäfts- und Kundenbeziehungen im Rahmen seiner konkurrierenden Tätigkeit ausnutzen kann. Demgegenüber ist die Bedrohung, die für die Unternehmenstätigkeit der Gesellschaft von der Konkurrenz eines lediglich *kapitalmäßig beteiligten* Gesellschafters ausgeht, eher schwach. Auch ein solcher Gesellschafter verfügt zwar aufgrund der Informations- und Kontrollrechte, die ihm während seiner Zugehörigkeit zur Gesellschaft zustehen, über ein gewisses Ausmaß an gesellschaftsinternen Informationen, die er im Rahmen seiner Konkurrenztätigkeit verwerten kann. Seine Kenntnisse von den Unternehmensinterna sind jedoch beschränkt und wesentlich geringer als diejenigen eines unternehmerisch tätigen Gesellschafters. Vergleichbare Vorteile wie diejenigen, die ein Unternehmergesellschafter aus seiner Tätigkeit für die Gesellschaft ziehen kann, ergeben sich für einen bloßen Anlagegesellschafter nicht.

Für die durch ein privates Wettbewerbsverbot begünstigte Gesellschaft steht mit dem Schutz ihrer Unternehmenstätigkeit vor Gefahren durch mißbräuchliche Erfolgsverwertung die Gewährleistung ihrer freien Berufs*ausübung* auf dem Spiel. Auch wenn es nicht um einen klassischen Grundrechtseingriff geht, sondern um die Ausstrahlung des Art. 12 I GG auf die rechtlichen Beziehungen zwischen der Gesellschaft und dem ausgeschiedenen Gesellschafter, kann die Einordnung auf der Ebene der Berufsausübung für die vorzunehmende Abwägung von Bedeutung sein[613]. Beschränkungen der Berufsausübung wiegen weniger schwer als Beschränkungen der Berufswahl und provozieren damit auch einen entsprechend weniger starken Schutz aus Art. 12 I GG. Es darf jedoch nicht vergessen werden, daß es auf Seiten der Gesellschaft um den Schutz ihrer Berufsfreiheit durch *privatautonom* getroffene Regelung geht. Es steht den Beteiligten frei, auch die Berufs*ausübungs*freiheit durch vertragliche Vereinbarung in vollem Umfang zu schützen, soweit nicht der grundrechtlich gebotene Mindestschutz eines kollidierenden Freiheitsrechts der Gegenseite verletzt wird. Die

---

[613] Der BGH, Urt. v. 28.4.1986, NJW 1986, S. 2944, geht offenbar ebenfalls davon aus, daß die Stufentheorie auch für die Grundrechtswirkung des Art. 12 I GG im Privatrecht von Bedeutung ist.

Qualifizierung des einschlägigen Tatbestandes anhand der Stufentheorie ist daher auf Seiten der Gesellschaft ohne Relevanz.

Von Bedeutung ist die Einordnung als Berufsausübungs- oder Berufswahlbeschränkung jedoch für den grundrechtlichen Mindestschutz des Gesellschafters[614]. Dem durch ein vertraglich vereinbartes Wettbewerbsverbot verpflichteten Gesellschafter wird das Aufgreifen bzw. Ausüben einer bestimmten wirtschaftlichen Betätigung von vornherein untersagt. Da nur die unternehmerische Tätigkeit als solche, nicht hingegen die unternehmerische Tätigkeit in einem bestimmten Bereich als eigenständiger Beruf i.S.d. Art. 12 I GG anzusehen ist[615], beschränkt eine solche Vereinbarung den Gesellschafter grundsätzlich nur in seiner freien Berufsausübung[616]. In Anbetracht der Tatsache, daß der Gesellschafter an dem Aufgreifen einer bestimmten Tätigkeit an einem bestimmten Ort für eine gewisse Dauer vollständig gehindert wird, weist das nachvertragliche Wettbewerbsverbot jedoch Züge einer Berufswahlbeschränkung auf[617]. Je größer gegenständliches, zeitliches und räumliches Ausmaß des Konkurrenzverbotes sind, desto mehr verstärkt sich sein Charakter als echtes Berufsverbot[618]. So wie im Falle klassischer Grundrechtseingriffe an die Rechtfertigung von Berufsausübungsregelungen, die in ihrer Wirkung Berufswahlregelungen gleichkommen, höhere Anforderungen gestellt werden[619], verstärkt sich auch bei der Inhaltskontrolle nachvertraglicher Wettbewerbsverbote gemäß § 138 I BGB die Wirkung des Art. 12 I GG zugunsten des betroffenen Gesellschafters mit zunehmendem Umfang der untersagten Tätigkeit. Dieses Anwachsen der grundrechtlichen Schutzwirkung entspricht dem Umstand, daß Beschränkungen der Berufsfreiheit mit wachsender Nähe zur Berufswahlregelung in zunehmendem Maße die freie Persönlichkeitsentfaltung des Grundrechtsberechtigten betreffen.

---

614 A.A. offenbar Reinfeld, Nachvertragliches Wettbewerbsverbot, S. 54.

615 Dazu bereits 3. Teil § 1 A I 2 a bb bbb.

616 A.A. Achterberg, JZ 1975, S. 713 (S. 718), der nachvertragliche Wettbewerbsverbote generell als Berufszulassungsschranken qualifiziert.

617 In diesem Sinne bezeichnet MünchHdb.GesR III/Marsch-Barner/Diekmann, § 43 Rn. 73 das nachvertragliche Wettbewerbsverbot als „beschränktes Tätigkeitsverbot".

618 In diesem Sinne spricht der BGH z.B. in seinem Urteil vom 28.4.1986, NJW 1986, S. 2944, davon, daß „ein auf gesetzlicher Grundlage ergangenes und lebenslang wirkendes Berufsverbot tief in das Grundrecht der freien Berufswahl" eingreifen würde.

619 Dazu näher 2. Teil § 1 B II 3 vor a.

bb) Abwägung für unterschiedliche Gesellschaftertypen

Unter Berücksichtigung des Umfangs der Grundrechtsgewährleistung des Art. 12 I GG auf Seiten der Gesellschaft einerseits, der Qualität des Grundrechtsschutzes auf Seiten des Gesellschafters andererseits verlangt die Abwägung der einander gegenüberstehenden Grundrechte von Gesellschaft und Gesellschafter eine Differenzierung zwischen unterschiedlichen Gesellschaftergruppen. Dabei ist zu beachten, daß es der Auflösung einer Grundrechtskollision überhaupt nur dann bedarf, wenn private Wettbewerbsverbote dem verpflichteten Gesellschafter eine näher definierte wirtschaftliche Tätigkeit auf dem räumlichen und gegenständlichen Markt der Gesellschaft untersagen oder eine unternehmerische Beteiligung bzw. geschäftsführende Tätigkeit in einer anderen Gesellschaft verbieten, weil sie andernfalls nicht zum Schutz der Gesellschaft in ihrer Unternehmenstätigkeit beitragen[620] und die grundrechtlich gewährleistete Berufsfreiheit der Gesellschaft einem Sittenwidrigkeitsurteil wegen übermäßiger Beschränkung des Gesellschafters von vornherein nicht entgegensteht[621].

aaa) Unternehmerisch tätiger Gesellschafter

Untersagt ein vertraglich vereinbartes Wettbewerbsverbot hingegen eine selbständige wirtschaftliche Betätigung oder die geschäftsführende oder unternehmerische Tätigkeit in einer anderen Gesellschaft auf dem relevanten Markt und verpflichtet es einen *Unternehmergesellschafter*, der mit sensiblen Informationen sowie mit Geschäfts- und Kundenkontakten vertraut ist, so sind Beschränkungen des Gesellschafters wegen des hohen Gefährdungspotentials in weitem Umfang zulässig. Der durch Art. 12 I GG garantierte Mindestgehalt der Berufsfreiheit des betroffenen Gesellschafters ist erst dann berührt, wenn das vertrag-

---

620 In diesem Sinne verweist OLG Hamm, Urt. v. 15.2.1993, GmbHR 1993, S. 655 (S. 656) einerseits darauf, daß der örtliche und gegenständliche Bereich eines Wettbewerbsverbots dem örtlichen und sachlichen Tätigkeitsbereich des Unternehmens anzupassen sei, und bemerkt andererseits, daß das Verbot einer rein kapitalistischen Beteiligung an einer anderen Gesellschaft über das zum Schutz der Unternehmensinteressen erforderliche Maß hinausgehe.

621 Deshalb konnte auch der BGH, Urt. v. 14.7.1986, WM 1986, S. 1282, ein Wettbewerbsverbot für sittenwidrig und nichtig erklären, das keine örtliche Beschränkung enthielt und dem Gesellschafter daher auch eine Tätigkeit außerhalb des Marktes der Gesellschaft untersagte.

lich vereinbarte Wettbewerbsverbot sich aufgrund seiner gegenständlichen, räumlichen und zeitlichen Reichweite einem Berufsverbot nähert und den Gesellschafter damit der Möglichkeit der freien Persönlichkeitsentfaltung im beruflichen Bereich weitgehend beraubt. Die äußerste Grenze für die zeitliche Ausdehnung eines nachvertraglichen Wettbewerbsverbots bestimmt sich danach, über welchen Zeitraum hinweg der Gesellschafter nach seinem Ausscheiden aus der Gesellschaft von seinen besonderen Kenntnissen und Kontakten zu profitieren vermag[622]. Dies hängt u.a. auch von der Geschwindigkeit der Marktentwicklung ab[623] und ist daher der Festlegung einer allgemeingültigen Grenze nicht zugänglich. Die in der Rechtsprechung zu beobachtende Tendenz, Wettbewerbsverbote, die für einen Zeitraum von mehr als zwei Jahren nach dem Ausscheiden des Gesellschafters vereinbart werden, als grundsätzlich unzulässig anzusehen[624], vermag daher nicht zu überzeugen. Einerseits trifft ein Wettbewerbsverbot mit einer Geltungsdauer von mehr als zwei Jahren den Gesellschafter je nach seiner räumlichen und sachlichen Ausdehnung nicht notwendigerweise wie ein Berufsverbot, andererseits können vor allem Insiderkenntnisse dem Gesellschafter auch nach Ablauf von zwei Jahren noch verwertbare Vorteile bieten, so daß seine Konkurrenz daher die Gesellschaft weiterhin erheblich gefährdet[625]. Die Zulässigkeit der zeitlichen Dauer eines Wettbewerbsverbots

---

[622] Der BGH, Urt. v. 29.10.1990, WM 1990, S. 2121 (S. 2123) entschied dementsprechend in Bezug auf eine Mandantenschutzklausel, daß „ein schutzwertes Interesse des Begünstigten an einem Wettbewerbsverbot im allgemeinen nur für eine Zeitraum anzuerkennen [sei], in dem die in der Vergangenheit geschaffenen geschäftlichen Beziehungen fortwirken". So auch BGH, Urt. v. 29.1.1996, NJW-RR 1996, S. 741 (S. 742).

[623] Eine rasche Marktentwicklung setzt vor allem der Verwertung von erworbenem know-how Grenzen.

[624] So BGH, Urt. v. 16.10.1989, NJW-RR 1990, S. 226 (S. 227); BGH, Urt. v. 19.10.1993, NJW 1994, S. 384 (S. 385); OLG Hamm, Urt. v. 15.2.1993, GmbHR 1993, S. 655 (S. 656); BGH, Urt. v. 19.10.1993, NJW 1994, S. 384 (S. 385); BGH, Urt. v. 29.1.1996, NJW-RR 1996, S. 741 (S. 742), wobei häufig einseitig auf die Ausnutzung von Kundenbeziehungen abgestellt wird, die Verwertung sonstiger werthaltiger Unternehmensinterna hingegen weitgehend unberücksichtigt bleibt.

[625] Deshalb kann dem BGH, Urt. v. 19.10.1993, NJW 1994, S. 384 (S. 385), nicht zugestimmt werden, der ein nachvertragliches Wettbewerbsverbot von 5 Jahren für einen unternehmerisch tätigen Gesellschafter für unzulässig hielt, obwohl der Geschäftsgegenstand der Gesellschaft durch langlebige Güter gekennzeichnet war, Kundenkontakte nur in größeren Abständen stattfanden und der verpflichtete Gesellschafter während seiner Tätigkeit für die Gesellschaft in direkten Beziehungen zu Kunden und Lieferanten stand,

hängt von seiner räumlichen Ausdehnung ab. Ein Wettbewerbsverbot von mehrjähriger Geltungsdauer, das räumlich eng begrenzt ist, trifft den verpflichteten Gesellschafter nicht als umfassendes Tätigkeitsverbot[626]. Umgekehrt wird ein Wettbewerbsverbot von ausgedehnter räumlicher Reichweite nur über einen kurzen Zeitraum zulässig sein, weil es den Gesellschafter anderenfalls von einer bestimmten Tätigkeit dauerhaft ausschließen und daher den gebotenen Mindestschutz seiner Berufsfreiheit mißachten würde.

bbb) Kapitalistisch beteiligter Gesellschafter

Wird mit einem nur *kapitalmäßig beteiligten* Gesellschafter ein sich auf den Markt der Gesellschaft beziehendes Wettbewerbsverbot vereinbart, so steht die durch Art. 12 I GG gewährleistete Unternehmensfreiheit der Gesellschaft einem Sittenwidrigkeitsurteil in wesentlich geringerem Umfang entgegen. Vorteile kann ein Anlagegesellschafter aus seiner (früheren) Gesellschaftszugehörigkeit nur durch die Verwertung von Kenntnissen ziehen, die er aufgrund seiner mitgliedschaftlichen Informations- und Kontrollrechte erlangt hat. Zwar gewähren diese Informationsrechte den Gesellschaftern je nach ihrer gesetzlichen Ausgestaltung in unterschiedlichem Maße Einblick in die Gesellschaft. Bloße Anlagegesellschafter verfügen jedoch niemals über vergleichbares Insiderwissen wie unternehmerisch tätige Gesellschafter.

In der Aktiengesellschaft erhalten die Aktionäre wegen des Informationsverweigerungsrechts nach § 131 III 1 Nr. 1 AktG ohnehin keine wettbewerbsrelevanten

---

so daß der Gesellschaft eine Sicherung ihres Kundenstammes gegenüber einem Abzug durch den Gesellschafter nur über einen Zeitraum von mehreren Jahren hinweg gelingen konnte. Angesichts der Tatsache, daß das bisherige Vertriebsgebiet der Gesellschaft, das Deutschland, Österreich und die Schweiz umfaßte, in der Weise aufgeteilt wurde, daß die Gesellschaft sich auf den deutschen Markt beschränkte, der ausgeschiedene Gesellschafter sich hingegen in Österreich und der Schweiz betätigen durfte, verstieß das Wettbewerbsverbot auch seiner Gesamtregelung nach nicht gegen den durch Art. 12 I GG gebotenen Mindestschutz.

626 Zeitlich unbeschränkte Wettbewerbsverbote lassen sich allerdings durch die Unternehmensfreiheit der Gesellschaft nicht rechtfertigen. Deshalb konnte der BGH, Urt. v. 14.7.1997, WM 1997, S. 1707, ein zeitlich unbeschränktes Wettbewerbsverbot für einen aus einer Gemeinschaftpraxis ausscheidenden Tierarzt mit der Begründung für sittenwidrig und daher nichtig erklären, daß es ein lebenslanges Verbot enthalte, sich in einer bestimmten Region als Tierarzt zu betätigen.

Daten[627]. Die Auskunfts- und Einsichtsrechte in der BGB-Gesellschaft, in der OHG und in der KG machen den Gesellschaftern im wesentlichen Daten aus dem Rechnungswesen, über das Gesellschaftsvermögen, die Gewinnsituation und über Geschäftsabschlüsse der Gesellschaft zugänglich[628]. Das umfassende Informationsrecht der GmbH-Gesellschafter aus § 51 a GmbHG vermittelt darüber hinaus weiterreichende Informationen wie beispielsweise über Planungen, Lizenzen, Ergebnisse von Begutachtungen und ähnliches[629]. Auch diese Tatbestände sind aber grundsätzlich gegenwartsbezogen und - anders als z.B. das erworbene know-how eines unternehmerisch tätigen Gesellschafters - jedenfalls nur auf kürzere Sicht für eine Konkurrenztätigkeit verwertbar. Dies ist insbesondere für den häufig umstrittenen zulässigen zeitlichen Umfang nachvertraglicher Wettbewerbsverbote von Bedeutung. Es ist davon auszugehen, daß ein lediglich kapitalmäßig beteiligter Gesellschafter aufgrund der Art der ihm zugeflossenen unternehmensinternen Informationen nach seinem Ausscheiden aus der Gesellschaft nur bis zum Ablauf des (folgenden) Geschäftsjahrs aus seiner früheren Gesellschaftszugehörigkeit Vorteile zugunsten einer Konkurrenztätigkeit ziehen kann. Nachvertragliche Wettbewerbsverbote für diesen Zeitraum können nicht als sittenwidrig qualifiziert werden, da sie dem Schutz der Unternehmensfreiheit der Gesellschaft dienen, ohne den grundrechtlichen Mindeststandard der Berufsfreiheit des Gesellschafters zu verletzen. Wegen der zeitlichen Beschränkung erreicht eine solche Wettbewerbsabrede nicht die Intensität einer Berufswahlregelung und bewirkt keine unzulässige Beeinträchtigung des personalen Elements des Art. 12 I GG.

Verpflichtet ein nachvertragliches Wettbewerbsverbot einen Anlagegesellschafter hingegen für einen Zeitraum, der über das dem Ausscheiden der Gesellschaft folgende Geschäftsjahr hinausgeht, so steht die Unternehmensfreiheit der Gesellschaft einem Sittenwidrigkeitsurteil nach § 138 I BGB nicht entgegen, weil es insoweit nicht mehr um die vertragliche Absicherung des grundrechtlichen Gewährleistungsbereichs des Art. 12 I GG geht[630].

---

627 Dazu näher 3. Teil § 2 B IV.

628 Dazu näher 3. Teil § 2 B I 1 a aa und 3. Teil § 2 B II 2 a aa aaa.

629 Dazu näher 3. Teil § 2 B III 1 a aa.

630 So bewertete OLG Karlsruhe, Urt. v. 30.9.1986, GmbHR 1987, S. 309 (S. 310), ein fünfjähriges Wettbewerbsverbot für ausschließlich kapitalmäßig beteiligte Gesellschafter einer GmbH als nach § 138 I BGB nichtig, weil die wettbewerbsrechtliche Bindung für

Im übrigen ist zu beachten, daß ein Wettbewerbsverbot für Anlagegesellschafter im Hinblick auf ihre beschränkten Insiderkenntnisse nur in entsprechend engen gegenständlichen Grenzen dem Schutz der Gesellschaft durch Art. 12 I GG dient.

B. Wettbewerbsverbote für Organmitglieder

Wie die Wettbewerbsverbote für Gesellschafter beruhen auch Wettbewerbsverbote für Organmitglieder auf unterschiedlichen rechtlichen Grundlagen. Zu unterscheiden sind gesetzliche, richterrechtliche und vertraglich vereinbarte Wettbewerbsverbote für Organmitglieder. Aufs Neue empfiehlt sich für die Untersuchung der Ausstrahlungswirkung dementsprechend die Differenzierung zwischen hoheitlichen und privaten Wettbewerbsverboten.

I. Hoheitliche Wettbewerbsverbote

Unter dem Begriff hoheitlicher Wettbewerbsverbote wird der Einfluß der Berufsfreiheit von Gesellschaften auf gesetzliche und richterrechtliche Wettbewerbsverbote untersucht. Dabei soll zunächst auf die Grundlagen der Ausstrahlung des Art. 12 I GG auf die Rechtsbeziehungen zwischen der Gesellschaft und konkurrierenden Organmitgliedern eingegangen werden, um anschließend über die konkreten rechtlichen Konsequenzen dieser Grundrechtseinwirkung für hoheitliche Wettbewerbsverbote nachzudenken.

1. Begründung der Ausstrahlungswirkung des Art. 12 I GG

Als Anknüpfungspunkt für eine Ausstrahlung der Berufsfreiheit von Gesellschaften auf die rechtliche Regulierung von Konkurrenzverhältnissen zwischen der Gesellschaft und ihren Organmitgliedern bietet sich wie bei den Wettbewerbsverboten für Gesellschafter die Treuepflicht an. Sofern auch hoheitlichen Wettbewerbsverboten für Organmitglieder dieses Rechtsinstitut zugrundeliegt, das eine Verknüpfung der Grundrechtsausstrahlung mit anerkannten dogmatischen Grundlagen erlaubt, vermag sich das aus Art. 12 I GG als einschlägigem

---

den Bestand des Unternehmens nicht notwendig sei.

Grundrecht hervorgehende Schutzgebot zugunsten der Gesellschaft über dieses Medium zu realisieren.

a) Organschaftliche Treuepflicht als Grundlage hoheitlicher Wettbewerbsverbote

Die hoheitlichen Wettbewerbsverbote für Organmitglieder beruhen in gleicher Weise wie die hoheitlichen Wettbewerbsverbote für Gesellschafter auf ihrer Treuepflicht[631]. Die Treuepflichten von Gesellschaftern und Organmitgliedern sind allerdings voneinander zu unterscheiden, weil die Pflichtenbindung von Gesellschaftern mitgliedschaftlich, diejenige von Organmitgliedern demgegenüber organschaftlich begründet ist[632] und dementsprechend wesenmäßige und inhaltliche Unterschiede bestehen. Die organschaftliche Treuepflicht, die nicht mit der Verpflichtung aus dem auch von § 242 BGB beherrschten Anstellungsvertrag zu verwechseln ist[633], unterwirft Vorstands- und Aufsichtsratsmitglieder einer AG und Geschäftsführer einer GmbH aufgrund ihrer Organstellung einer Pflichtenbindung, die ihnen gebietet, die Interessen der Gesellschaft bestmöglich zu fördern und eine Schädigung derselben zu unterlassen bzw. zu verhindern[634]. Sowohl gesetzliche als auch richterrechtliche Wettbewerbsverbote sind Ausdruck dieser in dem Organverhältnis wurzelnden Treuepflicht[635].

---

631 Henn, Hdb. des Aktienrechts, Rn. 568; KölnerKomm/Mertens, § 88 Rn. 3 (zum Wettbewerbsverbot des § 88 I AktG für Vostandsmitglieder einer AG); BGH, Urt. v. 9.11.1962, BGHZ 49, S. 30 (S. 31); BGH, Urt. v. 26.10.1964, WM 1964, S. 1320 (S. 1321); FG Köln, Urt. v. 25.7.1991, GmbHR 1992, S. 326 (S. 327) (zum Wettbewerbsverbot für GmbH-Geschäftsführer).

632 So in Bezug auf die Wettbewerbsverbote für Gesellschafter und Geschäftsführer einer GmbH Münch, NJW 1993, S. 225 (S. 226).

633 Zum Nebeneinander der organschaftlichen Treuepflicht und der Treuebindung nach § 242 BGB aus dem Anstellungsvertrag vgl. K. Schmidt, GesR, § 28 II 4 a.

634 G/H/E/K/Hefermehl, § 76 Rn. 8 (für die Vorstandsmitglieder einer AG); Lutter, ZHR 145 (1981), S. 224 (S. 236); Lutter, in: FS Beusch, S. 509 (S. 526); Scheffler, DB 1994, S. 793 (S. 795) (für die Aufsichtsratsmitglieder einer AG); Wimmer, DStR 1997, S. 247 (S. 250); Timm, GmbHR 1981, S. 177 (S. 179) (für die Geschäftsführer einer GmbH).

635 G/H/E/K/Hefermehl, § 76 Rn. 8 (für das Wettbewerbsverbot des § 88 I AktG für Vorstandsmitglieder einer AG); MünchHdb.GesR III/Marsch-Barner/Diekmann, § 45 Rn. 2 (für das Wettbewerbsverbot für GmbH-Geschäftsführer).

b) Organschaftliche Treuepflicht als Einfallstor für die Berufsfreiheit von Gesellschaften

In ihrer Eigenschaft als Generalklausel eignet sich die organschaftliche Treuepflicht als Medium eines Grundrechtseinflusses. Nach der Zielrichtung der Treuepflicht beurteilt sich, ob sie Schutzwirkungen des Art. 12 I GG zugunsten der Gesellschaft zu vermitteln vermag.

aa) Treuepflicht als Generalklausel

Die organschaftliche Treuepflicht, die wie die mitgliedschaftliche Treuepflicht von Gesellschaftern auf dem in § 242 BGB verankerten Grundsatz von Treu und Glauben fußt, über den sie allerdings in ihrer Intensität weit hinausgeht[636], zeichnet sich durch ihre tatbestandliche Weite aus. Als konkretisierungsbedürftige Verhaltenspflicht[637] dient sie zur Schließung bestehender Regelungslücken. Angesichts ihrer Anknüpfung an § 242 BGB, ihrer begrifflichen Unbestimmtheit sowie ihrer Funktion als Auffangtatbestand[638] ist auch die organschaftliche Treuepflicht als Generalklausel zu qualifizieren, deren Anwendung auf den Einzelfall durch grundrechtliche Wertungen beeinflußt werden kann.

bb) Schutz der Gesellschaft durch die Treuepflicht

Die gesellschaftsrechtliche Treuepflicht obliegt Organmitgliedern nicht gegenüber den Gesellschaftern, sondern nur gegenüber der Gesellschaft selbst[639]. Der AG bzw. GmbH stehen aus der Treuepflicht ihrer Vorstandsmitglieder, Aufsichtsratsmitglieder bzw. Geschäftsführer unmittelbar eigene Rechte zu[640]. Da die Gesellschaft also selbst Schutzadressat der Treuepflicht ist, ist eine mittelbare Schutzwirkung der Berufsfreiheit über die Generalklausel der Treuepflicht zugunsten der Gesellschaft grundsätzlich möglich.

---

636 Timm, GmbHR 1981, S. 177 (S. 179).

637 Scholz/U. H. Schneider, § 43 Rn. 121.

638 Zur Qualifizierung der mitgliedschaftlichen Treuepflicht als Generalklausel 3. Teil § 1 A I 1 b aa.

639 G/H/E/K/Hefermehl, § 76 Rn. 8 (für die AG); MünchHdb.GesR III/Marsch-Barner/Diekmann, § 45 Rn. 2 (für die GmbH).

640 Vgl. z.B. § 88 II AktG und § 43 II GmbHG.

c) Art. 12 I GG als einschlägiges Grundrecht

Die grundrechtlich geschützte Berufsfreiheit von Gesellschaften ist im Hinblick auf die rechtliche Regulierung von Konkurrenzverhältnissen zwischen der Gesellschaft und ihren Organmitgliedern grundsätzlich thematisch einschlägig. In gleicher Weise wie für Gesellschafter gilt auch für Organmitglieder, daß sie durch eine konkurrierende Tätigkeit, in deren Rahmen sie gesellschaftsinterne Informationen, Geschäftsgeheimnisse, spezielles Fachwissen, Kundenbeziehungen und andere Vermögenswerte der Gesellschaft zum eigenen geschäftlichen Vorteil verwerten können, die durch Art. 12 I GG gewährleistete unternehmerische Betätigungsfreiheit und Wettbewerbsfreiheit der Gesellschaft gefährden[641]. Dadurch wird der Garantiegehalt des Art. 12 I GG tangiert und eine entsprechende Ausstrahlungswirkung provoziert.

2. Konsequenzen aus der Ausstrahlungswirkung des Art. 12 I GG

Da die Voraussetzungen für eine Ausstrahlung der Berufsfreiheit von Gesellschaften auf die Ausgestaltung der Rechtsbeziehungen zwischen der Gesellschaft und konkurrierenden Organmitgliedern gegeben sind, ist von Interesse, welche konkreten rechtlichen Folgen sich aus dieser Grundrechtseinwirkung zugunsten der Gesellschaft ergeben. Die diesbezüglichen Überlegungen erfordern eine Differenzierung zwischen den tatbestandlich bereits ausgestalteten gesetzlichen Wettbewerbsverboten und den der richterrechtlichen Entwicklung überlassenen Wettbewerbsverboten.

a) Berufsfreiheit von Gesellschaften als Maßstab gesetzlicher Wettbewerbsverbote

Aus dem Schutzauftrag des Art. 12 I GG zugunsten der Gesellschaft ergeben sich Kriterien für den Anwendungsbereich und den Umfang gesetzlicher Wettbewerbsverbote für Organmitglieder. Zu berücksichtigen ist aber auch das auf Seiten der betroffenen Vorstandsmitglieder, Geschäftsführer bzw. Aufsichtsratsmitglieder wirkende Eingriffsverbot des Art. 12 I GG, das mit dem Schutzgebot zugunsten der Gesellschaft kollidiert. Grenzen können dem Schutzauftrag

---

641 Dazu näher 2. Teil § 1 A I 1 c.

auch durch andere wichtige Gemeinwohlbelange, insbesondere durch das öffentliche Interesse an einem freien Wettbewerb gezogen sein. Der mit Blick auf die Berufsfreiheit der Gesellschaft gebotene Mindestumfang gesetzlicher Wettbewerbsverbote und ein eventueller Anpassungs- und Ergänzungsbedarf der bestehenden gesetzlichen Regelung kann daher nur im Wege der Abwägung der einander gegenüberstehenden Rechte und Interessen bestimmt werden.

aa) Schutzgebot aus Art. 12 I GG zugunsten der Gesellschaft

Für das Eingreifen des Schutzgebots aus Art. 12 I GG ist maßgeblich, in welchen Konstellationen sich eine spezifische Gefährdung der Gesellschaft in ihrem durch Art. 12 I GG gewährleisteten Freiheitsbereich ergibt. Der Vergleich von gesetzlich normierten mit dem durch die Berufsfreiheit der Gesellschaft gebotenen Umfang von Wettbewerbsverboten wird durch die Differenzierung zwischen gegenständlichem und personellem Geltungsbereich erleichtert.

aaa) Einwirkung des Schutzgebots auf den gegenständlichen Geltungsbereich

Ein gesetzlich ausdrücklich normiertes Wettbewerbsverbot für Organmitglieder findet sich nur in § 88 I AktG für die Vorstandsmitglieder einer AG. Mit dieser Bestimmung wird ihnen das Betreiben eines Handelsgewerbes, das Geschäftemachen im Geschäftszweig der Gesellschaft sowie die Tätigkeit als Vorstandsmitglied oder Geschäftsführer und die Beteiligung als persönlich haftender Gesellschafter an anderen Handelsgesellschaften untersagt.

(1) Relevanter Markt als Bestimmungselement

In gegenständlicher Hinsicht untersagt die Vorschrift des § 88 I AktG den Vorstandsmitgliedern zum einen das Geschäftemachen im Geschäftszweig der Gesellschaft für eigene oder fremde Rechnung. Durch den Begriff des Geschäftszweigs der Gesellschaft wird wie in § 112 I HGB und § 284 I AktG der räumlich und sachlich relevante Markt bestimmt[642]. In Anbetracht der Tatsache, daß aus der anderweitigen wirtschaftlichen Betätigung von Vorstandsmitgliedern, die über Einfluß auf die Gesellschaft sowie über Kenntnisse der Gesellschaftsin-

---

642 In diesem Sinne spricht Henn, Hdb. des Aktienrechts, Rn. 134, von einem branchenbezogenen Wettbewerbsverbot.

terna verfügen, nur dann spezifische Gefahren für die Geschäftstätigkeit der AG resultieren, wenn sie auf demselben Markt tätig sind wie die AG und ihr damit als echter Konkurrent gegenüberstehen, entspricht diese gegenständliche Eingrenzung des § 88 I AktG dem durch Art. 12 I GG gebotenen Schutz der Gesellschaft in ihrer unternehmerischen Wettbewerbsfreiheit.

§ 88 I AktG untersagt den Vorstandsmitgliedern einer AG darüber hinaus, selbst ein Handelsgewerbe zu betreiben oder Vorstandsmitglied, Geschäftsführer oder persönlich haftender Gesellschafter in einer anderen Handelsgesellschaft zu sein. Diese Tätigkeitsverbote werden im Gegensatz zu dem zuerst genannten nicht auf den relevanten Markt begrenzt. Der Geschäftsgegenstand des Handelsgewerbes bzw. der Handelsgesellschaft ist nach dem Wortlaut der Norm ohne Bedeutung, ebenso die räumliche Ausdehnung der anderweitigen Geschäftstätigkeit. Durch eine zusätzliche unternehmerische oder geschäftsführende Tätigkeit der Vorstandsmitglieder auf einem anderen Markt wird die AG aber nicht in ihrer Wettbewerbsfähigkeit und Marktposition bedroht. Soweit § 88 I AktG in seinem Umfang über den relevanten Markt hinausgeht, dient die Vorschrift dem Schutz der Gesellschaft in ihrer Grundrechtsposition aus Art. 12 I GG daher jedenfalls nicht als *Wettbewerbsverbot*. Denn Art. 12 I GG verlangt zum Schutz der Gesellschaft in ihrer unternehmerischen Wettbewerbsfreiheit einen Schutz vor Konkurrenz nur auf dem räumlichen und sachlichen Markt der Gesellschaft.

Die mangelnde Beschränkung des § 88 I AktG auf den relevanten Markt erklärt sich daraus, daß diese Vorschrift nicht allein ein Wettbewerbsverbot enthält. Neben der Verhinderung von Konkurrenz durch die Vorstandsmitglieder dient die Regelung dem Ziel, der Gesellschaft den vollen Einsatz der Mitglieder ihres Geschäftsführungsorgans zu sichern[643]. Auch dieser Normzweck ist unter grundrechtlichen Aspekten nicht ohne Relevanz. Durch die Inanspruchnahme als Vorstandsmitglied, Geschäftsführer oder persönlich haftender Gesellschafter einer anderen Handelsgesellschaft werden die Vorstandsmitglieder in ihrer Leistungsfähigkeit für die AG geschwächt. Auch dadurch wird die Gesellschaft in ihrer durch Art. 12 I GG geschützten Unternehmenstätigkeit beeinträchtigt, weil sie zum Betrieb ihres Unternehmens auf das Handeln und Entscheiden und damit auch auf die (volle) Einsatzfähigkeit der Vorstandsmitglieder angewiesen ist.

---

643 Merkt, ZHR 159 (1995), S. 423 (S. 433); Armbrüster, ZIP 1997, S. 1269 (S. 1270); KölnerKomm/Mertens, § 88 Rn. 2.

Beeinträchtigungen, die daraus resultieren, daß der AG die Arbeitskraft ihrer Vorstandsmitglieder nicht uneingeschränkt zur Verfügung steht, betreffen daher die durch Art. 12 I GG geschützte Unternehmenstätigkeit. Die Vorschrift des § 88 I AktG entspricht vor diesem Hintergrund auch insoweit einem aus Art. 12 I GG resultierenden Schutzgebot, als sie nach ihrem gegenständlichen Geltungsbereich Tätigkeiten außerhalb des relevanten Marktes betrifft. In diesem Bereich ist § 88 I AktG allerdings nicht mehr als Wettbewerbsverbot zu verstehen, sondern vielmehr als allgemeines Tätigkeitsverbot.

Entsprechend der hier erörterten Fragestellung soll die Vorschrift des § 88 I AktG im Verlauf der weiteren Untersuchung in ihrer Eigenschaft als Wettbewerbsverbot im Vordergrund stehen. Im Hinblick darauf, daß die gesetzliche Regelung des § 88 I AktG nicht zwischen dem in ihr enthaltenen Wettbewerbsverbot und dem darüber hinausgehenden Betätigungsverbot unterscheidet, soll aber auch das zweite Regelungsziel dieser Norm, der AG die volle Arbeitskraft der Vorstandsmitglieder zu erhalten, mit seinen grundrechtlichen Bezügen zu Art. 12 I GG am Rande miterörtert werden.

(2) Unternehmerische Tätigkeit als Bestimmungselement

Differenzen zwischen dem durch Art. 12 I GG zum Schutz der AG gebotenen Wettbewerbsverbot und der Vorschrift des § 88 I AktG bestehen auch hinsichtlich der im einzelnen untersagten Tätigkeiten. Eine spezifische Gefährdung der AG in ihrer durch Art. 12 I GG gewährleisteten unternehmerischen Wettbewerbsfreiheit entsteht immer dann, wenn eines ihrer Vorstandsmitglieder im Rahmen einer selbständigen unternehmerischen Tätigkeit oder einer Betätigung in einer anderen Gesellschaft auf dem Markt der AG seine Kenntnisse von Geschäftsgeheimnissen oder sonstigen betriebsinternen Informationen der AG, ihr know-how oder ihre Geschäfts- und Kundenbeziehungen zu seinem eigenen Vorteil bzw. zum Vorteil der konkurrierenden Gesellschaft ausnutzt. Der Wortlaut des § 88 I AktG erfaßt nicht alle Fälle, in denen die genannten Gefahren entstehen.

So ist es nicht entscheidend, ob das Vorstandsmitglied ein Handelsgewerbe i.S.d. § 1 II HGB betreibt. Ein Wettbewerbsverbot ist aus den genannten Gründen in gleicher Weise dann geboten, wenn das Vorstandsmitglied eine gewerbliche Tätigkeit ausübt, die kein Handelsgewerbe darstellt, durch die es aber zum echten Konkurrenten der AG wird und in deren Rahmen es ihm aufgrund seiner Vorstandstätigkeit zugängliche Informationen, geschäftliche Beziehungen und andere Unternehmenswerte zum eigenen Nutzen und zum Schaden der AG verwerten kann[644].

Ebensowenig kommt es im Hinblick auf die durch § 88 I AktG untersagte Tätigkeit in einer anderen Gesellschaft darauf an, ob es sich um eine Handelsgesellschaft handelt[645] und ob der von dem Wettbewerbsverbot Betroffene dort die formale Stellung eines Vorstandsmitglieds, Geschäftsführers oder persönlich haftenden Gesellschafters innehat. Der aus Art. 12 I GG resultierende Schutzauftrag verlangt ein Wettbewerbsverbot vielmehr stets dann, wenn es sich bei der anderen Gesellschaft um eine solche handelt, die auf dem räumlich und sachlich gleichen Markt wie die AG ein Unternehmen betreibt, und wenn das Vorstandsmitglied in dieser Gesellschaft eine mit Einfluß auf ihre Geschäftstätigkeit verbundene Stellung innehat, die es ihm erlaubt, seine aus der AG mitgebrachten Insiderkenntnisse zugunsten der Konkurrenzgesellschaft auszunutzen.

Eine solche Situation ist stets gegeben, wenn es sich bei der anderen Gesellschaft um eine AG handelt und das Vorstandsmitglied darin ebenfalls Vorstandsaufgaben wahrnimmt, da den Vorstandsmitgliedern einer AG gemäß § 76 I AktG die Leitung der Gesellschaft in eigener Verantwortung obliegt. Insoweit entspricht die Bestimmung des § 88 I AktG dem durch Art. 12 I GG gebotenen Schutz der AG.

Hinsichtlich der Tätigkeit als Geschäftsführer einer GmbH oder der Beteiligung an einer OHG oder KG als persönlich haftender Gesellschafter ist für den Schutz der AG durch ein Wettbewerbsverbot hingegen ausschlaggebend, ob die Geschäftsführer- oder Gesellschafterstellung tatsächlich auch im Innenverhältnis mit entsprechenden Geschäftsführungsbefugnissen verbunden ist und damit Einfluß auf die Geschicke der Gesellschaft besteht. Hierzu gelten die im Abschnitt über Wettbewerbsverbote für Gesellschafter[646] vorgenommenen Überlegungen entsprechend.

---

644 Für eine (analoge) Anwendung des § 88 I AktG auf gewerbliche Tätigkeiten, allerdings ohne verfassungsrechtliche Begründung, KölnerKomm/Mertens, § 88 Rn. 3.

645 So auch KölnerKomm/Mertens, § 88 Rn. 3.

646 Dazu näher 3. Teil § 1 A I 2 a aa aaa (2).

In seinem darüber hinausgehenden Umfang zielt § 88 I AktG allein auf den Erhalt der Arbeitskraft der Vorstandsmitglieder. In diesem Bereich dient § 88 I AktG nicht in seiner Eigenschaft als Wettbewerbsverbot, sondern als allgemeines Tätigkeitsverbot dem Schutz der durch Art. 12 I GG gewährleisteten Unternehmenstätigkeit der AG.

Umgekehrt ist ein Wettbewerbsverbot zum Schutz der Berufsfreiheit der AG aber dann geboten, wenn ein Vorstandsmitglied der betroffenen AG in einer konkurrierenden Gesellschaft zwar nicht Vorstandsmitglied, Geschäftsführer oder persönlich haftender Gesellschafter ist, jedoch im Innenverhältnis über entscheidenden Einfluß auf die Unternehmensgeschicke verfügt, z.B. als mit Geschäftsführungsbefugnissen ausgestatteter Kommanditist einer KG, als geschäftsführender Gesellschafter einer unternehmerisch tätigen BGB-Gesellschaft oder als über eine Mehrheitsbeteiligung verfügender Aktionär oder GmbH-Gesellschafter[647], auch als am Handelsgewerbe einer Konkurrenzgesellschaft beteiligter geschäftsführungsbefugter stiller Gesellschafter[648]. Diese Tätigkeiten werden von § 88 I AktG seinem Wortlaut nach nicht erfaßt.

bbb) Einwirkung des Schutzgebots auf den personellen Geltungsbereich

Der persönliche Anwendungsbereich des § 88 I AktG erstreckt sich unterschiedslos auf alle Vorstandsmitglieder einer AG. Da die Vorstandsmitglieder aufgrund ihrer Leitungsmacht nach § 76 I AktG eigenverantwortlich über das Unternehmensschicksal entscheiden, ihre Leitungsmacht also mit Rücksicht auf andere unternehmerische Interessen auch in für die Gesellschaft nachteilhafter Weise ausüben können, gehen von dieser Personengruppe im Falle der Aufnahme einer Konkurrenztätigkeit *stets* besondere Gefahren für die durch Art. 12 I GG geschützte Wettbewerbsfähigkeit und Marktstellung der AG aus. Der personelle Geltungsbereich entspricht insofern dem durch Art. 12 I GG gebotenen Schutz der AG in ihrer unternehmerischen Wettbewerbsfreiheit.

Auch in ihrer Funktion als Tätigkeitsverbot entspricht die Vorschrift des § 88 I AktG ihrem personellen Geltungsbereich nach dem durch Art. 12 I GG gebote-

---

647 Für eine (analoge) Anwendung des § 88 I AktG auf diese Fälle, allerdings ohne verfassungsrechtliche Begründung, Armbrüster, ZIP 1997, S. 1269 (S. 1270)

648 Zu einem mit Geseschäftsführungsbefugnis ausgestatteten stillen Gesellschafter s. näher Blaurock, Hdb. d. Stillen Gesellschaft, Rn. 184.

nen Schutz der Unternehmensfreiheit der AG, da die mangelnde Einsatzfähigkeit eines *jeden* Vorstandsmitglieds die Gesellschaft in ihrer Unternehmenstätigkeit zu beeinträchtigen droht.

bb) Grenzen des Schutzgebots

Grenzen werden dem Schutzgebot des Art. 12 I GG einerseits durch die Möglichkeit des Grundrechtsverzichts, andererseits durch gegenläufige Rechte und Interessen gesetzt. So stehen der Berufsfreiheit der Gesellschaft das Grundrecht der Vorstandsmitglieder aus Art. 12 I GG sowie das öffentliche Interesse an der Freiheit des Wettbewerbs entgegen.

aaa) Verzicht auf den Grundrechtsschutz

Zwar ist die Vorschrift des § 88 I AktG zwingender Natur, doch sieht sie die Möglichkeit einer Einwilligung in die konkurrierende Tätigkeit eines Vorstandsmitglieds vor. Wie in der Befreiung von den Wettbewerbsverboten gemäß § 112 I HGB, § 284 I AktG, ist auch in der Einwilligung in die Wettbewerbstätigkeit eines Vorstandsmitglieds ein Grundrechtsverzicht zu erblicken. Da durch die Einwilligung in potentielle Beeinträchtigungen der Berufsfreiheit der Gesellschaft äußerste Grenzen wie die Menschenwürde oder andere, dieser nahestehende Belange nicht berührt werden, konnte der Gesetzgeber trotz des ihn treffenden Schutzauftrags aus Art. 12 I GG die Möglichkeit eines Einverständnisses mit Grundrechtsbeschränkungen in diesem Bereich vorsehen[649].

Dem aus dem Schutzgebot des Art. 12 I GG resultierenden Erfordernis, die AG vor einer vorschnellen Preisgabe ihrer Berufsfreiheit zu bewahren, wird dadurch Rechnung getragen, daß die durch den Aufsichtsrat zu erteilende Einwilligung in die Konkurrenztätigkeit eines Vorstandsmitglieds gemäß § 88 I 3 AktG nur für bestimmte Geschäftsarten, für bestimmte Handelsgewerbe oder für bestimmte Handelsgesellschaften ausgesprochen werden kann. Nach einem Verzicht der Gesellschaft auf den Schutz des Art. 12 I GG greift das grundrechtliche Schutzgebot nicht mehr ein[650].

---

649 Zu der grundsätzlichen Möglichkeit und den Bedingungen eines Grundrechtsverzichts unter 3. Teil § 1 A I 2 a bb aaa.

650 Dazu näher 3. Teil § 1 A I 2 a bb aaa.

bbb) Eingriffsverbot des Art. 12 I GG zugunsten der Organmitglieder

Schranken können sich für das Schutzgebot des Art. 12 I GG zugunsten der AG aus der Berufsfreiheit der durch § 88 I AktG verpflichteten Vorstandsmitglieder ergeben. Die Vorstandsmitglieder der AG werden durch das in § 88 I AktG normierte Betätigungsverbot, das ihnen das Geschäftemachen im Geschäftszweig der Gesellschaft, das Betreiben eines Handelsgewerbes sowie die Übernahme der Stellung als Vorstandsmitglied, Geschäftsführer oder persönlich haftender Gesellschafter in einer anderen Handelsgesellschaft untersagt, in der Freiheit beruflicher Betätigung beeinträchtigt[651]. Mangels Beschränkung der untersagten Tätigkeiten auf einen bestimmten Markt schließt § 88 I AktG die Betroffenen von dem Beruf des „Vorstands" oder „Geschäftsführers" einer Handelsgesellschaft außerhalb der AG vollständig aus und erreicht daher die Qualität einer Berufswahlregelung. Allerdings ist zu berücksichtigen, daß die Vorstandsmitglieder bereits in ihrer eigenen AG hauptamtlich Geschäftsführungsfunktionen wahrnehmen und ihnen eine Tätigkeit in dem Geschäftszweig der AG im Hinblick darauf nicht völlig vorenthalten ist.

In ihrer Eigenschaft als *Wettbewerbsverbot* dient die Vorschrift des § 88 I AktG dem Schutz der AG in ihrer durch Art. 12 I GG gewährleisteten Unternehmensfreiheit allerdings nur, soweit sie den Vorstandsmitgliedern eine anderweitige selbständige unternehmerische oder geschäftsführende Tätigkeit auf dem nach räumlichen und sachlichen Kriterien zu bestimmenden relevanten Markt untersagt[652]. Daher kann nur unter Berücksichtigung der ebenfalls im Dienste der Berufsfreiheit der AG stehenden weiteren Funktion des § 88 I AktG, der Gesellschaft die volle Arbeitskraft ihrer Vorstandsmitglieder zu erhalten, erwogen werden, ob dem Schutz der AG in ihrer Grundrechtsposition aus Art. 12 I GG soweit Vorrang vor der Berufsfreiheit der Vorstandsmitglieder zukommt, daß er die mit § 88 I GG verbundenen Freiheitsbeschränkungen rechtfertigt.

Den bereits beschriebenen Beeinträchtigungen der Vorstandsmitglieder in ihrem Grundrecht aus Art. 12 I GG steht eine gravierende Bedrohung der AG in ihrer Unternehmensfreiheit gegenüber, die bei der Abwägung entsprechend schwer

---

[651] Der in § 88 I AktG liegende Eingriff in die Berufsfreiheit der Vorstandsmitglieder einer AG ist in Rechtsprechung und Literatur bislang unerörtert geblieben.

[652] Dazu näher 3. Teil § 1 B 2 a aa aaa (1).

ins Gewicht fällt. Die Konkurrenz durch Mitglieder ihres Leitungsorgans kann für die Gesellschaft eine Verdrängung aus ihrer Marktposition bedeuten und im Extremfall existenzbedrohende Ausmaße annehmen. Ebenso kann die mangelnde Einsatzfähigkeit von Vorstandsmitgliedern in der Unternehmensführung schwerwiegende Beeinträchtigungen des Geschäftsbetriebs zur Folge haben und die unternehmerische Leistungsfähigkeit der AG dadurch nachhaltig beeinträchtigen.

Neben dem Ausmaß der Gefahren ist bei der Abwägung außerdem zu berücksichtigen, daß der Schutz der Unternehmenstätigkeit der AG nicht nur den Belangen der Gesellschaft selber dient. Im Hinblick auf die erhebliche Bedeutung von Aktiengesellschaften für das Wirtschaftsleben[653] besteht an ihrer Funktions- und Existenzfähigkeit auch ein erhebliches öffentliches Interesse.

Auch wenn die Schutzintensität des Art. 12 I GG zugunsten der AG als juristischer Person grundsätzlich schwächer ausfällt als zugunsten der Vorstandsmitglieder als natürlichen Personen[654], verlangt ein gerechter Ausgleich mit Rücksicht auf das beträchtliche Ausmaß der Bedrohung für die Berufsfreiheit der AG und die besondere wirtschaftliche Bedeutung dieser Gesellschaftsform einen vorrangigen Grundrechtsschutz der Gesellschaft.

Die Berufsfreiheit der Vorstandsmitglieder verlangt allerdings eine zeitliche Beschränkung des gesetzlichen Wettbewerbsverbots auf die Dauer der Amtsausübung. Die Bestimmung des § 88 I AktG, die ein Wettbewerbsverbot nur für aktuelle Vorstandsmitglieder vorsieht, entspricht mit der zeitlichen Begrenzung der von ihr festgeschriebenen Verpflichtung einem angemessenen Ausgleich der miteinander kollidierenden Grundrechtspositionen der Gesellschaft und ihrer Vorstandsmitglieder aus Art. 12 I GG. Ein gesetzliches Wettbewerbsverbot auch für die Zeit nach dem Ausscheiden aus dem Vorstandsamt würde die ehemaligen Vorstandsmitglieder von der geschäftsführenden und unternehmerischen Tätigkeit auf einem bestimmten Markt vollständig ausschließen und enthielte daher einen in seiner Intensität der Berufswahl gleichkommenden Eingriff in ihr

---

653 Zur Bedeutung der Aktiengesellschaft als Bestandteil des Wirtschaftslebens Ebenroth/Koos, BB 1995, Beil. 8, S. 1 (S. 5).

654 Zur unterschiedlichen Schutzintensität von Art. 12 I GG bei natürlichen Personen einerseits und juristischen Personen und sonstigen Personenvereinigungen andererseits 3. Teil § 1 A I 2 a bb bbb.

Grundrecht aus Art. 12 I GG. Auf der anderen Seite erreichen die von einer Konkurrenztätigkeit ehemaliger Vorstandsmitglieder ausgehenden Gefahren für die unternehmerische Tätigkeit der Gesellschaft nicht das Ausmaß der Bedrohung, die durch die Konkurrenz eines aktuellen Vorstandsmitglieds verursacht wird, da Vorstandsmitglieder nach ihrem Ausscheiden zwar die ihnen bekannten gesellschaftsinternen Informationen verwerten, jedoch keinen die Gesellschaft schädigenden Einfluß auf ihre Geschäftstätigkeit mehr ausüben können. Im Hinblick auf die im Vergleich zu dem Wettbewerbsverbot für aktuelle Vorstandsmitglieder sehr viel größere Eingriffstiefe eines Wettbewerbsverbots für ausgeschiedene Gesellschafter sowie das geringere Gewicht der aus einer Konkurrenztätigkeit nach dem Ausscheiden aus dem Amt resultierenden Gefahren für die Gesellschaft wäre ein solches nachwirkendes Konkurrenzverbot als übermäßig zu bewerten.

ccc) Öffentliches Interesse an der Freiheit des Wettbewerbs

Im Hinblick darauf, daß der durch Art. 12 I GG gebotene Schutz der Gesellschaft zugleich ihrer Bestands- und Funktionsfähigkeit dient, an der ein erhebliches öffentliches Interesse besteht, werden dem durch Art. 12 I GG gebotenen Schutz der Gesellschaft auch durch den Gemeinschaftsbelang der Freiheit des Wettbewerbs keine Schranken gesetzt[655].

b) Berufsfreiheit von Gesellschaften als Maßstab richterrechtlicher Wettbewerbsverbote

Für die Entwicklung richterrechtlicher Wettbewerbsverbote bietet die Berufsfreiheit von Gesellschaften ein Kriterium von zentraler Bedeutung. Das aus Art. 12 I GG resultierende Schutzgebot indiziert, unter welchen Voraussetzungen und in welchem Umfang Organmitglieder, die keinem gesetzlich normierten Wettbewerbsverbot unterworfen sind, einem ungeschriebenen Konkurrenzverbot unterliegen. Gegenstand der Überlegungen zur Ausstrahlung des Art. 12 I GG auf die Entwicklung ungeschriebener Wettbewerbsverbote ist einerseits das gemeinhin anerkannte Wettbewerbsverbot für Geschäftsführer einer GmbH, ande

---

[655] Dazu näher 3. Teil § 1 A I 2 a bb ccc.

rerseits ein in Erwägung zu ziehendes Wettbewerbsverbot für Aufsichtsratsmitglieder.

aa) Wettbewerbsverbot für Geschäftsführer einer GmbH

Die mit der Vorschrift des § 88 I AktG fragmentarisch bleibende[656] gesetzliche Regelung der Wettbewerbsverbote für Organmitglieder wird von Rechtsprechung und Lehre durch ein aus der Treuepflicht entwickeltes Wettbewerbsverbot für GmbH-Geschäftsführer ergänzt. Nachfolgend wird untersucht, inwieweit und in welcher Gestalt ein solches Wettbewerbsverbot mit Rücksicht auf den grundrechtlichen Schutz der Berufsfreiheit von Gesellschaften geboten ist[657]. Diese Untersuchung bezieht sich sowohl auf Fremdgeschäftsführer als auch auf Gesellschafter-Geschäftsführer. Im Falle eines Gesellschafter-Geschäftsführers ergänzen die aus seiner Stellung als Geschäftsführungsorgan resultierenden organschaftlichen Pflichten seine bereits im Abschnitt über richterrechtliche Wettbewerbsverbote für Gesellschafter[658] erörterte mitgliedschaftliche Bindung[659].

aaa) Schutzgebot aus Art. 12 I GG zugunsten der Gesellschaft

Bei der Bestimmung von Anwendungsbereich und Umfang eines Wettbewerbsverbots für GmbH-Geschäftsführer, den das Schutzgebot des Art. 12 I GG zugunsten der Gesellschaft fordert, soll erneut zwischen gegenständlichem und personellem Geltungsbereich differenziert werden.

(1) Einwirkung des Schutzgebots auf den gegenständlichen Geltungsbereich

Ein Wettbewerbsverbot für GmbH-Geschäftsführer ist zum Schutz der durch Art. 12 I GG gewährleisteten Berufsfreiheit der GmbH insoweit geboten, als die Tätigkeit eines Geschäftsführers spezifische Gefahren für die Wettbewerbsfähigkeit und die von ihr errungene Marktposition der Gesellschaft mit sich bringt. Dies ist nur dann der Fall, wenn der über Insiderwissen verfügende Geschäfts-

---

656 Timm, GmbHR 1981, S. 177; Armbrüster, ZIP 1997, S. 1269.

657 Zum methodischen Vorgehen 3. Teil § 1 vor A.

658 3. Teil § 1 A I 1 b.

659 Tillmann, GmbHR 1991, S. 26 (S. 27), bemerkt zutreffend, daß Gesellschafter-Geschäftsführer einer GmbH einem „doppelten Wettbewerbsverbot“ unterliegen.

führer auf dem räumlich relevanten Markt im gleichen Geschäftsbereich wie die GmbH entweder selber Geschäfte macht, ein Handelsgewerbe betreibt bzw. einer sonstigen konkurrierenden gewerblichen Tätigkeit nachgeht oder aber in einer anderen Gesellschaft des gleichen Handelszweiges in einer mit maßgeblichem Einfluß verbundenen Position tätig ist.

(2) Einwirkung des Schutzgebots auf den personellen Geltungsbereich

Der persönliche Geltungsbereich des richterrechtlich entwickelten Wettbewerbsverbots für GmbH-Geschäftsführer erfaßt nach der hierzu existierenden Rechtsprechung generell *alle* Geschäftsführer einer GmbH[660]. Die rechtlichen Befugnisse von GmbH-Geschäftsführern und ihr Einfluß in der Gesellschaft können allerdings im einzelnen sehr unterschiedlich ausfallen[661].
Dies liegt zum einen daran, daß die Geschäftsführer einer GmbH anders als der Vorstand der AG die Gesellschaft nicht eigenverantwortlich leiten[662], sondern gemäß § 37 I GmbHG an Weisungen der Gesellschafterversammlung als oberstem Gesellschaftsorgan gebunden sind. Zwar ist den Geschäftsführern von der gesetzgeberischen Konzeption her grundsätzlich unternehmerische Initiative zugedacht[663], doch können die Gesellschafter durch Erteilung genereller und einzelfallbezogener Weisungen[664] die Unternehmensführung bis zur Grenze der gesetzlichen Pflichten[665] der Geschäftsführer übernehmen, so daß diese im äußersten Fall zum reinen Ausführungsorgan werden[666].

---

660 BGH, Urt. v. 26.10.1964, WM 1964, S. 1320 (S. 1321); BGH, Urt. v. 9.11.1967, BGHZ 49, S. 30 (S. 31); FG Köln, Urt. v. 25.7.1991, GmbHR 1992, S. 326 (S. 327); OLG Düsseldorf, Urt. v. 1.8.1993, GmbHR 1993, S. 581 (S. 582); OLG Frankfurt a.M., Urt. v. 13.5.1997, GmbHR 1998, S. 376 (S. 377).

661 Raiser, Kapitalgesellschaftsrecht, § 32 Rn. 2.

662 Altmeppen/Roth, § 37 Rn. 3; HK-GmbH/Fichtelmann, § 37 Rn. 11.

663 Raiser, Kapitalgesellschaftrecht, § 32 Rn. 2.

664 HK-GmbH/Fichtelmann, § 37 Rn. 14.

665 Hachenburg/Mertens, § 37 Rn. 19; Raiser, Kapitalgesellschaftsrecht, § 32 Rn. 1.

666 Die h.M. hält es für zulässig, daß die Geschäftsführer aufgrund von Weisungen der Gesellschafter zum reinen Exekutivorgan werden (Hachenburg/Mertens, § 37 Rn. 19; Altmeppen/Roth, § 37 Rn. 3; Marsch-Barner/Diekmann, § 44 Rn. 66; Scholz/U. H. Schneider, § 37 Rn. 38; a.A. Lutter/Hommelhoff, § 37 Rn. 18 a; HK-GmbH/Fichtelmann, § 37 Rn. 11; Wiedemann, Gesellschaftsrecht Bd. I, S. 335; unklar Zöllner, in: Baumbach/Hueck GmbHG, § 37 Rn. 11).

Zum anderen kann innerhalb einer GmbH die Rechtsstellung der einzelnen Geschäftsführer durch die Satzung unterschiedlich ausgestaltet sein. So können z.B. einzelne Geschäftsführer von der aktiven Geschäftsführung ganz oder teilweise ausgeschlossen werden[667]. Es ist daher möglich, daß Geschäftsführer aufgrund der Weisungsgebundenheit oder aufgrund der satzungsrechtlichen Ausgestaltung ihrer Stellung annähernd keinen eigenen Einfluß auf die Geschäftsangelegenheiten und die Geschäftspolitik der GmbH haben. Allerdings verfügt ein Geschäftsführer auch in solchen Fällen wegen der ihm als Leitungsorgan der Gesellschaft stets verbleibenden Informationsrechte über weitgehenden Einblick in die Gesellschaftsangelegenheiten und Unternehmensinterna, die er bei einer Tätigkeit außerhalb der GmbH mißbräuchlich zu eigenem oder fremdem Vorteil und zum Schaden der Gesellschaft verwerten kann. Im Hinblick auf die ihnen zugänglichen Informationen über Geschäftslage, Geschäftsgeheimnisse und sonstige Unternehmenswerte der Gesellschaft bedeutet eine anderweitige wirtschaftliche Betätigung von Geschäftsführern auf dem relevanten Markt auch bei fehlendem Einfluß auf die Geschäftsführung der GmbH eine spezifische Gefahr für die Wettbewerbsfähigkeit und Marktposition der Gesellschaft. Wegen der darin liegenden Bedrohung der Berufsfreiheit der GmbH ist ein Wettbewerbsverbot für GmbH-Geschäftsführer unabhängig von ihren Befugnissen im Einzelfall generell geboten.

bbb) Grenzen des Schutzgebots

Das Schutzgebot des Art. 12 I GG zugunsten der Gesellschaft unterliegt der Beschränkung durch die Möglichkeit eines Grundrechtsverzichts, durch das gegenläufige Eingriffsverbot des Art. 12 I GG zugunsten der betroffenen Geschäftsführer sowie ggf. durch das öffentliche Interesse an einem freien Wettbewerb. Der durch Art. 12 I GG gebotene Mindestumfang eines Wettbewerbsverbots für GmbH - Geschäftsführer muß Ausdruck eines gerechten Ausgleichs der miteinander kollidierenden Rechte und Interessen sein.

---

667 Sog. Zölibatsgeschäftsführer (HK-GmbH/Fichtelmann, § 37 Rn. 10).

(1) Verzicht auf den Grundrechtsschutz

Dem Grundrechtsschutz des Art. 12 I GG wird durch die Möglichkeit des Grundrechtsverzichts Schranken gesetzt. Verzichtet die GmbH durch Befreiung eines Geschäftsführers von dem ungeschriebenen Wettbewerbsverbot[668] auf die grundrechtliche Gewährleistung ihrer Berufsfreiheit, so entfällt das Schutzgebot des Art. 12 I GG.

(2) Eingriffsverbot des Art. 12 I GG zugunsten der Organmitglieder

Das ungeschriebene Wettbewerbsverbot, das den Geschäftsführern jede anderweitige unternehmerische oder geschäftsführende Tätigkeit im Geschäftszweig der GmbH untersagt, ist angesichts der Beschränkung auf eine bestimmte Branche als Berufs*ausübungs*regelung zu qualifizieren[669]. Selbst in der betreffenden Branche bleibt der Geschäftsführer unter Berücksichtigung der von ihm eingenommenen Geschäftsführerposition in der GmbH von einer solchen beruflichen Betätigung nicht vollständig ausgeschlossen. Da die Geschäftsführertätigkeit in der GmbH nicht eine bloße Neben-, sondern eine Haupttätigkeit darstellt, sind die Geschäftsführer auf eine zusätzliche Betätigung außerhalb der Gesellschaft nicht unbedingt angewiesen und werden durch das Wettbewerbsverbot auch in dieser Hinsicht nicht essentiell getroffen. Die Beschränkung des Geschäftsführers in seiner Berufsfreiheit ist in Anbetracht dieser Umstände in ihrer Wirkung mäßig.

Das Ausmaß der von der konkurrierenden Tätigkeit eines Geschäftsführers ausgehenden Bedrohung für die Berufsfreiheit der GmbH differiert demgegenüber je nach der inneren Stellung des Geschäftsführers. Hier sind drei Fälle zu unterscheiden:

Wenn ein GmbH-Geschäftsführer in vollem Umfang über die vom Gesetz vorgesehenen Befugnisse verfügt und die Gesellschafter von ihrem Weisungsrecht nach § 37 I GmbHG nicht oder nur in Einzelfällen Gebrauch machen, entstehen durch eine anderweitige unternehmerische oder geschäftsführende Tätigkeit des

[668] GmbH-Geschäftsführer können nach h.A. durch Satzung oder Gesellschafterbeschluß von dem ihnen obliegenden ungeschriebenen Wettbewerbsverbot befreit werden (s. nur Hachenburg/Mertens, § 43 Rn. 42).

[669] Dazu bereits 3. Teil § 1 A I 2 a bb bbb.

Geschäftsführers erhebliche Gefahren für die Unternehmensfreiheit der GmbH. Der Geschäftsführer kann nicht nur die ihm aufgrund seines Amtes eröffneten Informationsmöglichkeiten zugunsten seiner Konkurrenztätigkeit ausnutzen, sondern zusätzlich seine Leitungsbefugnisse in einer den Interessen der GmbH zuwiderlaufenden Weise wahrnehmen und sie auch dadurch in ihrer Wettbewerbsfähigkeit und Marktstellung schwächen. Angesichts der nur mäßigen Beschränkung des Geschäftsführers in seiner Freiheit beruflicher Betätigung auf der einen Seite und der Intensität der von einer Konkurrenztätigkeit ausgehenden Bedrohung für die Berufsfreiheit der GmbH andererseits ist in diesen Fällen dem Schutz der Gesellschaft durch Art. 12 I GG der Vorrang zuzuweisen. Die mit dem Wettbewerbsverbot einhergehende Beschränkung des Geschäftsführers in seiner Berufsfreiheit ist dementsprechend verfassungsrechtlich gerechtfertigt.

Stehen einem Geschäftsführer zwar grundsätzlich die vom Gesetz vorgesehenen Geschäftsführungsbefugnisse in vollem Umfang zu, machen die Gesellschafter jedoch von ihrem Weisungsrecht nach § 37 I GmbHG so umfangreichen Gebrauch, daß ihm kein Raum für eigenständige Entscheidungen bleibt und er de facto zum reinen Exekutivorgan der Gesellschaft wird, so ist ihm eine Geschäftsführung, die gezielt anderweitige unternehmerische Tätigkeiten begünstigt, für die GmbH hingegen nachteilhaft ist, nicht möglich. Eine spezifische Bedrohung der GmbH in ihrer Wettbewerbsfähigkeit und der von ihr erworbenen Marktstellung geht in diesem Moment nur von der potentiellen Verwertung unternehmensinterner Informationen durch den Geschäftsführer im Rahmen seiner Konkurrenztätigkeit aus. Zu bedenken ist jedoch, daß die GmbH-Gesellschafter ihre Weisungspraxis jederzeit ändern können, was zugleich ein entsprechendes Anwachsen des Einflusses des Geschäftsführers auf die Unternehmenstätigkeit der GmbH bewirkt. Das Gefährdungspotential für die Berufsfreiheit der Gesellschaft unterscheidet sich daher strukturell nicht von demjenigen in der zuvor untersuchten Fallgruppe. Deswegen wird auch die Abwägung durch die bereits dort vorgenommenen Überlegungen bestimmt und führt zu demselben Ergebnis. Das den Geschäftsführer in seiner Berufsfreiheit beschränkende Wettbewerbsverbot ist durch den Schutz der GmbH in ihrer grundrechtlichen Position aus Art. 12 I GG gerechtfertigt.

Schließlich verbleiben als dritte Gruppe diejenigen Fälle, in denen ein GmbH-Geschäftsführer durch die Satzung von der Geschäftsführung ausgeschlossen wird und lediglich als sogenannter Zölibatsgeschäftsführer fungiert. Bei einer solchen satzungsrechtlichen Gestaltung ist der Geschäftsführer von der Möglichkeit eigener Einflußnahme auf die Unternehmenstätigkeit der GmbH dauerhaft ausgeschlossen. In Ermangelung entsprechender Befugnisse vermag er die Geschäftstätigkeit nicht in einer Weise zu steuern, die einer anderweitigen unternehmerischen Tätigkeit dadurch zugute kommt, daß sie die GmbH in ihrer Wettbewerbsposition schwächt.

Gefahren entstehen für die Unternehmensfreiheit der GmbH in diesen Fällen allerdings daraus, daß ihr Geschäftsführer in großem Umfang mit gesellschaftsinternen Informationen vertraut ist, die er im Rahmen einer konkurrierenden Tätigkeit zum eigenen Nutzen und zum Schaden der GmbH verwerten kann. Anders als in der parallelen Situation bei der Untersuchung richterrechtlicher Wettbewerbsverbote für Gesellschafter[670] fällt die Abwägung bei GmbH-Geschäftsführern, die von der aktiven Geschäftsführung ausgeschlossen sind und die Gesellschaft nur aufgrund ihres Insiderwissens gefährden, zugunsten der Gesellschaft aus. Die mit der Konkurrenztätigkeit eines solchen Geschäftsführers verbundene Bedrohung der GmbH beschränkt sich nämlich nicht auf die genannte Gefahr mißbräuchlicher Informationsverwertung. Da Geschäftsführer i.d.R. im Geschäftsleben in hohem Grad mit dem von der Gesellschaft betriebenen Unternehmen identifiziert werden[671], ist es für sie unverhältnismäßig leichter als für bloße Gesellschafter, Geschäfts- und Kundenbeziehungen, u.U. auch den guten Ruf der GmbH für eine konkurrierende Tätigkeit auszunutzen und sich dadurch nicht zu unterschätzende Wettbewerbsvorteile zu verschaffen. Hinsichtlich der auf der anderen Seite durch das Wettbewerbsverbot bewirkten Beeinträchtigung ist darauf zu verweisen, daß auch einem Zölibatsgeschäftsführer mit Rücksicht auf seine Position in der GmbH eine unternehmerische bzw. geschäftsführende Tätigkeit im Geschäftszweig der GmbH nicht völlig vorenthalten bleibt und daß er auf eine weitere berufliche Betätigung neben der hauptberuflichen Geschäftsführertätigkeit nicht unbedingt angewiesen ist.

In Anbetracht der schwerwiegenden Gefahren, die auch von einem konkurrierend tätigen Geschäftsführer ausgehen, der satzungsrechtlich von den gesetzlich

---

670 Bei der parallelen Konstellation im Rahmen der Wettbewerbsverbote für Gesellschafter führte die Grundrechtsabwägung zu dem Ergebnis, daß ein Wettbewerbsverbot zu Lasten lediglich informationsberechtigter Gesellschafter durch die Berufsfreiheit der Gesellschaft nicht legitimiert wird.

671 Ähnlich BGH, Urt. v. 26.3.1984, DB 1984, S. 1717.

vorgesehenen Befugnissen weitgehend ausgeschlossen ist, sowie unter Berücksichtigung der in ihrer Wirkung mäßigen Beeinträchtigung des Geschäftsführers in seiner Berufsfreiheit führt die Grundrechtsabwägung zum Vorrang der durch Art. 12 I GG gewährleisteten Unternehmensfreiheit der GmbH. Deshalb ist der in dem Wettbewerbsverbot liegende Grundrechtseingriff zulasten der Geschäftsführer auch in diesen Konstellationen gerechtfertigt.

Die Berufsfreiheit der Geschäftsführer setzt dem Schutzgebot des Art. 12 I GG zugunsten der Gesellschaft allerdings in zeitlicher Hinsicht Grenzen. Ein Wettbewerbsverbot auch für die Zeit nach dem Ausscheiden aus dem Geschäftsführeramt würde aufgrund der bereits für das gesetzliche Wettbewerbsverbot für Vorstandsmitglieder vorgenommenen Überlegungen die Grenzen der Verhältnismäßigkeit überschreiten. Im Hinblick darauf, daß auf der einen Seite ein solches Konkurrenzverbot für ehemalige Geschäftsführer einen in seiner Intensität der Berufswahlregelung gleichkommenden Eingriff in ihre Berufsfreiheit enthielte, auf der anderen Seite das aus der konkurrierenden Tätigkeit eines aus dem Amt ausgeschiedenen Geschäftsführers resultierende Gefährdungspotential für die Gesellschaft wesentlich geringer ist als die von einem aktuellen Geschäftsführer ausgehende Bedrohung[672], erfordert eine angemessene Grundrechtsabwägung die Beschränkung richterrechtlicher Wettbewerbsverbote für GmbH-Geschäftsführer auf die Dauer der Amtsausübung.

(3) Öffentliches Interesse an der Freiheit des Wettbewerbs

Das öffentliche Interesse an der Freiheit des Wettbewerbs vermag das Schutzgebot zugunsten der GmbH nicht zu beschränken, da der durch Art. 12 I GG gebotene Schutz zugleich eine bestandssichernde Funktion hat und deshalb Vorrang genießt.

bb) Wettbewerbsverbot für Aufsichtsratsmitglieder

Ein Wettbewerbsverbot für Aufsichtsratsmitglieder ist bislang weder von der Rechtsprechung noch von der Rechtswissenschaft entwickelt worden. Soweit die Zulässigkeit einer Konkurrenztätigkeit von Aufsichtsratsmitgliedern thematisiert wird, ist fast ausschließlich das Problem des Doppelmandats in Aufsichts-

---

672 Dazu bereits 3. Teil § 1 A I 2 a bb bbb.

räten konkurrierender Unternehmen Gegenstand der Diskussion, nicht hingegen die Frage eines umfassenden Verbotes von Konkurrenztätigkeiten außerhalb der Gesellschaft[673]. Da Art. 12 I GG über die organschaftliche Treuepflicht grundsätzlich auch auf die Rechtsbeziehungen zwischen der Gesellschaft und ihren Aufsichtsratsmitgliedern auszustrahlen vermag[674], stellt sich die Frage, ob der grundrechtliche Schutz der Berufsfreiheit von Gesellschaften auch ein Wettbewerbsverbot für Aufsichtsratsmitglieder fordert. Die nachfolgenden Überlegungen orientieren sich an der Aktiengesellschaft, für die der Aufsichtsrat als Gesellschaftsorgan verpflichtend vorgeschrieben ist. Sie gelten aber auch für andere Gesellschaftsformen.

aaa) Schutzgebot aus Art. 12 I GG zugunsten der Gesellschaft

Ob und in welchem Umfang Art. 12 I GG im Falle einer konkurrierenden Tätigkeit von Aufsichtsratsmitgliedern Schutzwirkungen zugunsten der AG entfaltet, hängt davon ab, inwieweit die Gesellschaft durch diese Konkurrenz in ihrer Berufsfreiheit tangiert wird. Die Berufsfreiheit der AG wird nur dann, aber auch immer dann beeinträchtigt, wenn Aufsichtsratsmitglieder ihr gegenüber als echte Konkurrenten auftreten. Demnach müßte sich der sachliche Geltungsbereich eines Wettbewerbsverbots für Aufsichtsratsmitglieder auf das Betreiben eines Handelsgewerbes bzw. die Ausübung einer anderen gewerblichen Tätigkeit und das Geschäftemachen für eigene oder fremde Rechnung im Geschäftszweig der Gesellschaft sowie auf die Übernahme einer mit Einfluß verbundenen Position in einer gleichartigen Gesellschaft beziehen[675].

Mit einer derartigen konkurrierenden Tätigkeit eines Aufsichtsratsmitglieds geht allerdings nur dann eine Bedrohung der Gesellschaft in ihrer Berufsfreiheit einher, wenn die Aufsichtsratsmitglieder über ein solches Maß an Einfluß auf die Geschicke der Gesellschaft oder an Kenntnissen über die Gesellschaftsinterna verfügen, daß im Hinblick auf eine mögliche mißbräuchliche Verwertung von

---

673 Die Einseitigkeit dieser Betrachtung wird von U. H. Schneider, BB 1995, S. 365 (S. 366), kritisiert, da die Diskussion um die Zulässigkeit des Doppelmandats von Aufsichtsratsmitgliedern das Problem der Konkurrenztätigkeit von Aufsichtsratsmitgliedern nur ausschnitthaft behandele und deshalb unzureichend sei.

674 Zu den allgemeinen Grundlagen dieser Ausstrahlung 3. Teil § 1 B I 1.

675 Ähnlich U. H. Schneider, BB 1995, S. 365 (S. 368).

know-how, von Geschäftsgeheimnissen und sonstigem Insiderwissen[676] sowie im Hinblick auf die Möglichkeit bewußt zum Nachteil der Gesellschaft getroffener Entscheidungen spezifische Gefahren für ihre Wettbewerbsfähigkeit und Marktposition bestehen. Inwieweit sich aus der Konkurrenz von Aufsichtsratsmitgliedern eine derartige für die AG wettbewerbsgefährdende Situation ergibt, beurteilt sich nach der Stellung, d.h. insbesondere nach den Aufgaben und Befugnissen der Aufsichtsratsmitglieder in der AG.

Der Aufsichtsrat nimmt keine Geschäftsführungs-, sondern (nur) Kontrollfunktionen wahr. Zu seinen Hauptaufgaben gehört allerdings - neben der Bestellung und Abberufung - die Überwachung des Vorstands[677], die sich sowohl auf bereits abgeschlossene Sachverhalte als auch auf noch anstehende Entscheidungen und Fragen der allgemeinen Geschäftspolitik bezieht[678]. Diese Überwachung kann die Form ständiger Diskussion und laufender Beratung des Vorstands annehmen[679]. Der Aufsichtsrat verfügt damit zwar über keinerlei Geschäftsführungsrecht[680], so daß Aufsichtsratsmitglieder der Gesellschaft keine geschäftlichen Nachteile dadurch zufügen können, daß sie Entscheidungen treffen, die ihre konkurrierenden unternehmerischen Ziele fördern, den Interessen der AG aber zuwiderlaufen. Auch wenn der Aufsichtsrat gemäß § 111 IV 2 AktG von seinem Recht Gebrauch macht, bestimmte Arten von Geschäften an seine Zustimmung zu binden, erhält er dadurch mangels Initiativ- oder Weisungsrechts keinen Anteil an der Geschäftsführung, sondern bleibt reines Kontrollorgan[681]. Aufgrund seines ständigen Kontakts mit dem Geschäftsführungsorgan ist er jedoch mit den Geschäftsangelegenheiten der Gesellschaft vertraut.

Abgesehen von der erwähnten, in der Praxis häufigen informellen Beratung ist der Vorstand dem Aufsichtsrat gemäß § 90 AktG zu umfangreicher Berichterstattung verpflichtet, die sich auf die Geschäftspolitik und die Unternehmensplanung, auf die Rentabilität der Gesellschaft und den Gang der Geschäfte be-

---

676 Zur Gefahr gesellschaftsschädlicher Informationsverwertung KölnerKomm/Mertens, § 90 Rn. 13.

677 K. Schmidt, GesR, S. 286.

678 MünchHdb.GesR IV/Hoffmann-Becking, § 29 Rn. 25.

679 KölnerKomm/Zöllner, § 111 Rn. 34.

680 KölnerKomm/Zöllner, § 111 Rn. 11.

681 MünchHdb.GesR IV/Hoffmann-Becking, § 29 Rn. 10.

zieht[682]. Hinzu kommt das Einsichtsrecht des Aufsichtsrates nach § 111 II AktG, aufgrund dessen er Bücher, Schriften und Vermögensgegenstände der Gesellschaft einsehen und prüfen kann. Dadurch erhalten die Aufsichtsratsmitglieder einen umfassenden Überblick über die Geschäftsangelegenheiten der Gesellschaft und Kenntnis auch von betriebsinternen vertraulichen Informationen, weswegen eine von ihnen ausgeübte konkurrierende Tätigkeit mit Blick auf die potentielle mißbräuchliche Informationsverwertung eine Bedrohung für die Wettbewerbsfähigkeit und Marktstellung der Gesellschaft mit sich bringt[683]. Die den Aufsichtsratsmitgliedern gemäß § 116 i.V.m. § 93 I 2 AktG obliegende Verschwiegenheitspflicht vermag der AG insofern keinen ausreichenden Schutz zu bieten, als die Aufsichtsratsmitglieder nicht nur beim Geschäftemachen oder Betreiben eines Handelsgewerbes ihre Insiderkenntnisse problemlos zum eigenen Vorteil verwerten können, sondern auch im Fall der Übernahme einer mit Einfluß verbundenen Stellung in einer anderen Gesellschaft ihre speziellen Kenntnisse ohne Verletzung ihrer Geheimhaltungspflicht in die zu fällenden Entscheidungen einbeziehen und dadurch der AG je nach ihrem Einfluß mehr oder minder große Nachteile zufügen können. In Anbetracht dieser von einer Konkurrenztätigkeit von Aufsichtsratsmitgliedern ausgehenden spezifischen Gefahren fordert das Schutzgebot des Art. 12 I GG ein entsprechendes Wettbewerbsverbot.

bbb) Grenzen des Schutzgebots

Aus der Begrenzung des Schutzgebots durch die Möglichkeit des Grundrechtsverzichts sowie durch das gegenläufige Eingriffsverbot des Art. 12 I GG zugunsten der Aufsichtsratsmitglieder und u.U. durch das öffentliche Interesse an der Freiheit des Wettbewerbs ergeben sich jedoch Einschränkungen für das zunächst gebotene Wettbewerbsverbot, die im Wege der Abwägung der miteinander kollidierenden Rechte und Interessen zu bestimmen sind.

---

682 Vgl. § 90 I AktG.

683 A.A. offenbar Armbrüster, ZIP 1997, S. 1269 (S. 1271), nach dessen Ansicht die Informationsrechte der Aufsichtsratsmitglieder nach § 90 AktG ein Wettbewerbsverbot nicht erforderlich machen.

(1) Verzicht auf den Grundrechtsschutz

Grenzen werden dem Schutzgebot zunächst durch die Möglichkeit des Grundrechtsverzichts gesetzt. Bei Einwilligung in die konkurrierende Tätigkeit eines Aufsichtsrats entfällt das Schutzgebot des Art. 12 I GG zugunsten der Gesellschaft.

(2) Eingriffsverbot des Art. 12 I GG zugunsten der Organmitglieder

Ein Wettbewerbsverbot, das Aufsichtsratsmitgliedern auf dem räumlich relevanten Markt das Geschäftemachen, das Betreiben eines Handelsgewerbes oder einer anderen gewerblichen Tätigkeit sowie die geschäftsführende oder sonstige unternehmerische Tätigkeit in einer anderen Gesellschaft im Geschäftsbereich der AG untersagt, beschränkt die betroffene Personengruppe in ihrer durch Art. 12 I GG geschützten Freiheit beruflicher Betätigung. Angesichts der Tatsache, daß Aufsichtsratsmitglieder auch in der begünstigten AG selbst keinerlei Leitungsbefugnisse innehaben, werden sie in der betreffenden Branche von jeglicher geschäftsführenden Tätigkeit vollkommen ausgeschlossen, wenn sie nicht ihr Aufsichtsratsmandat aufgeben wollen.

Zu beachten ist dabei, daß die Aufsichtsratstätigkeit im Gegensatz zur Vorstandsfunktion lediglich eine Nebentätigkeit darstellt[684]. Aufsichtsratsmitglieder sind deshalb i.d.R. auf die Ausübung einer anderweitigen Tätigkeit angewiesen, wobei sich im Zweifel wegen ihres besonderen Sachverstandes eine Tätigkeit im gleichen Geschäftszweig anbietet. Bleibt ihnen dieser verschlossen, so liegt darin eine erhebliche Beschränkung ihrer persönlichen Entfaltungsfreiheit. Ein Wettbewerbsverbot trifft Aufsichtsratsmitglieder daher ungleich stärker als Vorstandsmitglieder einer AG.

Für die Abwägung ist auf der anderen Seite das Gewicht der durch die Konkurrenztätigkeit eines Aufsichtsratsmitglieds entstehenden Gefahren für die Unternehmenstätigkeit der AG von Bedeutung, das wesentlich geringer ist als das Maß der Bedrohung, die aus einer Konkurrenztätigkeit von Vorstandsmitgliedern für die Wettbewerbsfähigkeit der Gesellschaft resultiert. Während letztere nicht nur ihre - im Vergleich zu Aufsichsratsmitgliedern weiterreichenden - In-

---

684 Hüffer, § 116 Rn. 4.

siderkenntnisse zu anderweitigen gesellschaftsfremden Zwecken verwerten, sondern darüber hinaus der Gesellschaft auch durch nachteilhafte Geschäftsführung erheblichen Schaden zufügen können, besteht bei einer Konkurrenztätigkeit von Aufsichtsratsmitgliedern mangels Leitungsbefugnissen in der Gesellschaft allein die Gefahr der mißbräuchlichen Ausnutzung gesellschaftsinterner Informationen.

Die im Vergleich zu Vorstandsmitgliedern sehr viel intensivere Beeinträchtigung von Aufsichtsratsmitgliedern durch ein Wettbewerbsverbot einerseits sowie das durch eine Konkurrenz von Aufsichtsratsmitgliedern entstehende geringere Gefährdungspotential andererseits führen bei der Abwägung zu dem Ergebnis, daß das Schutzgebot durch das Eingriffsverbot des Art. 12 I GG zurückgedrängt wird. Angesichts der damit verbundenen Freiheitsbeschränkung der Aufsichtsratsmitglieder überschreitet ein hoheitliches Wettbewerbsverbot die Grenzen der Verhältnismäßigkeit[685] und ist mangels ausreichender Legitimationswirkung der durch Art. 12 I GG gewährleisteten Berufsfreiheit der AG mit der Verfassung unvereinbar.

(3) Öffentliches Interesse an der Freiheit des Wettbewerbs

Das öffentliche Interesse an einem freien Wettbewerb würde einem mit Rücksicht auf die Berufsfreiheit der Gesellschaft ausgesprochenen Wettbewerbsverbot hingegen nicht entgegenstehen. Auch ein solches Wettbewerbsverbot diente dem Schutz der Gesellschaft vor mißbräuchlicher Beeinträchtigung ihrer Unternehmensfreiheit und damit zugleich ihrer Bestands- und Funktionsfähigkeit. In diesem Bereich tritt der Gemeinwohlbelang der Freiheit des Wettbewerbs hinter dem Grundrechtsschutz des Art. 12 I GG zurück[686].

---

[685] U. H. Schneider, BB 1995, S. 365 (S. 369), bezeichnet ein Wettbewerbsverbot für Aufsichtsratsmitglieder als „ein allzu grobes und unbestimmtes Instrument“, das unangemessen sei, greift zur Begründung allerdings nicht auf grundrechtliche Aspekte zurück.

[686] Dazu näher 3 Teil § 1 A I 2 a bb ccc.

II. Private Wettbewerbsverbote

Mit dem Begriff der privaten Wettbewerbsverbote sollen vertraglich vereinbarte Wettbewerbsverbote erfaßt werden. Die hoheitlichen Wettbewerbsverbote für Vorstandsmitglieder einer AG und für Geschäftsführer einer GmbH können durch im Anstellungsvertrag vereinbarte Wettbewerbsverbote sowohl für die Zeit der Ausübung des Vorstands- oder Geschäftsführeramtes[687] als auch für die Zeit nach dem Ausscheiden aus dem Amt[688] ergänzt oder erweitert werden. Vertraglich vereinbarte Wettbewerbsverbote für die Zeit der Amtsausübung sollen nur in dem Umfang Gegenstand der nachfolgenden Überlegungen sein, in dem sie über die hoheitlichen Wettbewerbsverbote hinausgehen. Soweit sie mit den gesetzlichen bzw. richterrechtlichen Wettbewerbsverboten übereinstimmen, haben sie nur deklaratorischen Charakter[689]. Insoweit gelten daher die im Abschnitt über hoheitliche Wettbewerbsverbote[690] gemachten Ausführungen.

Private Wettbewerbsverbote für Organmitglieder, die dem Schutz der Gesellschaft in ihrer Unternehmenstätigkeit dienen, können aufgrund der durch Art. 2 I GG gewährleisteten Vertragsfreiheit grundsätzlich frei vereinbart werden. Den Vertragsparteien ist es daher auch möglich, eine einvernehmliche Regelung über den besonderen Schutz oder die Preisgabe ihrer Grundrechtspositionen zu treffen. Auch für vertragliche Vereinbarungen gilt jedoch der Grundsatz, daß ein Mindestgehalt grundrechtlicher Freiheiten zu respektieren ist[691]. Eine Ausstrahlung von Grundrechten ist daher aus verschiedenen Richtungen möglich. Bevor der Frage nachgegangen wird, welche konkrete Bedeutung der Grundrechtsgewährleistung des Art. 12 I GG sowohl auf Seiten der Gesellschaft als auch auf Seiten des Organmitglieds zukommt, soll zunächst kurz auf die Grundlagen einer solchen Einwirkung hingewiesen werden.

---

687 KölnerKomm/Mertens, § 88 Rn. 7 (für die AG); Armbrüster, ZIP 1997, S. 1269 (S. 1276) (für die GmbH).

688 KölnerKomm/Mertens, § 88 Rn. 26 (für die AG); Scholz/U. H. Schneider, § 43 Rn. 135; MünchHdb.GesR III/Marsch-Barner/Diekmann, § 43 Rn. 72 (für die GmbH).

689 Vgl. Jäger, DStR 1995, S. 724; Hachenburg/Stein, § 35 Rn. 312.

690 3. Teil § 1 B I.

691 Dazu näher 1. Teil § 1 B II 3.

1. Begründung der Ausstrahlungswirkung des Art. 12 I GG

Wettbewerbsverbote, die im Anstellungsvertrag von Organmitgliedern für die Zeit der Amtsausübung und/oder die Zeit nach dem Ausscheiden aus dem Amt vereinbart werden, dienen dem Schutz der Unternehmenstätigkeit der Gesellschaft, indem sie dem jeweils betroffenen Organmitglied Konkurrenztätigkeiten untersagen. Mit Rücksicht auf die Vertragsfreiheit ist der Wille der Vertragsparteien, den durch Art. 12 I GG gewährleisteten Freiheitsbereich in besonderer Weise zu schützen, grundsätzlich zu respektieren. Aufgrund der Schutzgebotsfunktion sind Gesetzgeber und Richter jedoch verpflichtet, ein Minimum grundrechtlicher Freiheiten auch im Rahmen vertraglicher Vereinbarungen zu gewährleisten. Im Bereich der Inhaltskontrolle von Verträgen, für die Art. 12 I GG daher auch auf Seiten des Organmitglieds Bedeutung erlangen kann, hat der Gesetzgeber die Umsetzung des grundrechtlichen Schutzauftrags durch die Schaffung von Generalklauseln in weitem Umfang dem Richter überlassen.

a) Verbot der Sittenwidrigkeit als Schranke privater Wettbewerbsverbote

Anders als im Falle gesetzlicher und richterrechtlicher Wettbewerbsverbote vermögen sich grundrechtliche Einflüsse auf private Wettbewerbsverbote nicht über die organschaftliche Treuepflicht zu realisieren. Da bereits die hoheitlichen Wettbewerbsverbote für Vorstandsmitglieder und Geschäftsführer ihre organschaftliche Treuepflicht konkretisieren, lassen sich vertraglich vereinbarte Wettbewerbsverbote für die Zeit der Amtsausübung, die in ihrem Geltungsbereich über die gesetzlichen bzw. richterrechtlichen Wettbewerbsverbote hinausgehen, nicht aus der gesellschaftsrechtlichen Treuepflicht begründen. Auch nachvertragliche Wettbewerbsverbote resultieren nicht aus der nachwirkenden Treuepflicht von Vorstandsmitgliedern oder Geschäftsführern[692]. Eine Grundrechtsausstrahlung kann sich jedoch über das Verbot der Sittenwidrigkeit nach § 138 I BGB vollziehen, das neben den kartellrechtlichen Beschränkungen der § 1

---

[692] KölnerKomm/Mertens, § 93 Rn. 74 (für die Vorstandsmitglieder einer AG); BGH, Urt. v. 11.10.1976, GmbHR 1977, S. 43 (S. 44); OLG Hamm, Urt. v. 11.1.1988, GmbHR 1988, S. 344 (S. 346); OLG Hamm, Urt. v. 9.11.1988, GmbHR 1989, S. 259; Jäger, DStR 1995, S. 724; Scholz/U. H. Schneider, § 43 Rn. 134 (für die GmbH-Geschäftsführer).

GWB[693], Art. 81 EGV als praktisch wichtige Zulässigkeitsschranke privatautonomer Wettbewerbsabreden zu beachten ist.

b) Verbot der Sittenwidrigkeit als Einfallstor für die Berufsfreiheit von Gesellschaften

Wie anderen vertraglichen Vereinbarungen wird auch privaten Wettbewerbsverboten durch das Sittenwidrigkeitsverbot nach § 138 I BGB eine äußerste Zulässigkeitsgrenze gesetzt. Als klassisches Einfallstor für Grundrechte[694] in das Privatrecht vermag die konkretisierungsbedürftige Generalklausel des § 138 I BGB eine Grundrechtseinwirkung des Art. 12 I GG zu vermitteln.

c) Art. 12 I GG als einschlägiges Grundrecht

Die Berufsfreiheit von Gesellschaften wird für die Inhaltskontrolle privater Wettbewerbsverbote für Organmitglieder am Maßstab des § 138 I BGB deshalb relevant, weil vertraglich vereinbarte Konkurrenzverbote gerade darauf gerichtet sind, die Gesellschaft in ihrer Unternehmenstätigkeit vor den Gefahren zu schützen, die für sie von der Konkurrenz eines mit Unternehmensinterna vertrauten (früheren) Organmitglieds ausgehen[695]. Damit wird der durch Art. 12 I GG gewährleistete Freiheitsbereich thematisiert, der durch die Wettbewerbsabrede vor Beeinträchtigungen von privater Seite geschützt werden soll. Andererseits wird das verpflichtete Organmitglied durch die Wettbewerbsabrede in seinen beruflichen Betätigungsmöglichkeiten beschränkt. Deshalb ist Art. 12 I GG auch auf seiner Seite grundsätzlich einschlägig.

2. Konsequenzen aus der Ausstrahlungswirkung des Art. 12 I GG

Wie bei der Inhaltskontrolle privater Wettbewerbsverbote für Gesellschafter, berücksichtigt die Rechtsprechung auch bei der Beurteilung vertraglich vereinbarter Wettbewerbsverbote für Organmitglieder am Maßstab des § 138 I BGB

---

693 Für nachvertragliche Wettbewerbsverbote ist die Grenze des § 1 GWB praktisch von geringer Relevanz, da die Gesellschaft und das Organmitglied i.d.R. keinen gemeinsamen Zweck verfolgen (Jäger, DStR 1995, S. 724 (S. 726); Hachenburg/Stein, § 35 Rn. 313).

694 Müko/Mayer-Maly, § 138 Rn. 16 m.w.N.

695 Vgl. Hachenburg/Stein, § 35 Rn. 315.

die Grundrechtsgewährleistung des Art. 12 I GG nur einseitig auf Seiten des verpflichteten Organmitglieds[696]. Die Rechtsposition der Gesellschaft, die bei der Bestimmung des zulässigen Inhalts privater Konkurrenzverbote ebenfalls Beachtung verlangt, wird regelmäßig mit dem Begriff des „berechtigten geschäftlichen Interesses der Gesellschaft" umschrieben[697]. Diese konturenlose Formel kann unter Heranziehung des Grundrechts aus Art. 12 I GG rechtlich ausgefüllt werden.

Während Art. 12 I GG zugunsten des Organmitglieds in der Weise Wirkungen entfaltet, daß es einen Mindestgehalt seiner beruflichen Betätigungsfreiheit garantiert, verlangt die durch Art. 12 I GG gewährleistete Berufsfreiheit auf Seiten der Gesellschaft unter Beachtung des ausdrücklichen Willens der Vertragsparteien grundsätzlich in vollem Umfang Berücksichtigung. Soweit das Wettbewerbsverbot dem Schutz des durch Art. 12 I GG garantierten Freiheitsbereichs der Gesellschaft dient, ohne den Mindestgehalt der Berufsfreiheit des Organmitglieds auszuhöhlen, darf es nicht als sittenwidrig und nach § 138 I BGB nichtig bewertet werden. Diese „Untergrenze" einer möglichen Sittenwidrigkeit bestimmt sich danach, in welchem Umfang Art. 12 I GG auf Seiten der Gesellschaft wie auf Seiten des Organmitglieds relevant wird und wo unter Abwägung der einander gegenüberstehenden Grundrechte der vertragliche Schutz der Berufsfreiheit der Gesellschaft den Mindestgehalt der Berufsfreiheit des Organmitglieds berührt.

a) Schutzgebot des Art. 12 I GG zugunsten des Gesellschafters

Im Rahmen der Inhaltskontrolle privater Wettbewerbsverbote am Maßstab des § 138 I BGB wird Art. 12 I GG zugunsten des Organmitglieds als Schutzgebot wirksam. Vertraglich vereinbarte Wettbewerbsverbote, die Organmitglieder dazu verpflichten, sich in gewissen zeitlichen und räumlichen Grenzen einer näher definierten Tätigkeit zu enthalten, schränken den Verpflichteten in seiner Freiheit beruflicher Betätigung ein[698]. Art. 12 I GG bietet dem Organmitglied

---

[696] Vgl. bspw. OLG Hamm, Urt. v. 11.1.1988, GmbHR 1988, S. 344; OLG Düsseldorf, Urt. v. 8.1.1993, GmbHR 1993, S. 851 (S. 852).

[697] Vgl. bspw. OLG Düsseldorf, Urt. v. 3.12.1998, GmbHR 1999, S. 120 (S. 121).

[698] Goette, DStR 1998, S. 1137 (S. 1139); MünchHdb.GesR III/Marsch-Barner/Diekmann, § 43 Rn. 73; KölnerKomm/Mertens, § 88 Rn. 27.

gegenüber diesen Beeinträchtigungen einen Mindestschutz[699], der durch den Persönlichkeitsbezug des Art. 12 I GG[700] bestimmt wird.

b) Schutz der Gesellschaft durch Art. 12 I GG

Wettbewerbsverbote, die im Anstellungsvertrag von Organmitgliedern festgelegt werden, sollen eine für die Gesellschaft gefährliche Verwertung von Insiderkenntnissen des Organmitglieds sowie die Ausnutzung ihm bekannter Kunden- und Geschäftsbeziehungen im Rahmen einer Konkurrenztätigkeit verhindern[701]. Sie dienen damit zugleich dem Schutz der durch Art. 12 I GG garantierten Unternehmensfreiheit der Gesellschaft, weil die Ausnutzung unternehmensinterner Informationen zugunsten einer konkurrierenden Tätigkeit die Gesellschaft in ihrer Wettbewerbsfähigkeit und der von ihr erworbenen Marktposition beeinträchtigen können. Die Grundrechtsgewährleistung ist aber nur insoweit beachtlich, als der Inhalt des Wettbewerbsverbots dem durch Art. 12 I GG geschützten Freiheitsbereich entspricht. Das ist nur dann, aber auch immer dann der Fall, wenn das Konkurrenzverbot einem Organmitglied untersagt, sich auf dem nach räumlichen und sachlichen Kriterien zu bestimmenden Markt der Gesellschaft selbständig oder in einer anderen Gesellschaft unternehmerisch bzw. geschäftsführend zu betätigen.

c) Grundrechtsabwägung

Die erforderliche Abwägung zwischen den Grundrechtspositionen von Gesellschaft und Organmitgliedern orientiert sich an Kriterien wie dem Gewicht der (drohenden) Grundrechtsbeeinträchtigung und der Art des Grundrechtsschutzes.

---

699 Ähnlich gehen Sina, DB 1985, S. 902 (S. 902 f.); Lutter/Hommelhoff, Anh. § 6 Rn. 25, offenbar der Lehre Dürigs folgend, von einer mittelbaren Drittwirkung der Berufsfreiheit des Organmitglieds aus.

700 Zum ausgeprägten Persönlichkeitsbezug der Grundrechtsgewährleistung des Art. 12 I GG vgl. die Angaben in Fn. 227.

701 Jäger, DStR 1995, S. 724 (S. 726).

aa) Abwägungskriterien

Vorstandsmitglieder und Geschäftsführer haben aufgrund ihrer Leitungsbefugnis und der damit verbundenen Rechte weitgehenden Einblick in die Geschäftsangelegenheiten und Betriebsinterna der Gesellschaft[702]. Auch Aufsichtsratsmitglieder sind aufgrund ihrer Überwachungsfunktion in erheblichem Umfang mit unternehmensinternen Informationen vertraut[703]. Die aus einer Konkurrenztätigkeit von Organmitgliedern, insbesondere von Mitgliedern eines Geschäftsführungsorgans resultierenden Gefahren sind beachtlich, weil sie aufgrund ihrer (früheren) Stellung in der Gesellschaft neben ihren umfangreichen Insiderkenntnissen auch andere Unternehmenswerte wie den good will des Unternehmens oder die Geschäfts- und Kundenbeziehungen im Rahmen einer konkurrierenden Tätigkeit zu ihrem eigenen Vorteil ausnutzen können[704].

Auf der Seite der Gesellschaft ist die Qualifizierung der drohenden Beeinträchtigungen anhand der Kategorien der Berufsausübung wie der Berufswahl für die Grundrechtsabwägung ohne Bedeutung, weil es für die Gesellschaft um den vertraglich vereinbarten Schutz ihres Grundrechts aus Art. 12 I GG geht, der auch die grundsätzlich schwächer geschützte Berufsausübungsfreiheit in vollem Umfang erfaßt.

Für das Organmitglied hingegen, das durch die Vereinbarung eines Wettbewerbsverbots in seinen Möglichkeiten freier beruflicher Betätigung beeinträchtigt wird, erlangt die Einordnung der Wettbewerbsabrede als Beschränkung der freien Berufsausübung oder der freien Berufswahl Bedeutung. Je mehr ein vertraglich vereinbartes Konkurrenzverbot wegen seiner zeitlichen, räumlichen und gegenständlichen Ausdehnung von einer Berufsausübungsregelung zu einer Berufswahlregelung wird, desto mehr nähert es sich dem unantastbaren Mindestgehalt der Berufsfreiheit, der durch das Element der freien Persönlichkeitsentfaltung geprägt wird.

---

702 Bauer/Diller, GmbHR 1985, S. 885, weisen darauf hin, daß GmbH-Geschäftsführer die zentralen know-how-Träger in der Gesellschaft sind, weil sie die Kunden- und Lieferantenbeziehungen, die Unternehmensstrategien und die Preiskalkulation kennen.

703 Dazu näher 3. Teil § 1 B I 2 b bb aaa.

704 So auch BGH, Urt. v. 26.3.1984, DB 1984, S. 1717; OLG Düsseldorf, Urt. v. 8.1.1993, GmbHR 1993, S. 581 (S. 582); OLG Düsseldorf, Urt. v. 3.12.1998, GmbHR 1999, S. 120 (S. 121); Sina, DB 1985, S. 902.

bb) Abwägung im Einzelfall

Die Abwägung der einander gegenüberstehenden Grundrechte liefert unter Berücksichtigung der genannten Gesichtspunkte maßgebliche Eckwerte dafür, in welchem Umfang private Wettbewerbsverbote zulässigerweise die durch Art. 12 I GG gewährleistete Unternehmensfreiheit der Gesellschaft schützen, die insoweit einem Sittenwidrigkeitsurteil entgegensteht.

Wenn sich vertraglich vereinbarte Wettbewerbsverbote nicht auf den räumlichen und sachlichen Markt der Gesellschaft beziehen, wenn sie dem Organmitglied Tätigkeiten untersagen, in deren Rahmen eine die Gesellschaft gefährdende Ausnutzung von Insiderwissen oder sonstigen Unternehmenswerten nicht möglich ist[705] oder wenn sie zeitlich so ausgedehnt sind, daß die Insiderkenntnisse des Verpflichteten ihren Wert verlieren und ihm deshalb keinen Wettbewerbsvorteil mehr bringen, dienen sie nicht dem Schutz der Berufsfreiheit der Gesellschaft. In diesen Fällen steht Art. 12 I GG einem Sittenwidrigkeitsurteil wegen übermäßiger Freiheitsbeschränkung des Organmitglieds von vornherein nicht entgegen[706].

Untersagt ein privates Konkurrenzverbot dem Organmitglied hingegen eine selbständige wirtschaftliche Betätigung oder eine unternehmerische oder geschäftsführende Tätigkeit auf dem räumlich und sachlich relevanten Markt während eines Zeitraums, in dem er die Geschäfts- und Kundenbeziehungen und das ihm zu Verfügung stehende Insiderwissen im Hinblick auf seine Aktualität ausnutzen kann, so entspricht es der grundrechtlichen Gewährleistung der Unternehmensfreiheit der Gesellschaft. Die Grenze des durch Art. 12 I GG gebotenen grundrechtlichen Mindestschutzes des Organmitglieds in seiner Berufsfreiheit erreichen solche Wettbewerbsverbote erst dann, wenn sie aufgrund ihrer zeitlichen, räumlichen und gegenständlichen Reichweite den Charakter eines umfassenden Berufsverbots annehmen und dem Organmitglied dadurch die Möglich-

---

[705] Dies ist z.B. bei der rein kapitalmäßigen Beteiligung an einer anderen Gesellschaft der Fall.

[706] Dementsprechend erklärte OLG Hamm, Urt. v. 11.1.1988, GmbHR 1988, S. 344 (S. 345), ein Wettbewerbsverbot für sittenwidrig und nichtig, das dem Geschäftsführer einer GmbH nicht nur die unternehmerische Tätigkeit in einem Konkurrenzunternehmen, sondern auch nachgeordnete Tätigkeiten untersagte, in deren Rahmen die Verwertung von unternehmensinternen Informationen aus der GmbH nicht möglich war.

keit der freien Persönlichkeitsentfaltung im beruflichen Bereich nehmen. Ist diese Schwelle erreicht, sind vertraglich vereinbarte Wettbewerbsverbote trotz des bezweckten Schutzes der Gesellschaft in ihrer durch Art. 12 I GG geschützten Unternehmensfreiheit wegen übermäßiger Beschränkung des Verpflichteten in seiner Berufsfreiheit sittenwidrig und gemäß § 138 I BGB nichtig[707].

Wie bereits für private Wettbewerbsverbote für Gesellschafter festgestellt, gilt jedoch auch für vertraglich vereinbarte Wettbewerbsverbote für Organmitglieder, daß die Festlegung einer allgemeingültigen zeitlichen Zulässigkeitsgrenze von zwei Jahren nach dem Ausscheiden aus dem Amt nicht möglich ist. Die Rechtsprechung und Teile des Schrifttums, die eine solche Zwei-Jahres-Grenze befürworten[708], beschäftigen sich einseitig mit der Ausnutzung von Kundenbeziehungen durch das ausgeschiedene Organmitglied. Wenn es auch einer allgemeinen Erfahrung entsprechen mag, daß sich die Beziehungen zur Gesellschaft nach zwei Jahren so gelockert haben, daß eine die Gesellschaft schädigende Übernahme ihrer Kundenbeziehungen nicht mehr möglich ist[709], so ist andererseits zu bedenken, daß die drohende Verwertung unternehmensinterner Kenntnisse durch das Organmitglied auch über einen längeren Zeitraum möglich ist. Deshalb kann auch ein Wettbewerbsverbot, daß für mehrere Jahre nach dem Ausscheiden eines Organmitglieds aus dem Amt vereinbart wird, dem Schutz der Gesellschaft in ihrer durch Art. 12 I GG garantierten Berufsfreiheit dienen. Ob ein solches Wettbewerbsverbot für den Betroffenen die Wirkung eines umfassenden Tätigkeitsverbots erreicht und deswegen als sittenwidrig und unzulässig zu qualifizieren ist, hängt dann von seiner gegenständlichen und räumlichen Ausdehnung ab.

Zum Schutz der Gesellschaft in ihrer Marktposition festgelegte langfristige Wettbewerbsverbote können zulässig sein, wenn sie sich auf ein eng begrenztes

---

[707] So erklärte auch das OLG Düsseldorf, Urt. v. 3.12.1998, GmbHR 1999, S. 120 (S. 121), ein nachvertragliches Wettbewerbsverbot deshalb für sittenwidrig und nichtig, weil es nach Einschätzung des Gerichts dem Betroffenen seine berufliche Tätigkeit in einem Ausmaß verschloß, das seine Existenzgrundlage berührte.

[708] BGH, Urt. v. 26.3.1984, BGHZ 91, S. 1 (S. 6); OLG Hamm, Urt. v. 11.1.1988, GmbHR 1988, S. 344 (S. 345); OLG Hamm, Urt. v. 9.11.1988, GmbHR 1989, S. 259 (S. 260); MünchHdb.GesR III/Marsch-Barner/Diekmann, § 43 Rn. 73; Jäger, DStR 1995, S. 724 (S. 726 f.).

[709] BGH, Urt. v. 16.10.1989, NJW-RR 1990, S. 226 (S. 227).

Gebiet beziehen[710] oder gegenständlich stark beschränkt sind[711]. Umgekehrt können auch Wettbewerbsverbote mit einem dem Markt der Gesellschaft entsprechenden weiten räumlichen Geltungsbereich zulässig sein[712], wenn sie nur für einen kurzen Zeitraum vereinbart werden[713]. Die Bewertung eines Wettbewerbsverbots als unzulässig darf sich also nicht ausschließlich auf seine zeitliche Ausdehnung *oder* seinen räumlichen Geltungsbereich *oder* seinen gegenständlichen Umfang stützen[714]. Vielmehr müssen zeitliches, räumliches und sachliches Element in Beziehung zueinander gesehen werden. Wettbewerbsverbote, die dem betroffenen Organmitglied über mehrere Jahre hinweg die Konkurrenztätigkeit auf einem weiträumig abgesteckten Markt untersagen, berauben ihn allerdings so weitgehend der Möglichkeit freier beruflicher Betätigung, daß sie seine Berufsfreiheit aushöhlen und deshalb als sittenwidrig und unzulässig einzustufen sind, auch wenn sie dem Schutz der Gesellschaft in ihrer Grundrechtsposition aus Art. 12 I GG dienen.

---

[710] So auch Hoffmann-Becking, in: FS Quack, S. 273 (S. 277).

[711] Diesen Überlegungen entsprechend reduzierte OLG Zweibrücken, Urt. v. 21.9.1989, NJW-RR 1990, S. 482 (S. 483), ein zeitlich unbeschränktes Wettbewerbsverbot auf die von ihm als angemessen erachtete Dauer von fünf Jahren. Das Gericht führt aus, daß bei der Frage, welche Dauer angemessen sei, die schutzwürdigen Interessen der berechtigten Gesellschaft zu beachten seien. Das Wettbewerbsverbot, das dem Verpflichteten die Geschäftstätigkeit der Entsorgung untersagte, sollte eine der Gesellschaft ohne die Wettbewerbsabrede drohende Konkurrenz verhindern. Da dem Verpflichteten nicht jegliche geschäftliche Betätigung untersagt worden sei, sondern er zulässigerweise in einer anderen GmbH tätig bleiben konnte, die mit Transport- und Speditionsgeschäften befaßt war, enthalte das Wettbewerbsverbot für ihn kein Berufsverbot und sei daher mit einer Geltungsdauer von fünf Jahren zulässig.

[712] Nach Hoffmann-Becking, in: FS Quack, S. 273 (S. 276) kann auch ein weltweites Wettbewerbsverbot zulässig sein. A.A. Bauer/Diller, GmbHR 1999, S. 885 (S. 889).

[713] So auch Hachenburg/Stein, § 35 Rn. 315.

[714] Deshalb kann dem OLG Düsseldorf, Urt. v. 8.1.1993, GmbHR 1993, S. 581 (S. 582), nicht zugestimmt werden. In dem zu entscheidenden Fall ging es um das im Anstellungsvertrag vereinbarte Wettbewerbsverbot des Geschäftsführers einer GmbH, die mit Wasserfahrzeugen aller Art und entsprechendem Zubehör handelte und sich mit der Vercharterung von Booten und Yachten befaßte. Durch das Wettbewerbsverbot wurde dem Geschäftsführer für die Dauer eines Jahres nach seinem Ausscheiden untersagt, sich im alten Bundesgebiet im Bereich von Bootshandel und Bootscharter unternehmerisch zu betätigen. Das Gericht erklärte das Wettbewerbsverbot unter einseitiger Betonung seiner gegenständlichen Reichweite für sittenwidrig und nichtig, ohne diese zum räumlichen und zeitlichen Geltungsbereich des Konkurrenzverbots näher in Beziehung zu setzen.

C. Ergebnis

Zivilrechtliche Wettbewerbsverbote, die aus den Rechtsgebieten des Arbeitsrechts und des Gesellschaftsrechts bekannt sind, werfen bei der Bestimmung ihres notwendigen und zulässigen Umfangs schwierige Fragen auf. Im Bereich des Gesellschaftsrechts werden das Eingreifen und die Reichweite gesetzlicher und richterrechtlicher Wettbewerbsverbote für Gesellschafter und Organmitglieder in maßgeblicher Weise durch die Berufsfreiheit von Gesellschaften beeinflußt. Auch für vertragliche Wettbewerbsverbote gewinnt die Grundrechtsposition von Gesellschaften aus Art. 12 I GG als rechtliche Legitimation der privatautonom getroffenen Vereinbarung Bedeutung.

Hoheitliche, d.h. gesetzliche und richterrechtliche Wettbewerbsverbote für *Gesellschafter* basieren auf deren mitgliedschaftlicher Treuepflicht, die dem Schutz der Gesellschaft dient und in ihrer Qualität als Generalklausel für eine Ausstrahlung der grundrechtlich gewährleisteten Berufsfreiheit von Gesellschaften Raum bietet[715]. Art. 12 I GG erfaßt als Beruf auch die unternehmerische Betätigung; als Einzelausprägung der Unternehmensfreiheit wird u.a. die unternehmerische Wettbewerbsfreiheit geschützt[716]. In seiner Funktion als Schutzgebot verpflichtet Art. 12 I GG in erster Linie den Gesetzgeber, bei unzureichender Umsetzung des Schutzauftrags auch den Richter zur Gewährleistung eines Mindestschutzes der Gesellschaft in ihrer Unternehmenstätigkeit vor den spezifischen Gefahren einer Konkurrenz aus den eigenen Reihen. Grundrechtsrelevante Risiken für die Berufsfreiheit der Gesellschaft ergeben sich immer dann, wenn ein Gesellschafter, der im Innenverhältnis über Geschäftsführungsbefugnisse oder sonstige Einflußnahmemöglichkeiten oder auch nur über weitreichende Informationsrechte verfügt, die Gesellschaft durch Aufnahme einer Konkurrenztätigkeit in ihrer Wettbewerbsfähigkeit und in der von ihr erworbenen Marktstellung bedroht[717]. Das in diesen Fällen eingreifende Schutzgebot des Art. 12 I GG zu

[715] Zu den Grundlagen der Ausstrahlung der Berufsfreiheit von Gesellschaften auf die hoheitlichen Wettbewerbsverbote für Gesellschafter 3. Teil § 1 A I 1.

[716] Zum Schutz der unternehmerischen Wettbewerbsfreiheit durch Art. 12 I GG 3. Teil § 1 A I 1 c.

[717] Zu den aus einer Konkurrenztätigkeit von Gesellschaftern resultierenden Gefahren für die Berufsfreiheit von Gesellschaften 3. Teil § 1 A I 2 a und b.

gunsten der Gesellschaft wird allerdings durch gegenläufige Rechte und Interessen begrenzt.

Das Schutzgebot entfällt von vornherein, wenn die Gesellschaft durch vertraglichen Ausschluß eines Wettbewerbsverbots oder durch Einwilligung in die konkurrierende Tätigkeit eines Gesellschafters auf den Schutz der Berufsfreiheit verzichtet[718].

Keine Grenzen werden dem Schutzgebot des Art. 12 I GG durch das öffentliche Interesse an der Freiheit des Wettbewerbs gesetzt, das hinter der Berufsfreiheit der Gesellschaft zurücktritt[719]. Bei der Umsetzung des grundrechtlichen Schutzauftrags ist aber der gegenläufigen Grundrechtsposition der Gesellschafter aus Art. 12 I GG Rechnung zu tragen, die durch ein Wettbewerbsverbot in ihrer Freiheit beruflicher Betätigung beschränkt werden. Die Auflösung dieser Grundrechtskollision im Sinne praktischer Konkordanz führt zu dem Ergebnis, daß allen Gesellschaftern, die in der Gesellschaft geschäftsführend oder unternehmerisch tätig sind oder aufgrund anderer Umstände eine mit Einfluß verbundene Stellung innehaben - aber auch nur diesen -, durch hoheitliche Wettbewerbsverbote jede selbständige unternehmerische Betätigung oder geschäftsführende bzw. unternehmerische Tätigkeit in einer anderen Gesellschaft auf dem relevanten Markt zu untersagen ist[720].

Für die gesetzlichen Wettbewerbsverbote gemäß § 112 I HGB (ggf. i.V.m. § 161 II HGB) und § 284 I AktG folgt daraus die Notwendigkeit einer entsprechenden verfassungskonformen Interpretation ihres sachlichen Geltungsbereichs. Außerdem bedarf es der Schließung von Schutzlücken, die sich daraus ergeben, daß die gesetzlichen Wettbewerbsverbote ihrem personellen Geltungsbereich nach nur OHG-Gesellschafter und Komplementäre der KG und der KGaA erfassen. Deshalb sind alle Gesellschafter, deren Rechtsstellung im Innenverhältnis durch die beschriebenen Merkmale gekennzeichnet ist, unabhängig von der Zuordnung zu einem bestimmten Gesellschaftertyp ungeschriebenen Wettbewerbsverboten

---

718 Zum Verzicht der Gesellschaft auf den Schutz des Art. 12 I GG gegenüber konkurrierenden Gesellschaftern 3. Teil § 1 A I 2 a bb aaa und b bb aaa.

719 Zur Kollision der Berufsfreiheit von Gesellschaften mit dem öffentlichen Interesse an einem freien Wettbewerb 3. Teil § 1 A I 2 a bb ccc und b bb ccc.

720 Zur Abwägung der Berufsfreiheit der Gesellschaft mit der Berufsfreiheit der Gesellschafter 3. Teil § 1 A I 2 a bb bbb und b bb bbb.

zu unterwerfen[721]. Der vom Gesetzgeber nur unzureichend umgesetzte Schutzauftrag des Art. 12 I GG ist insoweit von der Rechtsprechung zu erfüllen.

Vertraglich vereinbarte Wettbewerbsverbote, die einem Gesellschafter für die Dauer der Gesellschaftszugehörigkeit und/oder einen bestimmten Zeitraum nach seinem Ausscheiden eine Konkurrenztätigkeit untersagen, können zwar aufgrund der durch Art. 2 I GG gewährleisteten Privatautonomie frei vereinbart werden, unterliegen aber äußersten Zulässigkeitsgrenzen. Die Rechtsprechung greift bei der Inhaltskontrolle privater Wettbewerbsverbote regelmäßig auf die Generalklausel des § 138 I BGB zurück, die als typisches Einfallstor für die Grundrechte in das Privatrecht anerkannt ist[722]. Art. 12 I GG verlangt in diesem Rahmen in doppelter Weise Beachtung.

Dem Gesellschafter, der durch das Wettbewerbsverbot in seiner Freiheit beruflicher Betätigung beschränkt wird, sichert Art. 12 I GG in seiner Funktion als Schutzgebot einen Mindestgehalt seiner Berufsfreiheit, der durch ihr personales Element bestimmt wird. Für die Gesellschaft erlangt Art. 12 I GG demgegenüber als Legitimation ihrer vertraglich geschützten Interessen Bedeutung. Dementsprechend dürfen private Wettbewerbsverbote nicht als sittenwidrig qualifiziert werden, soweit sie dem Schutz der grundrechtlich gewährleisteten Berufsfreiheit der Gesellschaft dienen und nicht den durch Art. 12 I GG gebotenen Mindestschutz des Gesellschafters in seiner beruflichen Betätigungsfreiheit verletzen. Als allgemeiner Grundsatz für die notwendigerweise stets einzelfallbezogene Kontrolle und Bewertung privater Wettbewerbsverbote ist festzuhalten, daß unternehmerisch tätige Gesellschafter wegen des von ihnen ausgehenden deutlich höheren Gefährdungspotentials durch vertraglich vereinbarte Wettbewerbverbote wesentlich stärker verpflichtet werden können als bloße Anlagegesellschafter[723].

Auf *hoheitliche* Wettbewerbsverbote für *Organmitglieder* strahlt Art. 12 I GG ebenfalls über die ihnen zugrundeliegende Treuepflicht gegenüber der Gesell-

---

[721] Zur Schließung der gesetzlichen Schutzlücken durch richterrechtliche Wettbewerbsverbote 3. Teil § 1 A I 2 b.

[722] Zu den Grundlagen der Ausstrahlung der Berufsfreiheit von Gesellschaften auf vertragliche Wettbewerbsverbote für Gesellschafter 3. Teil § 1 A II 1.

[723] Zur Bedeutung der Berufsfreiheit von Gesellschaften für die Zulässigkeitsgrenzen vertraglicher Wettbewerbsverbote für Gesellschafter 3. Teil § 1 A II 2.

schaft aus[724]. Eine grundrechtstypische Gefährdungslage für die Berufsfreiheit der Gesellschaft entsteht immer dann, wenn sie durch eine Konkurrenztätigkeit ihrer über Einfluß verfügenden oder zumindest mit weitreichenden Informationen vertrauten Organmitglieder in ihrer Wettbewerbsfähigkeit und der von ihr erworbenen Stellung am Markt bedroht wird[725]. Das in diesen Fällen eingreifende Schutzgebot des Art. 12 I GG zugunsten der Gesellschaft wird durch gegenläufige Rechte und Interessen in gleicher Weise wie bei den hoheitlichen Wettbewerbsverboten für Gesellschafter beschränkt: Da die Organmitglieder durch ein Wettbewerbsverbot in ihrer Freiheit beruflicher Betätigung beeinträchtigt werden, bedarf es einer angemessenen Auflösung der bestehenden Grundrechtskollision im Sinne praktischer Konkordanz. Ein den Anforderungen der Verhältnismäßigkeit entsprechender Ausgleich ist dadurch herbeizuführen, daß Organmitgliedern durch hoheitliche Wettbewerbsverbote die selbständige unternehmerische Betätigung oder die unternehmerische oder geschäftsführende Tätigkeit in einer anderen Gesellschaft auf dem relevanten Markt untersagt wird, dies allerdings nur dann, wenn ein Organmitglied im Innenverhältnis tatsächlich Einfluß auf die Geschicke der Gesellschaft auszuüben vermag[726].

Das in § 88 I AktG normierte Wettbewerbsverbot für Vorstandsmitglieder einer AG entspricht in seinem personellen Geltungsbereich diesen Kriterien. Es bedarf jedoch hinsichtlich seines sachlichen Geltungsbereichs einer verfassungskonformen Extension, die sich an dem genannten Maßstab orientiert. Tatbestandliche Einschränkungen sind hingegen trotz fehlender Begrenzung auf den relevanten Markt nicht angezeigt, da § 88 I AktG mit dem Verbot von Tätigkeiten auch außerhalb des relevanten Marktes zwar nicht als Wettbewerbsverbot, wohl aber als allgemeines Tätigkeitsverbot zur Sicherung der vollen Einsatzfähigkeit der Vorstandsmitglieder in zulässiger Weise dem Schutz der von Art. 12 I GG gewährleisteten Unternehmenstätigkeit der AG dient.

Da für andere Organmitglieder als die Vorstandsmitglieder der AG gesetzliche Wettbewerbsverbote nicht bestehen, ergeben sich entsprechende Schutzlücken.

---

[724] Zu den Grundlagen der Ausstrahlung der Berufsfreiheit von Gesellschaften auf die hoheitlichen Wettbewerbsverbote für Organmitglieder 3. Teil § 1 B I 1.

[725] Zu den aus einer Konkurrenztätigkeit von Organmitgliedern resultierenden Gefahren für die Berufsfreiheit von Gesellschaften 3. Teil § 1 I 2 a aa und b aa aaa und b bb aaa.

[726] Zur Abwägung der Berufsfreiheit der Gesellschaft mit der Berufsfreiheit der Organmitglieder 3. Teil § 1 I 2 a bb bbb und b aa bbb (2) und b bb bbb (2).

Sie werden in Umsetzung des aus Art. 12 I GG resultierenden Schutzgebots durch ein generelles richterrechtliches Wettbewerbsverbot für GmbH-Geschäftsführer mit dem definierten sachlichen Umfang geschlossen[727]. Hingegen ist ein Wettbewerbsverbot für Aufsichtsratsmitglieder zum Schutz der betroffenen Gesellschaften in ihrer Berufsfreiheit nicht angezeigt. Das mit Blick auf die nicht unerheblichen Insiderinformationen von Aufsichtsratsmitgliedern eingreifende Schutzgebot des Art. 12 I GG vermag sich wegen des vergleichsweise geringen Gefährdungspotentials für die Gesellschaft und der erheblichen Beeinträchtigung der Betroffenen in ihrer Berufsfreiheit gegenüber dem Eingriffsverbot des Art. 12 I GG zugunsten der Aufsichtsratsmitglieder nicht durchzusetzen und bringt daher keine konkreten rechtlichen Folgen hervor[728].

Bei *vertraglichen* Wettbewerbsverboten für Organmitgliedern gelten die gleichen Grundsätze wie bei den vertraglichen Wettbewerbsverboten für Gesellschafter. Sie unterliegen mit Rücksicht auf die durch Art. 2 I GG gewährleistete Vertragsfreiheit lediglich äußersten Zulässigkeitsgrenzen, von denen die praktisch wichtigste das Verbot der Sittenwidrigkeit nach § 138 I BGB bildet. Die Konkretisierung dieser Generalklausel wird durch die Berufsfreiheit von Gesellschaften in der Weise beeinflußt, daß vertragliche Wettbewerbsverbote nicht als sittenwidrig qualifiziert werden können, wenn sie dem Schutz der betreffenden Gesellschaft in ihrer Grundrechtsposition aus Art. 12 I GG dienen, ohne den von Art. 12 I GG gebotenen Mindestschutz der Berufsfreiheit des verpflichteten Organmitglieds zu beeinträchtigen. Die Grenzen der Zulässigkeit sind erst dann erreicht, wenn das Wettbewerbsverbot für das verpflichtete Organmitglied die Qualität eines umfassenden Berufsverbots annimmt[729].

---

727 Zur Schließung der gesetzlichen Schutzlücken durch das richterrechtliche Wettbewerbsverbot für GmbH-Geschäftsführer 3. Teil § 1 B I 2 b aa.

728 Zur Unverhältnismäßigkeit eines richterrechtlichen Wettbewerbsverbots für Aufsichtsratsmitglieder 3. Teil § 1 B I 2 b bb bbb (2).

729 Zur Bedeutung der Berufsfreiheit von Gesellschaften für die Zulässigkeitsgrenzen vertraglicher Wettbewerbsverbote für Organmitglieder 3. Teil § 1 B II.

§ 2 Berufsfreiheit von Gesellschaften als Wertungselement bei der Ausgestaltung mitgliedschaftlicher Informationsrechte

Das Gesellschaftsrecht kennt mitgliedschaftliche Informationsrechte in Gestalt von Kollektivrechten wie von Individualrechten[730]. Gegenstand der nachfolgenden Untersuchung sind die *individuellen* Informationsrechte von Gesellschaftern, unter denen sowohl Auskunfts- als auch Einsichtsrechte zu verstehen sind[731]. Ungeachtet ihrer voneinander abweichenden gesetzlichen Ausgestaltung basieren die Auskunfts- und Einsichtsrechte in den unterschiedlichen Gesellschaftsformen auf einem mit der Mitgliedschaft als solcher verbundenen[732] *einheitlichen* Informationsrecht[733], das wegen seiner fundamentalen Bedeutung auch als „mitgliedschaftliches Grundrecht"[734] bezeichnet wird.

Von der erheblichen praktischen Bedeutung dieses mitgliedschaftlichen Informationsrechts zeugt nicht zuletzt die Tatsache, daß Auskunftsbegehren von Gesellschaftern häufig Anlaß zu rechtlicher bzw. gerichtlicher Auseinandersetzung geben. Gegenstand solcher Rechtsstreitigkeiten sind in einer Vielzahl von Fällen Inhalt und Umfang des Auskunfts- oder Einsichtsrechts[735]: Während der Gesellschafter zur sinnvollen Ausübung seiner Mitgliedschaftsrechte und zur Kontrolle der Geschäftsführung auf ein gewisses Maß an Informationen angewiesen ist[736]

---

730 Zur Unterscheidung von kollektiven und individuellen Informationsrechten Wohlleben, Informationsrechte des Gesellschafters, S. 2.

731 von Bitter, ZIP 1981, S. 825 (S. 826).

732 K. Schmidt, Informationsrechte, S. 21.

733 von Bitter, ZIP 1981, S. 825 (S. 826).

734 Wiedemann, Gesellschaftsrecht Bd. I, S. 374; im Anschluß daran nunmehr auch BVerfG, Beschl. v. 20.9.1999, ZIP 1999, S. 1798 (S. 1799).

735 Beispiele dafür aus der neueren Rechtsprechung sind BGH, Beschl. v. 6.3.1997, BGHZ 135, S. 48 ff.; OLG Karlsruhe, Urt. v. 8.5.1998, GmbHR 1998, S. 691 (in Bezug auf § 51 a GmbHG); BGH, Urt. v. 15.6.1992, BGHZ 119, S. 1 ff.; LG Essen, Urt. v. 8.2.1999, AG 1999, S. 329 ff.; BayObLG, Beschl. v. 22.3.1999, BB 1999, S. 970 f. (in Bezug auf § 131 AktG).

736 Immenga, in: Die Zukunft der GmbH, S. 107 (für den GmbH-Gesellschafter); ähnlich Glahs, in: Sudhoff, Personengesellschaften, F I Rn. 1 (für die Gesellschafter von Personengesellschaften); Hefermehl, in: FS Duden, S. 109 (S. 111) (für die Aktionäre).

und dementsprechend einen hinreichenden Überblick über die wesentlichen Daten gewinnen möchte, liegt es im Interesse der Gesellschaft, die Vertraulichkeit ihrer Un-

ternehmensinterna zu wahren und Informationen in möglichst geringem Umfang zugänglich zu machen[737].

Die rechtliche Regulierung der „Innenpublizität"[738] von Gesellschaften hat diesen gegenläufigen Interessen gerecht zu werden. Als maßgebliches Bewertungskriterium ist dabei auch die grundrechtlich gewährleistete Berufsfreiheit von Gesellschaften zu berücksichtigen. In seiner Funktion als Schutzgebot verpflichtet Art. 12 I GG den Gesetzgeber, bei der Ausgestaltung des mitgliedschaftlichen Informationsrechts einen Minimalschutz für die Berufsfreiheit der betroffenen Gesellschaften sicherzustellen. Sofern der Gesetzgeber diesem Schutzauftrag (nur) durch die Schaffung von Generalklauseln oder aber mangelhaft nachkommt, richtet sich das grundrechtliche Schutzgebot an die Rechtsprechung, die bei Rechtsanwendung bzw. Rechtsfortbildung einen entsprechenden grundrechtlichen Mindeststandard zu gewährleisten hat[739].

Bevor nachfolgend analysiert wird, inwieweit die gesetzliche Regelung des mitgliedschaftlichen Informationsrechts in den verschiedenen Gesellschaftsformen dem Schutzauftrag des Art. 12 I GG gerecht wird bzw. ob und in welcher Weise das grundrechtliche Schutzgebot bei Auslegung und Anwendung der entsprechenden Vorschriften durch die Rechtsprechung umzusetzen ist, sollen zunächst die Grundlagen der Grundrechtsausstrahlung erörtert werden.

---

737 Wohlleben, Informationsrechte des Gesellschafters, S. 13 f.

738 Immenga, in: Die Zukunft der GmbH, S. 107, bezeichnet die Informationsrechte plastisch als „Innenpublizität".

739 Zur Verpflichtung von Gesetzgebung und Rechtsprechung durch die grundrechtlichen Schutzgebote 1. Teil § 1 B II 3.

A. Begründung der Ausstrahlungswirkung des Art. 12 I GG

Nach der Lehre von der mittelbaren Drittwirkung gelten die zivilrechtlichen Generalklauseln als Einfallstore der Grundrechte in das Privatrecht[740]. Auch die neuere Schutzgebotslehre anerkennt Generalklauseln und unbestimmte Rechtsbegriffe als geeignetes Medium für eine Grundrechtsausstrahlung auf Privatrechtsverhältnisse[741]: Die Konkretisierung offener Rechtsbegriffe im Wege der rechtlichen Ausgestaltung für bestimmte Fallkonstellationen oder der Anwendung auf konkrete Einzelfälle geben Gesetzgeber und Richter weiten Spielraum für die Realisierung des grundrechtlich gebotenen Mindestschutzes. Es stellt sich daher die Frage, ob im Hinblick auf das je nach Gesellschaftertypus unterschiedlich ausgestaltete mitgliedschaftliche Informationsrecht eine allgemeine Schranke gilt, die der Konkretisierung für die einzelnen Gesellschaftsformen bedarf und sich daher grundrechtlichen Einflüssen öffnet. Im Hinblick auf die hier untersuchte Ausstrahlungswirkung des Art. 12 I GG ist außerdem die grundsätzliche thematische Einschlägigkeit dieses Grundrechts für die Ausgestaltung von Auskunfts- und Einsichtsrechten zu bestimmen.

I. Mitgliedschaftliche Treuepflicht als immanente Schranke individueller Informationsrechte

Das durch Auskunfts- und Einsichtsrechte konkretisierte individuelle Informationsrecht, das dem Gesellschafter aufgrund seiner Mitgliedschaft zusteht[742], wird wie alle anderen Mitgliedschaftsrechte durch die gesellschaftsrechtliche Treuepflicht als Rechtsausübungsschranke begrenzt[743]. Auch wenn die Treuepflicht bei der Ausübung des Informationsrechts als eigennützigem Mitgliedschaftsrecht[744] von den Gesellschaftern nicht verlangt, ihre eigenen Interessen hinter

---

740 Dürig, in: FS Nawiasky, S. 157 (S. 176 f.).

741 Dazu bereits 3. Teil § 1 A I 1 vor a.

742 BGH, Urt. v. 28.5.1962, WM 1962, S. 883; K. Schmidt, Informationsrechte, S. 107.

743 Fischer, NJW 1954, S. 777; Saenger, NJW 1992, S. 348 (S. 350 f.); Beck Hdb. Personengesellschaften/W. Müller, § 4 Rn 149.

744 Beck Hdb. Personengesellschaften/W. Müller, § 4 Rn. 149.

denjenigen der Gesellschaft zurückzustellen[745], so fordert sie doch angemessene Rücksichtnahme auf die Belange der Gesellschaft, setzt daher auch Auskunfts- und Einsichtsrechten äußerste Grenzen[746].

II. Mitgliedschaftliche Treuepflicht als Einfallstor für die Berufsfreiheit von Gesellschaften

Wie bereits im Kapitel über die Wettbewerbsverbote erläutert wurde, ist die gesellschaftsrechtliche Treuepflicht wegen ihrer tatbestandlichen Weite, ihrer Funktion als Auffangtatbestand für Regelungslücken sowie als Ermächtigung zu richterlicher Rechtsfortbildung ihrer Rechtsnatur nach als Generalklausel einzuordnen[747]. Sie steht grundrechtlichem Einfluß daher in der beschriebenen Weise offen.

III. Art. 12 I GG als einschlägiges Grundrecht

Eine Ausstrahlung des Grundrechts aus Art. 12 I GG auf die rechtliche Regulierung mitgliedschaftlicher Informationsrechte über die Generalklausel der gesellschaftsrechtlichen Treuepflicht kommt nur in Betracht, wenn die Berufsfreiheit der betreffenden Gesellschaften durch die Verpflichtung zu unbeschränkter Informationserteilung spezifischen Risiken ausgesetzt wird. Eine solche Gefährdung der Gesellschaft durch unkontrollierten Informationsfluß ist grundsätzlich möglich.

Gesellschaften werden durch Art. 12 I GG insbesondere in ihrer Freiheit unternehmerischer Betätigung[748] geschützt. Spezifische Gefahren für die grundrechtlich gesicherte Unternehmenstätigkeit können aus einem unbeschränkten mitgliedschaftlichen Informationsrecht in jenen Fällen resultieren, in denen Auskünfte von einem Gesellschafter verlangt werden, der in Wettbewerb zur Gesell-

---

745 Wohlleben, Informationsrechte des Gesellschafters, S. 211.

746 BGH, Urt. v. 28.10.1953, BGHZ 10, S. 385 (S. 387); BGH, Urt. v. 12.6.1954, BGHZ 14, S. 53 (S. 58); BayObLG, Beschl. v. 27.10.1988, WM 1988, S. 1789 (zu § 51 a GmbHG).

747 Dazu näher 3. Teil § 1 A I 1 b aa.

748 AK-GG/Rittstieg, Art. 12 Rn. 45; M/D/H/Scholz, Art. 12 Rn. 79; Wieland, in: Dreier, Art. 12 Rn. 61 sowie bereits 2. Teil § 1 B II 1 a.

schaft steht und die ersuchten Informationen im Rahmen seiner konkurrierenden Täigkeit verwerten möchte[749]. Gegenüber informationswilligen Gesellschaftern, die sich nur möglicherweise *zukünftig* als Konkurrenten betätigen könnten, kommt der Gewährleistungsbereich des Art. 12 I GG allerdings nicht zum Tragen, da es in diesen Fällen an der erforderlichen Nähe der Grundrechtsgefährdung fehlt. Risiken für die Unternehmenstätigkeit der Gesellschaft können sich auch daraus ergeben, daß die Geschäftsführung durch eine Kumulation zahlreicher Informationsbegehren überlastet, dadurch in der Unternehmensleitung behindert und auf diese Weise der Geschäftsbetrieb der Gesellschaft erheblich gestört wird[750]. Durch derartige Konstellationen wird die von Art. 12 I GG garantierte Unternehmens- und Wettbewerbsfreiheit der Gesellschaft berührt, so daß eine Ausstrahlungswirkung des Art. 12 I GG als einschlägigem Grundrecht prinzipiell gegeben ist.

B. Konsequenzen aus der Ausstrahlungswirkung des Art. 12 I GG

Das über die Generalklausel der gesellschaftsrechtlichen Treuepflicht auf mitgliedschaftliche Informationsrechte ausstrahlende Grundrecht der Berufsfreiheit gebietet dem Gesetzgeber, einen Minimalschutz des durch Art. 12 I GG gewährleisteten Freiheitsbereichs der Gesellschaft sicherzustellen. In einer Analyse der in den verschiedenen Gesellschaftsformen bzw. für die verschiedenen Gesellschaftertypen im einzelnen vorgesehenen Auskunfts- und Einsichtsrechte soll untersucht werden, inwieweit der Gesetzgeber diesem grundrechtlichen Schutzauftrag durch entsprechende Beschränkungen des Informationsrechts nachgekommen ist[751]. Zu überlegen ist dabei zugleich, in welcher Weise in Fällen unzureichenden Grundrechtsschutzes durch die gesetzliche Gestaltung die

---

[749] Nach K. Schmidt, Informationsrechte, S. 41, stellen Fälle, in denen der Gesellschaft aus der Informationserteilung an einen konkurrierenden Gesellschafter Nachteile drohen, eine verallgemeinerungsfähige Grundkonstellation dar.

[750] Wohlleben, Informationsrechte des Gesellschafters, S. 13 f.

[751] Zur grundsätzlichen Möglichkeit der Beschränkung des mitgliedschaftlichen Auskunftsrechts des Aktionärs durch Grundrechte, allerdings ohne Ausführungen im Detail, G/H/E/K/Eckhardt, § 131 Rn. 137.

Rechtsprechung dem grundrechtlichen Schutzauftrag bei der Rechtsanwendung zur Geltung zu verhelfen hat.

I. Berufsfreiheit von BGB-Gesellschaft und OHG als Ausübungsschranke der Informationsrechte gemäß § 716 I BGB, § 118 I HGB

Das Einsichtsrecht des § 716 I BGB ermöglicht den Gesellschaftern einer BGB-Gesellschaft, sich einen Überblick über die Lage der Gesellschaft zu verschaffen. Die Vorschrift gewährt den Gesellschaftern unabhängig von ihrer Beteiligung an der Geschäftsführung das Recht, sich von den Angelegenheiten der Gesellschaft persönlich zu unterrichten, die Geschäftsbücher und die Papiere der Gesellschaft einzusehen und sich aus ihnen eine Übersicht über den Stand des Gesellschaftsvermögens anzufertigen. Das Einsichtsrecht des § 716 I BGB wird nach h.A. durch ein - allerdings restriktiv anzuwendendes - ungeschriebenes Auskunftsrecht in der Weise ergänzt, daß der Gesellschafter insoweit nach zusätzlichen Informationen nachsuchen kann, als die schriftlichen Unterlagen nicht aus sich heraus verständlich sind[752] und sich der Gesellschafter ohne zusätzliche Auskünfte keine Klarheit über die Angelegenheiten der Gesellschaft verschaffen kann[753].

Für die Gesellschafter der OHG sieht § 118 I HGB ein mit dem Informationsrecht der BGB-Gesellschafter nach § 716 I BGB inhaltsgleiches Einsichtsrecht vor. Wie § 716 I BGB wird auch das Einsichtsrecht des OHG-Gesellschafters nach § 118 I HGB durch ein ungeschriebenes Auskunftsrecht ergänzt, mit dem die OHG-Gesellschafter zusätzliche Erläuterungen verlangen können, auf die sie zum Verständnis unklarer oder lückenhafter Schriftstücke[754], die nicht aus sich heraus verständlich sind[755], und zur Befriedigung ihres individuellen Informationsbedarfs[756] angewiesen sind.

---

752 Beck Hdb. Personengesellschaften/W. Müller, § 4 Rn. 96.

753 BGH, Urt. v. 20.6.1983, BB 1984, S. 1271 (S. 1272).

754 Beck Hdb. Personengesellschaften/W. Müller, § 4 Rn. 96.

755 Michalski, OHG-Recht, § 118 Rn. 7.

756 BGH, Urt. v. 20.6.1983, S. 1271 (S. 1272); Schlegelberger/Martens, § 118 Rn. 14.

Die mitgliedschaftlichen Informationsrechte von BGB-Gesellschaftern und OHG-Gesellschaftern können die Gesellschaft in ihren unternehmerischen Belangen tangieren und in ihrer durch Art. 12 I GG garantierten Berufsfreiheit beschränken. Wie in den vorangegangenen grundsätzlichen Überlegungen bereits angesprochen[757], können von dem Einsichtsrecht nach § 716 I BGB, § 118 I HGB und dem ergänzenden Auskunftsrecht derartige freiheitsbeschränkende Wirkungen[758] im Falle der Konkurrenz von Gesellschaftern wie bei Störungen des Geschäftsbetriebs durch übermäßige Informationsbegehren ausgehen.

1. Beschränkungen des Informationsrechts gegenüber konkurrierenden Gesellschaftern

Zunächst soll untersucht werden, ob die gesetzliche Ausgestaltung des mitgliedschaftlichen Informationsrechts in § 716 I BGB, § 118 I HGB dem Schutz der Gesellschaft vor Konkurrenz aus den eigenen Reihen hinreichend Rechnung trägt. Ist dies nicht der Fall, bleibt es der Rechtsprechung überlassen, bei Auslegung und Anwendung von § 716 I BGB, § 118 I HGB die erforderlichen Einschränkungen vorzunehmen.

a) Schutzgebot aus Art. 12 I GG zugunsten der Gesellschaft

Für die Analyse des Schutzgebots aus Art. 12 I GG sind Bestehen und Art der grundrechtsrelevanten Gefährdungslage festzustellen, um anschließend die adäquaten Schutzinstrumente bestimmen zu können.

aa) Gefährdungslage

Spezifische Gefahren für die Tätigkeit einer unternehmenstragenden BGB-Gesellschaft oder OHG ergeben sich aus der Informationserteilung an solche Gesellschafter, die in einem Konkurrenzverhältnis zu ihr stehen. Bereits im Kapitel über die Wettbewerbsverbote wurde auf die Bedrohung hingewiesen, die sich daraus ergibt, daß ein Gesellschafter Zugang zu gesellschaftsinternen Informa-

---

757 Dazu 3. Teil § 2 A III.

758 BayObLG, Beschl. v. 27.10.1988, WM 1988, S. 1789 (S. 1791); BayObLG, Beschl. v. 27.10.1988, WM 1988, S. 1789 (S. 1791), bezeichnet das Informationsrecht als „Eingriffsrecht".

tionen hat und sich zugleich als Konkurrent der Gesellschaft betätigt[759]. Die Verpflichtung der Gesellschaft, dem in Wettbewerb zu ihr stehenden Gesellschafter Einsicht in ihre schriftlichen Unterlagen zu gewähren und ergänzende Auskünfte zu erteilen, birgt erhöhte Risiken für ihre unternehmerische Wettbewerbsfreiheit in sich, wenn und weil der betreffende Gesellschafter die erlangten Daten zu Konkurrenzzwecken verwerten kann.

Die Informationen, die den Gesellschaftern über § 716 I BGB, § 118 I HGB zugänglich werden, sind potentiell wettbewerbsrelevant. Das Einsichtsrecht bezieht sich auf die „Angelegenheiten der Gesellschaft". Dieser extensiv auszulegende Begriff[760] umfaßt bilanzierungspflichtige Tatbestände, Geschäftspläne und Geschäftsverbindungen, Informationen über Gewinnsituation und Gewinnerwartung, über die Anlage des Gesellschaftsvermögens, die Höhe der Gesellschaftsschulden u.ä.[761]. Damit ist es dem Einsicht nehmenden Gesellschafter möglich, sich Kenntnisse sowohl von ihn interessierenden Detailfragen als auch - nach und nach - von der geschäftlichen Gesamtlage zu verschaffen und zu eigenen Zwecken auszunutzen. Eine solche Ausnutzung der über § 716 I BGB, § 118 I HGB erlangten Informationen ist für die Gesellschaft mit spezifischen Risiken verbunden, wenn sich der Gesellschafter auf dem Markt der BGB-Gesellschaft bzw. OHG selbständig oder in einer anderen Gesellschaft unternehmerisch betätigt, dort Geschäftsführungsfunktionen wahrnimmt oder sonst über eine mit Einfluß verbundene Stellung verfügt[762]. Unter solchen Umständen wird das Schutzgebot des Art. 12 I GG zugunsten der Gesellschaft aktuell und verlangt entprechende Beschränkungen der Rechte des informationsberechtigten Gesellschafters.

In der BGB-Gesellschaft unterliegen Gesellschafter, die über maßgeblichen Einfluß in der Gesellschaft verfügen, einem ungeschriebenen Wettbewerbsverbot[763]. Ebenso sind OHG-Gesellschafter, die entsprechend dem gesetzlichen Leitbild über Geschäftsführungs- und Vertretungsbefugnisse verfügen, durch das Wett-

---

759 Dazu näher 3.Teil § 1 A I 2 a aa bbb.

760 Glahs, in: Sudhoff, Personengesellschaften, F II 1 a Rn. 2.

761 Beck Hdb Personengesellschaften/W. Müller, § 4 Rn. 94; Glahs, in: Sudhoff, Personengesellschaften, F II 1 a Rn. 2.

762 Im Ergebnis wie hier Ivens, GmbHR 1989, S. 273 (S. 274) für den GmbH-Gesellschafter.

763 Dazu näher 3. Teil § 1 A I 2 b.

bewerbsverbot des § 112 I HGB an der Aufnahme einer Konkurrenztätigkeit gehindert. Nur für die verbleibenden Fälle, in denen der konkurrierenden Tätigkeit von Gesellschaftern wegen ihrer rein kapitalmäßigen Beteiligung keine rechtlichen Hindernisse entgegenstehen[764], bedarf es daher infolge des aus Art. 12 I GG resultierenden Schutzgebots der Einschränkung des mitgliedschaftlichen Informationsrechts der Gesellschafter. Da der Gesetzgeber in der Bestimmung des § 716 BGB keine Beschränkungen des Einsichtsrechts für konkurrierende Gesellschafter vorgesehen hat, ist es Aufgabe des Richters, bei der Rechtsanwendung die immanenten Schranken des Einsichtsrechts und des ergänzenden Auskunftsrechts zu konkretisieren und dabei dem aus Art. 12 I GG resultierenden Schutzauftrag hinreichend Rechnung zu tragen.

bb) Schutzinstrumente

Dem Schutzgebot aus Art. 12 I GG kann nicht durch ein einheitliches rechtliches Instrumentarium für alle grundrechtsrelevanten Fälle entsprochen werden, vielmehr verlangt es einen nach unterschiedlichen Konstellationen abgestuften Schutzmechanismus.

aaa) Verschwiegenheitspflicht der Gesellschafter

Die Festsetzung einer Verschwiegenheitspflicht, die den Gesellschafter in seiner mitgliedschaftlichen Rechtsstellung weniger schwer treffen würde als ein Einsichts- und Auskunftsverweigerungsrecht, ist zum Schutz der Gesellschaft in ihrer Unternehmenstätigkeit nicht geeignet, da sie zwar die Weitergabe, nicht jedoch die Verwertung der gewonnenen Informationen durch den konkurrierenden Gesellschafter verhindern kann.

---

[764] Auch in der OHG unterliegen von der Geschäftsführung und Vertretung ausgeschlossene, also im Wesentlichen kapitalistisch beteiligte Gesellschafter entgegen dem gesetzlichen Wortlaut nicht dem Wettbewerbsverbot des § 112 I HGB, der wegen des Verbots wettbewerbsbeschränkender Verträge nach § 1 GWB entsprechend teleologisch reduziert wird (BGH, Urt. v. 6.12.1962, BGHZ 38, S. 306 (S. 313)).

bbb) Informationsvermittlung durch Treuhänder

Als mildere Alternative zu einem absoluten Informationsverweigerungsrecht gegenüber konkurrierend tätigen Gesellschaftern wird hingegen die Einschaltung eines zur Verschwiegenheit verpflichteten[765] Dritten propagiert[766], der die Unterlagen für den im Wettbewerb zur Gesellschaft stehenden Gesellschafter einsehen und auswerten und ihm nur das Ergebnis seiner Bewertung mitteilen soll[767], ohne daß der Gesellschafter selbst konkrete Einzelangaben erhält, die er im Rahmen seiner Konkurrenztätigkeit verwerten könnte. Eine solche mediatisierte Informationserteilung bietet einen effektiven Schutzmechanismus zugunsten der Gesellschaft und beeinträchtigt die Interessen der Gesellschafter weniger stark als eine Informationsverweigerung. Dem durch Art. 12 I GG gebotenen Schutz entspricht die Regelung, daß der Gesellschaft gegenüber Einsichts- und Auskunftsbegehren eines konkurrierenden Gesellschafters das Recht zusteht, eine Informationserteilung an den Gesellschafter selbst abzulehnen und die Einschaltung eines zur Verschwiegenheit verpflichteten Treuhänders zu verlangen. Dieses Regelungsinstrument kommt allerdings nur dann in Betracht, wenn eine Informationsvermittlung in der beschriebenen Weise für den Gesellschafter von Nutzen ist, weil es ihm lediglich auf die sich aus den einzusehenden Unterlagen ergebende Bewertung bestimmter Umstände ankommt, so beispielsweise, wenn es um die Kontrolle der Geschäftsführung geht. Da die wettbewerbsrelevanten Informationen durch die Einschaltung des neutralen und zur Verschwiegenheit verpflichteten Treuhänders gefiltert werden und dem konkurrierenden Gesellschafter nicht zur Kenntnis gelangen, gewährt diese Lösung als denkbar mildeste, aber dennoch effektive Regelung der Gesellschaft in ihrer Unternehmenstätigkeit hinreichenden Schutz[768].

---

765 BGH, Urt. v. 11.10.1982, WM 1982, S. 1403 (S. 1403 f.).

766 MünchHdb.GesR I/Weipert, § 8 Rn. 20; Glahs, in: Sudhoff, Personengesellschaften, F II 2 Rn. 13; Erman/Westermann, § 716 Rn. 3; MüKo/Ulmer, § 716 Rn. 4; allgemein für die Hinzuziehung eines zur Verschwiegenheit verpflichteten Sachverständigen, wenn die Gefährdung der gesellschaftlichen Interessen aus der Person des Fragestellers resultiert, Wohlleben, Informationsrechte des Gesellschafters, S. 210.

767 Lutter, ZGR 1982, S. 1 (S. 11) (in Bezug auf das Informationsrecht des GmbH-Gesellschafters).

768 Daher konnte auch bereits das RG, Urt. v. 25.10.1921, RGZ 103, S. 71 (S. 73) entscheiden, daß die Gestattung der Büchereinsicht gegenüber einem konkurrierenden Gesellschafter durch Vorlegung der Bücher an einen Sachverständigen der Handelskammer als

ccc) Informationsverweigerungsrecht von BGB-Gesellschaft und OHG

Der Gesellschafter kann aber auch aus Gründen von seinem Einsichtsrecht nach § 716 I BGB bzw. § 118 I HGB Gebrauch machen, für die ihm Detailkenntnisse wichtig sind, so daß ihm mit der Auswertung der Daten durch einen Treuhänder nicht gedient ist[769]. In diesen Fällen, in denen die Einschaltung eines neutralen Dritten aus der Gesellschafterperspektive ausscheidet, erfordert der grundrechtliche Schutz durch Art. 12 I GG ein Einsichts- und Auskunftsverweigerungsrecht gegenüber dem sein Informationsrecht in eigener Person ausübenden konkurrierenden Gesellschafter. Die von der Informationserteilung an den konkurrierenden Gesellschafter ausgehende Bedrohung für die Wettbewerbsfreiheit und die Marktposition der Gesellschaft kann in diesen Fällen durch ein anderes Schutzinstrument nicht abgewehrt werden.

b) Grenzen des Schutzgebots

Beschränkungen der Einsichts- und Auskunftsrechte verkürzen die ebenfalls grundrechtlich gewährleistete Rechtsstellung der Gesellschafter. Die gegenläufige Grundrechtsposition der Gesellschafter darf aber durch die dem Schutzgebot aus Art. 12 I GG entsprechenden Schutzinstrumente nur in den Grenzen der Verhältnismäßigkeit beschränkt werden.

aa) Gegenläufige Grundrechtsposition des Gesellschafters

Das durch § 716 I BGB, § 118 I HGB konkretisierte Informationsrecht der Gesellschafter ist Element ihrer Mitgliedschaft in der Gesellschaft[770], die dem grundrechtlichen Schutz der Eigentumsgarantie untersteht[771]. Art. 14 I GG schützt die Beteiligung an einer Gesellschaft[772] als gesellschaftsrechtlich ver-

---

Treuhänder der Gesellschaft keine Nachteile zufügen könne, da der Gesellschafter gar nicht in die Lage komme, Einsicht in den Inhalt der Bücher zu nehmen.

769 In welcher Weise der Interessenkonflikt in dieser Fallgruppe zu lösen ist, wird in der Literatur nicht erörtert, die regelmäßig nur auf die Möglichkeit der Informationsvermittlung durch einen Treuhänder verweist.

770 Beck Hdb. Personengesellschaften/W. Müller, § 4 Rn. 92 f.

771 Huber, Grundgesetz und wirtschaftliche Mitbestimmung, S. 97; Chlosta, Der Wesensgehalt der Eigentumsgewährleistung, S. 173 (für das Anteilseigentum des Aktionärs).

772 BVerfG, Urt. v. 1.3.1979, BVerfGE 50, S. 290 (S. 341).

mitteltes Eigentum[773] zwar in erster Linie in ihrer Eigenschaft als Vermögensrecht[774]. Vermögensrechtliche und mitgliedschaftsrechtliche Komponente der Beteiligung lassen sich jedoch nicht voneinander trennen[775], so daß auch die mitgliedschaftliche Rechtsstellung des Gesellschafters von der Gewährleistung des Art. 14 I GG umfaßt wird[776]. Auch das durch § 716 BGB, § 118 I HGB ausgeformte mitgliedschaftliche Informationsrecht genießt daher den Schutz der Eigentumsgarantie[777]. Bei der Ausgestaltung bzw. Beschränkung des Einsichts- und Auskunftsrechts verlangt demnach nicht nur die Berufsfreiheit der Gesellschaft, sondern auch das Eigentumsgrundrecht des Gesellschafters entsprechende Berücksichtigung.

Für die grundrechtliche Gewährleistung der mitgliedschaftlichen Rechte des Gesellschafters durch Art. 14 I GG ist vor allem die grundsätzlich verschärfte Sozialbindung gesellschaftsrechtlich vermittelten Eigentums[778] von Bedeutung. Diese leitet sich zum einen aus der besonderen Sozialbindung des Gesellschaftseigentums ab, welche aus der Einbindung der unternehmerischen Tätigkeit von Gesellschaften in gesamtwirtschaftliche Belange resultiert[779]. Zum anderen ist das Anteilseigentum, als dessen Element die Mitgliedschaftsrechte des Gesellschafters geschützt werden, gesellschaftsrechtlich gebundenes Eigentum[780]. Dadurch, daß der Gesellschafter der Gesamtheit der Gesellschafter bzw. der Gesellschaft sein Kapital zur Verfolgung eines bestimmten Zwecks zur Verfügung stellt, unterwirft er sich als Eigentümer erhöhten Bindungen. Seine Be

773 Huber, Grundgesetz und wirtschaftliche Mitbestimmung, S. 95.

774 Das BVerfG, Urt. v. 7.8.1962, BVerfGE 14, S. 263 (Feldmühle), ging offenbar zunächst davon aus, daß das gesellschaftsrechtlich vermittelte Eigentum nur in seiner Eigenschaft als Vermögensrecht durch Art. 14 I GG geschützt sei.

775 Rüfner, DVBl. 1976, S. 689 (S. 691); Ebenroth/Koos, BB 1995, Beil. 8, S. 1 (S. 3) (für das Anteilseigentum des Aktionärs).

776 BVerfG, Urt. v. 7.5.1969, BVerfGE 25, S. 371 (S. 407).

777 Ebenroth/Koos, BB 1995, Beil. 8, S. 1 (S. 3) (für das mitgliedschaftliche Auskunftsrecht des Aktionärs).

778 Leisner, in: HStR VI, § 149 Rn. 117; so wohl auch Ossenbühl, AöR 115 (1990), S. 1 (S. 29).

779 Ebenroth/Koos, BB 1995, Beil. 8, S. 1 (S. 5) (für das Eigentum der AG).

780 In diese Richtung Ebenroth/Koos, BB 1995, Beil. 8, S. 1 (S. 5) (für das Anteilseigentum des Aktionärs).

fugnisse als Anteilseigentümer, zu denen auch seine Mitgliedschaftsrechte gehören, können deshalb weitgehenden Einschränkungen unterworfen werden.

bb) Zulässigkeit der Schutzinstrumente

Ob und in welchem Umfang die Verkürzungen der grundrechtlich gesicherten Mitgliedschaftsposition der Gesellschafter durch die von Art. 12 I GG geforderten Schutzinstrumente zugunsten der Gesellschaft zulässig sind, ergibt sich aus einer Grundrechtsabwägung.

aaa) Informationsvermittlung durch Treuhänder

Der Gesellschafter wird dadurch, daß er sein Einsichts- und Auskunftsrecht nicht in eigener Person, sondern nur in mediatisierter Form über einen Dritten ausüben kann, in seiner Mitgliedschaftsstellung nur marginal berührt. Ist die Informationsvermittlung durch einen Dritten möglich, weil es dem Gesellschafter zur Wahrnehmung seiner Mitgliedschaftsrechte lediglich auf die sich aus einzelnen Daten ergebende Bewertung bestimmter Umstände ankommt, z.B. wenn es um die Entziehung der Geschäftsführungsbefugnis eines Gesellschafters wegen Pflichtverstößen geht, wird er in seinen mitgliedschaftlichen Interessen nicht geschädigt. Die von der Informationserteilung ausgehende Bedrohung für die unternehmerische Wettbewerbsfreiheit der BGB-Gesellschaft ist hingegen beachtlich. Die gezielte Verwertung der über das Einsichts- und Auskunftsrecht erworbenen gesellschaftsinternen Daten zugunsten der Konkurrenz kann zur Verdrängung der Gesellschaft aus der von ihr erworbenen Marktposition und damit zu einer schweren Schädigung im Wettbewerb führen.

Angesichts der erheblichen Gefährdung der Gesellschaft in ihrer Wettbewerbsfreiheit einerseits, der kaum spürbaren Beschneidung des Gesellschafters in seinem mitgliedschaftlichen Informationsrecht sowie der Gesellschaftsgebundenheit seines gesellschaftsrechtlich vermittelten Eigentums andererseits muß die eigentumsrechtlich geschützte Position des Gesellschafters dem grundrechtlichen Schutz der Berufsfreiheit der Gesellschaft weichen[781]. Der Informationen

---

[781] Deshalb konnte auch der BGH, Urt. v. 15.12.1969, BB 1970, S. 187, in einem Fall, in dem sich ein BGB-Gesellschafter, der in einem Konkurrenzverhältnis zu seiner Gesellschaft stand, durch die verlangte Einsicht in Kundenkarteiblätter Kenntnisse über den

verlangende Gesellschafter muß sich dementsprechend auf die Einschaltung eines Treuhänders verweisen lassen.

bbb) Informationsverweigerungsrecht von BGB-Gesellschaft und OHG

In jenen Konstellationen, in denen die Vermittlung und Filterung von Informationen den Interessen des Gesellschafters nicht gerecht zu werden vermag, weil es ihm maßgeblich auf Detailkenntnisse ankommt, so daß es bei der Ausübung seines Einsichts- und Auskunftsrechts in eigener Person bleiben muß, können die Interessen der Gesellschaft nur durch ein Auskunftsverweigerungsrecht geschützt werden.

(1) Ausübung des Informationsrechts zu gesellschaftsfremden Zwecken

Da das Informationsrecht des Gesellschafters als Mitgliedschaftsrecht nur in dem Umfang den Schutz des Art. 14 I GG genießt, in dem es der durch die Eigentumsgarantie abgesicherten Mitgliedschaft dient, entfällt der Grundrechtsschutz, wenn das Einsichts- und Auskunftsrecht nicht der Einholung von zur sachgemäßen Mitbestimmung oder Mitverwaltung in der Gesellschaft erforderlichen Informationen dient, sondern zu gesellschaftsneutralen oder zu gesellschaftswidrigen Zwecken genutzt wird. Um diese Fälle für die Gesellschaft erkennbar zu machen, ist ihr das Recht zuzugestehen, sich bei konkurrierenden Gesellschaftern über den Zweck an sie gerichteter Einsichts- und Auskunftsbegehren zu informieren. Dient die Ausübung der Rechte aus § 716 I BGB, § 118 I HGB ausschließlich der Deckung gesellschaftsfremden Informationsbedarfs, sind dem Schutzauftrag des Art. 12 I GG zugunsten der Gesellschaft keine Grenzen gesetzt. Die Gesellschaft kann dem Einsichts- und Auskunftsbegehren daher hier ein Informationsverweigerungsrecht entgegensetzen[782].

Kundenkreis und die Lieferungen der BGB-Gesellschaft verschaffen konnte, auf die Einschaltung eines zur Verschwiegenheit verpflichteten Buchsachverständigen verweisen.

782 Im Ergebnis ähnlich, allerdings ohne Rückgriff auf grundrechtliche Argumente, Fischer, NJW 1954, S. 777 (S. 779).

(2) Ausübung des Informationsrechts zu mitgliedschaftlichen Zwecken

Anders stellt sich die Lage dar, wenn der Gesellschafter auf detaillierte Informationen angewiesen ist, weil ihm sonst eine sinnvolle Ausübung seiner *Gesellschafterrechte* nicht möglich ist. Eine solche Situation wird sich für den von der Geschäftsführung ausgeschlossenen Gesellschafter, um den allein es hier geht[783], in erster Linie dann ergeben, wenn über Grundlagengeschäfte zu entscheiden ist. Dazu gehören alle Geschäfte, die eine Änderung des Gesellschaftsvertrags mit sich bringen, so z.B. die Erhöhung oder Herabsetzung von Beiträgen, die Neuregelung von Geschäftsführung und Vertretung oder die Neuverteilung des Gewinns[784].

Andere Fälle, in denen der von der Geschäftsführung ausgeschlossene Gesellschafter zur Ausübung der ihm zustehenden Rechte auf *Detail*informationen angewiesen ist, so daß die Möglichkeit der Informationsvermittlung durch einen Treuhänder ausscheidet, dürften sich in der BGB-Gesellschaft nur ausnahmsweise ergeben. Für diese seltenen Situationen wird daher auf die Ausführungen zum Informationsrecht des Kommanditisten verwiesen[785], die insoweit entsprechend gelten. In der OHG hingegen ist als weiterer wichtiger Bereich, in dem auch nicht geschäftsführende Gesellschafter zur Mitwirkung berufen sind, die Beschlußfassung über außergewöhnliche Geschäfte nach § 116 II HGB zu berücksichtigen.

Wird dem Gesellschafter durch die Verweigerung der erforderlichen Informationen die Mitentscheidung in Grundlagengeschäften unmöglich gemacht, so trifft ihn dieser Ausschluß von den Rechten nach § 716 I BGB, § 118 I HGB im Kern seiner durch Art. 14 I GG geschützten Mitgliedschaft. Die Beschränkung in diesen essentiellen Bereichen wird auch durch die Sozialbindung des gesellschaftsrechtlich vermittelten Eigentums nicht mehr gedeckt. In solchen Fällen muß das Schutzgebot des Art. 12 I GG dem grundrechtlichen Schutz der Mitgliedschaft durch Art. 14 I GG weichen. Eine Beschränkung des Einsichtsrechts

---

783 Für geschäftsführende Gesellschafter ergibt sich aus dem grundrechtlichen Schutzgebot des Art. 12 I GG ein ungeschriebenes Wettbewerbsverbot (dazu näher 3. Teil § 1 A I 2 b), so daß ein Informationsverweigerungsrecht für diese Gesellschaftergruppe nicht zu diskutieren ist.

784 Kübler, Gesellschaftsrecht, § 6 III 1 a.

785 Dazu 3. Teil § 2 B II 2.

nach § 716 I BGB, § 118 I HGB und des damit verbundenen Auskunftsrechts ist hier deshalb unverhältnismäßig und damit unzulässig[786].

Aber auch in der zweiten Kategorie von Fällen, die nur für die OHG relevant wird, führt die Grundrechtsabwägung zu einem Vorrang der mitgliedschaftlichen Stellung des Gesellschafters vor den Unternehmensinteressen der Gesellschaft. Der durch die Informationsverweigerung bewirkte faktische Ausschluß von der Beschlußfassung über ein außergewöhnliches Geschäft gemäß § 116 II HGB berührt den OHG-Gesellschafter zwar nicht im zentralen Bereich seiner Mitgliedschaft. Es ist jedoch zu berücksichtigen, daß auch die Beteiligung der von der Geschäftsführung ausgeschlossenen Gesellschafter mit Blick auf ihre persönliche Haftung ein unternehmerisches Gepräge trägt. Wegen des damit im Vordergrund stehenden personalen Elements der Gesellschaftsbeteiligung fällt der grundrechtliche Schutz des Art. 14 I GG besonders stark aus[787] und ist damit korrespondierend die Sozialbindung des Anteilseigentums des OHG-Gesellschafters entsprechend abgeschwächt. In Anbetracht der gesteigerten Schutzintensität der Eigentumsgarantie muß das Schutzgebot des Art. 12 I GG zugunsten der Gesellschaft zurücktreten und ist die Einschränkung des Informationsrechts durch Informationsverweigerung seitens der Gesellschaft auch in diesen Fällen als unzulässig zu bewerten.

2. Beschränkungen des Informationsrechts bei Überlastung der Geschäftsführung

Den zweiten Bereich, in dem typischerweise eine Gefährdung der Gesellschaft in ihrer Berufsfreiheit besteht, bilden diejenigen Fälle, in denen die geschäftsführenden Gesellschafter durch ein Übermaß an Informationsbegehren an der sachgerechten Wahrnehmung der Unternehmensleitung gehindert werden. Auch hier können Beschränkungen des mitgliedschaftlichen Informationsrechts mit

---

[786] Im Ergebnis ähnlich, allerdings ohne Berücksichtigung der einschlägigen grundrechtlichen Wertungen, kommt Wohlleben, Informationsrechte des Gesellschafters, S. 202, zu dem Schluß, daß ein Gesellschafter trotz bestehenden Konkurrenzverhältnisses nicht von solchen Informationen ausgeschlossen werden darf, die er zur Ausübung seiner wesentlichen Mitgliedschaftsrechte benötigt.

[787] Im Ergebnis ähnlich BVerfG, Urt. v. 7.8.1962, BVerfGE 14, S. 263 (S. 283); BVerfG, Urt. v. 1.3.1979, BVerfGE 50, S. 290 (S. 347 f.); Leisner, in: HStR VI, § 149 Rn. 87.

Rücksicht auf die durch Art. 12 I GG gewährleistete Berufsfreiheit der Gesellschaft erforderlich sein.

a) Schutzgebot aus Art. 12 I GG zugunsten der Gesellschaft

Eine Anhäufung von Einsichts- und Auskunftsverlangen, die die Geschäftsführung einer Gesellschaft in der ordnungsgemäßen Leitung des Geschäftsbetriebs stört, kann durch das Zusammentreffen von Anfragen zahlreicher Gesellschafter verursacht werden. Diese Konstellation wird vor allem in Gesellschaften mit größerem Gesellschafterkreis auftreten und soll daher erst im Abschnitt über die Informationsrechte in der KG erörtert werden, die in der Organisationsform der GmbH & Co.KG auch als Publikumsgesellschaft mit entsprechend großem Gesellschafterkreis fungiert.

Eine Überlastung der geschäftsführenden Gesellschafter, die die gewünschten Unterlagen für die Gesellschaft als Informationsschuldnerin[788] zur Einsicht bereitzustellen und ergänzende Auskünfte zu erteilen haben, ist aber auch durch ständige Nachfrage eines einzelnen Gesellschafters denkbar[789]. Fragewiederholungen oder die Aneinanderreihung von Detailauskunftsverlangen können insbesondere bei kleineren Gesellschaften mit bescheidener Personalausstattung[790] dazu führen, daß die Geschäftsführung in einem solchen Maße mit der Erteilung von Informationen befaßt ist, daß sie an der sachgemäßen Unternehmensleitung gehindert wird[791]. Da die Gesellschaft in ihrer Unternehmenstätigkeit auf das organschaftliche Handeln ihrer mit entsprechenden Befugnissen ausgestatteten Gesellschafter angewiesen ist, bedeutet die Lähmung der Geschäftsführung

---

788 Das mitgliedschaftliche Informationsrecht richtet sich stets gegen die Gesellschaft als Anspruchsgegnerin, die sich zur Erfüllung der Infromationsansprüche ihres Geschäftsführungsorgans bedient (so gesellschaftsformübergreifend K. Schmidt, Informationsrechte, S. 27).

789 BayObLG, Beschl. v. 27.10.1988, WM 1988, S. 1789 (S. 1791), verweist auf die mögliche „Dauerbeschäftigung der Verwaltung mit Fragen eines informationsfreudigen Gesellschafters".

790 Wohlleben, Informationsrechte des Gesellschafters, S. 206.

791 In diesem Sinne stellt auch der BGH, Urt. v. 12.6.1954, BGHZ 14, S. 53 (S. 56) (für die GmbH) fest, daß eine „unbeschränkte und jederzeit ausübbare Befugnis" auf Vorlage und Einsicht der Bücher und Schriften der Gesellschaft zu einer „unerträglichen Erschwerung des Geschäftsbetriebes" führen würde.

durch eine übermäßige Anhäufung von Informationsverlangen zugleich eine Behinderung der Gesellschaft in ihrer unternehmerischen Betätigung[792]. Die darin liegende Beeinträchtigung der Gesellschaft in ihrer Berufsfreiheit provoziert entsprechende Schutzwirkungen des Art. 12 I GG, die eine Einschränkung der Informationsrechte des Gesellschafters für die umschriebenen Konstellationen verlangen. Da § 716 I BGB und § 118 I HGB keine Begrenzung des Einsichtsrechts vorsehen, ist auch in diesem Bereich die Rechtsprechung aufgerufen, das Schutzgebot des Art. 12 I GG zu verwirklichen.

Der erforderliche Schutz der Gesellschaft vor Beeinträchtigungen ihrer Unternehmenstätigkeit durch ein Übermaß zu befriedigender Informationsbegehren verlangt kein absolutes Einsichts- und Auskunftsverweigerungsrecht, sondern ist dadurch sicherzustellen, daß der Gesellschaft das Recht zugesprochen wird, in Fällen gehäufter Nachfragen einzelne Informationsbegehren zurückzuweisen und stattdessen von dem anfragenden Gesellschafter eine sinnvolle Bündelung seiner Informationsverlangen zu fordern. Dies ermöglicht der Gesellschaft die Zusammenfassung gewünschter Informationen und reduziert den mit der Auskunftserteilung verbundenen Aufwand in einer Weise, die ihr ausreichende Kapazitäten für die sachgemäße Unternehmensleitung belassen.

b) Grenzen des Schutzgebots

Die Grenzen des grundrechtlichen Schutzgebots aus Art. 12 I GG zugunsten der Gesellschaft ergeben sich aus der Abwägung mit der kollidierenden Grundrechtsposition der Gesellschafter aus Art. 14 I GG. Die Gefährdung der Gesellschaft in ihrer Unternehmenstätigkeit, die mit einer Blockierung der Geschäftsführung durch eine Vielzahl von Informationsbegehren einhergeht, kann ein beachtliches Ausmaß erreichen. Je intensiver die geschäftsführenden Gesellschafter durch die Anfragen des Gesellschafters in Anspruch genommen werden, und je länger der Zeitraum ist, über den sich diese Inanspruchnahme durch immer neue Einsichts- und Auskunftsverlangen erstreckt, desto nachhaltiger wird die Gesellschaft durch die Behinderung ihrer geschäftsführenden Gesellschafter, auf deren Handeln sie auch bei der Verfolgung ihrer Unternehmenstätigkeit angewiesen ist, in ihrem Geschäftsbetrieb gestört. In Extremfällen kann die Beein-

[792] Ähnlich Wohlleben, Informationsrechte des Gesellschafters, S. 205.

trächtigung existenzbedrohend für das von der Gesellschaft getragene Unternehmen und damit auch für die Gesellschaft selbst werden.

Den Gesellschafter beeinträchtigt das die Gesellschaft in diesen Fällen schützende Recht, die Vielzahl einzelner Einsichts- und Auskunftsbegehren zurückzuweisen und eine gebündelte Nachfrage zu verlangen, in seiner durch Art. 14 I GG geschützten mitgliedschaftlichen Stellung demgegenüber nur marginal. Sucht der Gesellschafter um Informationen nach, die nicht der Wahrnehmung seiner mitgliedschaftlichen Befugnisse dienen, z.B. weil er die erbetenen Informationen bereits auf eine vorhergehende Anfrage erhalten hat oder weil die begehrten Daten in keinem sachlichen Zusammenhang mit von ihm auszuübenden Rechten stehen, entfällt der Schutz des Art. 14 I GG ohnehin. Dabei ist der Gesellschaft wie gegenüber Informationsbegehren konkurrierender Gesellschafter auch im Falle gehäufter Nachfragen das Recht zuzugestehen, sich nach Ziel und Zweck von Einsichts- und Auskunftsbegehren zu erkundigen, um für sie erkennbar zu machen, ob bzw. welche Informationsbegehren der Ausübung von Mitgliedschaftsrechten dienen.

Wenn der Gesellschafter der verlangten Auskünfte zur sinnvollen Ausübung seiner Gesellschafterrechte bedarf, so werden seine durch Art. 14 I GG gesicherten Mitgliedschaftsinteressen auch durch eine gebündelte Informationserteilung voll befriedigt. Die Verpflichtung des Gesellschafters, seine Anfragen in zusammengefaßter Form an die Gesellschaft zu richten, ist als Ausdruck der Sozialbindung seines gesellschaftsrechtlich vermittelten Eigentums zu verstehen, enthält hingegen keine Verletzung seiner eigentumsrechtlich geschützten Mitgliedschaftsstellung.

Die Abwägung der einander gegenüberstehenden Grundrechte führt damit zu dem Ergebnis, daß die Berechtigung der Gesellschaft, bei Anhäufung von Nachfragen Einsicht und Auskunft zu verweigern und eine Bündelung der Informationsbegehren zu verlangen, zu einem gerechten Ausgleich der miteinander kollidierenden grundrechtlichen Positionen von Gesellschaft und Gesellschafter führt[793]. Angesichts der Schwere der drohenden Gefahren für die Unternehmens-

---

[793] Im Ergebnis ähnlich, allerdings ohne Rückgriff auf grundrechtliche Wertungen, A. Hueck, Recht der OHG, S. 187, der die sich aus Treu und Glauben ergebenden Grenzen für Informationsrecht und Büchereinsicht dort ansetzt, wo Auskunfts- und Einsichtsbegehren der Gesellschafter zur Lahmlegung oder ernsthaften Behinderung des Ge-

tätigkeit der Gesellschaft auf der einen Seite, der nur marginalen Beeinträchtigung des Gesellschafters in seiner erhöhter Sozialbindung unterliegenden eigentumsrechtlich geschützten Mitgliedschaftsstellung andererseits entspricht ein solcher Schutzmechanismus einer verhältnismäßigen Auflösung der Kollision von grundrechtlichem Schutzgebot des Art. 12 I GG zugunsten der Gesellschaft und grundrechtlichem Eingriffsverbot des Art. 14 I GG zugunsten des Gesellschafters.

II. Berufsfreiheit der KG als Ausübungsschranke der Informationsrechte gemäß §§ 161 II, 118 I HGB und § 166 I HGB

Der Gesetzgeber hat das mitgliedschaftliche Informationsrecht in der KG für Komplementäre und Kommanditisten mit Blick auf ihre jeweilige Rechtsstellung in der Gesellschaft unterschiedlich ausgestaltet. Bei der Frage, ob die gesetzliche Regelung des individuellen Informationsrechts der Gesellschafter den durch Art. 12 I GG gebotenen Schutz verwirklicht oder ob die Rechtsprechung mit Rücksicht auf die Berufsfreiheit der KG bei der Anwendung der gesetzlich vorgesehenen Einsichts- und Auskunftsrechte weitere Einschränkungen vorzunehmen hat, muß daher zwischen Komplementären und Kommanditisten unterschieden werden.

1. Informationsrecht des Komplementärs gemäß §§ 161 II, 118 I HGB

Der Gesetzgeber hat das mitgliedschaftliche Informationsrecht der persönlich haftenden Gesellschafter einer KG den gleichen Bestimmungen unterworfen wie dasjenige der OHG-Gesellschafter. Für die Komplementäre gilt über die Verweisung des § 161 II HGB das Einsichtsrecht des § 118 I HGB, das durch ein - funktionell beschränktes - Auskunftsrecht ergänzt wird, auf welches sich der informationsbegehrende Gesellschafter dann berufen kann, wenn die schriftlichen Unterlagen wegen Unklarheit oder Unvollständigkeit aus sich selbst heraus

---

schäftsbetriebes führen.

nicht verständlich sind und wenn er zur Deckung seines individuellen Informationsbedürfnisses auf weitergehende Auskünfte angewiesen ist[794].

Da nicht nur die gesetzlich vorgesehenen Informationsbefugnisse, sondern die Rechtsstellung des Komplementärs insgesamt derjenigen des OHG-Gesellschafters gleicht, gelten für die hier vorgenommene verfassungsrechtliche Analyse von Ausgestaltung und Anwendung des § 118 I HGB in Bezug auf die persönlich haftenden Gesellschafter der KG dieselben Überlegungen wie in Bezug auf die Gesellschafter einer OHG. Es kann daher auf die Ausführungen im Abschnitt zum Informationsrecht der OHG-Gesellschafter[795] verwiesen werden.

2. Informationsrecht des Kommanditisten gemäß § 166 I HGB

Dem mitgliedschaftlichen Informationsrecht des Kommanditisten sind vom Gesetzgeber enge Grenzen gesetzt worden. Nach der Bestimmung des § 166 I HGB beschränken sich seine Informationsbefugnisse darauf, die abschriftliche Mitteilung des Jahresabschlusses zu verlangen und dessen Richtigkeit unter Einsicht der Bücher und Papiere zu prüfen. Von den in § 118 I HGB vorgesehenen Einsichtsrechten werden die Kommanditisten durch § 166 II HGB ausdrücklich ausgeschlossen. Doch wird ihnen von der h.A. neben ihrem gesetzlichen Kontrollrecht ein zusätzliches ungeschriebenes Auskunftsrecht über solche Daten und Vorgänge zuerkannt, auf die sie zur sachgerechten Wahrnehmung ihrer Mitgliedschaftsrechte[796] bzw. zur sinnvollen Mitwirkung an Gesellschafterbeschlüssen[797] angewiesen sind[798].

Trotz der sehr restriktiven Ausgestaltung des mitgliedschaftlichen Informationsrechts der Kommanditisten können der KG aus der Pflicht zur Einsichts- und Auskunftsgewährung Gefahren für ihre Unternehmenstätigkeit erwachsen und dementsprechend weitere Beschränkungen der in § 166 I HGB vorgesehenen Rechte erforderlich sein.

---

[794] Dazu näher 3. Teil § 2 B I vor 1.

[795] 3. Teil § 2 B I.

[796] K. Schmidt, Informationsrechte, S. 69; Goerdeler, in: FS Kellermann, S. 77 (S. 80).

[797] Weipert, DStR 1992, S. 1097 (S. 1098); Baumbach/Hopt, § 166 Rn. 11; Heymann/Horn, § 166 Rn. 19; in dieser Richtung auch BGH, Urt. v. 23.3.1992, NJW 1992, S. 1890 (S. 1891).

[798] Statt vieler Röhricht/von Westphalen, § 166 Rn. 26.

a) Beschränkungen des Informationsrechts gegenüber konkurrierenden Gesellschaftern

Ähnlich wie in der BGB-Gesellschaft und in der OHG kann auch in der KG die Preisgabe gesellschaftsinterner Informationen mit erheblichen Gefahren für die Gesellschaft verbunden sein. Der teilweise bereits durch ungeschriebene Wettbewerbsverbote für Kommanditisten verwirklichte Schutz der Gesellschaft in ihrer Unternehmenstätigkeit ist daher möglicherweise durch Einschränkungen des Informationsrechts zu ergänzen.

aa) Schutzgebot aus Art. 12 I GG zugunsten der Gesellschaft

Das Eingreifen des Schutzgebots aus Art. 12 I GG zugunsten der Gesellschaft wird durch das Bestehen einer grundrechtstypischen Gefährdungslage bedingt. Nur gegenüber grundrechtsrelevanten Gefahren verlangt Art. 12 I GG einen die Gesellschaft in ihrer Unternehmenstätigkeit sichernden Schutzmechanismus.

aaa) Gefährdungslage

Das mitgliedschaftliche Einsichts- und Auskunftsrecht der Kommanditisten zieht erhöhte Risiken für die unternehmerische Betätigung der KG nach sich, wenn die auf diese Weise zu erlangenden Daten von dem betreffenden Gesellschafter zu Konkurrenzzwecken verwertet werden können[799]. Gegenüber Kommanditisten, die über maßgeblichen Einfluß in der KG verfügen, wird der durch Art. 12 I GG gebotene Schutz bereits über das Eingreifen des ungeschriebenen Wettbewerbsverbots realisiert[800]. Einer konkurrierenden wirtschaftlichen Betätigung von Kommanditisten, die entsprechend dem gesetzlichen Leitbild keinen Einfluß auf die Geschicke der KG haben, stehen hingegen rechtliche Hindernisse nicht entgegen[801]. Treten solche Kommanditisten als Wettbewerber gegen-

---

[799] Zur Gefahr der Verwendung der durch Einsicht in Bücher und Papiere gewonnenen Kenntnisse zu wettbewerblichen Zwecken BGH, Urt. v. 2.7.1979, BB 1979, S. 1315 (S. 1316).

[800] Dazu näher 3. Teil § 1 A I 2 b.

[801] Schlegelberger/Martens, § 166 Rn. 3, sieht offenbar bereits dieses Fehlen eines Wettbewerbsverbots als ausreichende Legitimation für eine Beschränkung des Einsichtsrechts der Kommanditisten an. Ähnlich Flume, ZIP 1995, S. 651 (S. 652).

über der Gesellschaft auf, bedeutet der Zugang zu gesellschaftsinternen Informationen ein erhebliche Gefährdung für die Unternehmenstätigkeit der KG[802].

Die Daten, die der Gesellschafter über sein Einsichtsrecht nach § 166 I HGB zu erlangen vermag, sind für ihn unter Wettbewerbsgesichtspunkten potentiell von Interesse. Über das Recht auf Mitteilung der Jahresbilanz vermag er sich ein Bild von der Vermögenssituation der Gesellschaft und der Ertragsentwicklung ihres Unternehmens zu machen[803]. Die Befugnis, zur Prüfung des Jahresabschlusses die Bücher und Papiere der KG einzusehen, ermöglicht es ihm, sich über einzelne Geschäftsvorgänge der Gesellschaft und des von ihr betriebenen Unternehmens zu informieren[804]. Auf diese Weise wird ihm nicht nur eine genaue Analyse der Geschäftslage des von der KG betriebenen Unternehmens möglich, sondern erhält er auch Zugriff auf einzelne, ihm nützliche Unternehmensinterna wie beispielsweise Kunden- und Lieferantenbeziehungen[805]. Auch das dem Kommanditisten zur sachgemäßen Wahrnehmung seiner Mitgliedschaftsrechte zur Verfügung stehende Auskunftsrecht kann ihm wettbewerbsrelevante Daten vermitteln. Das ist z.B. denkbar, wenn der Gesellschafter im Hinblick auf die Feststellung des Jahresabschlusses oder auf eine geplante Unternehmensveräußerung, die als Grundlagengeschäft der Beschlußfassung der Gesellschaftergesamtheit unterliegen kann[806], um diesbezügliche Detailauskünfte nachsucht. Geht der Kommanditist auf dem nach räumlichen und gegenständlichen Kriterien zu bestimmenden Markt der KG einer selbständigen unternehmerischen Tätigkeit nach oder verfügt er in einer anderen Gesellschaft als Mitglied des Geschäftsführungsorgans oder als mit weitreichenden Befugnissen ausgestatteter oder beherrschender Gesellschafter über maßgeblichen Einfluß, resultieren aus der Einsichts- und Auskunftsgewährung erhöhte Gefahren für die

---

802 So auch Ivens, GmbHR 1989, S. 273 (für den GmbH-Gesellschafter).

803 Schlegelberger/Martens, § 166 Rn. 6.

804 Schlegelberger/Martens, § 166 Rn. 7.

805 BGH, Urt. v. 2.7.1979, BB 1979, S. 1315 (S. 1316), verweist auf die Gefahr, daß ein konkurrierender Kommanditist die über sein Einsichtsrecht erlangten Kenntnisse von Lieferantenbeziehungen und –konditionen oder auch von Werbeunterlagen im Wettbewerb zum Nachteil der Gesellschaft ausnutzen könnte.

806 Eine Unternehmensveräußerung ist als Grundlagengeschäft zu qualifizieren, wenn das Unternehmen den einzigen Vermögensgegenstand der Gesellschaft darstellt (Heymann/Horn, § 166 Rn. 7).

Unternehmenstätigkeit der KG, weil der Kommanditist die erlangten wettbewerbsrelevanten Informationen zugunsten seiner konkurrierenden Tätigkeit und zum Schaden der KG verwerten kann[807].

bbb) Schutzinstrumente

Bei Bestehen der beschriebenen grundrechtsrelevanten Gefahrenlage verlangt das Schutzgebot aus Art. 12 I GG je nach Fallkonstellation unterschiedliche Schutzinstrumente.

(1) Verschwiegenheitspflicht der Kommanditisten

Die Auferlegung einer bloßen Verschwiegenheitspflicht reicht allerdings zum Schutz der KG vor der beschriebenen Gefährdung ihrer durch Art. 12 I GG gewährleisteten Wettbewerbsfreiheit und der von ihr erworbenen Marktposition nicht aus, weil der Gesellschafter die erlangten Informationen unabhängig von einer Weitergabe an Dritte im Rahmen seiner Konkurrenztätigkeit verwerten kann.

(2) Informationsvermittlung durch Treuhänder und Informationsverweigerungsrecht der KG

Effektiven Schutz bietet hingegen die Berechtigung der KG, die Einschaltung eines zur Verschwiegenheit verpflichteten Treuhänders zu verlangen, der die erforderlichen Informationen auswertet und dem Gesellschafter nur das Ergebnis seiner Beurteilung mitteilt[808]. Dieser Regelungsmechanismus kann aber - wie bereits für die BGB-Gesellschaft und die OHG festgestellt - nur in den Fällen eingreifen, in denen eine solche Informationsvermittlung für den Gesellschafter sinnvoll ist, weil es ihm nicht auf einzelne Daten als solche, sondern nur auf die sich aus ihnen ergebende Bewertung ankommt. Dies trifft z.B. für die Feststellung des Jahresabschlusses zu, jedenfalls insoweit, als den Kommanditisten eine nur formelle Bilanzierungskompetenz zusteht[809]. Wenn dem Gesellschafter die

---

807 So auch Ivens, GmbHR 1989, S. 273 (S. 273 f.); andeutungsweise auch Scholz/K. Schmidt, § 51 a Rn. 39 (für die GmbH-Gesellschafter).

808 Dazu bereits 3. Teil § 2 B I 1 a bb bbb.

809 Näher zur formellen und materiellen Bilanzierungskompetenz in der KG Lamprecht, INF

Bewertung eines Dritten hingegen nicht von Nutzen ist, weil die Wahrnehmung seiner mitgliedschaftlichen Befugnisse von seiner subjektiven Einschätzung und damit von der Kenntnis bestimmter Einzelinformationen abhängt, so daß es bei der Ausübung seines Einsichts- und Auskunftsrechts in eigener Person bleiben muß, kann die KG nur durch ein Informationsverweigerungsrecht vor der Verwertung ihrer unternehmensinternen Daten zu Wettbewerbszwecken geschützt werden.

Bei Bestehen eines Konkurrenzverhältnisses zwischen der KG und einem ihrer Kommanditisten verlangt das Schutzgebot des Art. 12 I GG also wie im Falle der BGB-Gesellschaft und der OHG[810] je nach der Ausrichtung des Einsichts- und Auskunftsbegehrens entweder die Infomationsvermittlung durch einen neutralen Dritten[811] oder aber ein Informationsverweigerungsrecht[812] zugunsten der Gesellschaft.

bb) Grenzen des Schutzgebots

Die rechtlichen Instrumentarien zum Schutz der Gesellschaft in ihrer Berufsfreiheit dürfen die durch Art. 14 I GG geschützte mitgliedschaftliche Stellung des Kommanditisten nicht übermäßig beeinträchtigen.

aaa) Informationsvermittlung durch Treuhänder

Wie bereits für die BGB-Gesellschaft und die OHG erörtert wurde, entspricht in den Fällen eines Konkurrenzverhältnisses zwischen der Gesellschaft und einem ihrer Gesellschafter die Berechtigung der KG, Informationsvermittlung durch einen zur Verschwiegenheit verpflichteten Treuhänder zu verlangen, einem an-

---

1996, S. 561 (S. 562 f.).

810 Vgl. 3. Teil § 2 B I 1 a bb.

811 Für die Einschaltung eines zur Verschwiegenheit verpflichteten Sachverständigen bei Besorgnis, daß der Kommanditist die erlangten Kenntnisse zum Nachteil der Gesellschaft verwerten könnte, Glahs, in: Sudhoff, Personengesellschaften, F II 2 Rn. 13; MünchHdb.GesR II/Weipert, § 11 Rn. 42

812 Für ein Auskunftsverweigerungsrecht bei Bestehen eines Wettbewerbsverhältnisses, allerdings ohne verfassungsrechtliche Begründung, von Gerkan, in: Röhricht/von Westphalen, § 166 Rn. 27.

gemessenen Grundrechtsausgleich[813]. Dadurch daß der Kommanditist keine Einzelinformationen, sondern über den sachverständigen Dritten eine auf den Zweck seiner Anfrage zugeschnittene Bewertung bestimmter Umstände erhält, wird einerseits der KG Schutz vor der Gefahr der Verwertung ihrer Unternehmensdaten zu Konkurrenzzwecken geboten, werden andererseits dem Gesellschafter die sachlichen Voraussetzungen für die sinnvolle Ausübung seiner Mitgliedschaftsrechte gewährleistet und damit seine grundrechtliche Position aus Art. 14 I GG hinreichend respektiert[814].

bbb) Informationsverweigerungsrecht der KG

Ist die Einschaltung eines Treuhänders nicht möglich, weil es dem Kommanditisten auf Detailinformationen ankommt und es daher bei der Ausübung des Einsichts- und Auskunftsrechts in eigener Person bleiben muß, beeinträchtigt das durch Art. 12 I GG gebotene Informationsverweigerungsrecht zugunsten der KG den Gesellschafter spürbar in seiner mitgliedschaftlichen Stellung. Ob und unter welchen Umständen dem Schutz der KG oder demjenigen des Kommanditisten der Vorrang gebührt, ist im Wege einer differenzierenden Abwägung der einander gegenüberstehenden, grundrechtlich geschützten Positionen zu entscheiden[815].

Für den Grundrechtsausgleich ist zum einen von Bedeutung, daß das Anteilseigentum des Kommanditisten als durch Art. 14 I GG geschützte Eigentumspo-

---

813 Dazu näher 3. Teil § 2 B I 1 b bb aaa.

814 So hat auch der BGH, Urt. v. 2.7.1979, BB 1979, S. 1315 (S. 1316), entschieden, daß das Recht des Kommanditisten, Einsicht in die Bücher und Papiere der KG zu nehmen, bei Bestehen eines Wettbewerbsverhältnisses zwischen ihm und der Gesellschaft dahingehend einzuschränken ist, daß der Kommanditist sein Informationsrecht nicht persönlich, sondern nur über einen zur Verschwiegenheit verpflichteten Sachverständigen ausüben darf. Auf der gleichen Linie liegt BGH, Urt. v. 14.12.1981, WM 1982, S. 234 (S. 236). Der BGH greift zur Begründung dieser Beschränkung auf § 242 BGB und die Treuepflicht zurück, allerdings ohne auf die Bedeutung grundrechtlicher Wertungen für das behandelte Problem einzugehen.

815 Auch im Schrifttum wird in der Frage der Begrenzung des Informationsrechts der Kommanditisten eine Abwägung zwischen den Informationsinteressen der Gesellschafter und den berechtigten Interessen der KG gefordert, ohne aber die Bedeutung grundrechtlicher Wertungen für den Interessenausgleich zu benennen (Heymann/Horn, § 166 Rn. 19; K. Schmidt, Informationsrechte, S. 42).

sition[816] einer erhöhten Sozialbindung[817] unterliegt, die sich einerseits aus der gesteigerten Sozialbindung des Gesellschaftseigentums, andererseits aus der gesellschaftsrechtlichen Gebundenheit des Anteilseigentums ergibt[818]. Die Gesellschaftsbeteiligung des gesetzestypischen Kommanditisten genießt den Schutz des Art. 14 I GG deshalb nur in einer mit der Sozialbindung korrespondierenden sehr abgeschwächten Form, weil sie mangels Teilhabe an der Geschäftsführung und mangels persönlicher Haftung nicht unternehmerisch geprägt ist, sondern vielmehr den Charakter einer reinen Kapitalanlage trägt. Die Mitgliedschaftsrechte des Kommanditisten können daher von Gesetzgebung und Rechtsprechung (gesellschaftsrechtlich) weitreichend reguliert werden[819].

Maßgeblich sind zum anderen Ausmaß und Gewicht der Bedrohung bzw. Beeinträchtigung der Grundrechtspositionen von Gesellschaft und Gesellschafter. Für die KG resultieren aus der Erteilung von Informationen an einen in Wettbewerb zu ihr stehenden Kommanditisten beachtliche Gefahren. Durch die Verwertung wettbewerbsrelevanter Unternehmensdaten im Rahmen seiner konkurrierenden Tätigkeit kann sich der Kommanditist Unternehmenswerte und Marktvorteile der KG zu eigenen Zwecken nutzbar machen und die KG in dieser Weise in ihrer unternehmerischen Wettbewerbsfreiheit schwerwiegend beeinträchtigen. Der unbegrenzte Zugang konkurrierender Kommanditisten zu Gesellschaftsinformationen bedeutet für die KG daher eine erhebliche Bedrohung in ihrer Unternehmensfreiheit.

Der Kommanditist ist jedoch auf ein gewisses Maß an Informationen angewiesen, um seine Mitgliedschaftsrechte sachgerecht wahrnehmen zu können[820]. Wie schwer die in der Beschränkung des Einsichts- und Auskunftsrechts liegende Beeinträchtigung seiner durch Art. 14 I GG geschützten mitgliedschaftlichen Position wiegt, ist je nachdem unterschiedlich zu beurteilen, für welches seiner mitgliedschaftlichen Rechte er der begehrten Auskünfte bedarf[821]. Informationen

816 Ossenbühl, AöR 115 (1990), S. 1 (S. 28) (allgemein für das Anteilseigentum).

817 Leisner, in: HStR VI, § 149 Rn. 117.

818 Ebenroth/Koos, BB 1995, Beil. 8, S. 1 (S. 5) (für das Anteilseigentum des Aktionärs).

819 Ebenroth/Koos, BB 1995, Beil. 8, S. 1 (S. 5) (für das Anteilseigentum des Aktionärs); in dieser Richtung auch Ossenbühl, AöR 115 (1990), S. 1 (S. 29).

820 Schiessl, NJW 1989, S. 1597 (S. 1598).

821 Die Ausübung des Informationsrechts zu gesellschaftsfremden Zwecken wird nicht durch Art. 14 I GG geschützt. Es gelten die zum Informationsrecht von BGB-Gesellschaftern

braucht der Kommanditist generell zur Vorbereitung auf die von der Gesellschaftergesamtheit zu fassenden Beschlüsse, an denen er nur unter der Voraussetzung sinnvoll mitwirken kann, daß er sich zuvor ein sachlich fundiertes Urteil über den Beschlußgegenstand bilden kann[822]. Das Ausmaß der Beeinträchtigung durch eine Informationsverweigerung, die dem Kommanditisten die sinnvolle Teilnahme an einer Abstimmung unmöglich macht, hängt von dem Gegenstand der Beschlußfassung[823] ab.

(1) Beschlußfassung über Grundlagengeschäfte

Zur Mitwirkung berechtigt ist der Kommanditist zum einen an Grundlagengeschäften[824], die die Grundbedingungen der gesellschaftsrechtlichen Beteiligung betreffen und deshalb den zentralen Bereich ihrer Mitgliedschaft berühren. Der Kategorie der Grundlagengeschäfte unterfallen die Feststellung des Jahresabschlusses, der Gewinnverwendungsbeschluß und die Wahl von Abschlußprüfern, Veränderungen im Innenverhältnis der Gesellschafter zueinander, z.B. die Aufnahme eines neuen Gesellschafters oder die Befreiung eines Gesellschafters vom Wettbewerbsverbot, aber auch Geschäfte von außerordentlichem Gewicht, deren Wirkungen sich auf die gesamte KG erstrecken wie beispielsweise die Veräußerung des Unternehmens als einzigem Vermögensgegenstand der KG[825]. Da sich der Kommanditist durch die Beteiligung an der KG nur mit den zur Zeit seines Beitritts vereinbarten gesellschaftsrechtlichen Bindungen seiner Beteiligung einverstanden erklärt hat, liegt in einem Ausschluß von der Mitwirkung an einer späteren Umgestaltung seiner Rechtsbeziehungen zur Gesellschaft und zu den übrigen Gesellschaftern, aber auch an der das vermögensrechtliche Element seines Anteilseigentums unmittelbar betreffenden Feststellung des Jahresabschlusses und dem Gewinnverwendungsbeschluß durch Verweigerung der In-

und OHG-Gesellschaftern angestellten Überlegungen entsprechend (vgl. 3. Teil § 2 B I 1 b bb bbb (1)).

822 Schlegelberger/Martens, § 166 Rn. 18.

823 BGH, Urt. v. 23.3.1992, NJW 1992, S. 1890 (S. 1891), nennt als Mitwirkungsrechte, für deren Ausübung der Gesellschafter Informationen benötigt, die Abstimmung über außergewöhnliche Geschäfte nach § 164 HGB sowie die Abstimmung im Zusammenhang mit Änderungen des Gesellschaftsvertrags.

824 Baumbach/Hopt, § 164 Rn. 4.

825 Dazu nur Heymann/Horn, § 166 Rn. 7 m.w.N.

formationen eine unverhältnismäßige Beeinträchtigung seiner durch Art. 14 I GG gewährleisteten Eigentümerbefugnisse. Das Anteilseigentum ist im zentralen Bereich der Mitgliedschaft, der durch die Grundlagengeschäfte berührt wird, stärker durch personale Elemente und weniger durch soziale Bezüge gekennzeichnet. Deshalb tritt die Sozialbindung des gesellschaftsrechtlich vermittelten Eigentums hier in den Hintergrund. Obwohl an der Gewährleistung der Berufsfreiheit der KG als Voraussetzung ihrer Funktions- und Existenzfähigkeit im Hinblick auf ihre Bedeutung im Wirtschaftsleben ein vernünftiges öffentliches Interesse besteht[826], gebührt daher in diesen Fällen den durch Art. 14 I GG geschützten Eigentümerinteressen des Kommanditisten der Vorrang vor der Berufsfreiheit der KG. Wenn der konkurrierende Kommanditist um Informationen nachsucht, derer er für eine sachgemäße Abstimmung über ein Grundlagengeschäft bedarf, kann sich die KG daher auf ein Einsichts- oder Auskunftsverweigerungsrecht nicht berufen.

(2) Beschlußfassung über außergewöhnliche Geschäfte

Anders stellt sich die Situation dar, wenn es um die Beschlußfassung über außergewöhnliche Geschäfte i.S.d. § 164 HGB geht. Werden dem Kommanditisten die für eine sinnvolle Mitwirkung an dem Beschluß erforderlichen Informationen verweigert, beeinträchtigt ihn dies sehr viel weniger schwer als der (faktische) Ausschluß von der Abstimmung über ein Grundlagengeschäft. Außergewöhnliche Geschäfte i.S.d. § 164 HGB, die deshalb an die Zustimmung auch der Kommanditisten[827] gebunden sind, weil sie nach Gegenstand, Geschäftsumfang und Größe der KG sowie im Hinblick auf die mit ihnen verbundenen besonderen Wirtschaftsrisiken die Grenzen des üblichen Geschäftsbetriebs überschreiten[828], können sich aufgrund ihrer wirtschaftlichen Tragweite zwar indirekt auch auf das Anteilseigentum des einzelnen Kommanditisten auswirken. Sie betreffen jedoch seine mitgliedschaftliche Stellung nicht unmittelbar und tangieren anders als Grundlagengeschäfte nicht den Kern seines gesell-

---

826 Ähnlich zum öffentlichen Interesse an der Existenz leistungsfähiger Aktiengesellschaften Ebenroth/Koos, BB 1995, Beil. 8, S. 1 (S. 5).

827 RG, Urt. v. 22.10.1938, RGZ 158, S. 302 (S. 307); Baumbach/Hopt, § 164 Rn. 2; von Gerkan, in: Röhricht/von Westphalen, § 164 Rn. 4.

828 Heymann/Horn, § 166 Rn. 4; Schlegelberger/Martens, § 164 Rn. 17.

schaftsrechtlich vermittelten Eigentums. Unter Berücksichtigung des beachtlichen Gewichts der von einer Erteilung potentiell wettbewerbsrelevanter Informationen ausgehenden Bedrohung der KG in ihrer Unternehmensfreiheit, die Voraussetzung für ihre Funktions- und Bestandsfähigkeit ist und deren effektive Gewährleistung daher auch im öffentlichen Interesse liegt, sowie im Hinblick darauf, daß die durch Art. 14 I GG geschützte mitgliedschaftliche Position des Kommanditisten nicht in ihrem Kernbereich betroffen wird und das Anteilseigentum außerhalb dieses Kernbereichs einer erhöhten Sozialbindung unterliegt, fällt die Abwägung in diesen Fällen zugunsten der Gesellschaft aus. Wenn ein mit der KG konkurrierender Kommanditist zur Vorbereitung der Abstimmung über ein ungewöhnliches Geschäft Einsicht oder Auskunft verlangt, bietet das durch Art. 12 I GG gebotene Informationsverweigerungsrecht deshalb eine den Anforderungen der Verhältnismäßigkeit genügende Regelung zum Schutz der Berufsfreiheit der KG[829].

b) Beschränkungen des Informationsrechts bei Überlastung der Geschäftsführung

Der zweite Bereich, in dem von dem mitgliedschaftlichen Informationsrecht der Kommanditisten eine Gefährdung der KG in ihrer durch Art. 12 I GG geschützten Unternehmenstätigkeit ausgeht, betrifft die Fälle der Störung des Geschäftsbetriebs wegen übermäßiger Inanspruchnahme der Geschäftsführung durch eine Vielzahl von Informationsbegehren.

aa) Schutzgebot aus Art. 12 I GG zugunsten der Gesellschaft

Da die KG als Personenvereinigung zur Verfolgung ihrer Unternehmenstätigkeit auf das Handeln ihrer geschäftsführenden Gesellschafter angewiesen ist, bewirkt eine Behinderung der Geschäftsführung durch ein Übermaß an sie gerichteter Einsichts- und Auskunftsverlangen zugleich eine Störung der Gesellschaft in ihrer unternehmerischen Betätigung[830].

---

829 A.A. Wohlleben, Informationsrechte des Gesellschafters, S. 202, der ein Recht zur Informationsverweigerung trotz Bestehen eines Konkurrenzverhältnisses *ohne weitere Differenzierung* dann verneint, wenn der Gesellschafter auf die betreffenden Informationen zur Ausübung seines Stimmrechts als wesentlichem Mitgliedschaftsrecht angewiesen ist.

830 In dieser Richtung OLG Düsseldorf, Beschl. v. 16.10.1990, ZIP 1990, S. 1569.

aaa) Anfragen eines einzelnen Kommanditisten

Eine solche Störung kann einerseits von einem einzelnen Gesellschafter ausgehen, der eine Vielzahl unterschiedlicher Anfragen an die geschäftsführenden Gesellschafter richtet. Wie bereits für die BGB-Gesellschaft und die OHG ausgeführt, verlangt das Schutzgebot des Art. 12 I GG in diesen Konstellationen, das Informationsrecht des Gesellschafters in der Weise zu beschränken, daß die Gesellschaft Einzelnachfragen zurückzuweisen und eine sinnvolle Bündelung der Anfragen zu verlangen berechtigt ist[831].

bbb) Anfragen einer Vielzahl von Kommanditisten

Eine Störung des Geschäftsbetriebs kann aber auch dadurch verursacht werden, daß eine Vielzahl von Kommanditisten zur gleichen Zeit mit ihren Einsichts- und Auskunftsbegehren an die geschäftsführenden Gesellschafter herantreten und sie in einem solchen Ausmaß in Anspruch nehmen, daß eine sachgemäße Wahrnehmung der Unternehmensleitung nicht mehr möglich ist[832]. Solche Konstellationen dürften sich zwar eher selten ergeben. In Kommanditgesellschaften mit größerem Gesellschafterkreis, in denen sich die beschriebene Situation grundsätzlich einstellen könnte, insbesondere in als GmbH & Co.KG verfaßten Publikumsgesellschaften, werden die Rechte der Kommanditisten nämlich i.d.R. durch einen zu diesem Zweck gebildeten Beirat[833] wahrgenommen[834]. Eine solche gesellschaftsvertragliche Gestaltung dient der Bündelung der Mitwirkungs-

---

831 Dazu näher 3. Teil § 2 B I 2 a.

832 Ab einer gewissen Größenordnung der Gesellschaft dürften Gefährdungen ihrer Unternehmenstätigkeit durch Überlastung der Geschäftsführung im Hinblick auf die generell bessere Personalausstattung größerer Unternehmen nur noch in dieser Konstellation auftreten (Wohlleben, Informationsrechte des Gesellschafters, S. 206 Fn. 331).

833 Dieses Organ wird auch als Aufsichtsrat, Verwaltungsrat, Gesellschafterausschuß oder Kommanditistenausschuß bezeichnet (Hüffer, ZGR 1980, S. 320).

834 Goerdeler, in: FS Kellermann, S. 77 (S. 88). Speziell in Bezug auf das Informationsrecht der Gesellschafter trifft BGH, Urt. v. 16.1.1984, NJW 1984, S. 2470 (S. 2471) die Feststellung, daß „bei Publikumsgesellschaften und bei stillen Beteiligungsverträgen, die mit dem gleichen Inhalt von einer Vielzahl von Kapitalanlegern geschlossen werden, ... auch nicht selten ein eigenes Organ zur Wahrnehmung der Einsichts- und Prüfungsrechte mit der Folge eingerichtet [wird], daß die Gesellschafter dieses Recht nicht persönlich ausüben dürfen".

und Kontrollrechte der Kommanditisten[835] und vermeidet auch eine u.U. drohende Blockade der Geschäftsführung durch eine Vielzahl einzelner Einsichts- und Auskunftsverlangen. Trotz ihrer praktisch geringen Relevanz soll jedoch auch diese Fallgruppe in die hier vorgenommenen grundrechtlichen Erwägungen einbezogen werden, da nicht auszuschließen ist, daß in einzelnen Fällen, z.B. in Kommanditgesellschaften mittlerer Größe, die Bildung eines Beirats unterbleibt und die Kommanditisten ihre Rechte selbst wahrnehmen.

Soweit sich die von verschiedenen Kommanditisten ausgehenden Anfragen auf denselben Gegenstand beziehen, was z.B. denkbar ist, wenn ein Beschluß von weitreichender Bedeutung ansteht, auf den sich die Gesellschafter entsprechend vorbereiten möchten, läßt sich der durch Art. 12 I GG gebotene Schutz dadurch realisieren, daß der KG das Recht zu einer organisatorischen Vereinheitlichung der Informationserteilung zusteht. Die adäquate Organisationsform ist dabei nach den Umständen des Einzelfalls zu bestimmen. Zu denken ist an die Festlegung eines bestimmten Zeitraums, in denen die relevanten Bücher und Papiere von den jeweiligen Gesellschaftern eingesehen werden können. Sofern es um die Erteilung von Auskünften geht, kommt die Informationserteilung durch ein einheitliches Schreiben an die Auskunft begehrenden Kommanditisten in Betracht. Durch eine solche Zusammenfassung der Informationsgewährung wird der damit verbundene Aufwand erheblich verringert und die Geschäftsführung in der Leitung des von der Gesellschaft betriebenen Unternehmens nicht weiter blockiert.

Beziehen sich die von verschiedenen Seiten an die Geschäftsführung herangetragenen Nachfragen hingegen auf unterschiedliche Tatbestände, so kann die KG nur durch ein Auskunftsverweigerungsrecht geschützt werden. Andere rechtliche Möglichkeiten, einer Behinderung der geschäftsführenden Gesellschafter aufgrund der übermäßigen Inanspruchnahme durch eine Vielzahl von Informationsbegehren unterschiedlicher Kommanditisten abzuhelfen, bestehen in solchen Fällen nicht. Nur das Recht, die Informationsverlangen zurückzuweisen, kann der Geschäftsführung die für die Unternehmensleitung nötigen Kapazitäten sichern und damit die KG in ihrer Unternehmenstätigkeit schützen.

---

[835] Hüffer, ZGR 1980, S. 320 (S. 322).

bb) Grenzen des Schutzgebots

Bei der Grundrechtsabwägung, die zur Bestimmung der Grenzen erforderlich wird, welche sich aus der Grundrechtsposition der Kommanditisten für das Schutzgebot aus Art. 12 I GG zugunsten der Gesellschaft ergeben, ist zwischen den bereits analysierten Gefährdungslagen zu differenzieren: Wegen der jeweils unterschiedlichen Schutzinstrumentarien bedürfen die Konstellationen, in denen ein einzelner Gesellschafter sich mit immer neuen Anfragen an die geschäftsführenden Gesellschafter wendet, und die Fälle, in denen eine Vielzahl von Gesellschaftern um Informationen nachsucht, gesonderter Betrachtung.

aaa) Anfragen eines einzelnen Kommanditisten

Werden die geschäftsführenden Gesellschafter durch zahlreiche Auskunftsverlangen eines einzigen Kommanditisten in Anspruch genommen, so entspricht das durch Art. 12 I GG gebotene Recht der Gesellschaft, die einzelnen Informationsbegehren zurückzuweisen und eine sinnvolle Bündelung seiner Anfragen zu verlangen, - wie bereits für die Parallelsituation in der BGB-Gesellschaft erörtert[836] - einem angemessenen Ausgleich der Grundrechtspositionen von KG und Kommanditisten. Durch eine solche Zusammenfassung der Informationen wird der mit der Gewährung von Einsicht und Auskunft verbundene Aufwand verringert und werden den geschäftsführenden Gesellschaftern die für die Unternehmensleitung erforderlichen Kapazitäten erhalten, ohne daß der Kommanditist auf Informationen verzichten muß, die für die sinnvolle Wahrnehmung seiner Mitgliedschaftsrechte erforderlich sind. Diese Regelung vermag die KG in effektiver Weise in ihrer Unternehmenstätigkeit zu schützen und zugleich den berechtigten Mitgliedschaftsinteressen des Kommanditisten zu entsprechen, also sowohl den grundrechtlichen Anforderungen des Art. 12 I GG auf Seiten der Gesellschaft als auch denjenigen des Art. 14 I GG auf Seiten des Kommanditisten gerecht zu werden.

[836] Dazu 3. Teil § 2 B I 2 b.

bbb) Anfragen einer Vielzahl von Kommanditisten

Werden die geschäftsführenden Gesellschafter durch eine Vielzahl von Informationsbegehren unterschiedlicher Gesellschafter überlastet, ist die bereits vorgenommene weitere Differenzierung zu verfolgen zwischen den Fällen, in denen es sich um inhaltsgleiche Anfragen handelt, und solchen Fällen, in denen sich die Einsichts- und Auskunftsverlangen der einzelnen Kommanditisten auf unterschiedliche Informationen richten.

Handelt es sich um eine Vielzahl gleichlautender Anfragen, so stellt die durch das grundrechtliche Schutzgebot des Art. 12 I GG geforderte organisatorische Vereinheitlichung der Informationserteilung einen angemessenen Ausgleich zwischen den grundrechtlich geschützten Interessen der KG und denjenigen der Kommanditisten dar. Auf der einen Seite reduziert sie den mit der Erfüllung von Einsichts- und Auskunftsbegehren verbundenen Aufwand auf ein Maß, das den geschäftsführenden Gesellschaftern, deren sich die KG bei ihrer unternehmerischen Betätigung als Handlungsinstrument bedient, die erforderlichen Kapazitäten für die Aufgaben der Unternehmensleitung erhält, wodurch zugleich die Gesellschaft in der Fortführung ihrer Unternehmenstätigkeit geschützt wird[837]. Auf der anderen Seite beläßt sie den Kommanditisten ihr Recht, sich die zur Ausübung ihrer Mitgliedschaftsrechte erforderlichen Informationen zu verschaffen. Die kollektive Informationserteilung, die u.U. zu einer zeitlichen Verzögerung der Befriedigung von Einsichts- und Auskunftsverlangen führen kann[838], beeinträchtigt die durch Art. 14 I GG geschützten mitgliedschaftlichen Interessen der Gesellschafter nur marginal. Das Recht der Gesellschaft zu organisatorischer Zusammenfassung der Informationserteilung stellt daher ein auch die

[837] Zum Zusammenhang zwischen der Störung der Geschäftsführung und der Gefährdung der Gesellschaft in ihrer Unternehmenstätigkeit bereits 3. Teil § 2 A III.

[838] Die kollektive Informationserteilung führt für solche Gesellschafter zu einer zeitlichen Verzögerung der Befriedigung ihres Einsichts- und Auskunftsrechts, die sich unter den ersten befinden, welche die betreffende Anfrage an die Geschäftsführung richten und die gewünschten Informationen deshalb bei individueller Beantwortung mehr oder weniger unverzüglich erhalten hätten. Für Gesellschafter hingegen, die mit ihrem Informationsbegehren zu einem Zeitpunkt an die Geschäftsführung herantreten, in dem schon eine Vielzahl gleichlautender Anfragen vorliegt, ist die kollektive Informationserteilung von Vorteil, da sie individuelle Einsicht oder Auskunft erst erhalten würden, wenn allen bereits vorliegenden Informationsverlangen bereits entsprochen wäre.

Grundrechtsposition der Kommanditisten angemessen berücksichtigendes Instrumentarium zum Schutz der Unternehmenstätigkeit der KG dar.

Werden die geschäftsführenden Gesellschafter in der Wahrnehmung ihrer unternehmensleitenden Aufgaben durch eine Vielzahl von Anfragen gehindert, die sich auf unterschiedliche Informationen beziehen und daher der individuellen Befriedigung bedürfen, verlangt das Schutzgebot des Art. 12 I GG bei isolierter Betrachtung ein Informationsverweigerungsrecht der KG[839]. Wie bereits zu den vorstehend erörterten Fällen eines Konkurrenzverhältnisses ausgeführt wurde, trifft ein solches Einsichts- und Auskunftsverweigerungsrecht der KG die Kommanditisten jedoch im zentralen Bereich ihrer durch Art. 14 I GG geschützten Mitgliedschaft, wenn die erbetenen Informationen zur sinnvollen Mitwirkung an der Beschlußfassung über ein Grundlagengeschäft erforderlich sind[840]. In diesen Fällen gebührt den unter dem Schutz des Art. 14 I GG stehenden mitgliedschaftlichen Interessen der Kommanditisten der Vorrang vor dem Schutz der Unternehmenstätigkeit der KG[841]. Ein Informationsverweigerungsrecht überschreitet insoweit die Grenzen der Verhältnismäßigkeit.

Bezieht sich das Einsichts- oder Auskunftsverlangen des Kommanditisten hingegen auf Daten, auf die er zur sachgemäßen Abstimmung über ein außergewöhnliches Geschäft i.S.d. § 164 HGB angewiesen ist, so trifft ihn die Informationsverweigerung, die ihn von der Teilnahme an der Beschlußfassung de facto ausschließt, zwar u.U. nicht unerheblich, aber jedenfalls außerhalb des Kerns seiner Mitgliedschaft[842]. Angesichts der in diesem Bereich erhöhten Sozialbindung des gesellschaftsrechtlich vermittelten Eigentums einerseits, dem Ausmaß der Bedrohung andererseits, die von einer Störung oder sogar Lahmlegung des Geschäftsbetriebs durch die Überlastung der Geschäftsführung mit einer Vielzahl von Informationsverlangen für die Unternehmenstätigkeit der KG ausgeht, fällt die Abwägung zwischen dem Grundrechtsschutz der KG durch Art. 12 I GG und der Grundrechtsposition des Kommanditisten aus Art. 14 I GG in diesem Bereich zugunsten der Gesellschaft aus.

---

839 Dazu näher 3. Teil § 2 B II 2 b aa bbb.

840 Dazu näher 3. Teil § 2 B II 2 a bb bbb (1).

841 Dazu bereits 3. Teil § 2 B II 2 a bb bbb (1).

842 Dazu näher 3. Teil § 2 B II 2 a bb bbb (2).

Das aus Art. 12 I GG resultierende Schutzgebot zugunsten der KG wird demnach durch das Eigentumsgrundrecht der Kommanditisten in der Weise begrenzt, daß die Gesellschaft zur Entlastung ihrer Geschäftsführung und damit zur ungestörten Fortführung ihrer Unternehmenstätigkeit nur solche Informationsbegehren zurückweisen darf, die sich nicht auf Grundlagengeschäfte beziehen. Auch wenn die Kontrolle, ob sich begehrte Informationen auf Grundlagengeschäfte oder auf außergewöhnliche Geschäfte beziehen, für die Gesellschaft mit einem gewissen Aufwand verbunden ist, bedeutet ein partielles Informationsverweigerungsrecht eine deutliche Entlastung der Geschäftsführung und bietet der KG entsprechenden Schutz in ihrer Unternehmenstätigkeit. Eine solche Regelung ist Ausdruck eines verhältnismäßigen Ausgleichs zwischen der durch Art. 12 I GG geschützten Berufsfreiheit der KG und der durch Art. 14 I GG geschützten mitgliedschaftlichen Stellung der Kommanditisten.

III. Berufsfreiheit der GmbH als Ausübungsschranke des Informationsrechts gemäß § 51 a GmbHG

Das mitgliedschaftliche Informationsrecht der Gesellschafter einer GmbH ist in § 51 a GmbHG normiert. Obwohl GmbH-Gesellschaftern nach dem ursprünglichen Willen des Gesetzgebers von 1892 keinerlei Informationsrechte zustehen sollten[843], anerkannte die Rechtsprechung angesichts des bestehenden Informationsbedürfnisses der Gesellschafter bereits frühzeitig ein mitgliedschaftliches Recht auf Auskunft und Einsicht auch in der GmbH[844]. In Reaktion auf diese Entwicklung wurde mit der GmbH-Novelle 1980 die Bestimmung des § 51 a GmbHG eingeführt, die ein zwingendes (Abs. 3) Recht der Gesellschafter auf Auskunft über die Angelegenheiten der Gesellschaft und auf Einsicht der Bücher und Schriften vorsieht (Abs. 1), dem nur dann ein Informationsverweigerungsrecht entgegensteht, wenn zu besorgen ist, daß der Gesellschafter die verlangten Informationen zu gesellschaftsfremden Zwecken verwenden und dadurch der Gesellschaft oder einem verbundenen Unternehmen einen nicht uner-

---

[843] Bunte, Informationsrechte in der GmbH, S. 108.

[844] So bereits RG, Urt. v. 28.10.1901, RGZ 49, S. 142 (S. 149), für ein Recht auf Einsicht und Prüfung der Bücher unter besonderen Umständen und aufgrund einer besonderen Sachlage; BGH, Urt. v. 12.6.1954, BGHZ 14, S. 53 ff. erstmals für ein Einsichts- und Auskunftsrecht eines GmbH-Gesellschafters.

heblichen Nachteil zufügen wird (Abs. 2). Diese gesetzliche Regelung des mitgliedschaftlichen Individualrechts auf Information[845] sieht sich seit dem Zeitpunkt ihres Erlasses wegen ihrer tatbestandlichen Weite heftiger Kritik[846] und entsprechenden Bestrebungen[847] ausgesetzt, die Rechte der Gesellschafter auf Auskunft und Einsicht über den Informationsverweigerungstatbestand des § 51 a II GmbHG und über immanente Rechtsausübungsschranken soweit wie möglich zu begrenzen.

Im Hinblick auf diese Bemühungen, das umfassende Informationsrecht der GmbH-Gesellschafter einzuengen, kommt dem grundrechtlichen Einfluß des Art. 12 I GG besondere Bedeutung zu. Der Schutz der GmbH in ihrer Berufsfreiheit verlangt insoweit Beschränkungen des in § 51 a GmbHG normierten Informationsrechts, als die gesetzlich vorgesehenen Informationsmöglichkeiten der Gesellschafter die GmbH in ihrer Unternehmenstätigkeit unverhältnismäßig beeinträchtigen.

1. Beschränkungen des Informationsrechts gegenüber konkurrierenden Gesellschaftern

Wie in den Personengesellschaften bildet das Bestehen eines Konkurrenzverhältnisses auch in der GmbH einen Tatbestand, der mit Rücksicht auf die Unternehmenstätigkeit der Gesellschaft Beschränkungen des mitgliedschaftlichen In-

845 Zu § 51 a GmbHG als mitgliedschaftlichem Individualrecht Lutter, ZGR 1982, S. 1 (S. 3).

846 Vgl. bspw. die Kritk von Scholz/K. Schmidt, § 51 a, Rn. 7; Lutter/Hommelhoff, § 51 a, Rn. 33, die dem Gesetzgeber vorwerfen, daß das von ihm „wenig durchdachte Informationsrecht des Gesellschafters chaotischen Charakter hat"; Mertens, in: FS Werner, S. 557, der den Gesetzgeber als bei der GmbH-Novelle „von allen guten Geistern verlassen bezeichnet" und die Bestimmung des § 51 a GmbHG als „herausragende Fehlleistung" qualifiziert; Martens, in: FS 100 Jahre GmbH-Gesetz, S. 607 (S. 622), der von einer „unverhältnismäßige[n] Zwangsbeglückung des Minderheitsgesellschafters" spricht.

847 Zur Begrenzung des § 51 a GmbHG werden insbesondere die sog. funktionelle Methode, nach der das Auskunfts- und Einsichtsrecht entsprechend den jeweiligen Entscheidungs- und Kontrollzuständigkeiten der Gesellschafter funktionellen Beschränkungen unterliegen soll (so Mertens, in: FS Werner, S. 557 (S. 568 ff.)), sowie die Lehre vom Informationsbedürfnis vertreten, wonach das Informationsinteresse des Gesellschafters eine innere Schranke seines Informationsrechts darstellt (so K. Schmidt, Informationsrechte, S. 35; K. Schmidt, in: FS Kellermann, S. 389 (S. 391 ff.); Scholz/K. Schmidt, § 51 a Rn. 8).

formationsrechts erfordert[848]. Allerdings wird Gesellschaftern, die in der GmbH zu Geschäftsführern bestellt sind oder aufgrund anderer Umstände, z.B. als beherrschender Gesellschafter, über maßgeblichen Einfluß in der GmbH verfügen, mit Blick auf den grundrechtlich gebotenen Schutz der Berufsfreiheit der Gesellschaft durch ein ungeschriebenes Wettbewerbsverbot die Aufnahme einer Konkurrenztätigkeit untersagt[849]. Einschränkungen des mitgliedschaftlichen Informationsrechts können sich aus Art. 12 I GG unter dem Gesichtspunkt des Wettbewerbs konsequenterweise nur für jene Gesellschafter ergeben, die keinen besonderen Einfluß auf die Geschicke der GmbH haben und die daher an der Aufnahme oder Ausübung einer konkurrierenden Tätigkeit rechtlich nicht gehindert sind.

a) Schutzgebot aus Art. 12 I GG zugunsten der Gesellschaft

Die grundrechtliche Gefährdungslage, die sich aus dem Recht der GmbH-Gesellschafter auf Auskunft und Einsicht nach § 51 a I GmbHG für die Berufsfreiheit der GmbH ergibt, wurde bereits im Kapitel über die Wettbewerbsverbote für Gesellschafter angesprochen[850]. Das Schutzgebot aus Art. 12 I GG verlangt ein entsprechendes rechtliches Instrumentarium, das die Gesellschaft vor der Gefährdung ihrer unternehmerischen Tätigkeit hinreichend schützt.

aa) Gefährdungslage

Das durch § 51 a I GmbHG normierte Auskunftsrecht bezieht sich auf die „Angelegenheiten der Gesellschaft“. Diesem weiten Begriff unterfallen neben den bilanzierungspflichtigen Daten auch Planungen, Forschungstätigkeiten, Kosten, Lizenzen, Gutachten[851] etc. Das daneben vorgesehene Einsichtsrecht erlaubt den

---

848 K. Schmidt, Informationsrechte, S. 40, nennt das Bestehen eines Konkurrenzverhältnisses einen *verallgemeinerungsfähigen* Tatbestand, der die Notwendigkeit von Beschränkungen des Informationsrechts begründet.

849 Dazu näher 3. Teil § 1 A I 2 b.

850 Dazu näher 3. Teil § 1 A I 2 b aa bbb.

851 Dazu, was unter „Angelegenheiten der Gesellschaft“ zu verstehen ist, von Bitter, ZIP 1981, S. 825 (S. 826 f.); K. Schmidt, Informationsrechte, S. 32; MünchHdb.GesR III/Schiessl, § 33 Rn. 10.

Gesellschaftern die globale Einsichtnahme[852] in die Bücher und Schriften, also in alle geschriebenen Geschäftsunterlagen[853] der Gesellschaft. Dieser umfassende Zugang der Gesellschafter zu gesellschaftsinternen Informationen ist im Falle eines bestehenden Wettbewerbsverhältnisses deshalb mit besonderen Risiken für die Unternehmenstätigkeit der GmbH verbunden, weil der Gesellschafter die erlangten Informationen zum Vorteil des Konkurrenzunternehmens verwerten[854] und damit die GmbH in ihrer durch Art. 12 I GG geschützten Wettbewerbsfreiheit und der von ihr erworbenen Marktposition beeinträchtigen kann[855]. Solche Gefahren ergeben sich immer, aber auch nur dann, wenn der Gesellschafter sich auf dem nach räumlichen und sachlichen Kriterien zu bestimmenden relevanten Markt[856] selbständig oder in einer anderen Gesellschaft unternehmerisch bzw. geschäftsführend betätigt[857]. Da ein Wettbewerbsverbot Gesellschafter, die in der GmbH über keinen maßgeblichen Einfluß verfügen, in unverhältnismäßiger Weise in ihrer Berufsfreiheit beeinträchtigen würde[858], ist der durch Art. 12 I GG gebotene Schutz der GmbH in ihrer Unternehmenstätigkeit über Einschränkungen des mitgliedschaftlichen Informationsrechts zu verwirklichen.

---

852 KG Berlin, Beschl. v. 23.12.1987, GmbHR 1988, S. 221 (S. 223); OLG Frankfurt, Urt. v. 10.8.1995, NJW-RR 1996, S. 415 (S. 416).

853 BGH, Beschl. v. 6.3.1997, BGHZ 135, S. 48 (S. 51); BayObLG, Beschl. v. 15.10.1999, ZIP 2000, S. 18 (S. 19).

854 Ivens, Das Konkurrenzverbot des GmbH-Gesellschafters, S. 11 ff.

855 Ein anschauliches Beispiel hierfür bietet OLG Karlsruhe, Beschl. v. 11.12.1984, GmbHR 1985, S. 362 ff. In diesem Fall ging es um das Einsichtsverlangen eines Gesellschafters, der vom 1.1.1976 bis April 1983 als Geschäftsführer der betroffenen GmbH fungierte. Nach der Niederlegung seines Geschäftsführeramtes hatte die Gesellschaft im Hinblick darauf, daß der Gesellschafter ein Konkurrenzunternehmen aufbaute, ihre Angebote neu kalkuliert. Das OLG Karlsruhe unterstrich in seinem Beschluß die besonderen Gefahren, die sich aus der Kenntnis und der drohenden Verwendung der erneuerten Kalkulation der GmbH durch den Gesellschafter in dem von ihm betriebenen Konkurrenzunternehmen ergeben würden.

856 So auch Tietze, Die Informationsrechte des GmbH-Gesellschafters, S. 76.

857 So auch Ivens, GmbHR 1989, S. 273 (S. 273 f.); Tietze, Die Informationsrechte des GmbH-Gesellschafters, S. 78; ebenfalls in dieser Richtung OLG Düsseldorf, Beschl. v. 16.10.1990, ZIP 1990, S. 1569 (S. 1570); Lutter, ZGR 1982, S. 1 (S. 10).

858 Ähnlich auch Tietze, Die Informationsrechte des GmbH-Gesellschafters, S. 76. Dazu näher 3. Teil A I 2 b bb bbb.

bb) Schutzinstrumente

Diese zum Schutz der GmbH erforderlichen Einschränkungen des Informationsrechts nach § 51 a GmbHG sind je nach konkreter Fallkonstellation unterschiedlicher Art und Intensität.

aaa) Verschwiegenheitspflicht

Die Pflicht zur vertraulichen Behandlung der erlangten Daten, die mit dem Recht auf Auskunft und Einsicht nach § 51 a I GmbHG verbunden ist[859], vermag der GmbH keinen ausreichenden Schutz vor den spezifischen Risiken der Informationserteilung an einen konkurrierenden Gesellschafter zu bieten. Nicht nur im Rahmen einer selbständigen unternehmerischen Tätigkeit, sondern auch im Falle einer mit maßgeblichem Einfluß verbundenen Position in einer gleichartigen Gesellschaft ist es dem konkurrierenden Gesellschafter möglich, die erlangten Daten auch ohne Weitergabe an Dritte zu den von ihm verfolgten Konkurrenzzwecken zu verwerten[860].

bbb) Informationsvermittlung durch Treuhänder

Art. 12 I GG verlangt daher zum Schutz der Berufsfreiheit der GmbH bei der Ausübung des Auskunfts- und Einsichtsrechts des § 51 a GmbHG - wie in der parallelen Situation in den Personengesellschaften - zunächst als mildestes der möglichen Schutzinstrumente[861] das Recht der GmbH, die Einschaltung eines zur Berufsverschwiegenheit verpflichteten Dritten zu verlangen, der die relevanten Daten auswertet und dem Gesellschafter nur das Ergebnis seiner Bewertung mitteilt[862]. Eine solche indirekte Informationserteilung kommt allerdings

---

859 Lutter, ZGR 1982, S. 1 (S. 13); Lutter/Hommelhoff, § 51 a Rn. 24; Scholz/K. Schmidt, § 51 a Rn. 6.

860 Vgl. Ivens, GmbHR 1989, S. 273 (S. 273 f.).

861 Für eine Abstufung der rechtlichen Beschränkungen des Informationsrechts spricht sich auch Grunewald, ZHR 146 (1982), S. 211 (S. 229) aus, die verlangt, daß im jeweiligen Einzelfall nach demjenigen rechtlichen Instrumentarium zu suchen ist, daß die berechtigten Interessen der GmbH effektiv schützt und zugleich das Auskunfts- und Einsichtsrecht des Gesellschafters möglichst wenig beschneidet.

862 Die Einschaltung eines zur Verschwiegenheit verpflichteten Treuhänders wird vielfach als Lösungsmöglichkeit für die Problematik der Informationserteilung bei bestehendem

nur dann in Betracht, wenn sie für den Gesellschafter deshalb sinnvoll ist, weil es allein um die objektive Beurteilung bestimmter Umstände geht, z.B. im Rahmen der Kontrolle der Geschäftsführung[863].

ccc) Informationsverweigerungsrecht

Die Möglichkeit der Informationsvermittlung durch einen neutralen Dritten scheidet hingegen aus, wenn die subjektive Bewertung bestimmter Vorgänge oder Umstände gefragt ist und es dem Gesellschafter deshalb auf bestimmte Einzelinformationen ankommt, z.B. im Hinblick auf die Erteilung einzelner Weisungen nach § 37 I GmbHG. In diesen Fällen, in denen es bei der Rechtsausübung in eigener Person bleiben muß, verlangt das Schutzgebot des Art. 12 I GG zugunsten der GmbH ein Informationsverweigerungsrecht, allerdings - entsprechend seiner Schutzrichtung - nur hinsichtlich solcher Daten und Vorgänge, die potentiell wettbewerbsrelevant[864] und nicht ohnehin allgemein zugänglich sind, wie z.B. Informationen, die aufgrund der Publizitätspflicht der GmbH offengelegt werden. Als wettbewerbsrelevant sind Informationen aus dem Produktionsbereich, beispielsweise Produktplanung oder Forschungsvorhaben, aus dem Absatz- und Beschaffungsbereich wie etwa Kundenlisten, Bezugsquellen oder Preisgestaltung sowie aus dem Personal- und Finanzbereich zu bewerten[865]. Die Weitergabe solcher im Wettbewerb verwertbarer Informationen an konkurrierende Gesellschafter birgt die Gefahr nachhaltiger Schädigung der GmbH in ihrer unternehmerischen Tätigkeit und ihren unternehmerischen Erfolgen in sich.

Konkurrenzverhältnis propagiert (so bspw. Rowedder/Koppensteiner, § 51 a Rn. 18; Lutter/Hommelhoff, § 51 a Rn. 27; Grunewald, ZHR 146 (1982), S. 211 (S. 229)).

863 Für die Einschaltung eines Treuhänders speziell im Bereich der Überwachung der Geschäftsführung auch Lutter, ZGR 1982, S. 1 (S. 11).

864 Grunewald, ZHR 146 (1982), S. 211 (S. 227); Immenga, in: Die Zukunft der GmbH, S. 107 (S. 111); Rowedder/Koppensteiner, § 51 a Rn. 18; so wohl auch BGH, Urt. v. 12.6.1954, BGHZ 14, S. 53 (S. 59).

865 Ivens, GmbHR 1989, S. 273 (S. 274); Tietze, Die Informationsrechte des GmbH-Gesellschafters, S. 77 (jeweils mit weiteren Beispielen).

b) Grenzen des Schutzgebots

Beschränkungen des Auskunfts- und Einsichtsrechts nach § 51 a GmbHG dürfen die mitgliedschaftliche Stellung der GmbH-Gesellschafter nicht in unverhältnismäßiger Weise verkürzen[866]. Das Schutzgebot des Art. 12 I GG zugunsten der GmbH findet seine Grenzen an der Eigentumsgarantie des Art. 14 I GG, die das Anteilseigentum der Gesellschafter sowohl in ihren vermögensrechtlichen als auch in ihren mitgliedschaftsrechtlichen Elementen schützt[867].

aa) Informationsvermittlung durch Treuhänder

In Fällen, in denen zwischen der GmbH und einem ihrer Gesellschafter ein Wettbewerbsverhältnis besteht, trägt die durch Art. 12 I GG gebotene Berechtigung der GmbH, die Einschaltung eines zur Verschwiegenheit verpflichteten Treuhänders zu verlangen, auch den grundrechtlich geschützten Interessen der Gesellschafter angemessen Rechnung. Dadurch daß ein neutraler Dritter die relevanten Daten auswertet und dem Gesellschafter nur das Ergebnis seiner Beurteilung mitteilt, wird einerseits die GmbH vor den Gefahren einer Verwertung wettbewerbsrelevanter Informationen durch die Konkurrenz geschützt, werden andererseits aber auch dem Gesellschafter die nötigen Kenntnisse für die sachgerechte Wahrnehmung von Mitgliedschaftsrechten[868] vermittelt[869].

---

866 Auf die Notwendigkeit einer dem Verhältnismäßigkeitsgrundsatz unterliegenden Abwägung zwischen den schützenswerten Interessen der Gesellschaft und denjenigen des Gesellschafters verweist auch Zöllner, in: Baumbach/Hueck GmbHG, § 51 a Rn. 22, allerdings ohne deutlich zu machen, daß es dabei (zumindest auch) um eine Grundrechtsabwägung geht. Das Erfordernis einer Interessenabwägung wird auch von BGH, Urt. v. 12.6.1954, BGHZ 14, S. 53 (S. 58); K. Müller, GmbHR 1987, S. 87 (S. 89 f.), angesprochen, jedoch ebenso ohne Bezugnahme auf die einschlägigen grundrechtlichen Wertungen.

867 BVerfG, Urt. v. 7.5.1969, BVerfGE 25, S. 371 (S. 407).

868 Die Regelung des § 51 a GmbHG beruht auf dem Grundgedanken, den Gesellschafter in die Lage zu versetzen, „seine Mitgliedschaftsrechte in der Gesellschafterversammlung verantwortungsbewußt und sachgerecht auszuüben“ (BGH, Beschl. v. 6.3.1997, BGHZ 135, S. 48 (S. 52); BayObLG, Beschl. v. 15.10.1999, ZIP 2000, S. 18 (S. 19)).

869 So im Ergebnis auch OLG Frankfurt a.M., Beschl. v. 10.8.1995, NJW-RR 1996, S. 415 (S. 416); ebenso Lutter, ZGR 1982, S. 1 (S. 11); Goerdeler, in: FS Stimpel, S. 125 (S. 129); Tietze, Die Informationsrechte des GmbH-Gesellschafters, S. 76 f; Gustavus, GmbHR 1989, S. 181 (S. 184) unter Verweis auf eine nicht veröffentlichte Entscheidung

bb) Informationsverweigerungsrecht

Ist für den Gesellschafter eine Ausübung seines Informationsrechts nur in eigener Person sinnvoll, weil es auf die subjektive Beurteilung bestimmter Umstände oder Vorgänge ankommt und ihm deshalb nur Detailkenntnisse von Nutzen sind wie insbesondere bei der Erteilung von Weisungen gemäß § 37 I GmbHG, verlangt das Schutzgebot des Art. 12 I GG das Recht der GmbH zur Verweigerung wettbewerbsrelevanter Informationen[870]. Ob und unter welchen Umständen dieses Schutzinstrument die Grenzen der Verhältnismäßigkeit überschreitet, hängt davon ab, zu welchem Zweck der Gesellschafter der begehrten Informationen bedarf.

Steht die Ausübung des Auskunfts- und Einsichtsrechts in keinem Zusammenhang mit der Wahrnehmung mitgliedschaftlicher Rechte, kann der Gesellschafter sich nicht auf den Schutz des Art. 14 I GG berufen[871], so daß dem Informationsverweigerungsrecht keine kollidierenden grundrechtlichen Interessen entgegenstehen. Um der GmbH die Möglichkeit zu verschaffen, sich von dem in dieser Hinsicht maßgeblichen Zweck des jeweiligen Informationsbegehrens ein Bild zu machen, ist ihr die Berechtigung zuzuerkennen, sich gegenüber konkurrierenden Gesellschaftern nach den Zielen von Auskunfts- und Einsichtsverlangen zu erkundigen.

Macht der Gesellschafter von seinem Recht aus § 51 a I GmbHG hingegen im Dienste seiner Mitgliedschaft Gebrauch, kommt es für die erforderliche Grundrechtsabwägung maßgeblich darauf an, für die Ausübung welches seiner Rechte er auf die verlangten Informationen angewiesen ist.

aaa) Beschlußfassung über Grundlagengeschäfte

Wie für die KG gilt auch für die GmbH, daß die Abwägung zwischen der Berufsfreiheit der GmbH und der eigentumsrechtlichen Position ihres Gesellschafters zugunsten des letzteren ausfällt, soweit die verlangten Informationen zur sinnvollen Abstimmung über ein Grundlagengeschäft erforderlich sind. Grundlagengeschäfte wie die Feststellung des Jahresabschlusses und der Gewinnver-

---

des Hanseatischen OLG Hamburg; Ivens, GmbHR 1989, S. 273 (S. 276).

870 Dazu näher 3. Teil § 2 B III 1 a bb ccc.

871 Dazu näher 3. Teil § 2 B I 1 b bb bbb (1).

wendungsbeschluß, Satzungsänderungen und sonstige Änderungen in den Rechtsbeziehungen der Gesellschafter untereinander betreffen den Kern der Mitgliedschaft. Da in diesem Bereich das personale Element der durch Art. 14 I GG geschützten Eigentumsposition des Gesellschafters zum Tragen kommt und die Sozialbindung seines Anteilseigentums entsprechend zurückgedrängt wird, ist eine Informationsverweigerung, die dem Gesellschafter die Voraussetzung für eine sachgemäße Mitwirkung an Grundlagenbeschlüssen verwehrt, daher als unverhältnismäßige Beeinträchtigung seiner Grundrechtsposition aus Art. 14 I GG zu bewerten[872].

bbb) Wahrnehmung sonstiger Mitgliedschaftsrechte

Dienen die über das Auskunfts- und Einsichtsrecht begehrten Informationen der Wahrnehmung anderer Mitgliedschaftsrechte des Gesellschafters, kommt hingegen der Berufsfreiheit der GmbH der Vorrang zu. Entscheidend hierfür ist einerseits die außerhalb des Kerns der Mitgliedschaft bestehende erhöhte Sozialbindung des Anteilseigentums[873], die weitreichende (gesellschaftsrechtliche) Beschränkungen der mitgliedschaftlichen Stellung zuläßt[874]. Maßgebliche Bedeutung kommt dabei dem Umstand zu, daß die Beteiligung von Gesellschaftern einer GmbH schon aufgrund der mangelnden persönlichen Haftung durch einen schwächeren unternehmerischen und damit durch einen schwächeren personalen Charakter gekennzeichnet ist als die Gesellschaftsbeteiligung von OHG-Gesellschaftern oder Komplementären. Ist der Gesellschafter auch im Innenverhältnis nicht unternehmerisch tätig, sondern dient ihm sein GmbH-Anteil als reine Kapitalanlage, tritt das personale Element seines Anteilseigentums noch stärker in den Hintergrund. Der Schutz der Beteiligung an einer GmbH durch Art. 14 I GG ist dementsprechend abgeschwächt.

Andererseits ist auch das Ausmaß der Gefahr zu beachten, die von der Informationserteilung an einen konkurrierenden Gesellschafter ausgeht. Die ohnehin erheblichen Risiken für die Wettbewerbsfreiheit und die Marktposition der Gesellschaft sind in der GmbH deshalb besonders hoch, weil die Gesellschafter

---

872 Für die Abwägung gelten die gleichen Überlegungen wie in der parallelen Situation bei der KG 3. Teil § 2 B II 2 a bb bbb (1).

873 Leisner, in: HStR VI, § 149 Rn. 117.

874 Ebenroth/Koos, BB 1995, Beil. 8, S. 1 (S. 5) (für das Anteilseigentum des Aktionärs).

über das Weisungsrecht des § 37 I GmbHG Einfluß auf die Geschicke der Gesellschaft nehmen können. So kann ein konkurrierender Gesellschafter wettbewerbsrelevante Daten nicht nur im Rahmen seiner anderweitigen unternehmerischen Tätigkeit verwerten, sondern zugleich versuchen, unter Rückgriff auf die erlangten Informationen in der GmbH diese schwächende oder schädigende Maßnahmen zu veranlassen. In Anbetracht des Gewichts der drohenden Beeinträchtigungen der GmbH in ihrer Unternehmenstätigkeit einerseits und der Sozialbindung des Anteilseigentums der Gesellschafter andererseits gebührt der grundrechtlichen Gewährleistung des Art. 12 I GG in diesen Fällen der Vorrang vor der Eigentumsgarantie des Art. 14 I GG. Demnach genügt das Informationsverweigerungsrecht als Schutzinstrument zugunsten der GmbH den Anforderungen der Verhältnismäßigkeit[875].

c) Umsetzung des Schutzgebots durch § 51 a GmbHG

Die gesetzliche Regelung des mitgliedschaftlichen Informationsrechts entspricht mit dem Einsichts- und Auskunftsverweigerungsrecht des § 51 a II GmbHG dem Schutz der GmbH, der von Art. 12 I GG im Falle eines Konkurrenzverhältnisses zwischen Gesellschaft und Gesellschaftern gefordert wird. Es steht dem Gesetzgeber frei, grundrechtliche Schutzgebote über die Schaffung geeigneter Generalklauseln zu realisieren und deren Konkretisierung der Rechtsprechung zu überlassen, die den grundrechtlichen Schutzauftrag unter Berücksichtigung des Verhältnismäßigkeitsprinzips für den jeweiligen Einzelfall umzusetzen hat[876]. Mit der Regelung des § 51 a II GmbHG, nach der die Auskunft und die Einsicht verweigert werden dürfen, wenn zu besorgen ist, daß der Gesellschafter sie zu gesellschaftsfremden Zwecken verwenden und dadurch der Gesellschaft oder einem verbundenen Unternehmen einen nicht unerheblichen Schaden zufügen wird, hat der Gesetzgeber einen solchen generalklauselartigen Tatbestand[877]

---

875 A.A. K. Müller, GmbHR 1987, S. 87 (S. 89), der ein Informationsverweigerungsrecht erst dann für zulässig hält, wenn sich „aus vorangegangenen Vorgängen oder aus der Persönlichkeitsstruktur des Gesellschafters objektive Anhaltspunkte ergeben, die die entsprechende Verwendung der Information zu Wettbewerbszwecken als eine naheliegende Möglichkeit befürchten lassen".

876 Dazu näher 1. Teil § 1 B II 3.

877 In diesem Sinne bezeichnet OLG Stuttgart, Beschl. v. 8.2.1983, BB 1983, S. 677, den Tatbestand des § 51 a II GmbHG als „auslegungs- und präzisierungsbedürftig".

eingeführt, der auch die Fälle eines Wettbewerbsverhältnisses zwischen der GmbH und ihren Gesellschaftern erfaßt[878]. Im Wege verfassungskonformer Interpretation ist § 51 a II GmbHG für diesen Bereich von der Rechtsprechung in solcher Weise anzupassen bzw. zu reduzieren, daß - entsprechend den vorgenommenen Überlegungen - bestimmte Fallgestaltungen von dem vorgesehenen Informationsverweigerungsrecht ausgenommen bleiben bzw. daß die Auskunfts - und Einsichtsverweigerung je nach den Umständen des Einzelfalls durch das Recht der GmbH, die Informationsvermittlung eines neutralen Dritten zu verlangen, ersetzt wird[879].

Eines Gesellschafterbeschlusses bedarf es für die durch Art. 12 I GG gebotene Berechtigung der Gesellschaft, die Informationsvermittlung durch einen Treuhänder zu verlangen bzw. Informationen zu verweigern, entgegen dem Wortlaut des § 51 a II GmbHG nicht. Die gesetzlich vorgesehene Entscheidung der Geschäftsführer über eine Informationsverweigerung orientiert sich einerseits an dem rechtlichen Kriterium, ob die Voraussetzungen des § 51 a I GmbHG vorliegen, andererseits an Ermessenserwägungen hinsichtlich des drohenden Schadens für die GmbH[880]. So wie die Notwendigkeit eines Gesellschafterbeschlusses anerkanntermaßen entfällt, wenn es an einer der Tatbestandsvoraussetzungen des

---

878 Der Betrieb eines Konkurrenzunternehmens gilt als einer der wichtigsten Anwendungsfälle des § 51 a II GmbHG (vgl. OLG Stuttgart, Beschl. v. 8.2.1983, BB 1983, S. 677 (S. 678); OLG Karlsruhe, Beschl. v. 11.12.1984, GmbHR 1985, S. 362 (S. 363); OLG Düsseldorf, Beschl. v. 16.10.1990, ZIP 1990, S. 1569 (S. 1570); Immenga, in: Die Zukunft der GmbH, S. 107 (S. 111); K. Schmidt, Informationsrechte, S. 40; Tietze, Die Informationsrechte des GmbH-Gesellschafters, S. 75; Zöllner, in: Baumbach/Hueck GmbHG, § 51 a Rn. 25; Lutter/Hommelhoff, § 51 a Rn. 27; Scholz/K. Schmidt, § 51 a Rn. 39).

879 Im Ergebnis ähnlich versagen Rechtsprechung und Literatur, die die Fälle der Konkurrenz zwischen der GmbH und einem ihrer Gesellschafter grundsätzlich unter § 51 a II GmbHG subsumieren, der Gesellschaft das Informationsverweigerungsrecht, wenn der konkurrierende Gesellschafter Informationen über einen neutralen Treuhänder verlangt, der die relevanten Daten für ihn auswertet und ihm nur das Ergebnis seiner Beurteilung mitteilt (OLG Frankfurt, Urt. v. 10.8.1995, NJW-RR 1996, S. 415 (S. 416); Goerdeler, in: FS Stimpel, S. 125 (S. 129); Ivens, GmbHR 1989, S. 273 (S. 276); Rowedder/Koppensteiner, § 51 a Rn. 18; Lutter/Hommelhoff, § 51 a Rn. 27). Diese Lösung vernachlässigt aber den erforderlichen Ausgleich der grundrechtlichen Positionen von Gesellschaft und Gesellschafter, der die hier vorgenommenen Differenzierungen verlangt.

880 Scholz/K. Schmidt, § 51 a Rn. 42.

§ 51 a I GmbHG fehlt[881], wenn das Informationsverweigerungsrecht also allein aufgrund rechtlicher Aspekte begründet ist, gilt auch für die *zwingenden* Beschränkungen des Auskunfts- und Einsichtsrechts durch Art. 12 I GG als höherrangigem Recht, daß ein Gesellschafterbeschluß nicht erforderlich ist[882].

2. Beschränkungen des Informationsrechts bei Überlastung der Geschäftsführung

Eine weitere Gefährdungslage für die Unternehmenstätigkeit der GmbH kann sich wie bei den Personengesellschaften aus der Störung des Geschäftsbetriebs wegen Überlastung der Geschäftsführung durch eine Vielzahl von Anfragen ergeben.

a) Schutzgebot aus Art. 12 I GG zugunsten der Gesellschaft

Für die Fälle, in denen eine Gefährdung der GmbH in ihrer Unternehmenstätigkeit durch eine Überlastung der Geschäftsführer mit einer Vielzahl von Auskunfts- und Einsichtsbegehren entsteht, ergeben sich keine Unterschiede zu den für die parallele Situation in der KG vorgenommenen Überlegungen. Geht die Vielzahl der Anfragen von einem einzelnen Gesellschafter aus, fordert der durch Art. 12 I GG gebotene Schutz der GmbH in ihrer Unternehmenstätigkeit das Recht, die Einzelanfragen zurückzuweisen und eine sachgemäße Zusammenfassung der einzelnen Informationsbegehren zu verlangen[883]. Im Falle gehäufter

---

881 Lutter/Hommelhoff, § 51 a Rn. 29.

882 In der Literatur wird demgegenüber ein Gesellschafterbeschluß nur in den Fällen als nicht notwendig angesehen, in denen die Informationserteilung strafbar wäre (statt vieler Rowedder/Koppensteiner, § 51 a Rn. 20) oder in denen eine der anspruchsbegründenden Voraussetzungen fehlt (statt vieler Lutter/Hommelhoff, § 51 a Rn. 29).

883 Im gesellschaftsrechtlichen Schrifttum werden solche Fälle einer „dauernde[n] Beschäftigung der Geschäftsführung mit Informationsbegehren, die tröpfchenweise eingereicht werden" (Scholz/K. Schmidt, § 51 a Rn. 37) und in denen die Informationserteilung für die Gesellschaft mit unverhältnismäßigem Aufwand verbunden ist, der Schranke des Mißbrauchsverbots (Rowedder/Koppensteiner, § 51 a Rn. 11; von Bitter, ZIP 1981, S. 825 (S. 828)) bzw. der Treuepflicht (Tietze, Die Informationsrechte des GmbH-Gesellschafters, S. 114) unterworfen. In ähnliche Richtung deutet auch OLG Düsseldorf, Beschl. v. 16.10.1990, ZIP 1990, S. 1569, wonach eine übermäßige Belastung des Personals der GmbH und damit zugleich der Gesellschaft in ihrer Geschäftstätigkeit durch Informationsbegehren den Grundsatz der Verhältnismäßigkeit verletzt.

Anfragen unterschiedlicher Gesellschafter[884] verlangt der grundrechtliche Schutz des Art. 12 I GG die Berechtigung der GmbH, inhaltsgleiche Anfragen in organisatorisch vereinheitlichter Form zu beantworten und Informationsbegehren unterschiedlichen Inhalts zurückzuweisen[885].

b) Grenzen des Schutzgebots

Wenn der GmbH dadurch Beeinträchtigungen drohen, daß die Geschäftsführung durch eine Vielzahl von Auskunfts- und Einsichtsverlangen überlastet, in der Wahrnehmung ihrer unternehmensleitenden Aufgaben gestört und dadurch die erfolgreiche Fortführung der Unternehmenstätigkeit der GmbH gefährdet wird, trägt das durch Art. 12 I GG gebotene Recht der Gesellschaft, gegenüber einem einzigen „informationsfreudigen Gesellschafter"[886] die Vielzahl einzelner Informationsbegehren zurückzuweisen und eine sachgemäße Zusammenfassung der Anfragen zu fordern, nicht nur dem Schutz der GmbH, sondern auch den grundrechtlich geschützten Interessen des Gesellschafters angemessen Rechnung. Die zusammengefaßte Auskunfts- und Einsichtsgewährung erspart den Geschäftsführern übermäßigen Aufwand und sichert ihre Leistungsfähigkeit in der Unternehmensleitung, andererseits erhält sie dem Gesellschafter die Möglichkeit, sich die für die Wahrnehmung seiner durch Art. 14 I GG geschützten migliedschaftlichen Rechte erforderlichen Informationen zu verschaffen. Gleiches gilt für das durch Art. 12 I GG gebotene Recht der GmbH, zahlreichen inhaltsgleichen Anfragen unterschiedlicher Gesellschafter durch ein vereinheitlichtes Verfahren wie z.B. durch die Festsetzung eines Zeitraums für die Einsichtnahme in bestimmte Unterlagen oder durch ein einheitliches Informationsschreiben zu entsprechen[887]. Diese durch Art. 12 I GG gebotenen Schutzinstru-

---

[884] Störungen des Geschäftsbetriebs durch eine Vielzahl von Anfragen unterschiedlicher Gesellschafter sind in Gesellschaften mit größerem Gesellschafterkreis denkbar (Wohlleben, Informationsrechte des Gesellschafters, S. 210). Allerdings gilt wie für die KG auch für die GmbH, daß die Rechte der Gesellschafter in größeren Gesellschaften meistens von einem zu diesem Zwecke gebildeten eigenen Organ wahrgenommen werden (dazu näher 3. Teil § 2 B II 2 b aa bbb). Daher dürfte die genannte Fallgruppe praktisch weniger relevant sein.

[885] Dazu näher 3. Teil § 2 B II 2 b aa bbb.

[886] BayObLG, Beschl. v. 27.10.1988, WM 1988, S. 1789 (S. 1791).

[887] In ähnliche Richtung weisen die in der Literatur zu findenden Vorschläge zu einer gesellschaftsvertraglichen Organisation des Informationsrechts wie z.B. die Verpflichtung der

mente belasten die Gesellschafter nicht übermäßig in ihrer Eigentumsposition aus Art. 14 I GG.

Für die Abwägung, inwieweit das von Art. 12 I GG geforderte Informationsverweigerungsrecht in Fällen, in denen Geschäftsführer durch eine Vielzahl inhaltlich voneinander abweichender Auskunfts- und Einsichtsbegehren übermäßig in Anspruch genommen werden, den Anforderungen der Verhältnismäßigkeit genügt, gelten die gleichen Überlegungen wie zum Auskunftsverweigerungsrecht bei bestehendem Konkurrenzverhältnis. Informationsverlangen, die in keinerlei Beziehung zur Wahrnehmung mitgliedschaftlicher Rechte stehen, werden nicht von der Gewährleistung des Art. 14 I GG erfaßt, so daß dem Schutz der GmbH durch ein Auskunftsverweigerungsrecht keine gegenläufigen grundrechtlichen Interessen des Gesellschafters entgegenstehen. Um überblikken zu können, wann von dem Informationsrecht des § 51 a I GmbHG zu mitgliedschaftsfremden Zwecken Gebrauch gemacht wird, ist der GmbH auch in Fällen gehäufter Einsichts- und Auskunftsverlangen das Recht zuzusprechen, sich über das Ziel der betreffenden Anfragen zu informieren.

Geht es hingegen um die Mitteilung von Daten, auf die der Gesellschafter für die sinnvolle Abstimmung über ein Grundlagengeschäft angewiesen ist, berührt ihn ein Auskunfts- und Einsichtsverweigerungsrecht im Kern seiner Mitgliedschaft und bedeutet daher eine übermäßige Beeinträchtigung in seiner durch Art. 14 I GG geschützten Gesellschaftsbeteiligung. Macht der Gesellschafter von seinem Recht aus § 51 a I GmbHG Gebrauch, um Informationen zu erlangen, derer er zur Wahrnehmung sonstiger Mitgliedschaftsrechte bedarf, trifft ihn ein Informationsverweigerungsrecht nicht im zentralen Bereich seiner Mitgliedschaft. In diesen Fällen gebührt unter Berücksichtigung des Ausmasses der aus einer Störung oder gar Lahmlegung des Geschäftsbetriebs drohenden Gefahren für die Unternehmenstätigkeit der GmbH sowie der gesteigerten Sozialbindung des Anteilseigentums des Gesellschafters[888] der grundrechtlichen Gewährleistung des Art. 12 I GG auf Seiten der Gesellschaft gegenüber der Eigentumsposition des Gesellschafters der Vorrang, so daß die Auskunfts- und Einsichtsver-

Gesellschaft zur regelmäßigen Information der Gesellschafter durch standardisierte Berichte oder ein System, nach dem Auskünfte auf die Anfrage eines Gesellschafters an alle Gesellschafter verschickt werden (Lutter/Hommelhoff, § 51 a Rn. 33).

888 Zur gesteigerten Sozialbindung des Anteilseigentums 3. Teil § 2 B I 1 b aa.

weigerung als angemessenes Schutzinstrument zugunsten der GmbH zu bewerten ist.

c) Umsetzung des Schutzgebots durch § 51 a GmbHG

Zum Schutz vor den Beeinträchtigungen, die von einer Überlastung der Geschäftsführer mit einer Vielzahl von Einsichts- und Auskunftsbegehren für die Unternehmenstätigkeit der GmbH ausgehen, hat der Gesetzgeber keinerlei Beschränkungen des Informationsrechts vorgesehen. Deshalb ist es Aufgabe der Rechtsprechung, das Einsichts- und Auskunftsrecht der GmbH-Gesellschafter bei der Rechtsanwendung in der beschriebenen Weise zu begrenzen, damit dem erforderlichen Schutz der GmbH in ihrer grundrechtlich garantierten Berufsfreiheit in angemessener Weise entsprochen wird. Die Gewährleistung des Art. 12 I GG wirkt in diesem Bereich als immanente Rechtsschranke des Einsichts- und Auskunftsrechts nach § 51 a I GmbHG[889].

IV. Berufsfreiheit der AG als Ausübungsschranke des Informationsrechts gemäß § 131 AktG

Im Aktienrecht ist das mitgliedschaftliche Individualrecht der Gesellschafter auf Information durch § 131 AktG normiert[890]. Nach der Bestimmung des § 131 I AktG hat der Vorstand jedem Aktionär auf Verlangen in der Hauptversammlung Auskunft über Angelegenheiten der Gesellschaft zu erteilen, soweit sie zur sachgemäßen Beurteilung eines Tagesordnungspunkts erforderlich ist. Die von

---

[889] Konstellationen, in denen die Ausübung des Auskunfts- und Einsichtsrechts zu einer übermäßigen Erschwerung des Geschäftsbetriebs führen, werden in Rechtsprechung und Literatur unter das Mißbrauchsverbot subsumiert (BayObLG, Beschl. v. 27.10.1988, WM 1988, S. 1789 (S. 1791); Wohlleben, Informationsrechte des Gesellschafters, S. 205). Dabei soll das Mißbrauchsverbot als Konkretisierung der Treuepflicht eine zwingende (K. Müller, GmbHR 1987, S. 87 (S. 89)) immanente Rechtsausübungsschranke des § 51 a GmbHG darstellen (von Bitter, ZIP 1981, S. 825 (S. 828)). Es wird jedoch übersehen, daß ein *pauschales* Informationsverweigerungsrecht mit grundrechtlichen Wertungen in Widerspruch gerät und daher in der hier erörterten Weise zwischen unterschiedlichen Fallkonstellationen differenziert werden muß.

[890] Zum Charakter des Auskunftsrechts nach § 131 AktG als eigennützigem mitgliedschaftlichem Individualrecht s. nur Hüffer, § 131 Rn. 2.

einem Aktionär verlangten Auskünfte dürfen verweigert werden, wenn einer der in § 131 III AktG genannten Gründe vorliegt.

Das mitgliedschaftliche Informationsrecht des Aktionärs ist zum Zwecke der Verhinderung drohender Mißbräuche[891] durch die Verknüpfung mit der Hauptversammlung sowie die vorgesehenen Auskunftsverweigerungstatbestände[892] zeitlich und gegenständlich bereits eng begrenzt worden[893]. Nachfolgend soll überlegt werden, ob diese gesetzlich vorgesehenen Einschränkungen des Auskunftsrechts dem durch Art. 12 I GG vermittelten Grundrechtsschutz der AG hinreichend Rechnung tragen und welche Bedeutung der grundrechtlichen Gewährleistung der Berufsfreiheit der Gesellschaft bei Auslegung und Anwendung dieser Norm durch die Rechtsprechung zukommt.

1. Beschränkungen des Informationsrechts bei drohenden Wettbewerbsnachteilen

Wie für alle unternehmenstragenden Gesellschaften bedeutet auch für die AG die Weitergabe unternehmensinterner Informationen an die Konkurrenz eine potentielle Bedrohung ihrer unternehmerischen Tätigkeit und unternehmerischen Erfolge. Wie die nachfolgende Untersuchung zeigen wird, erfordert der Schutz der AG vor entsprechenden Schädigungen im Wettbewerb aufgrund der von den bisher untersuchten Informationsrechten abweichenden Konzeption des Auskunftsrechts der Aktionäre andere Einschränkungen des Informationsrechts als in den Personengesellschaften und in der GmbH.

a) Schutzgebot aus Art. 12 I GG zugunsten der Gesellschaft

Aus der Erteilung von Auskünften an die Aktionäre entstehen spezifische Gefahren für die Unternehmenstätigkeit der AG, wenn die Informationsgewährung ihren Konkurrenten zugute kommt: Gelangen durch die Erteilung von Auskünften wettbewerbsrelevante und nicht ohnehin allgemein zugängliche[894] Informa-

---

[891] Hefermehl, in: FS Duden, S. 109 (S. 117); Reuter, DB 1988, S. 2615 (S. 2617).

[892] Von besonderer Bedeutung ist die sog. Schutzklausel des § 131 III 1 Nr. 1 AktG (Hefermehl, in: FS Duden, S. 109 (S. 114)).

[893] BVerfG, Beschl. v. 20.9.1999, ZIP 1999, S. 1798 (S. 1799).

[894] Allgemein zugänglich sind z.B. die aufgrund der Jahresabschlußpublizität nach §§ 325 ff.

tionen an die Konkurrenz, so droht der AG dadurch eine erhebliche Schwächung in der von ihr erworbenen Position am Markt[895] und damit zugleich eine Bedrohung in ihrer durch Art. 12 I GG geschützten unternehmerischen Wettbewerbsfreiheit.

Anders als in den übrigen Gesellschaftsformen ergibt sich eine solche Gefährdungslage nicht nur in den Konstellationen, in denen der Informationen begehrende Aktionär selber mit der AG konkurriert. Auskünfte sind den Aktionären gemäß § 131 I AktG in der Hauptversammlung zu erteilen. Im Unterschied zu den Personengesellschaften und zur GmbH erfolgt die Informationserteilung in der AG damit coram publico. Auf Verlangen eines Aktionärs gewährte Auskünfte kommen immer auch allen anderen in der Hauptversammlung anwesenden Aktionären zur Kenntnis. Auf der Hauptversammlung bekanntgegebene Informationen können außerdem ohne Schwierigkeiten auch außenstehende Dritte erreichen, da Aktionäre im Gegensatz zu GmbH-Gesellschaftern keiner Verschwiegenheitspflicht unterliegen, an einer Weitergabe erhaltener Informationen also rechtlich nicht gehindert sind. Abgesehen davon sorgt auch die Presse insbesondere bei Großunternehmen regelmäßig für eine Unterrichtung der Öffentlichkeit[896]. Im Hinblick auf die „Öffentlichkeit" der Informationserteilung nach § 131 AktG sowie die mangelnde Steuerbarkeit des weiteren Informationsflusses resultieren daher aus *jeder* Auskunftserteilung der AG über nicht ohnehin allgemein zugängliche wettbewerbsrelevante Tatsachen und Vorgänge erhöhte Risiken für ihre Unternehmenstätigkeit, unabhängig von der Person des anfragenden Aktionärs[897].

HGB offengelegten Daten.

[895] So betont bspw. LG Dortmund, Beschl. v. 25.10.1985, AG 1987, S. 21, daß es der AG durch eine Veröffentlichung der Umsatzerlösanteile, die indirekt Auskunft über die interne Unternehmenskalkulation gebe, erschwert werde, ihre Marktposition zu halten.

[896] Presse, Funk und Fernsehen haben zwar kein Recht auf Zutritt zur Hauptversammlung, werden jedoch zumindest in Großunternehmen im Interesse nicht erschienener Aktionäre, der Öffentlichkeit sowie auch des Unternehmens selbst (Raiser, Kapitalgesellschaftsrecht, § 16 Rn. 30) in der Praxis meist zugelassen (K. Schmidt, GesR, § 28 IV 2 c).

[897] Deshalb unterstrich auch LG Mainz, Beschl. v. 13.7.1998, AG 1988, S. 169 (S. 171), daß wegen der großen Öffentlichkeitswirkung einer Hauptversammlung zu befürchten sei, daß von einem Aktionär erfragte Daten auch von außenstehenden Dritten im Wettbewerb zum Nachteil der AG verwertet werden. In dem genannten Fall ging es um eine AG, die seit 36 Jahren Alleinimporteur des Whiskys der Marke Johnnie Walker war. Die Preise wurden zwischen den Vertragspartnern jedes Jahr neu ausgehandelt. Ein Aktionär be-

Die Spannweite zu erteilender Informationen wird dadurch eingegrenzt, daß der Vorstand gemäß § 131 I AktG nur solche Auskünfte zu erteilen hat, die zur sachgemäßen Beurteilung eines Tagesordnungspunkts erforderlich sind. Dies engt zwar auch den Bereich der wettbewerbsrelevante Umstände betreffenden Anfragen ein, schließt aber Fälle, in denen die Informationserteilung mit erhöhten Risiken für die unternehmerische Wettbewerbsfreiheit der AG verbunden ist, keinesfalls aus. Im Zusammenhang mit dem Jahresabschluß, der Verwendung des Bilanzgewinns oder der Entlastung des Vorstands können z.B. Daten erfragt werden, die Rückschlüsse auf die interne Kalkulation und die Preispolitik des Unternehmens zulassen[898] und damit Konkurrenten eine geeignete Angriffsfläche bieten.

Für solche Fälle, in denen das Auskunftsbegehren eines Aktionärs mit spezifischen Risiken für die Berufsfreiheit der AG verbunden ist, verlangt das Schutzgebot des Art. 12 I GG ein Auskunftsverweigerungsrecht. Eine Verschwiegenheitspflicht, die die Interessen der Aktionäre weniger weitreichend beeinträchtigen würde, vermag der AG keinen hinreichenden Schutz zu bieten, da die in der Hauptversammlung zu erteilende Information zumindest allen anwesenden Aktionären, unter denen sich auch Konkurrenten befinden können, zur Kenntnis gelangt. Dabei ist zu bedenken, daß sich auch außenstehende Wettbewerber der AG, die Interesse an bestimmten innergesellschaftlichen Daten oder Vorgängen haben, durch vorübergehenden Erwerb einer Aktie Zugang zur Hauptversammlung verschaffen können[899]. Nur ein Auskunftsverweigerungsrecht vermag daher

---

gehrte auf der betreffenden Hauptversammlung, bei der u.a. der Jahresabschluß und die Verwendung des Bilanzgewinns auf der Tagesordnung standen, Auskunft darüber, wie hoch der Anteil von Johnnie Walker am Rohertrag sei. Das LG Mainz führte aus, daß die auf diese Frage zu erteilenden Informationen möglicherweise sowohl dem Lieferanten als auch den Abnehmern der AG zur Kenntnis gelangen und von diesen in der Weise ausgewertet werden könnten, daß sie sich ein Bild von der Kalkulation und der Preispolitik der AG machten. Dadurch aber werde die AG in ihrer Marktposition geschwächt, da der Lieferant aufgrund der erlangten Kenntnisse möglicherweise die Preise erhöhen, die Abnehmer hingegen auf eine Preissenkung dringen würden.

898 Vgl. den in Fn. 897 geschilderten, vom LG Mainz zu entscheidenden Fall.

899 Raiser, Kapitalgesellschaftsrecht, § 16 Rn. 29; MünchHdb.GesR IV/Semler, § 36 Rn. 24. Der Erwerb jeweils einer Aktie ist eine gerne praktizierte Methode, um Zugang zu den Hauptversammlungen verschiedener Aktiengesellschaften zu erlangen und dort von dem mit der Aktionärsstellung verbundenen Auskunfts- und Rederecht Gebrauch zu machen (Reuter, DB 1988, S. 2615).

dem durch Art. 12 I GG gebotenen Schutz der Berufsfreiheit der AG zu entsprechen.

b) Grenzen des Schutzgebots

Das grundrechtliche Schutzgebot des Art. 12 I GG zugunsten der AG wird durch die gegenläufige Grundrechtsposition der Aktionäre aus Art. 14 I GG[900] begrenzt. Einschränkungen des Informationsrechts der Aktionäre, die die Gesellschaft in ihrer unternehmerischen Tätigkeit schützen sollen, müssen Ausdruck eines gerechten Ausgleichs der miteinander kollidierenden Grundrechte sein, d.h. dem Grundsatz der Verhältnismäßigkeit entsprechen[901].

Die Gefahren, die für die Unternehmenstätigkeit der AG aus einer Erteilung wettbewerbsrelevanter Auskünfte in der Hauptversammlung entstehen, sind nicht unerheblich. Lassen sich aus den preisgegebenen Informationen Rückschlüsse z.B. auf die Forschungs- und Entwicklungstätigkeit[902] oder auf die interne Kalkulation[903] des Unternehmens ziehen oder werden sonstige Daten preisgegeben, die Konkurrenten zum Maßstab ihrer Unternehmensstrategie machen können[904], so wird es Wettbewerbern möglich, die AG in ihrer Marktstel-

900 Zum Schutz des in der Aktie verkörperten Anteilseigentums durch Art. 14 I GG BVerfG, Urt. v. 7.8.1962, BVerfGE 14, S. 263 (S. 276 f.); BVerfG, Urt. v. 7.5.1969, BVerfGE 25, S. 371 (S. 407); BVerfG, Urt. v. 1.3.1979, BVerfGE 50, S. 290 (S. 339); BVerfG, Beschl. v. 27.4.1999, ZIP 1999, S. 1436 (S. 1439); BVerfG, Beschl. v. 20.9.1999, ZIP 1999, S. 1798 (S. 1800).

901 In ähnlicher Richtung auch Ebenroth/Koos, BB 1995, Beil. 8, S. 1 (S. 2), die darauf verweisen, daß sich die Mitwirkungsrechte der Aktionäre im Spannungsfeld zwischen dem Schutzbedürfnis des Unternehmens und den Individualinteressen der Aktionäre befinden und daß daher gerade auch im Bereich des Auskunftsanspruchs eine *verfassungsgemäße Interessenabwägung* erforderlich sei.

Im übrigen verweist auch das Bundesverfassungsgericht ausdrücklich darauf, daß die Auslegung und Anwendung aktienrechtlicher Vorschriften dem Grundrecht der Aktionäre aus Art. 14 I GG Rechnung zu tragen hat (BVerfG, Beschl. v. 20.9.1999, ZIP 1999, S. 1798 (S. 1800)).

902 Dazu Ebenroth, Das Auskunftsrecht des Aktionärs und seine Durchsetzung im Prozeß, S. 109.

903 Dazu MünchHdb.GesR IV/Semler, § 37 Rn. 31.

904 Zu denken ist z.B. auch an Anfragen zum Inhalt einzelner Verträge, dessen Kenntnis im Wettbewerb zum Nachteil der AG ausgenutzt werden könnte (KölnerKomm/Zöllner, § 131 Rn. 52).

lung und in ihrer Wettbewerbsfähigkeit gezielt zu schädigen. Im Hinblick auf das öffentliche Interesse an der Existenz leistungsfähiger Aktiengesellschaften als wichtigem Bestandteil des Wirtschaftslebens[905] kommt dem Schutz ihrer durch Art. 12 I GG gewährleisteten Berufsfreiheit gegenüber solchen Beeinträchtigungen besondere Bedeutung zu.

Die mit dem Grundrecht der AG aus Art. 12 I GG kollidierende Eigentumsgarantie des Art. 14 I GG erfaßt das Anteilseigentum der Aktionäre nicht nur in seinen vermögensrechtlichen Aspekten, sondern auch in den mit diesen untrennbar verbundenen mitgliedschaftsrechtlichen Elementen[906]. Auch das mitgliedschaftliche Auskunftsrecht unterfällt als Hilfsrecht zu den Mitverwaltungsrechten des Aktionärs dem Grundrechtsschutz[907]. Die Einschränkung dieses Auskunftsrechts durch ein Informationsverweigerungsrecht hinsichtlich wettbewerbsrelevanter Daten und Vorgänge beeinträchtigt die Aktionäre daher in ihrer durch Art. 14 I GG geschützten Rechtsstellung. Das Aktieneigentum unterliegt jedoch als gesellschaftsrechtlich vermitteltes Eigentum einer erhöhten Sozialbindung, die aus seiner gesellschaftsrechtlichen Gebundenheit einerseits, aus der Sozialbindung des Gesellschaftseigentums andererseits resultiert und dem Gesetzgeber weitgehende (gesellschaftsrechtliche) Regelungsbefugnisse gewährt[908]. Dafür erlangt insbesondere der Umstand Bedeutung, daß das Aktieneigentum im Regelfall weniger als Basis unternehmerischer Betätigung, als vielmehr als Kapitalanlage dient[909]. Da das personale Element der Eigentumsgarantie damit in den Hintergrund tritt, ist auch der Grundrechtsschutz des Art. 14 I GG von entsprechend geringerer Intensität[910].

In Anbetracht der erheblichen Risiken, die aus der Preisgabe wettbewerbsrelevanter Informationen für die Unternehmenstätigkeit der AG entstehen, und des öffentlichen Interesses an der Existenz- und Funktionsfähigkeit von Aktienge-

---

905 Ebenroth/Koos, BB 1995, Beil. 8, S. 1 (S. 5).

906 BVerfG, Urt. v. 7.5.1969, BVerfGE 25, S. 371 (S. 407); BVerfG, Beschl. v. 27.4.1999, ZIP 1999, S. 1436 (S. 1439).

907 BVerfG, Urt. v. 1.3.1979, BVerfGE 50, S. 290 (S. 341); BVerfG, Beschl. v. 20.9.1999, ZIP 1999, S. 1798.

908 Ebenroth/Koos, BB 1995, Beil. 8, S. 1 (S. 5).

909 Ossenbühl, AöR 115 (1990), S. 1 (S. 29).

910 BVerfG, Urt. v. 1.3.1979, BVerfGE 50, S. 290 (S. 340 u. 347 f.); Bryde, in: v. Münch/Kunig, Art. 14 Rn. 4.

sellschaften auf der einen Seite, des geringen personalen Gehalts und der grundsätzlich gesteigerten Sozialbindung des Aktieneigentums auf der anderen Seite, führt die Abwägung zwischen den miteinander kollidierenden Grundrechten zu einem Vorrang der Berufsfreiheit der AG vor der Eigentumsposition der Aktionäre, soweit es nicht um die Vorbereitung von Grundlagenbeschlüssen geht. Das durch das Schutzgebot des Art. 12 I GG gebotene Informationsverweigerungsrecht gegenüber Auskunftsverlangen, die sich auf nicht allgemein zugängliche wettbewerbsrelevante Tatsachen oder Vorgänge beziehen, überschreitet in diesem Bereich nicht die Grenzen der Verhältnismäßigkeit.

Wenn die Aktionäre auf die Kenntnis der begehrten Auskünfte zur sinnvollen Mitwirkung an einem Grundlagenbeschluß angewiesen sind, treten die durch Art. 12 I GG geschützten unternehmerischen Interessen der AG hingegen hinter der Eigentumsposition der Aktionäre aus Art. 14 I GG zurück. Veränderungen der Grundlagen der Gesellschaft, die sich unmittelbar auf die vermögensrechtlichen und mitgliedschaftsrechtlichen Grundbedingungen der Gesellschaftsbeteiligung auswirken, berühren die Mitgliedschaft der Aktionäre in ihrem Kern, in dem das personale Element in den Vordergrund tritt und die Sozialbindung entsprechend zurückgedrängt wird[911]. Wegen der gesteigerten Schutzintensität des Art. 14 I GG in diesem Bereich würde ein Auskunftsverweigerungsrecht die Grenzen der Verhältnismäßigkeit überschreiten und ist in diesen Fällen deshalb nicht zulässig.

c) Umsetzung des Schutzgebots durch § 131 AktG

Der Gesetzgeber ist dem Schutzgebot des Art. 12 I GG zugunsten der AG mit der Bestimmung des § 131 III 1 Nr. 1 AktG nachgekommen, die ein Auskunftsverweigerungsrecht vorsieht, soweit die Erteilung der Auskunft nach vernünftiger kaufmännischer Beurteilung geeignet ist, der Gesellschaft oder einem verbundenen Unternehmen einen nicht unerheblichen Nachteil zuzufügen. Diesem Verweigerungstatbestand sind auch die soeben erörterten Fälle zuzuordnen, in denen es um die Erteilung wettbewerbsrelevanter Informationen geht[912]. Mit der

---

[911] Dazu näher 3. Teil § 2 B II 2 a bb bbb (1).

[912] Fälle, in denen durch die verlangte Auskunft die interne Unternehmenskalkulation offengelegt wird oder Konkurrenten in anderer Weise die Orientierung im Wettbewerb erleichtert wird, werden auch von der Rechtsprechung (vgl. LG Dortmund, Beschl. v.

Normierung des § 131 III 1 Nr. 1 AktG hat sich der Gesetzgeber für die Möglichkeit entschieden, dem grundrechtlichen Schutzauftrag durch eine generalklauselartige Regelung zu entsprechen, bei deren Konkretisierung die Rechtsprechung den durch Art. 12 I GG gebotenen Schutz in der dargelegten Weise für den Einzelfall umzusetzen hat.

Entgegen der herrschenden Auffassung, der zufolge für die Feststellung des „nicht unerheblichen Nachteils" eine Abwägung zwischen dem Interesse der AG an der Geheimhaltung bestimmter Tatsachen und Vorgänge auf der einen Seite und dem Aktionärsinteresse an Information auf der anderen Seite *nicht* erforderlich ist[913], muß für die hier erörterten Fälle, in denen es um die Preisgabe wettbewerbsrelevanter Daten geht, wegen des grundrechtlichen Einflusses eine Abwägung vorgenommen werden, die zugunsten der grundrechtlich geschützten Mitgliedschaftsposition der Aktionäre ausfällt, soweit es um die Vorbereitung von Grundlagenbeschlüssen geht, außerhalb dieses Bereichs hingegen zum Vorrang der unternehmerischen Interessen der AG führt.

2. Beschränkungen des Informationsrechts bei Überlastung der Geschäftsführung

Beeinträchtigungen der Unternehmenstätigkeit wegen Überlastung des Vorstands durch eine Anhäufung von Informationsbegehren eines einzelnen oder einer Vielzahl von Aktionären sind in der AG anders als in den Personengesellschaften oder in der GmbH nicht denkbar, da die Aktionäre nur in der Hauptversammlung Auskunft verlangen können[914]. Zwar kann die Beantwortung der von

---

25.10.1985, AG 1987, S. 21 (S. 22); LG Mainz, Beschl. v. 13.7.1987, AG 1988, S. 169; OLG Düsseldorf, Beschl. v. 17.7.1991, WM 1991, S. 2149) und dem gesellschaftsrechtlichen Schrifttum (Raiser, Kapitalgesellschaftsrecht, § 16 Rn. 43; MünchHdb.GesR IV/ Semler, § 37 Rn. 14. u. 31; Ebenroth, Das Auskunftsrecht des Aktionärs und seine Durchsetzung im Prozeß, S. 109 u. 112) unter den Verweigerungstatbestand des § 131 III 1 Nr. 1 AktG subsumiert. Allerdings fehlt es an der erforderlichen Differenzierung zwischen Informationen, die zur Mitwirkung an einem Grundlagenbeschluß notwendig sind, und solchen, die die Teilnahme an einer sonstigen Abstimmung vorbereiten sollen.

913 Statt vieler MünchHdb.GesR IV/Semler, § 37 Rn. 33.

914 Zwar ist die Problematik des Rechtsmißbrauchs durch übermäßige Auskunftsbegehren auch in der AG bekannt. Insbesondere in Hauptversammlungen großer Publikumsgesellschaften warten einzelne Aktionäre oftmals mit Fragenkatalogen auf, die die ordnungsgemäße Abwicklung der Hauptversammlung erschweren (Hefermehl, in: FS Duden,

den Aktionären geäußerten Fragen mit erheblichem personellen und sachlichen Aufwand verbunden sein[915]. Da die Informationserteilung jedoch durch § 131 I AktG zeitlich auf die Hauptversammlung beschränkt ist, führt sie nicht zu einer Störung des gesamten Geschäftsbetriebs. Aus dem mit der Informationserteilung verbundenen Aufwand resultieren daher auch bei einer Anhäufung von Auskunftsverlangen keine Beeinträchtigungen der Berufsfreiheit der AG, so daß das Schutzgebot des Art. 12 I GG in dieser Hinsicht nicht relevant wird.

C. Ergebnis

Das mit der Mitgliedschaft verbundene Informationsrecht der Gesellschafter, das wegen seiner fundamentalen Bedeutung für die Wahrnehmung von Rechten und Pflichten in der Gesellschaft als mitgliedschaftliches Grundrecht bezeichnet wird, ist für die einzelnen Gesellschaftsformen durch die Normierung unterschiedlicher Auskunfts- und Einsichtsrechte konkretisiert worden. Die rechtliche Ausgestaltung des mitgliedschaftlichen Informationsrechts, die nicht nur den Informationsbedürfnissen der Gesellschafter, sondern auch den Geheimhaltungsinteressen der Gesellschaft Rechnung zu tragen hat, unterliegt dem grundrechtlichen Einfluß der Berufsfreiheit von Gesellschaften. Sie wirkt über die Generalklausel der gesellschaftsrechtlichen Treuepflicht als Rechtsausübungsschranke auf die Regulierung der Einsichts- und Auskunftsrechte ein[916].

Eine grundrechtstypische Gefährdungslage für die Berufsfreiheit von Gesellschaften kann aus der Ausübung des Informationsrechts durch konkurrierende Gesellschafter resultieren, die die erlangten Kenntnisse möglicherweise im Wettbewerb verwerten werden. Risiken für die unternehmerische Tätigkeit der

S. 109). Blockiert ein Aktionär die Hauptversammlung durch seine Fragen, beeinträchtigt er jedoch ausschließlich die Rechte der übrigen Aktionäre (KG, Beschl. v. 26.8.1993, AG 1994, S. 83 (S. 84); BVerfG, Beschl. v. 20.9.1999, ZIP 1999, S. 1798 (S. 1800); Groß, AG 1997, S. 97, S. 104), nicht hingegen die Unternehmenstätigkeit der AG.

915 Da die AG verpflichtet ist, zur angemessenen Beantwortung verlangter Auskünfte sachliche und personelle Mittel bereitzuhalten (BGH, Urt. v. 7.4.1960, BGHZ 32, S. 159 (S. 165)), ist der diesbezügliche Aufwand insbesondere großer Publikumsgesellschaften oft erheblich (Reuter, DB 1988, S. 2615).

916 Zu den Grundlagen der Ausstrahlung der Berufsfreiheit von Gesellschaften auf das mitgliedschaftliche Informationsrecht der Gesellschafter 3. Teil § 2 A.

Gesellschaft können auch durch eine Kumulation von Einsichts- und Auskunftsverlangen entstehen, die zu einer Behinderung der Geschäftsführung in der Wahrnehmung ihrer Leitungsaufgaben und dadurch zu einer Störung des Geschäftsbetriebs der Gesellschaft führt[917].

Das in diesen Konstellationen eingreifende Schutzgebot des Art. 12 I GG richtet sich in erster Linie an den Gesetzgeber, verpflichtet bei unzureichender gesetzlicher Umsetzung aber auch die Rechtsprechung zur Gewährleistung eines Mindestschutzes der Gesellschaft in ihrer Berufsfreiheit gegenüber solchen Beeinträchtigungen. Bei der Umsetzung dieses grundrechtlichen Schutzauftrags ist aber auch die gegenläufige Grundrechtsposition der Gesellschafter aus Art. 14 GG zu berücksichtigen, deren Anteilseigentum nicht nur mit seinen vermögensrechtlichen, sondern auch mit seinen mitgliedschaftsrechtlichen Elementen durch die Eigentumsgarantie geschützt wird[918]. Diese Kollision des Schutzgebots aus Art. 12 I GG zugunsten der Gesellschaft mit dem Eingriffsverbot des Art. 14 GG zugunsten der Gesellschafter ist bei der Ausgestaltung des mitgliedschaftlichen Informationsrechts im Sinne praktischer Konkordanz aufzulösen. Daraus ergeben sich für die Auslegung und Anwendung der gesetzlich normierten Einsichts- und Auskunftsrechte in den einzelnen Gesellschaftsformen unterschiedliche rechtliche Konsequenzen.

Den Personengesellschaften und der GmbH ist in grundrechtlichen Gefährdungslagen, die sich aus der Pflicht zur Informationserteilung an konkurrierende Gesellschafter ergeben, das Recht zuzuerkennen, bei der Ausübung des Informationsrechts die Einschaltung eines zur Verschwiegenheit verpflichteten Treuhänders zu verlangen. Wenn es dem Einsicht und Auskunft verlangenden Gesellschafter auf Detailinformationen ankommt und ein solches Vorgehen deshalb aus der Gesellschafterperspektive sinnlos ist, muß es allerdings bei der Rechtsausübung durch den Gesellschafter in eigener Person bleiben. Der BGB-Gesellschaft und der OHG steht in diesen Fällen ein Informationsverweigerungsrecht zu, es sei denn der Gesellschafter ist auf die geforderten Daten angewiesen, um

---

917 Zu den aus dem mitgliedschaftlichen Informationsrecht der Gesellschafter resultierenden Gefahren für die Berufsfreiheit von Gesellschaften 3. Teil § 2 B I 1 a und 2 a; 3. Teil § 2 B II 2 a aa und b aa; 3. Teil § 2 B III 1 a und 2 a; 3. Teil § 2 B IV 1 a und 2.

918 Zum Schutz des gesellschaftsrechtlichen Anteilseigentums durch Art. 14 GG 3. Teil § 2 B I 1 b aa und 2 b; 3. Teil § 2 B II 2 a bb und 2 b bb; 3. Teil § 2 B III 1 b und 2 b; 3. Teil § 2 B 1 b.

sein mitgliedschaftliches Mitentscheidungsrecht über Grundlagengeschäfte wahrnehmen zu können. In der OHG ist ein Informationsverweigerungsrecht auch dann ausgeschlossen, wenn die begehrte Einsicht und Auskunft der Vorbereitung eines Beschlusses über ein außergewöhnliches Geschäft i.S.d. § 116 II HGB dient. In diesen Fällen tritt das Schutzgebot des Art. 12 I GG hinter die eigentumsrechtliche Gewährleistung der Mitgliedschaftsstellung des BGB-Gesellschafters bzw. OHG-Gesellschafters zurück, weil hier die grundsätzlich starke Sozialbindung des Anteilseigentums in den Hintergrund tritt.

Gleiches gilt für die KG, soweit es um die Wahrnehmung der Informationsrechte eines Komplementärs geht. Gegenüber Kommanditisten ist die KG zur Einsichts- und Auskunftsverweigerung hingegen auch dann berechtigt, wenn es um Informationen geht, derer der Kommanditist zur Abstimmung über ein außergewöhnliches Geschäft i.S.d. § 164 HGB bedarf. Ein Informationsverweigerungsrecht der Gesellschaft ist nur hinsichtlich solcher Daten ausgeschlossen, auf die der Kommanditist zur sinnvollen Mitwirkung an der Beschlußfassung über ein Grundlagengeschäft angewiesen ist. Auch die GmbH ist grundsätzlich zur Auskunfts- und Einsichtsverweigerung berechtigt, es sei denn die verlangten Informationen sind Voraussetzung für die sinnvolle Abstimmung über ein Grundlagengeschäft. Hier gebührt dem Schutz der mitgliedschaftlichen Position der Gesellschafter durch die Eigentumsgarantie der Vorrang[919].

Auf Gefährdungen der Unternehmenstätigkeit der Gesellschaft wegen Überlastung ihrer Geschäftsführung mit einer Vielzahl von Einsichts- und Auskunftsersuchen ist in den Personenhandelsgesellschaften und der GmbH mit denselben rechtlichen Instrumenten zu reagieren. Gehen die Störungen von einem einzigen Gesellschafter aus, ist der erforderliche Ausgleich zwischen dem Schutzgebot des Art. 12 I GG zugunsten der Gesellschaft und dem Eingriffsverbot des Art. 14 GG zugunsten der Gesellschafter dadurch herbeizuführen, daß die Gesellschaft die Vielzahl einzelner Informationsbegehren zurückzuweisen und eine Bündelung der Nachfragen zu verlangen berechtigt ist. In Fällen einer Anhäufung von Informationsbegehren verschiedener Gesellschafter ist der Schutz der Gesellschaft in ihrer Berufsfreiheit bei verhältnismäßiger Abwägung

919 Zur Auflösung der Grundrechtskollision in den Personenhandelsgesellschaften und in der GmbH bei Ausübung des Informationsrechts durch einen konkurrierenden Gesellschafter 3. Teil § 2 B I 1 b; 3. Teil § 2 B II 2 a bb; 3. Teil § 2 B III 1 b.

mit der gegenläufigen Eigentumsgarantie dadurch zu realisieren, daß ihr gegenüber einer Vielzahl inhaltsgleicher Informationsverlangen das Recht zu einer organisatorisch vereinheitlichten Informationserteilung zusteht und sie gegenüber inhaltlich voneinander abweichenden Anfragen zur Informationsverweigerung berechtigt ist, sofern die begehrten Daten nicht zur Abstimmung über ein Grundlagengeschäft erforderlich sind[920].

Bei der Konkretisierung des mitgliedschaftlichen Informationsrechts durch die Einsichts- und Auskunftsrechte der BGB-Gesellschafter, der OHG-Gesellschafter sowie der Komplementäre und Kommanditisten einer KG in § 716 I BGB, § 118 I (ggf. i.V.m. § 161 II) und § 166 I HGB hat der Gesetzgeber entsprechende Beschränkungen zum Schutz der Gesellschaft nicht vorgesehen, so daß es der Rechtsprechung überlassen bleibt, den Schutzauftrag des Art. 12 I GG bei der Rechtsanwendung in der dargelegten Weise zu verwirklichen. Demgegenüber entspricht die gesetzliche Regelung des mitgliedschaftlichen Informationsrechts der GmbH-Gesellschafter in § 51 a GmbHG dem gebotenen Schutz der GmbH in ihrer Berufsfreiheit durch das in Abs. 2 vorgesehene Einsichts- und Auskunftsverweigerungsrecht in jenen Fällen, in denen zwischen der GmbH und dem Informationen verlangenden Gesellschafter ein Konkurrenzverhältnis besteht. Der generalklauselartige Tatbestand ist von der Rechtsprechung in grundrechtskonformer Weise zu konkretisieren. Hingegen sieht § 51 a GmbHG im Hinblick auf Störungen des Geschäftsbetriebs durch Überlastung der Geschäftsführung keine Beschränkungen vor, so daß Art. 12 I GG von der Rechtsprechung in diesen Fällen als immanente Rechtsschranke des § 51 a I GmbHG zur Geltung zu bringen ist[921].

Anders als bei den Einsichts- und Auskunftsrechten der Gesellschafter in den Personenhandelsgesellschaften und in der GmbH erlangt der Schutzauftrag des Art. 12 I GG für die Auslegung und Anwendung des in § 131 AktG normierten mitgliedschaftlichen Informationsrechts der Aktionäre nur in jenen Fällen Bedeutung, in denen es um die Mitteilung wettbewerbsrelevanter Informationen geht. Beeinträchtigungen der Unternehmenstätigkeit wegen Überlastung des

---

920 Zur Auflösung der Grundrechtskollision in den Personengesellschaften und in der GmbH bei Überlastung der Geschäftsführung 3. Teil § 2 B I 2 b; 3. Teil § 2 B II 2 b bb; 3. Teil § 2 B III 2 b.

921 Zur Umsetzung des aus Art. 12 I GG resultierenden Schutzgebots in der GmbH 3. Teil § 2 B III 1 c und 2 c.

Vorstands durch eine Anhäufung von Informationsverlangen drohen in der AG nicht, da die Aktionäre nur in der Hauptversammlung Auskunft verlangen können[922].

Mit der Mitteilung wettbewerbsrelevanter Daten sind in der AG anders als in den Personengesellschaften und in der GmbH nicht nur dann, wenn der nachfragende Aktionär selbst konkurrierend tätig ist, sondern wegen der Öffentlichkeit der Hauptversammlung *stets* spezifische Risiken für die Unternehmenstätigkeit der Gesellschaft verbunden. Das grundrechtliche Schutzgebot des Art. 12 I GG ist daher durch ein von der Person des Anfragenden unabhängiges Auskunftsverweigerungsrecht umzusetzen, wie es der Gesetzgeber mit der Normierung des § 131 III 1 Nr. 1 AktG getan hat[923]. Bei der der Rechtsprechung überlassenen Konkretisierung dieser Bestimmung ist zu beachten, daß mit Rücksicht auf die Grundrechtsposition des Aktionärs aus Art. 14 I GG ein Auskunftsverweigerungsrecht ausgeschlossen ist, wenn es um die Mitteilung von Informationen geht, die zur Vorbereitung eines Grundlagenbeschlusses erforderlich sind, weil es in diesen Fällen die Grenzen der Verhältnismäßigkeit überschreitet[924].

---

922 Zu den aus dem mitgliedschaftlichen Informationsrecht der Aktionäre resultierenden Gefahren für die Berufsfreiheit von Aktiengesellschaften 3. Teil § 2 B IV 1 a und 2.

923 Zur Umsetzung des aus Art. 12 I GG resultierenden Schutzgebots in der Aktiengesellschaft 3. Teil § 2 B IV 1 c.

924 Zur Auflösung der Grundrechtskollision in der Aktiengesellschaft 3. Teil § 2 B IV 1 b.

Zusammenfassung

Die vorliegende Arbeit hat gezeigt, daß die Gewährleistung des Art. 12 I GG Gesellschaften bei der Verfolgung unternehmerischer Tätigkeiten weitreichenden grundrechtlichen Schutz bietet, der die handels- und gesellschaftsrechtsbezogenen Bereiche des Unternehmensrechts wesentlich beeinflußt. Die Ergebnisse zu den im einzelnen erörterten Fragestellungen wurden bereits am Ende jedes Kapitels zusammengefaßt[925]. An dieser Stelle sollen daher nur die sich aus den vorangegangenen Untersuchungen ergebenden grundlegenden Schlußfolgerungen für die Bedeutung der Berufsfreiheit von Gesellschaften im Unternehmensrecht festgehalten werden.

1. Die Ausstrahlung der Grundrechte auf das Privatrecht ist heute allgemein anerkannt, Uneinigkeit besteht lediglich über Umfang und Modalitäten ihres Einflusses. Die klassischen Theorien von der unmittelbaren und der mittelbaren Drittwirkung der Grundrechte im Privatrecht[926] werden zunehmend durch die neuere Lehre von den Grundrechten als Schutzgeboten[927] abgelöst, die bereits Eingang in die Rechtsprechung des Bundesverfassungsgerichts[928] gefunden hat.

Die Schutzgebotslehre leitet den Einfluß der Grundrechte auf die Rechtsbeziehungen der Privatrechtssubjekte untereinander aus der in Art. 1 III GG verankerten Grundrechtsbindung der staatlichen Gewalt her. Sie bietet damit eine an den Bestimmungen des Grundgesetzes orientierte Begründung für die Grundrechtswirkung im Privatrecht. Nach der Schutzgebotslehre sind der Zivilgesetzgeber und der Zivilrichter verpflichtet, bei der Ausgestaltung privatrechtlicher Rechtsbeziehungen durch Normerlaß und Normanwendung einen grundrechtlichen Mindestschutz der Privatrechtssubjekte untereinander sicherzustellen. Diese Interpretation der Grundrechte als Schutzpflichten anerkennt ihre grund-

---

925 Vgl. 1. Teil § 3; 2. Teil § 1 C; 2. Teil § 2 C; 3. Teil § 1 C; 3. Teil § 2 C.

926 Zu den Lehren von der unmittelbaren und der mittelbaren Drittwirkung 1. Teil § 1 B II 1 und 2.

927 Zur Schutzgebotslehre 1. Teil § 1 B II 3.

928 Vgl. zur Anwendung der Schutzgebotslehre im Bereich des Zivilrechts BVerfG, Beschl. v. 7.2.1990, BVerfGE 81, S. 242 ff.; BVerfG, Beschl. v. 19.10.1993, BVerfGE 89, S. 214 ff.; BVerfG, Beschl. v. 6.5.1997, BVerfGE 96, S. 56 ff.

legende Bedeutung für die gesamte Rechtsordnung. Zugleich wird den Strukturen und Prinzipien des Zivilrechts in angemessener Weise Rechnung getragen: Die aus den Grundrechten resultierenden Schutzpflichten beschränken sich auf die Gewährleistung grundrechtlicher Mindestgehalte. Zudem unterliegt ihre Umsetzung dem Verhältnismäßigkeitsgrundsatz in der Weise, daß die im Privatrecht typischerweise auftretenden Grundrechtskollisionen angemessen auszugleichen sind.

Ein grundrechtlicher Mindestschutz ist auch im Bereich vertraglicher Vereinbarungen sicherzustellen. Ungeachtet der im Privatrecht herrschenden und ihrerseits durch Art. 2 I GG grundrechtlich abgesicherten Privatautonomie unterliegen Verträge deshalb äußersten Zulässigkeitsgrenzen. Die Konkretisierung dieser Zulässigkeitsgrenzen durch Gesetzgebung und Rechtsprechung erfordert unabhängig vom Bestehen oder Nichtbestehen eines strukturellen Verhandlungsungleichgewichts eine Inhaltskontrolle, die aber nur in Extremfällen zur Nichtigkeit von Vertragsabreden führt[929].

2. Für das Unternehmensrecht sind insbesondere die Wirtschaftsgrundrechte der Art. 2 I, 12 I und 14 GG von Relevanz. Die Berufsfreiheit und die Eigentumsgarantie, denen gegenüber dem Auffanggrundrecht des Art. 2 I GG der Vorrang gebührt, erfassen in ihrer wirtschaftlichen Funktion den gleichen Freiheitsbereich. Da sie aufgrund ihrer unterschiedlichen Schutzrichtung einander nicht ausschließen, sondern vielmehr ergänzen, dienen sie gemeinsam dem Schutz der unternehmerischen Freiheit. Während das bestandsbezogene Grundrecht des Art. 14 GG das Eigentum als Voraussetzung jedes wirtschaftlichen Handelns garantiert, erfaßt die zukunftsorientierte Gewährleistung des Art. 12 I GG die unternehmerische Tätigkeit in ihren unterschiedlichen Ausprägungen[930]. Dies gilt nicht nur für die wirtschaftlichen Aktivitäten als Einzelunternehmer oder als Unternehmergesellschafter, sondern auch für die Unternehmenstätigkeit von Gesellschaften. Sie genießen über Art. 19 III GG unabhängig von ihrer Rechtsnatur als juristischer Person oder als Gesamthandsgemeinschaft den Schutz der Berufsfreiheit[931].

---

929 Zum Inhalt der Schutzgebotslehre im einzelnen 1. Teil § 1 B II 3.

930 Zum Konkurrenzverhältnis von Art. 12 I GG und Art. 14 I GG in Bezug auf den Schutz der Unternehmensfreiheit 2. Teil § 1 B II 1 a bb ccc.

931 Zur Grundrechtsberechtigung von Gesellschaften nach Maßgabe des Art. 19 III GG

Die Schutzwirkung des Art. 12 I GG zugunsten von Gesellschaften kann wegen der von Art. 19 III GG vorgesehenen nur wesensmäßigen Anwendung der Grundrechte unterschiedlich stark ausfallen. Die im Einzelfall erzeugte Schutzintensität bestimmt sich unter Berücksichtigung des personalen Substrats danach, in welchem Maße die Bildung und Betätigung der betroffenen Gesellschaft Ausdruck der freien Entfaltung der dahinter stehenden natürlichen Personen ist. Die Gewährleistung des Art. 12 I GG entfaltet dementsprechend zugunsten personalistisch geprägter Gesellschaften wesentlich stärkere Schutzwirkungen als zugunsten kapitalistisch strukturierter Gesellschaften[932].

3. Unter dem Begriff der Unternehmer- bzw. Unternehmensfreiheit gewährleistet Art. 12 I GG unterschiedliche Einzelfreiheiten[933]. Für Gesellschaften wird im privaten Unternehmensrecht vor allem die grundrechtliche Absicherung der unternehmerischen Wettbewerbsfreiheit wichtig. Sie bietet zwar keinen Schutz vor Konkurrenz, erfaßt aber das Verhalten im Wettbewerb und die Wettbewerbsfähigkeit[934]. Unter diesem Aspekt verlangt die Grundrechtsposition von Gesellschaften aus Art. 12 I GG in jenen Bereichen besondere Berücksichtigung, in denen es um die Preisgabe von Informationen und um die Konkurrenz aus den eigenen Reihen geht.

Grundrechtsrelevante Risiken für die Stellung der Gesellschaft im Wettbewerb entstehen immer dann, wenn außenstehende Dritte oder gesellschaftszugehörige Personen aufgrund weitreichender Informationsrechte in die Lage versetzt werden, Gesellschaftsinformationen im Rahmen einer Konkurrenztätigkeit zu verwerten. Grundrechtstypische Gefahren ergeben sich auch daraus, daß die mit den Gesellschaftsinterna vertrauten Gesellschafter oder Organmitglieder die Gesellschaft aufgrund rechtlicher Einflußnahmemöglichkeiten durch nachteilhafte, an anderweitigen unternehmerischen Interessen orientierte Geschäftsführungsmaßnahmen schädigen können. Deshalb werden sowohl der gesellschaftsrechtlichen Außen- wie auch der Innenpublizität durch die Berufsfreiheit von Gesellschaften Schranken gesetzt. Die §§ 325 ff. HGB verpflichten die Kapitalgesell-

---

1. Teil § 2 B II.

[932] Zur Intensität der grundrechtlichen Schutzwirkung des Art. 12 I GG zugunsten von Gesellschaften 2. Teil § 1 B II 1 b.

[933] Zu den von der Unternehmensfreiheit umfaßten Einzelfreiheiten 2. Teil § 1 B II 1 a aa.

[934] Zum Schutz der unternehmerischen Wettbewerbsfreiheit durch Art. 12 I GG 2. Teil § 1 B II 1 a aa.

schaften und Kapitalgesellschaften & Co. zur Offenlegung ihrer Rechnungslegungsunterlagen und damit zur Weitergabe unternehmensinterner Daten an außenstehende Dritte. Diese die Außenpublizität betreffenden Bestimmungen sind mit der Berufsfreiheit kleiner GmbH und kleiner Kapitalgesellschaften & Co. nicht zu vereinbaren[935]. Die Innenpublizität in Gestalt mitgliedschaftlicher Informationsrechte unterliegt insofern durch die Berufsfreiheit von Gesellschaften bestimmten Grenzen, als Beeinträchtigungen der Gesellschaft in ihrer Wettbewerbsfreiheit zu verhindern sind, die durch die eigennützige Verwertung sensibler Gesellschaftsinterna seitens der Gesellschafter drohen[936].

Schutz gebietet Art. 12 I GG gegenüber einer Konkurrenz aus den eigenen Reihen auch dann, wenn eine grundrechtsrelevante Bedrohung für die Gesellschaft nicht allein auf dem Informationsfluß, sondern auch auf dem besonderen Einfluß von Gesellschaftern oder Organmitgliedern in der Gesellschaft beruht. Die in diesen Fällen eingreifenden Wettbewerbsverbote[937] und die vorgenannten Beschränkungen der mitgliedschaftlichen Informationsrechte ergänzen einander zu einem abgestuften Regelungssystem zum Schutz der Gesellschaft, welches den Anforderungen des Art. 12 I GG entspricht.

4. Die grundrechtliche Gewährleistung der Berufsfreiheit von Gesellschaften wirkt im privaten Unternehmensrecht sowohl als klassisches Abwehrrecht gegenüber staatlicher Hoheitsgewalt wie auch als Gestaltungselement bei der gesetzlichen und richterrechtlichen Regulierung privater Rechtsbeziehungen.

a) Bei der Untersuchung der §§ 325 ff. HGB ist die Bindung des Gesetzgebers durch Art. 12 I GG als freiheitssicherndes Abwehrrecht gegenüber der Hoheitsgewalt sichtbar geworden. Die grundrechtliche Überprüfung der Vorschriften der §§ 325 ff. HGB hat zunächst eine europarechtliche Fragestellung aufgeworfen. Das Problem der unlösbaren Kollision von Europarecht und Verfassungsrecht kann sich mit Blick auf die rege Aktivität des europäischen Gesetzgebers im Wirtschaftsrecht auch für andere Regelungsbereiche stellen. Solange sich das

---

935 Zur verfassungsrechtlichen Kontrolle der §§ 325 ff. HGB am Maßstab des Art. 12 I GG 2. Teil § 1 B.

936 Zur Beschränkung mitgliedschaftlicher Informationsrechte durch die Berufsfreiheit von Gesellschaften 3. Teil § 2.

937 Zum Eingreifen hoheitlicher Wettbewerbsverbote zum Schutz der Gesellschaft in ihrer Berufsfreiheit 3. Teil § 1.

Bundesverfassungsgericht nicht ausdrücklich für einen Vorrang zwingender Richtlinienvorgaben vor den deutschen Grundrechten ausspricht, muß es bei der Überprüfung von Umsetzungsgesetzen auf ihre Vereinbarkeit mit den Grundrechten bleiben[938].

Als hoheitlicher Eingriff in den durch die Berufsfreiheit geschützten Freiheitsbereich sind die Publizitätspflichten insoweit verfassungswidrig, als sie kleine GmbH und kleine Kapitalgesellschaften & Co. zur Offenlegung ihrer Rechnungslegungsunterlagen verpflichten. Trotz der vorgesehenen größenabhängigen Erleichterungen überschreiten die §§ 325 ff. HGB in diesem Bereich die Grenzen der Verhältnismäßigkeit. Aufgrund der strukturell schwachen Marktposition kleiner GmbH und kleiner Kapitalgesellschaften & Co., aufgrund der zu ihren Gunsten entfalteten starken Schutzwirkung des Art. 12 I GG und aufgrund der hier mangelnden oder nur eingeschränkten Eignung und Erforderlichkeit der §§ 325 ff. HGB zur Erreichung der verfolgten Regelungsziele enthalten die Publizitätspflichten für die genannten Gruppen von Gesellschaften eine übermäßige Belastung[939].

Die Überlegungen zu den gesetzgeberischen Regelungsbefugnissen bei der freien gesellschaftsrechtlichen Typenkombination zeigen demgegenüber die Grenzen der Berufsfreiheit von Gesellschaften in ihrer Funktion als freiheitssicherndes Abwehrrecht auf. Die jüngst erfolgte gesetzgeberische Entscheidung für die Zulässigkeit der Kapitalgesellschaft & Co.KGaA[940] wurde durch die Grundrechtsgewährleistung des Art. 12 I GG nicht determiniert. Angesichts der Bedeutung der mit einem Verbot der Kapitalgesellschaft & Co.KGaA verfolgten Belange sowie der tendenziell geringen Intensität des damit verbundenen Eingriffs in die Berufsfreiheit von Gesellschaften würde auch eine Regelung, die derartige Typenkombinationen für unzulässig erklärte, die Grenzen der Verhältnismäßigkeit nicht überschreiten. Mit Rücksicht auf die weitreichende Freiheit des Gesetzgebers bei der Bestimmung wirtschaftspolitischer Ziele ergeben sich aus der Grundrechtsposition von Gesellschaften aus Art. 12 I GG für die Rege-

---

938 Zur verfassungsrechtlichen Kontrolle gesetzlicher Bestimmungen, die in Umsetzung von Richtlinienvorgaben ergangen sind 2. Teil § 1 A.

939 Zur Unverhältnismäßigkeit der Publizitätspflichten gemäß §§ 325 ff. HGB für kleine GmbH und kleine Kapitalgesellschaften & Co. 2. Teil § 1 B II 3 d.

940 Zur gesetzlichen Anerkennung der Kapitalgesellschaft & Co.KGaA 2. Teil § 2 vor A.

lung dieser gesellschaftsrechtlichen Typenvermischung keine grundrechtlichen Schranken[941].

b) Im Vergleich zu ihrer Wirkung als freiheitssicherndes Abwehrrecht kommt der durch Art. 12 I GG gewährleisteten Berufsfreiheit von Gesellschaften das größere Gewicht in ihrer Eigenschaft als Gestaltungselement bei der gesetzlichen und richterrechtlichen Ausformung der Rechtsbeziehungen von Gesellschaften zu anderen Privatrechtssubjekten, namentlich zu ihren Gesellschaftern und Organmitgliedern zu. So bietet die Grundrechtsposition von Gesellschaften aus Art. 12 I GG für den Mindestumfang der hoheitlichen Wettbewerbsverbote wie auch für die Grenzen der mitgliedschaftlichen Informationsrechte ein zentrales Eckdatum. Obwohl die Berufsfreiheit von Gesellschaften auch hier zunächst in gewissen Grenzen als Eingriffsverbot gegenüber der Hoheitsgewalt wirkt, erlangt sie in diesem Bereich doch vor allem als grundrechtliches Schutzgebot Bedeutung. Insbesondere bei der grundrechtlichen Analyse der Informationsrechte wird deutlich, daß Eingriffsverbots- und Schutzgebotsfunktion nah beieinander liegen können: Soweit die Berufsfreiheit von Gesellschaften Beschränkungen der gesetzlich vorgesehenen Einsichts- und Auskunftsrechte von Gesellschaftern verlangt, kommt Art. 12 I GG gegenüber dem normerlassenden Gesetzgeber als Abwehrrecht, zugleich aber gegenüber dem norminterpretierenden Richter als Schutzgebot zur Geltung.

Bei der Umsetzung der aus Art. 12 I GG resultierenden Schutzpflichten sind mit der Berufsfreiheit von Gesellschaften kollidierende Grundrechtspositionen hinreichend zu berücksichtigen. Im Bereich der Wettbewerbsverbote verlangt die Berufsfreiheit von Gesellschaftern und Organmitgliedern Beachtung, die durch die Verpflichtung zur Unterlassung von Konkurrenztätigkeiten nicht unangemessen verkürzt werden darf[942]. Bei der Beschränkung von Einsichts- und Auskunftsrechten ist dem Schutz der Gesellschafter durch die Eigentumsgarantie des Art. 14 I GG Rechnung zu tragen, die die Mitgliedschaft in der Gesellschaft

---

941 Zur Bedeutung der Berufsfreiheit von Gesellschaften für die gesellschaftsrechtliche Typenvermischung bei der KGaA 2. Teil § 2.

942 Zum Schutz von Gesellschaftern und Organmitgliedern durch Art. 12 I GG gegenüber hoheitlichen und vertraglichen Wettbewerbsverboten 3. Teil § 1 A I 2 a bb bbb und b bb bbb; 3. Teil § 1 A II 2 a; 3. Teil § 1 B I 2 a bb bbb und b aa bbb (2) und b bb bbb (2); 3. Teil § 1 B II 2 a.

nicht nur in ihren vermögensrechtlichen, sondern auch in ihren mitgliedschaftsrechtlichen Elementen erfaßt[943].

Unter Rückgriff auf die Berufsfreiheit von Gesellschaften wird die bereits praktizierte teleologische Reduktion bzw. Extension der gesetzlich geregelten Wettbewerbsverbote und Informationsrechte sowie die richterrechtliche Rechtsfortbildung zur Ausfüllung bestehender Gesetzeslücken grundrechtlich fundiert und abgesichert. Denkbare Versuche seitens der Gesellschafter oder Organmitglieder, mit der Verfassungsbeschwerde gegen die Verpflichtung durch Wettbewerbsverbote oder gegen die Beschränkung von Informationsrechten vorzugehen, sind wegen der legitimierenden Wirkung des Art. 12 I GG zum Scheitern verurteilt[944].

Die Orientierung an dem grundrechtlichen Maßstab der Berufsfreiheit von Gesellschaften vermag die Norminterpretation und die Lückenfüllung im Bereich gesellschaftsrechtlicher Wettbewerbsverbote und Informationsrechte darüber hinaus zu erleichtern. Art. 12 I GG ermöglicht die Bildung von Fallgruppen und die Bestimmung abstrakter Kriterien für die bislang vielfach einzelfallbezogene und an bloßen Billigkeitserwägungen oder zumindest rechtlich unbestimmten Rechtsinstituten wie der Treuepflicht orientierte Rechtsanwendung und Rechtsfortbildung. So konnte für den personellen Anwendungsbereich hoheitlicher Wettbewerbsverbote die geschäftsführende oder aufgrund anderer Umstände mit Einfluß verbundene Stellung eines Gesellschafters bzw. die Leitungsmacht von Geschäftsführungsorganen als entscheidendes Kriterium bestimmt werden. Für ihren sachlichen Umfang wurde die selbständige wirtschaftliche oder die unternehmerische Konkurrenztätigkeit in einer anderen Gesellschaft und ihr Bezug zum räumlichen und gegenständlichen Markt der geschützten Gesellschaft als maßgeblich herausgestellt[945]. Bei den mitgliedschaftlichen Informationsrechten

---

943 Zum Schutz der Mitgliedschaft in der Gesellschaft durch Art. 14 GG 3. Teil § 2 B I 1 b aa und 2 b; 3. Teil § 2 B II 2 a bb und 2 b bb; 3. Teil § 2 B III 1 b und 2 b; 3. Teil § 2 B 1 b.

944 Erst in jüngster Zeit haben zwei Entscheidungen des Bundesverfassungsgerichts (BVerfG, Beschl. v. 27.4.1999, ZIP 1999, S. 1436 ff.; BVerfG, Beschl. v. 20.9.1999, ZIP 1999, S. 1798 ff.) wieder gezeigt, daß von der Möglichkeit, mit der Verfassungsbeschwerde gegen gesellschaftsrechtliche Regelungen vorzugehen, tatsächlich Gebrauch gemacht wird.

945 Zu dem durch die Berufsfreiheit von Gesellschaften determinierten sachlichen und personellen Umfang hoheitlicher Wettbewerbsverbote 3. Teil § 1 A I 2 a aa und b aa; 3. Teil

konnten die Ausübung des Informationsrechts durch konkurrierende Gesellschafter einerseits, die Überlastung der Geschäftsführung durch eine Kumulation von Informationsverlangen andererseits als Fallgruppen benannt werden, in denen Einschränkungen des Rechts auf Auskunft und Einsicht in Gestalt eines abgestuften rechtlichen Regelungssystems zum Schutz der Gesellschaft geboten sind[946].

c) Die Grundrechtsposition von Gesellschaften aus Art. 12 I GG bietet einen wichtigen Maßstab auch für die Inhaltskontrolle vertraglich vereinbarter Wettbewerbsverbote für Gesellschafter und Organmitglieder. Bei der Bestimmung der häufig umstrittenen Zulässigkeitsgrenzen solcher Wettbewerbsverbote kann die von der Rechtsprechung verwendete Formel von den berechtigten Interessen der Gesellschaft[947] unter Heranziehung der Grundrechtsgewährleistung des Art. 12 I GG rechtlich konkretisiert werden. Soweit ein vertraglich vereinbartes Wettbewerbsverbot dem Schutz der Gesellschaft in ihrer Berufsfreiheit dient und nicht den durch Art. 12 I GG gewährleisteten Mindestgehalt der beruflichen Betätigungsfreiheit des Gesellschafters oder Organmitglieds verletzt, bewegt es sich im Rahmen des rechtlich Zulässigen[948]. Trotz der Notwendigkeit einzelfallbezogener Abwägung ist mit Blick auf das von einer Konkurrenz jeweils ausgehende Gefährdungspotential für die Berufsfreiheit der Gesellschaft die typisierende Feststellung möglich, daß vertraglich vereinbarte Wettbewerbsverbote für Unternehmergesellschafter in wesentlich weiterem Umfang zulässig sind als solche für nur kapitalmäßig beteiligte Gesellschafter[949].

---

§ 1 B I 2 a aa und b aa aaa und b bb aaa.

946 Zu den unterschiedlichen Beschränkungen mitgliedschaftlicher Informationsrechte mit Rücksicht auf die Berufsfreiheit von Gesellschaften 3. Teil § 2.

947 Vgl. bspw. OLG Düsseldorf, Urt. v. 3.12.1998, GmbHR 1999, S. 120 (S. 121).

948 Zur Legitimation vertraglich vereinbarter Wettbewerbsverbote durch die Berufsfreiheit von Gesellschaften 3. Teil § 1 A II 2; 3. Teil § 1 B II 2.

949 Zu den unterschiedlichen Zulässigkeitsgrenzen vertraglicher Wettbewerbsverbote für unternehmerisch tätige und nur kapitalmäßig beteiligte Gesellschafter 3. Teil § 1 A II 2 c bb.

Schnapp, Friedrich E. (Hrsg.)

Finanzierungsfragen der Sozialversicherung

Am Beispiel des Arbeitsförderungsrechts
Tagungsband zum 31. Praktikerseminar des Instituts für Sozialrecht am 28. November 1998 in Bochum

Frankfurt/M., Berlin, Bern, Bruxelles, New York, Wien, 2000. 120 S.
Bochumer Schriften zum Sozialrecht. Bd. 4
Herausgegeben von Friedrich E. Schnapp
ISBN 3-631-35799-0 br. DM 45.–*

Die aktuelle Situation der Systeme der sozialen Sicherheit ist seit geraumer Zeit durch erhebliche Finanzierungsprobleme gekennzeichnet, die auf die demographische und gesamtwirtschaftliche Entwicklung mit nachlassendem Wirtschaftswachstum und einer zunehmenden Anzahl von Arbeitslosen und Frührentnern zurückzuführen ist. Dem Arbeitsförderungsrecht kommt in diesem Zusammenhang insofern besondere Bedeutung zu, als die anhaltend hohe Arbeitslosigkeit sowohl Einnahmeausfälle als auch Ausgabensteigerungen zur Folge hat. Im Rahmen des 31. Praktikerseminars des Instituts für Sozialrecht haben sich ausgewiesene Fachleute mit dem Problem der Beitragsfinanzierung in der Arbeitslosenversicherung befaßt und alternative Finanzierungsformen vorgestellt.

Aus dem Inhalt: Ferdinand Kirchhof: Sozialversicherungsbeitrag und Finanzverfassung – Stefan Sell: Versicherungsfremde Leistungen und Beitragsfinanzierung – Robert Reichling: Finanzierungsfragen der Sozialversicherung – am Beispiel des Arbeitsförderungsrechts – Alternative und ergänzende Finanzierungsformen.

Frankfurt/M · Berlin · Bern · Bruxelles · New York · Oxford · Wien
Auslieferung: Verlag Peter Lang AG
Jupiterstr. 15, CH-3000 Bern 15
Telefax (004131) 9402131
*inklusive Mehrwertsteuer
Preisänderungen vorbehalten

FSC
www.fsc.org
MIX
Papier | Fördert gute Waldnutzung
FSC® C083411

Kolibri 360 GmbH
Ferdinand-Jühlke-Straße 7
99095 Erfurt, Deutschland
produktsicherheit@kolibri360.de

Druck:
CPI Druckdienstleistungen GmbH
im Auftrag der
Kolibri 360 GmbH
Ferdinand-Jühlke-Str. 7
99095 Erfurt